U0051083

世界歷史有一套之

老大的英帝國

世界歷史很精彩・世界歷史可以寫得很好看

楊白勞◆

世界歷史有一套之

英國篇

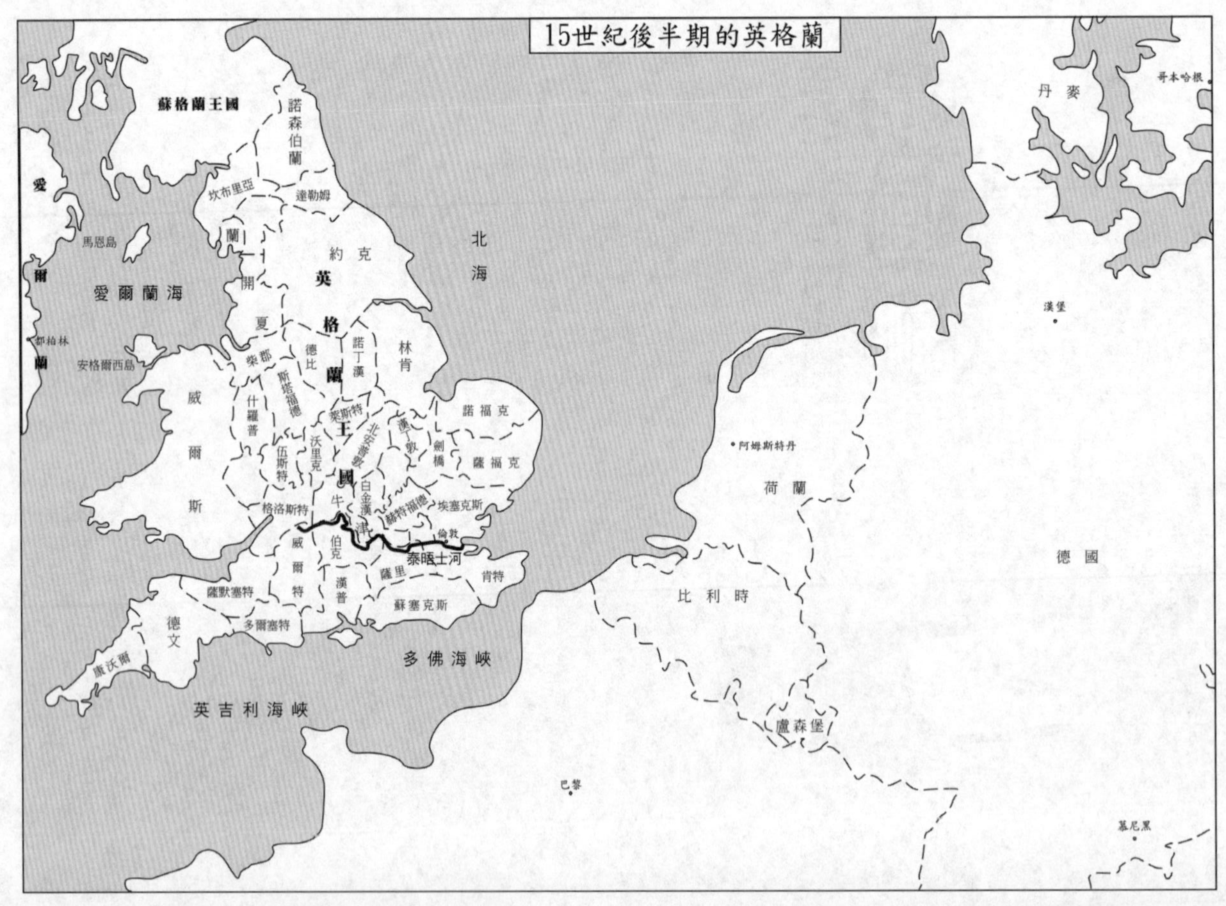
15世紀後半期的英格蘭
蘇格蘭王國
諾森伯蘭
坎布里亞
達勒姆
蘭開夏
約克
英格蘭王國
北海
愛爾蘭
馬恩島
愛爾蘭海
都柏林
安格爾西島
柴郡
德比
諾丁漢
林肯
威爾斯
什羅普
斯塔福德
萊斯特
北安普敦
漢丁敦
劍橋
諾福克
薩福克
伍斯特
沃里克
白金漢
赫特福德
埃塞克斯
格洛斯特
牛津
倫敦
泰晤士河
威爾特
伯克
漢普
薩里
肯特
蘇塞克斯
薩默塞特
多爾塞特
德文
康沃爾
多佛海峽
英吉利海峽
丹麥
哥本哈根
漢堡
阿姆斯特丹
荷蘭
德國
比利時
盧森堡
巴黎
慕尼黑

1

這一篇從「哈利．波特」開始。英國的Ｊ．Ｋ．羅琳靠編故事發了大財，成為全世界會寫字的人的偶像。如果你完全不了解英國的神話故事，會覺得能憑空編出這樣一個魔法師的故事真是太神了。我們現在把這些故事的起源挖出來吧。

先講魔法師這個職業，在古代英國，即使是國王已經開始篤信基督教了，他身邊還是會配備一些魔法師幕僚，幫自己處理各種雜務，給予各種預言。象「霍格華茲」那樣的魔法學校畢業生，就業前景是非常好的，那個時代巫師與麻瓜和平相處，互相幫助，而好的巫師一般都直接進入朝廷高層，作為皇帝的左右手深得恩寵。「哈利．波特」裡提到過一個叫「梅林」的魔法師，被認為是魔法界上帝一樣的人物，最偉大的巫師，最偉大的預言家，最有智慧的神仙。他的名字被用來命名魔法界的最高勳章，鄧不利多校長就有一枚。今天的故事，從「梅林」開始。

時代背景應該是五世紀，當時的羅馬羸弱，自家周邊的行省都難以管束，在大海對岸的不列顛更是鞭長莫及。羅馬勢力逐漸撤出後，不列顛地區的主要部族是凱爾特人（就是高盧人），他們組成很多小國，在不列顛島上過日子。

梅林的媽媽是其中一個國王的女兒，會點法術，爸爸則是個妖魔鬼怪，所以梅林是個半人半妖，長了一身長毛，非常難看，七歲看著就像七十。當時的國王要修建威爾斯山城，整個工程進行得很鬧心，白天蓋好，晚上就塌了。後來有巫師告訴國王，建築材料不合格，這些白灰水泥裡應該混入一個孩子的血，而且這孩子的父親還必須是神怪一類。這樣的人很好找啊，梅林就是一個。被帶到國王跟前的梅林告訴國王，其實不用殺人放血，這座城總是修不好的原因是因為地基打在一個地下水層上，而水底有兩條龍。後來事實證明是這麼回事，因此梅林就出名了，並且輔佐了這個國王之後的三代王。

輔佐第一代王的時候，梅林的重要功績是幫著造了個巨石陣，現在倫敦郊區的著名巨石陣傳說是梅林施了個搬運大法從愛爾蘭運來的。

輔佐第二代王最大的功勞就是幫主子泡妞，勾搭有夫之婦。他主子烏瑟王已經有皇后，還生了個女兒，可還是看上了一個公爵的夫人，公爵怕自己老婆做出不體面的事，就把她鎖在城堡裡，重兵把守。梅林將烏瑟王變成公爵的模樣，他大搖大擺地進了城堡，做該做的功課。不久，公爵夫人懷孕，這個私生子被從城堡的後門送出，為怕烏瑟王的敵人迫害，梅林帶走了這孩子，並交給一個富有的騎士家庭收養，身世極度保密，只有梅林自己知道（眼熟吧，哈利．波特也是這個遭遇）。

烏瑟王駕崩，因為沒有兒子接班，天下大亂。梅林讓大主教安排所有的騎士耶誕節到教堂去聚會，以石中劍決定該國的老大人選。那個收養了遺孤的騎士家庭也去了，到了那裡，現場有一塊大石頭，裡面插著把劍，上面寫著「將劍從石頭中拔出者，即為不列顛之王」。所有的騎士，咬牙切齒、前仆後繼地上去拔劍，寶劍在石中紋絲不動。那個騎士家庭本來也有個兒子，出門時忘了帶佩劍，於是就吩咐烏瑟王的兒子回去拿。跑回家一看，人都去教堂看熱鬧了，他沒有鑰匙進門啊，怎麼辦，不就是一把佩劍嗎，石頭裡就有一把，我拔出來讓你掛上啊。說著，這個十五歲的少年就走到巨石前，輕鬆將寶劍拔了出來。現場一片譁然，那些老牌騎士怎麼也不能接受這個十五歲的少年將成為國王的事實。於是他們不斷地將劍插回去，不斷地試驗。總之不論怎麼插，都只有這個十五歲的小孩能拔出來。根據騎士精神，約定的事要認帳，不許耍賴，無論這個事合不合理，都要接受並擁戴。烏瑟王的私生子終於輾轉作了國王，大名叫「亞瑟」！

亞瑟登基加冕成為皇帝，當時有些貴族對他不滿，發動叛亂，周圍的小國也不斷過來找茬，每天疲於各種戰爭。有一次進攻一個小國時，戰事激烈，那個小國眼看不敵。小國的王后連夜過來覲見亞瑟王，希望能和談。派王后過來和談，色相賄賂是一定的。這王后長得漂亮，亞瑟王很喜歡，當晚就把她帶上床。動作太快了，他的老師兼軍師梅林發現不對，想趕緊來阻止，已經生米成飯。這個女人懷孕了。梅林告訴亞瑟王，這個王后實際上是他同父異母的姐姐摩根。不久，一個叫莫德雷德的小孩出生了，身分很尷尬，又是亞瑟王的外甥，又是他兒子。梅林長歎一聲，預言這個孩子將會終結亞瑟王的生命！

跟自己的姐姐意外亂倫不過是花間舊事，亞瑟王還是要正經娶個王后的。他看中了一個小國的公主，叫桂妮維亞，據說其美豔動人不可方物，雖然梅林一再告誡亞瑟王這個女人會為他帶來災禍，但被美女迷暈的亞瑟王不管不顧地將她娶回家立為皇后。結婚那天，亞瑟王的岳父送個他一份禮物，一個巨大的圓桌，這是專供騎士開會的道具，可以坐一百五十個人。

圓桌一進入亞瑟的王宮，他就開始為圓桌搭配騎士。騎士是中世紀時的歐洲出現的特殊的階層，必須出身貴族，從小嚴格訓練，文武雙全，彬彬有禮，二十一歲時被授予騎士稱號，並以服騎兵軍役為條件，獲得國王或大領主的封地，騎著駿馬馳騁於沙場的貴族。獲得稱號的年輕騎士常常透過馬上比武，顯示自己無愧於騎士這一份光榮。中世紀的歐洲尚武任俠，那些騎士都是些風度翩翩的濁世佳公子，不僅在戰場上驍悍異常，私底下還必須幫助窮人，尊重婦女，遵紀守法，信仰虔誠。即使是打仗決鬥，也有很長篇的戰場禮儀需要遵守，絕對是從頭到腳滲透進骨頭的貴族。

透過這些標準，我們知道，要想坐上亞瑟王的圓桌，門檻還是很高的。尤其是，圓桌騎士還有特別的榮耀，因為是圓形桌子，所以人坐下後位置都是一樣的，平等的，此時沒有上下級，沒有君臣，在桌邊一坐，大家都是平等的騎士，商量任何事，都是民主集中的原則。

也許亞瑟王的圓桌曾經坐下過一百五十個騎士，但後來歷史留名的只有十二個。就是名震江湖，眾人仰望的圓桌騎士團。這十二個騎士中，最大最顯赫的騎士當然是亞瑟王自己。

關於十二騎士的故事非常多，現在還出現了相應的遊戲，是奇幻世界最讓人遐想的英雄。找幾個重要的跟大家說說。十二騎士中，除了亞瑟王，排名第一的應該是名動整個歐洲的騎士界招牌人物蘭斯洛特，他的故事影響了亞瑟王的一生，我們回頭再說。先說說另一個著名人物，圓桌騎士團中最英俊、最高貴、最智慧、最忠誠的高文。

據說有一次跟鄰國的戰爭中，亞瑟王失手被俘，作為一流騎士，亞瑟王作俘虜也作得尊貴瀟灑不失身分，讓俘虜他的國王非常驚歎，所以決定放了他，但條件是，他必須在一年後回答出一個問題：女人真正想要的是什麼？如果不能找出正確答案，一年之後，亞瑟王必須回來受死。

這個問題太缺德了，讓一個大男人一國之君成天不幹正事，到處打聽婦女需要什麼實在很不體面。好在騎士文化裡，對女人的態度是重要內容，亞瑟王上下求索關於女人的真理，周圍的人也不太笑他。但也沒有實質性幫助，滿朝文武，販夫走卒，三教九流所有的答案不外於精緻的手飾、華美的絲綢、巍峨的宮殿、俊美的老公諸如此類。亞瑟王憑感覺，這些都不是正確答案。這時有人告訴他，說是森林裡有個老女巫，什麼都知道，應該能解答這個問題，但女巫是個漫天要價的，跟她打聽真理花費不菲。但事關性命，怎麼也要試試啊。這女巫果然知道答案，但她向亞瑟王提出了自己的答題價格：讓亞瑟手下最高貴最英武的高文娶她為妻！

亞瑟王愁壞了，高文英俊挺拔，漂亮得像太陽神，而且身世顯赫，血統高貴，一般的美女都不能入他的青眼。這女巫老得像乾柴，臉上皺紋比菊花還密，缺牙豁嘴，腰彎成句號，身上還散發臭氣。亞瑟王怎麼也不能答應這樁婚事，作為騎士，兄弟之義是神聖的，寧可自己沒了命也不能犧牲兄弟一輩子的幸福。同樣是為了這份兄弟之義，還包括對王的忠誠，高文居然毫不猶豫地答應了，只要女巫的答案能救回亞瑟王的性命，他鐵定娶老女巫為妻。女巫終於說出了問題的答案：女人最需要的，是能夠自己掌握自己的命運！

這個答案一出，所有的女人心中都有共鳴，顯然，這的確是問題的終極答案。其實不光女人，男人最需要的也是這個。比如高文，他就不能掌握自己的命運，既然答案被敵國國王接受，亞瑟王被釋放，高文就必須跟又老又醜的女巫成親，該進洞房還是要進洞房的。

盛大的婚禮在騎士團成員哀傷的心情中結束，高文邁著沉重的步子，英俊的面頰已經蒼白如紙。他必須到臥室去完成儀式，把自己完美無瑕的身體交給老女巫蹂躪。誰知一進臥室，高文就發現，在床上等她的是個絕世的美女，其美貌是高文從沒見過的。這美女告訴高文，她的一生，一半是絕世美女，一半是老醜巫婆，讓高文自己選擇，是希望她白天美麗還是夜晚美麗。

這是個艱難的問題，對高文這種貴族騎士來說，白天帶著個老醜巫婆到處應酬是很丟人的事，可如果晚上跟一個老醜巫婆上床也是巨大折磨。高文是智慧的，他回答女巫：「你不是說過，女人最想要的是掌握自己的命運，現在你可以掌握命運，自己選擇，我都接受。」這個回答比女巫那個答案更加高明，女巫更是欣喜莫名，她的老公果然是又帥又聰明。最後女巫給了高文最佳選擇，那就是：從今以後，不論白天還是黑夜，女巫都會以一個絕美的女人形象存在，作高文完美的妻子！

這個故事是很多歐洲傳說的藍本，很多神話故事喜歡把王子或公主變成醜八怪或是青蛙之類的東西，向所有人宣揚一個真理，那就是愛情不能看外貌，小白臉都是薄情漢，小美人都是狐狸精，沒有好東西！大家別信啊，老楊一直認為，相由心生，心地善良純潔的心，模樣一般都不會太差，當然整過容的除外！

2

亞瑟王從石頭裡拔出寶劍，登上王位，組建圓桌騎士團。先講講亞瑟王的劍，其實亞瑟王一生有兩柄絕世神兵，這支劍被稱為「石中劍」，後來因為無端跟另一個騎士決鬥，違反了騎士精神，所以「石中劍」生氣了，在打鬥中自然斷裂。騎士似乎是為決鬥而生的，但騎士也不能以無謂的理由隨便動手，騎士的價值就是將打架這種粗活變成了優雅藝術。像「唐吉訶德」這種鄉下小地主，非要冒充騎士，完全不懂騎士精神的精髓，見到一個風車都打得起勁，還要和一群羊決鬥，顯然是瘋狂的。傳說塞萬提斯寫《唐吉訶德》這部小說的目的就是為了詆毀那些神乎其神的騎士傳說，有惡搞的性質。他的目的達到了，一個老鼠屎壞了一鍋粥，本來我們想起那些遠古的騎士時，都會有驚才絕豔的感覺，自從出了「唐吉訶德」這麼個老傻子，他優先成了騎士代表，讓我們覺得騎士就是這麼個搞笑樣子，如果亞瑟王那些英俊高貴的騎士知道，那才真正的鬱悶呢。

「石中劍」斷了，師傅梅林肯定要幫著再弄一把佩劍來。當時不列顛有個叫阿瓦隆的小島國度，隱藏在濃霧和沼澤中，是個精靈和神仙的聚居地。阿瓦隆周圍是一個大湖，湖中住著仙女，梅林來到湖邊對著湖水提出要求。很快湖中伸出一隻手來，握著一柄美侖美奐的寶劍，鑲金嵌玉，刀鋒削鐵如泥。所以湖中仙女給這柄劍取名「斷鋼劍」。還被稱為「王者之劍」，後來亞瑟王的霸業都靠這柄劍實現。

亞瑟王從湖中仙女那裡帶走劍和劍鞘兩部分。當時梅林問亞瑟，劍和劍鞘你更看重哪一樣？亞瑟王自然認為是寶劍更重要，梅林告訴他，對這柄「王者之劍」來說，劍鞘比劍更重要，只要保管好劍鞘，將它隨時掛在身上，不管受多重的傷，都不會流血。所以只要劍鞘不丟失，亞瑟王應該是無敵的。這是個有寓意的故事，也許對一個君主來說，收斂兵鋒才是最高境界，不戰比戰更重要。

上篇說到圓桌騎士高文的故事，這一篇，我們講講圓桌騎士團排名第一的騎士——蘭斯洛特。

蘭斯洛特也是一個王子，因為一出生父親就死了，被遺棄在湖邊，被仙女收養成人，江湖人稱「湖上騎士」。像移花宮長大的花無缺一樣，他溫文爾雅，謙恭禮讓，風度翩翩，對誰都客氣，對誰都友善，但如果真要動起手來，其武藝高強，勇悍異常，天下罕有對手，尤其是他的兵器「無毀之湖光」，兵器譜排名僅次於亞瑟那兩柄王劍，號稱是最強的騎士才能駕馭。

圓桌騎士上有一個首席之位，梅林告訴亞瑟王，這個位置，要賜予一個既是豹子又是綿羊的人。當蘭斯洛特出現時，亞瑟王認定這就是梅林說的那個人。可其他的騎士不服，所以蘭斯洛特便開始行走江湖，用了一年的時間，建功立業，短短的時間裡天下到處流傳這位溫柔英雄的豐功偉績，其仁慈和勇敢讓老百姓口碑相傳，成為新偶像。蘭提洛特終於無愧地坐上了圓桌騎士首席之位。

鑑於蘭斯洛特江湖名聲太好了，亞瑟王對他也是恩寵有加，封他為皇后的守護騎士，長伴桂妃維雅的身旁，保護她的安全。後來的事，大家都能猜到，雖然騎士戒律對男女關係，尤其是這種上下級的男女關係有嚴格的約束，但愛情要來時，誰也不能阻擋。兩個人在亞瑟王眼皮子底下相愛了。可是蘭斯洛特畢竟是個君子，他和皇后的愛情比林中的溪水還要純淨，兩個人精神戀愛，什麼實質上的事情也沒幹。對亞瑟王來說，如果實在的綠帽子扣在頭上，讓他捉姦在床，他當然是可以治蘭斯洛特之罪，可人家沒有啊，根據騎士條例，一個男人仰慕一個女性是受到保護的，騎士精神是不能吃飛醋的，這如同讓亞瑟王吞個蒼蠅，除了噁心，他什麼事也做不了。

後來有一天，亞瑟王聽說自己的老婆和蘭斯洛特在一個樹林中約會，忍無可忍之下，他派出十二名騎士圍住樹林，想除掉蘭斯洛特。這林中一戰一直被認為是不列顛武林最著名的戰役，可媲美喬峰聚賢莊一戰。蘭提洛特揮舞著「無毀之湖光」，驚鴉飛雀，天地變色，樹林中無邊落木蕭蕭而下，十二名亞瑟騎士全部殞命當場，蘭斯洛特仗劍浴血逃出生天。

賠了夫人又折兵，亞瑟王惱羞成怒。抓不住蘭斯洛特，只好拿自己的老婆出氣。他將桂妃維雅綁上了火刑台，要將她燒死。像蘭斯洛特這樣的騎士，是不會眼睜睜看著一個女人為自己而死的。

所以施刑當天，蘭斯洛特帶著一群手下死黨，殺進了法場。力拼刑場上所有的護衛，生生地劫走了皇后，並帶她越海私奔逃到了法蘭西。

蘭斯洛特這個動作的確也是太大膽了，當時的羅馬教皇已經管著歐洲的大小事務了，知道這很可能引發巨大的危機，所以趕緊出面調解，說服蘭斯洛特交還別人的老婆。蘭斯洛特當然也知道事態嚴重，所以只好派人將桂妮維雅送還給亞瑟王，以為這件事就此可以平息。事情鬧到這個程度，已經跟女人無關了。還記得上篇說過的騎士高文嗎？他的兄弟就是為了抵抗蘭斯洛特劫法場而慘死，還有很多騎士也死在蘭斯劍下。所以以高文為代表的一群騎士力諫亞瑟王，這事不能就這麼算了，不當面揍死蘭斯這個壞小子，眾怒難平。這正打中亞瑟王的心坎，對於自己的騎士背叛自己這件事，他也憂憤啊，國王的老婆，皇后啊，你小子想借就借想還就還？於是，亞瑟王集合人馬，麾下騎士披掛上馬，預備跨海尋仇，要找蘭斯洛特算總帳。

國王出差去打架，家裡的事總要讓人管吧。上篇不是說過，亞瑟王跟他姐姐春宵一度生下個兒子叫莫德雷德，傳說他出世後，亞瑟王也覺得有點不好意思，加上梅林預言這小兔崽子是自己的宿敵，為了不露痕跡地除掉孽種，他把和莫德雷德同一天出生的小男孩全部放上一條船，並讓他們漂流海上，結果所有的小孩都死了，只有莫德雷德毫髮無損地回來。亞瑟王認為這是神的旨意，於是一直讓他留在自己身邊，深受信任，亞瑟王臨走時，將自己的國土和王權都交給他監管。

大家這時奇怪，亞瑟王不是有個神仙師傅輔佐嘛，他應該是無所不能的，怎麼國王做得這麼狼狽呢？主要原因就是梅林這個老東西，為女色拋棄了自己的責任，在亞瑟最需要他的時候，撂挑子提前退休了。

也不知從什麼時候起，梅林就瘋狂愛上了湖上仙女怡妙。這個老魔法師雖然法力高強，可長得怪模怪樣，毫無魅力。同樣是大把長鬍子，他比鄧布利多的形象可是差老遠了。怡妙是仙女啊，能跟梅林那模樣的老男人混嗎？梅林不顧老臉的死纏爛打，一天到晚在怡妙面前顯殷勤，讓怡妙不勝其擾。梅林法力無邊，追女生的辦法卻是相當原始。老男人一般都以教本事的藉口勾搭小女生，所以在很短的時間內，梅林就將自己的全身本事都教給怡妙了。據說當時的魔法師修練各種魔法需要二、三十年的時間，梅林天才地總結了一些速成的口訣，讓成為魔法高手的進修時間大大縮短。本事都學會後，怡妙開始考慮徹底甩掉老頭的事了。她先讓梅林起誓，任何時候都不能對他自身使用魔法，老梅林當然是滿口答應。然後，怡妙要求跟梅林出去旅遊。據說出發之前，梅林已經交代好後事，他告訴亞瑟王，這一次他將一去不回，讓亞瑟王保護好「王者之劍」的劍鞘，保護好自己。

這一路上，老梅林變著法騷擾怡妙，想讓妙齡女子就範委身給白鬍子老頭，怡妙恨不得掐死這老頭算了。終於在一個山洞裡，看到一塊巨大的石頭。怡妙笑眯眯地要求老梅林給表演一個「岩底穿梭」看看，也就是從石頭中間穿過去。老梅林馬上啟動魔法鑽進了岩石，在還沒出來的時候，怡妙用梅林教授的魔法將岩石封閉。鑑於老梅林已經發誓不可以對自己施魔法，所以只好被封在石頭裡，什麼也不能做。歷史上最偉大的魔法師，為了一份無望無賴無聊的愛情，將自己永遠活埋了。

卻說亞瑟王帶兵遠去，老梅林曾經預言的事發生了，莫德雷德乘機謀反。他造謠說亞瑟王已經死在戰場，他作為繼承人成為王國的新主人。這還不算，他不僅霸佔了王位和江山，還把皇后桂妮維雅也收下了。

在外出征的亞瑟王收到消息，大驚失色。趕緊回師平亂。在卡姆蘭河谷，亞瑟王和莫德雷德父子展開大戰。這是亞瑟王生前最後一仗。據說他親手幹掉了近千名叛軍，證明他可以成為圓桌騎士之主絕不是浪得虛名。可梅林走前還預言過，雖然亞瑟王的生命懸於他的劍鞘，可他這把保護生命的劍鞘還是會被偷走，並且是被一個生命中很親密的女人偷去。老梅林這個東西，明明知道會有這麼多麻煩，他只負責嚇唬，也不給人解決的辦法就一走了之。根據梅林的烏鴉嘴，亞瑟王的劍鞘果然被他的姐姐摩根也就是莫德雷德的媽偷走了，並丟進了寶劍來的湖底。卡姆蘭河谷的決戰，實際上是亞瑟王一家三口的內部糾紛，不過因為是皇室，所以動作幅度大一些。戰鬥的結果是：莫德雷德被他父親的「斷鋼劍」刺穿，死在亞瑟王的懷裡。而亞瑟王也被他兒子的長矛刺中，因為沒有劍鞘的保護，亞瑟王血流不止，奄奄一息。

這場大戰的結束，亞瑟王身邊的騎士盡數戰死，最後只有獨臂騎士貝狄威爾倖存。他根據亞瑟王的最後要求，帶著亞瑟王來到了湖邊，將「王者之劍」再次投入水中，還給了仙女。而湖中仙女也划著一條小船，把將死的亞瑟王接到了精靈國度。後來的事就不知道了，亞瑟王留在世上的最後一句話是：如果王國需要他，他會隨時回來！傳說那柄「王者之劍」在湖底成為不列顛的鎮島之寶，如果有人將找到它，並帶出不列顛，則英倫三島會頃刻間沉入海底，萬劫不復。

亞瑟王死後，王后桂妮維雅自覺罪孽深重，出家當了修女。蘭斯洛特回到不列顛，希望能和桂妮維雅重新開始。可是看到亞瑟王慘死和桂妮維雅的出家，他也受到巨大打擊，感到內疚。所以最後他也出了家，成為一個修道士。

亞瑟王的騎士故事很多，中間還有《達文西密碼》中提到的「聖杯」的故事，亞瑟王後期百無聊賴之餘喜歡發動騎士們尋幽探密，「聖杯」就是當年耶穌被門徒出賣時，最後的晚餐用的杯子，而後耶穌受刑時，這個杯子曾用來盛基督的寶血，所以在歷史上，這個杯子帶著神聖的光環，是歐洲的至寶。尋找聖杯已經不是一個簡單的探險動作，而是很高的精神修練，傳說只有心靈最純潔無瑕的騎士才能尋獲。結果是蘭斯洛特的兒子實現了這一崇高理想。

亞瑟王的故事很有趣，老楊就講到這裡，有興趣的自己找書看看吧。讓我們來看看這個神話時代的真實史實。

3

這一篇，我們進入非常枯燥無趣的不列顛家的古代史階段。

看地圖啊，不列顛群島其實離歐洲大陸是很近的，在最窄的多佛海峽，水性好的一頭扎下去，上來時就到英國了，很利於偷渡。凱撒征戰高盧時，就隨便弄了條小木船，划著就上了不列顛島，當時島上的生活可讓他開了眼界了，作為遊記作家，凱撒對不列顛島上生活情況作過一些描述：「所有不列顛人都用靛藍染身，使人看來帶有天藍顏色，因此在戰鬥中顯得更為可怖。他們還蓄著長髮，全身除了頭部和上唇之外，到處都剃光。妻子們是由每一群十個或十二個男人共有的，特別是在兄弟們之間和父子們之間共有最為普通，如果這些妻子們中間有孩子出生，則被認為是當她在處女時第一個接近她的人的孩子」。從凱撒的角度來看，這裡完全是沒有開化的禽獸之地。

這片群島上的原居民是一些伊比利亞人，在歐洲大陸像老鼠一樣四處逃難的高盧人因為日耳曼人的驅趕，有一部分過海來到不列顛，將原主人驅趕，屠殺之後，佔據了不列顛島，繁衍下來。在這裡他們被稱為凱爾特人。

西元前五十五年與五十四年，凱撒率羅馬軍隊遠征不列顛島，打到凱爾特人求饒後就撤退了。西元四十三年，羅馬人在不列顛島設置了行省，羅馬人實際上只控制了東南部地區，北部的蘇格蘭與西部的威爾斯仍在凱爾特人的手中，他們時常起兵反抗羅馬人的統治，羅馬人為了防備他們不得不修建了「哈德良長城」。西元四至五世紀，羅馬帝國日漸衰落，逐漸放棄了對不列顛的控制，羅馬人從四〇七年開始撤兵，至四四二年全部退走，結束了對不列顛四百年的統治。

凱爾特人在羅馬走後統治了不列顛，但也沒有統一和平，他們組成各種各樣的小國，有的可能就是個小城堡，便組織人馬互相爭鬥搶奪人口和資源，當然還有土地。這樣亂糟糟的地方，海對面的人看熱鬧之餘肯定也會動些壞心思的。

再看地圖，現在的丹麥所在的半島，學名叫「日德蘭半島」，在現在講的這段歷史裡，這個半島上住著三個日耳曼的部族，北部的是朱特人，南部叫盎格魯人，靠近歐洲大陸這邊，易北河下游一帶居住著撒克遜人。這三個部族裡，盎格魯人和撒克遜人關係好，習俗和習性都比較接近，臭味相投，有點同盟的意思。所以經常被稱為盎格魯—撒克遜人。這兩個部族在整個日耳曼族群中發展比較緩慢，進化得比較落後。雖然看起來又土又笨，但血液中的剽悍成分是天生的，如果在歐洲大陸，他們肯定自學成才就能成為山匪路霸，但因維生於海島，於是便把自己深造成海盜了。

他們造船的技術都是天生的，搶劫這個犯罪基因也是天生的。出海搶劫，要選個地方下手啊。研究一下形勢：往歐洲大陸方向，那是羅馬帝國的地盤，還有更強悍更發達的日耳曼人，過去肯定是佔不到便宜的；另一個方向呢，不錯，不列顛島，那裡亂糟糟的，絕對是個軟柿子，可以捏！羅馬統治不列顛時代，盎格魯–撒克遜的海盜就讓他們非常頭痛，在沿海修建了大量工事和堡壘防禦他們，還不太防得住。羅馬撤出後，機會更加好了。

當時不列顛肯特地區一個凱爾特人的首領為了打仗，找朱特人幫忙，朱特的軍事首領是兄弟倆，帶著軍隊就在泰晤士河口登陸，上了岸之後，雙方談借兵的價格問題。結果朱特人坐地起價，凱爾特人自然不接受。兩邊翻了臉，朱特人毫不客氣地將肯特地區佔領，並住下不走了。同時，盎格魯–撒克遜人也橫渡北海，進入不列顛內部。隨著這三個日耳曼部落的長驅直入，凱爾特人的反抗活動也如火如荼地展開。上篇說過的亞瑟王的故事就發生在這一段。歷史上，亞瑟王被當作凱爾特人的民族英雄，一直領導著凱爾特各部抵抗日耳曼人的入侵。

凱爾特人抵抗日耳曼這三個部族大約一個半世紀的進侵，最後終於堅持不住，撤退到威爾斯、蘇格蘭、愛爾蘭等地區，現在這三個地區的居民大部分都屬於凱爾特人的血統，後來他們大規模遷徙至北美，所以老美家的人種裡，凱爾特人的後裔比例也非常高。此時的英格蘭大部分就成了日耳曼部族的天下。現在我們說的「英格蘭」（England）這個單字，最早的翻譯應該是「盎格魯人的土地」。也就是說，盎格魯–撒克遜這些人，成為現在不老顛家的祖先正統。（其實這些日耳曼人佔據不列顛不走也有不得已的苦衷，他們在歐洲大陸也受到了北匈奴的衝擊，不躲遠點就被滅族了。）

隨著朱特人、盎格魯－撒克遜人正式成為英格蘭常駐人口，在對凱爾特人的征戰中，因為部落或是小團夥的獨立作戰，勝了就自動自覺瓜分土地，所以在凱爾特人被清除後，盎格魯－撒克遜人在英格蘭建立一盤散沙的各種小國家，後來互相爭鬥廝打了一陣，留下了七個國家，英國歷史上號稱「戰國七雄」！（其實真名是「七國時代」）

這七個國家分別是：肯特（Kent）、薩塞克斯（南撒克遜 Sussex）、威塞克斯（西撒克遜 Wessex）、埃塞克斯（東撒克遜 Essex）、諾森布里亞（Northumbria），東盎格利亞（East anglia）和麥西亞（Mercia），這七個小國和所處的位置，成為後來英格蘭王國的雛形。

那麼小的土地上擠了七個國家，也沒聽說有重大的文化進步，每天的活動不外乎就是打架，咱家的「戰國七雄」時代的群雄爭戰，是帶著大量的高深智慧，演繹出許多高明謀略的。英國的「七國時代」打得比較蒼白，也沒聽說什麼精彩的故事。但這個時期，最精彩故事的卻是古代世界史的重要門派——維京人顯身江湖！

維京人起源於斯堪地那維亞半島，看地圖啊，這個歐洲北部的半島在頭部這個位置與歐洲大陸相連。周圍環繞著巴倫支海、挪威海和波羅的海。是地球上緯度很高的地帶，氣候嚴寒。每年要度過一個漫長的冬季，每天要熬過長長的黑夜。島上地形複雜，森林茂密，加上海岸曲折，海島林立。根據靠天吃飯的模式，島上的居民自然是砍掉森林，修造船隻，出海撈魚維持生活。所以北歐文化的精髓就是兩個東西：一個是原木，一個是大海。

島民們進化了一陣，逐漸形成了三個國家，一個叫挪威、一個叫丹麥、一個叫瑞典。這夥人因為秉性和來路都差不多，所以到他們橫空出世，威震江湖的時候，統稱維京人。

西元八世紀之前，斯堪地那維亞半島大約有兩百萬居民，他們利用自己的輕便船隻在歐洲的海邊進行各種貿易，這時的維京人還基本算是正當商人。此時的地球氣候開始逐漸變暖，半島上的農作物的產量也提高了，營養均衡些，糧食多了些，人們的身體自然更加強壯，嬰兒的出生率提高，死亡率降低。由於維京的婚姻習俗是一夫多妻制，因此人口的成長速度很快的。隨著人口數量的提高，斯堪地那維亞半島的土地就顯得不夠用了，許多年輕力壯的沒有工作，不得不出外謀生。鑑於這些原因，維京人發現他們如果不增加海外的收入，小半島的日子是很艱難的。正常的貿易畢竟收入有限，而且還耗時耗力的，同樣是造船，不造商船直接造戰船，打上別國的土地，將別人家的生產成果強行拿過來享用，肯定是最方便有效率的辦法。尤其是當時的維京人法律規定，犯了法的人就往大海上流放，那附近的海域成了犯罪分子的集散地，這些個回不了家的亡命之徒自然樂於為各種海盜船隊打工，充當搶劫急先鋒。

因此，維京人終於決定學壞之後，他們就開始分兵出擊，向歐洲所有的國家下手，此後的幾個世紀，那些大海上行動迅速，快如鬼魅的龍頭戰船，以及靠岸後，頭戴牛角頭盔呼嘯著席捲而來的維京人成為全歐洲的夢魘。在出海打劫的過程中，斯堪地那維亞半島上已經模糊成型的三個國家選擇了不同的搶劫路徑：挪威維京人向不列顛群島和地中海附近掠奪和侵略；丹麥維京人進攻西歐大陸，沿著歐洲的幾條大河縱橫；而瑞典維京人向東來到斯拉夫人的部落，他們後來過於深入不能自拔，索性建立起留里克王朝後來逐漸發展成為俄羅斯帝國，這一夥算是最早從良的維京人。當時的歐洲已經確立了基督教的統治地位，所以教堂和修道院是各地財富的集中地，維京人自然是不怕上帝生氣的，這些地方成為他們搶劫的重要目標。

維京人進化為強盜祖宗，除了半島生活貧瘠等社會因素外，他們因惡劣的氣候環境造就的剽悍的性格和尚武英勇的宗教信仰也是他們成才的重要原因。而維京人信奉的宗教，就是讀者都很期待的北歐神話體系。西歐的歷史和北歐海盜關係深遠，在我們講述英格蘭的歷史之前，必須將維京人介紹清楚。

4

從前的從前，一片洪荒，天地混沌，這混沌由兩部分組成，一邊是冰雪世界，萬年玄冰千年積雪，奇寒無比。另一邊是火焰之國，炙焰沖天火光灼目，自然是酷熱難當。有個叫蘇特的大傢伙揮著一柄光劍守在這邊。這兩個冷熱兩極的世界之間，是一條巨大的鴻溝。

話說突然有一天冰雪世界冒出一股泉水，帶著些碎冰和雪塊向鴻溝衝擊，在溝底沉積，但因為另一邊的火舌經常舔過來，這些冰雪又融化成水，而後新的冰雪又再次襲來，你來我往間，鴻溝裡非常熱鬧。其間歲月流轉了億萬年，冷一陣熱一陣的，終於讓鴻溝孕育出了生命，一個巨大的生物伊米爾稀裡糊塗地誕生了。伊米爾是北歐神話中一切的起源，相當於我們家的盤古。

伊米爾拖著龐大的身軀在黑暗苦寒中徜徉，當然不是思考哲學問題，而是找食物。好在除了他，這冰與火的融合還產生了另一個生物，那就是一頭巨大的乳牛，乳牛的身下流出四股乳汁，匯聚成四條奶白色的河流。伊米爾就是靠著這些乳汁維繫生命。乳牛吃什麼呢，乳牛舔冰塊就能活著（說好是神話故事，有些事不用太計較）。

乳牛的乳汁健康純淨，絕對不含三聚氰胺，所以伊米爾沒有結石，健康發育，到了一定的歲數，就可以繁殖後代了。先是從他的雙臂下長出兩個巨人，這兩個巨人結合後又生出了許多巨人。這一支的巨人比較聰明，其中腦子發育最好智慧最高的巨人叫密密爾。伊米爾的腳底下也生出了一個巨人，長六個腦袋，相當難看，後來也敢繁殖後代，這一支的巨人普遍愚蠢笨拙，長得還歪瓜裂棗，經常出各種怪獸。但所有伊米爾產下的巨人統稱為「霜的巨人」，是神仙們的敵人。

那神仙又是從哪裡來的呢？不是有一頭大乳牛嗎，乳牛不斷地舔冰塊，尋找鹽霜（海洋王國的神話，冰塊裡居然有鹽霜?!）。有一天舔著舔著舔出一個人頭來！乳牛也不害怕，繼續舔，三天後，居然舔出一個高大俊美的男子，強壯有力，性格溫順，名叫布里，是眾神的始祖。

布里自己生了個兒子叫博爾，博爾娶了智慧巨人密密爾的姐姐為妻，當然也是個女巨人。他們生了三個無與倫比，完美絕倫的兒子，一個叫奧丁，一個叫威力，一個叫維，這三兄弟後來成為世界之主。

三個兒子從小有雄心壯志，不願意生活在亙古的黑暗和冰雪中，為了打碎舊世界，開闢新天地，他們向伊米爾發動戰鬥，並聯手將這起源巨人殺死。據說伊米爾死時，流出的大量鮮血變成一場洪水，在這場我們不陌生的洪水中（所有的神話史前都會發一陣洪水），巨人族幾乎死光了，當然還是有對巨人夫婦得以倖免，於是在洪水退去後，巨人又開始繁殖。

三兄弟預備開闢建造一個新的天地，手邊沒有建材啊，怎麼辦，不是有伊米爾巨大的身體嘛，這麼大一堆肉，幹什麼都夠了。於是伊米爾的肉體被放在了鴻溝中間，將鴻溝填滿後成為大地。他的血被造成海洋和湖泊，他的骨骼變成丘陵和山脈，牙齒和零碎的齶骨造成岩崖和卵石，頭髮和鬍子成為樹木和青草。腦袋被丟到空中成為天空，腦漿流出來成為白雲，可是這腦袋天空不能老懸浮著，要往下掉啊，怎麼辦，找東西頂著啊。

話說三兄弟殺死伊米爾後，他還腐爛了一陣，屍體腐爛自然是會生蛆的，這些蛆吸吮了伊米爾的精氣，修煉成了精靈。奧丁施法讓他們擁有人的形狀和智慧。向光的一面生出來的是光明精靈，通透明亮，熱情開朗，能和鳥獸蟲魚，花草樹木，自然界的一切溝通並和平共處，是神仙們的好朋友，好幫手。而伊米爾屍體背光的一面生出的卻是些黑暗邪惡的精靈，據說貪婪而虛偽，不招人待見，所以不叫精靈，叫侏儒。被神安排居住在大地之下，沒事不准跑出來。奧丁隨手抓了四個侏儒來頂住下沉的天空，這四個侏儒的名字經常出現在麻將桌上，叫做「東、南、西、北」。奧丁又到火焰之國抓了幾個火星，丟上天空，成為閃爍的繁星，世界上總算有了點亮光。

世界微具雛形，神仙兄弟認為應該搭配一種漂亮的生物在這裡生活，這天三個神仙在海灘散步，海浪突然捲來了兩截木頭，一段梣樹，一段榆樹。三兄弟覺得這兩段東西很適合造人，於是開始雕刻。梣樹被雕成英偉的男子，榆樹成為美麗的女子。然後，「奧丁首先把人形木握在手中，賜給了他們生命與呼吸；威利接著賜給了他們靈魂與智慧；最後，維賜給了他們體溫和五官的感覺。人類誕生了。」根據他們的來歷，男的名叫阿斯克（梣樹），女的名叫愛波拉（榆樹）。這兩人在神新創造的世界裡住下，並結合，繁衍生殖了好大一群人。

智慧巨人密密爾有個美麗女兒，皮膚很黑，最喜歡的事就是騎著駿馬在星空中奔馳，名字叫夜晚。她跟光明精靈結婚，生下個很眩目很耀眼的美男子，這個男子名字叫白天。跟他媽媽一樣，也喜歡騎著馬在天上亂跑。這母子倆輪番地在天上瞎跑，一個跑完了回去休息，另一個接著跑，兩班倒形成晝夜更替。巨人國有個巨人有兩個完美的孩子，一男一女，女孩子叫太陽，通體金光閃閃，男的叫月亮，銀光四射。奧丁到巨人國把這兩個小孩弄出來，讓他倆跟著白天和夜晚在天上值班，也在天上瞎跑。太陽和月亮在前面跑，後面還有一群狼在追，如果追上了，張口就咬就變成了日食或者月食。萬一哪天日月都被狼吞下去，則天地毀滅。

在新世界裡，神仙在中間的位置上方佔了塊地成為神國，精靈被允許生活在周圍，建立精靈國，而在大地的最東邊，給巨人一個專用地盤，是為巨人國。大地之下，不見天日的地方就是侏儒國。從這時起，整個北歐的世界裡生活著人類、神仙、精靈、巨人、侏儒這幾個物種，有時相安無事，有時勾心鬥角。尤其是神國和巨人國，更是水火不容，成為宿敵。

伊米爾死後，他的屍體上長出一棵大樹，遮天蔽日的。這棵大樹成為宇宙的中心，也是北歐神話的核心中樞。這棵大樹有三條樹根，一條通向神國，一條通向巨人國，一條通向死亡之國。三條樹根的連接著三股泉水，滋養著這棵大樹，它是整個宇宙的支撐。

通向死亡之國的那條樹根被一股冰冷刺骨的泉水滋養著，泉底有一頭毒龍看管泉水，它每天啃宇宙之樹的樹根，指望著有一天把這棵大樹啃倒，世界滅亡。

通向巨人國的樹根被巨人國裡一口智慧之泉滋養，這口泉水匯聚著宇宙所有的知識和智慧，任何物種喝上一口，就能拿諾貝爾獎了。這口泉水由智慧巨人密密爾看管，不論是神祇、巨人、精靈還是侏儒，誰也不能靠近，誰也不准染指，倒是密密爾自己，每天黃昏吃飽了飯就會拿牛角杯盛一杯智慧之水來助消化。這自私的巨人把自己搞得越來越聰明，無所不知的，不論是過去的事還是沒發生的事。有一天，奧丁來到這裡，祈求密密爾讓他喝一口智慧之泉的水，密密爾這個小氣鬼堅絕不幹，生怕別人聰明了。在奧丁不斷哀求下，密密爾提出個缺德要求，讓奧丁挖一隻眼睛出來丟進泉水來交換，奧丁毫不猶豫地答應了，挖出一個眼睛丟到泉底，這個眼睛向上仰望，可以看到過去和未來之事。奧丁因此喝了一肚子泉水，變得更加智慧更加有知識。但從此後，這個北歐神話的主神就成為一個獨眼。

宇宙樹通向神國的樹根也有一汪清泉，水平如鏡，美麗如畫。是一個靜謐的湖泊，這湖上反射著悅目的柔光，將神國照得透亮和煦。有兩隻鳥從遠山飛來，在湖上遊弋了一陣，通體被染成純白，變成天鵝。看守這汪清泉的，是三個女神，她們負責灌溉和照顧宇宙樹，讓他茁壯成長。這三個女神還管理著人間眾生的運數，所以又叫命運女神。她們的名字分別叫過去、現在和未來。過去女神每天都在紡線，她紡出的線就是人類的生命，她不停地紡線，人類的生命就得以不停的延續；而現在女神掌管生命的品質和長度，她將過去女神紡出的線撚成形，不過她心情好的時候，撚出的線就比較精美，心情惡劣時，線就亂糟糟的；有的線長有的線短。於是人類的一生，有的人富貴安逸，有的人困頓無為，有的人長命百歲，有的人英年早逝。這都要看今天女神的心情；未來女神負責索命，根據現在女神確定的長度，未來女神毫不留情地操起剪刀將絲線剪斷，人間有一個人的生命就因此嘎然而止。

宇宙樹的樹冠上有一隻羽毛潔白的公雞，她根據命運女神的安排，計算人類睡覺的時間。當人類因為勞累入睡時，它就在樹冠上計數，到了時間就放聲唱歌。被吵醒的白天和太陽趕著車到天上上班，人類也起來下地工作。樹的最高處還有一隻蒼鷹，展翅時世界就颳起大風。這隻蒼鷹跟冰雪之國那頭毒龍是宿敵，樹幹上有一隻松鼠經常在這兩個禽獸之間傳遞仇恨並挑撥離間。宇宙樹邊還有四隻美麗的大鹿在奔跑，啃食樹的嫩芽，他們四個象徵著四個方向的風。樹下不是躺著伊米爾的遺骸嘛，他老人家經常躺著不舒服，偶爾會翻身，於是大地就地震了。

自從神仙構建了神國之後，就致力於建設家園了。只有奧丁天上地下到處竄，除了長了不少知識智慧外，就是認識了不少女人，惹了不少緋聞和豔事。

5

上篇說到神國建立，這個北歐諸神的居住地名叫亞薩園。奧丁不安於在家待著，天上地下到處亂跑，號稱是到外面取經學習觀摩，實際上最有成效的工作是誘拐別國的閨女。先是跟一個女巨人——大地女神發生一夜情，女巨人為他生下一個叫托爾的兒子。後來他又發現巨人國有個絨漂亮的妹子叫芙利格，因為巨人國和神國有仇，奧丁也不敢明目張膽過去提親，只好趁月黑風高潛入巨人國，找到芙利格二人商量好私奔。芙利格的爸爸曾經送她一件叫「鷹羽」的寶貝，穿上後，可以想雄鷹一樣扶搖雲霄，兩個人就靠這件寶貝跑回神國，結為夫婦開始繁殖眾神。

芙利格還是挺能生的，不久，亞薩園就人丁興旺了，因為都是神仙，所以當然都有各自的宮殿，亞薩園的基礎建設也如火如荼，這個諸神的家園很快就頗具規模了，各種城堡宮殿都是用白銀和黃金建成，一片金碧輝煌。在亞薩園中擔任了重要管理工作的是十二個大神仙：

老大當然是奧丁，不出去瞎跑的時候，他總是坐在宮殿正中的御座上。他穿著寬大的上衣戴著一頂寬邊帽，他的肩膀上停著兩隻烏鴉，一隻叫做胡晉（意為思想），另一隻叫做穆寧（意為記憶）；他的膝下匍匐著兩條馴服的狼，格里和弗雷克。宮殿正中的那個奧丁的御座，是亞薩園中的一件神奇的寶物。每當奧丁坐在這個御座上的時候，他的一隻眼睛能夠一下子看到世界上正在發生的事情；而他不是還有一隻眼睛在智慧之泉水底嘛，那隻眼睛能看到一切過去的事情和將要發生的事情。在奧丁張望世界的時候，有一個角度，視線會被宇宙樹擋住，讓他看不見。怎麼辦，奧丁有自己的線人系統——他肩膀上的兩隻烏鴉。太陽下山時，這兩隻烏飛出亞薩園探訪，一直飛到世界的盡頭。清晨來臨，奧丁一開始早朝，兩隻烏鴉就飛回來，一隻停在奧丁的左肩，一隻停在奧丁的右肩，把它們在外面的見聞、是非、緋聞，告訴它們的主人，就這樣，眾神之主奧丁對天下的事情無所不知，沒有任何網絡屏蔽。

奧丁的老婆芙利格主管婚姻家庭等事務。

奧丁和大地女神生的長子托爾是個大力士，天上地下最有力量的人，長著一臉紅鬍子，性情豪邁，行俠仗義，張飛一般的人物。他的主要工作是保護亞薩園的安全，所以經常在外打仗，工作重心是找巨人國的麻煩。

托爾的老婆叫西芙，主管大地和豐收，最出名的是一頭美麗絕倫的金色長髮，閃著黃金般的光澤。

奧丁和芙利格有好幾個兒子，最出名的當然是亞薩園的太子爺叫做巴爾德爾，光明之神。俊美絕倫，天下無雙，而且心地善良性情溫和，受到所有人的愛戴，在亞薩園享受著眾星拱月般的對待，是讓所有的人愉悅的男主角。

奧丁另外的兒子中，有一個叫提爾，戰鬥之神，負責保護所有的戰爭，也是所有的契約、盟誓的擔保人。他是獨臂的。關於他獨臂的原因，後面會說到。在北歐的神話體系，提爾是僅次於奧丁的神。跟提爾正相反，奧丁還有一個詩人兒子布拉奇，才華橫溢，可以出口成章。能言善辯，是詩歌之神。還有個兒子叫霍德爾是個瞎子，因為失明讓他心裡陰暗，是亞薩園裡最孤僻最冷漠的人。

以上是奧丁家族的神祇。奧丁的血系之外，最有權勢的神就是巨人之子洛基。按道理，巨人國的人如果不是奧丁生的，是很難進入亞薩國位列仙班的。洛基的母親對奧丁有養育之恩，所以奧丁和洛基是結義兄弟。洛基在奧丁國度是火神，但後來他成為一代邪神，成為神國的大敵和毀滅者。

介紹完人物，故事就開始了。先說亞薩園的建設活動。亞薩園裡的諸神宮殿基本蓋好後，奧丁下令在天地之間招募能工巧匠為亞薩園建造一圈高大堅實的圍牆。這時巨人國的一個著名工匠前來應聘，他只有一個人，騎著一匹馬。他說他一人一馬只需三個冬天就能為亞薩園建起堅固的城牆。

條件是他如果按期完工，他要亞薩園的愛神芙蕾亞為妻，並讓奧丁將太陽和月亮送給她作陪嫁。

亞薩園的愛神芙蕾亞是個什麼樣的人物呢。天地之間除了亞薩神族還有一個華納神族。華納神族的女王為了兩個神族誰能獨佔人類的膜拜找奧丁談判，結果奧丁不講道義，見面就動手，挑起兩個神族驚天動地的惡鬥。打到後來，不分勝負，兩邊都損失很大，於是和談。各派人質到對方家裡住下。奧丁選擇了亞薩園最笨的一個神去華納作人質，為了怕他露餡，特別安排了看守智慧之泉的密密爾同行。到了華納國，這個笨神一言不發，所有大小事都有密密爾替他出面。而華納神族做事就厚道多了，他們送到亞薩國做人質的，卻是他們族群裡最完美的兄妹，弗雷和芙蕾亞。弗雷掌管所有小精靈，恩賜給世間幸福和祥和，他的小精靈行善濟世，樂於助人，深受各界喜愛。弗雷自然也成為天地間最可愛的神祇之一。而他的妹妹芙蕾亞更是美麗得不可方物，讓諸神驚歎。而且成天花枝招展，豔麗繽紛，代表著冰雪世界最熱忱希冀的春天和愛情。對亞薩園來說，這筆交換人質的買賣，賺翻了。後來華納神族發現自己上當，砍掉了智慧巨人密密爾的腦袋，這個腦袋後來被奧丁用魔法保存，成為自己的外腦。對亞薩神族來說，這兄妹倆是意外收穫的寶貝，就算和華納再打一場也不還給他們，更何況一個修圍牆的巨人泥瓦匠，單槍匹馬的，連包工頭都不算，就想帶走大美女芙蕾亞。這件事，亞薩園的神仙肯定是不會答應，但他們認定這個巨人無法完成他們要求的工作，為了戲弄巨人，他們要求，巨人在一個冬天把圍牆造好，可以答應他的條件，否則就砍他腦袋。

誰知，這個巨人很痛快答應了這個賭約。不久，亞薩園的神仙就發現事情不妙了。圍牆以神奇的速度在成型，諸神偵查發現，這個巨人的那匹馬是一匹神駒，日夜不停地為巨人拉來巨石，速度奇快，效率巨高。在這個冬天眼看就要過去時，亞薩園諸神不得不承認，如果不想辦法阻止，神國最美的女人還有太陽、月亮就都要被巨人帶回家了。諸神趕緊召開緊急會議，商量對策，開了半天會，一籌莫展。好在亞薩園有個智商極高的陰謀家，損人的主意，他一般都很有把握的，這個人就是奧丁的結義兄弟——火神洛基。

洛基在整個神國轉了一圈，找到一匹又美麗又風騷正在發情的母馬。晚上，修圍牆的巨人休息了，他的神馬正在工作，突然看見面前出現一隻發情的漂亮母馬，當場暈菜，追隨這匹母馬而去。這母馬被洛基牽著，在前面猛跑，一直到遠離亞薩園的山谷，洛基才放手，讓這兩匹馬談戀愛，墮入情網的神馬，哪裡還記得他主人修圍牆的事。

因為洛基的詭計得手，巨人當然就輸了賭約，不僅修牆沒收到工錢，還丟了坐騎，最後自己還被托爾用他的法寶兵器大鐵錘活活打死。而亞薩神國呢，白白得到一個高聳入雲的堅實城牆，最幸運的是，神馬和母馬的愛情結晶居然是一匹更厲害的駿馬，八隻長腿神駿無敵，是馬中之霸，最後成為奧丁的坐騎。一個獨眼騎著匹八蹄怪馬是宇宙間最有權勢的模樣。

修好的圍牆入口是亞薩園的大門，門口就是亞薩園另一個守護神的宮殿，這個神的門衛叫海姆道爾，眼觀六路耳聽八方，據說他的視線可以在深夜穿越幾百里濃霧，耳朵可以聽見花開的聲音，手邊有一支巨大的號角，隨時警惕著亞薩園周遭的安全。

亞薩園內最大的宮殿不是奧丁的居所，而是瓦爾哈拉宮。也有叫英靈殿的。它的屋頂由無數的箭簇盾牌構成，有五百四十道大門。這宮殿裡居住所有戰爭中死去的英雄人物和精壯勇士。奧丁最喜歡打仗，所以他安排的人間也是戰爭不斷。所有的戰爭，諸神都在天上注視，那些在戰爭中犧牲的勇士和壯士，被奧丁精挑細選，死後的魂靈進入瓦爾哈拉宮。這些戰士們在這裡復活，穿上神族的盔甲，重新拿起武器，成為奧丁的戰士。他們每天在這裡操練，奧丁為他們安排了最好的伙食和美酒。

大家奇怪，這個奧丁未免太有憂患意識了，神仙國度不是應該開放和平，一片溫馨嘛，一會兒修城牆，一會兒練士兵，搞得危機重重的。那是因為，奧丁聽說過一個預言，這個預言被叫做「諸神的黃昏」，在這個預言裡，整個神國和人間將被毀滅重來，天上地下所有的生靈將遭受塗炭，這是一場誰也不能避免的毀滅之戰，奧丁所能做的，就是不斷地加強神國的保全，而他自己寧可自殘身體也要獲得各種知識和智慧，就是為了盡量推遲這個悲劇的發生，或者在這個悲劇中最大限度減少損失。

可既然是預言，一切總會實現的，因為亞薩園內部有一個禍根，就是火神洛基。剛才我們說過他施詭計處理城牆事件得手的事，其實在亞薩園生活期間，他幹了不少事，對這個神國的影響很大。

還記得第一力士托爾的老婆西芙嗎，那個有一頭美麗金髮的女人。話說她一天到晚最喜歡梳理這一頭秀髮，也是托爾的最愛，他最值得驕傲的東西之一。這洛基既然是個邪神，就喜歡幹些損人不利己的缺德事，他居然趁西芙睡覺時，惡作劇將人家的頭髮剪掉並偷走了。托爾回到家，美麗的老婆成了禿子，他馬上知道這是洛基的傑作，怒不可遏。洛基這個傢伙沒什麼大本事，第一是口才好，三寸不爛之舌，另一個就是精於變化，可以變成各種東西，這本領基本都被用來逃跑。洛基在大力神托爾手裡如同一隻雛雞，托爾警告他，如果不能讓他老婆的金髮復元，他就拆了洛基的骨頭。洛基當然知道，這個猛人是說到做到的。

洛基找到了地下的侏儒。這些侏儒長期在地下生活不見天日的，百無聊賴中就是做手工活打發時間，居然訓練成了技藝高強的技師，尤其是用黃金打造各種東西，美觀又神奇。而在這些侏儒工匠中，技術最好的最富盛名的是老侏儒伊凡爾第和他的兒子們。伊凡爾第有個女兒叫伊頓，嫁給了奧丁那個詩人兒子。伊頓是青春女神，手裡掌握著青春蘋果，諸神定期過來吃蘋果，可以保持長生不老青春永駐。鑑於這種親家關係，當奧丁的結義兄弟過來尋求幫助時，伊凡爾第的兒子們熱情接待他，並告訴洛基，他們可以打造一種金絲，只要西芙將這金絲批在頭上，那頭金髮立刻可以長回來。

小侏儒趕緊開工，不久洛基要的東西就完工了。順便，小侏儒還為奧丁打造了一柄絕世的兵器，天下最銳利的長矛，另外還給弗雷造了一艘船，這艘船折疊起來可以放進口袋，如果打開，可以裝下整個神國所有的神仙、生物、兵器之類的東西。侏儒們委託洛基將這兩件禮物帶回神國去交給主人。

像洛基這樣的搗蛋鬼，傷疤沒好就忘了痛，一看這西芙的金髮解決了，高興之下又惹出事來。

6

邪神洛基在侏儒那裡得到一把金絲，可以讓西芙長出頭髮來，興致勃勃地往回走。洛基帶著三樣法寶走在路上，迎面碰上伊凡爾第另一個兒子布洛克。洛基是個賤人，拿這三個寶貝對布洛克說：「小子，你看，這是你的兄弟們作出來的，你和你哥哥辛德里沒這本事吧？」布洛克也是個爭強好勝的，哪受得了這口氣，尤其是自己的哥哥辛德里號稱侏儒世界最優秀的匠人。於是布洛克和洛基打賭，如果布洛克和辛德里也能做出媲美的三個法寶，洛基把項上人頭輸給他們。

布洛克趕回家，找到哥哥辛德里，辛德里沉默寡言，為人很酷。他看了洛基一眼，什麼也沒說，就找了塊豬皮丟進火爐，然後交代布洛克，不停拉風箱，保持火勢，任何情況都不能停手，然後轉身就出去了。布洛克按照他哥哥的要求拉風箱，洛基雖然不知道辛德里到底要幹什麼，但因為涉及自己的腦袋，還是不敢掉以輕心，所以變成一個牛虻去咬布洛克。布洛克痛苦地忍耐著，堅持不停手，過了一會，辛德里回到作坊，打開爐子，從裡面牽出一頭野豬，全身金色的鬃毛。然後，辛德里繼續面無表情地往爐子裡丟入一塊金子，還是囑咐布洛克不要停手，轉身又走了。

洛基當然不知道這頭金野豬到底是什麼法寶，但辛德里那個淡定的高手作派還是很讓人害怕的，所以他又變成牛虻，繼續干擾布洛克拉風箱，他這次咬得挺用勁，布洛克幾乎是咬牙切齒忍著沒有停下手上的工作。辛德里不久後又回來，從爐子裡拿出一個金光閃閃的手鐲。接著又往爐子裡丟進一塊鐵，一樣的話囑咐一遍後，又走了。

這次洛基感覺不妙了，他感覺自己的腦袋風險很大。這次他可不留情了，變成個大牛虻，咬布洛克的眼睛上面。下口還是比較毒辣的，因為馬上就流血了，布洛克硬是忍住不停手，最後，血流如注，擋住了視線，布洛克不得不停下，把血擦掉。這一下，火爐中的火焰立刻就減弱了。此時正好辛德里回來，老實人當場就勃然大怒，責罵弟弟為了一隻倒楣的牛虻壞了大事。一邊罵人，一邊從爐子裡拿出一把大鐵錘。

於是，侏儒們和洛基一起，帶著總共六樣法寶去亞薩園找奧丁作鑑定。正好當時亞薩園所有的大仙都在，就地開了個鑑寶大會。

西芙披上金絲後，立即跟頭皮長在一起，跟她原來那頭金髮一模一樣，她自己非常滿意，老公托爾也就不追究了；交給奧丁的長矛是天下最鋒利的武器，能穿越所有的障礙和阻擋，而且能自動追蹤目標，百發百中；弗雷的船折起來是個小玩具，展開可以容納千軍萬馬；這三樣顯然是非常出色的法寶了，現在輪到辛德里作品展示了。

他先將那頭野豬送給弗雷，這頭野豬能日夜奔跑，山川湖泊，崇山峻嶺如履平地，而且在夜間奔跑時，一身的金毛可以把周圍照成白晝；辛德里又將金鐲子送給奧丁，這鐲子每到晚上會變出八個一樣的金鐲子來，對於奧丁這樣孩子比較多，開銷比較大的老大來說，這東西能補貼家用；辛德里最後將鐵錘送給托爾，這是天下最有力的武器，任何目標只要被擊中就會摧毀，也是百發百中的，每次出手襲擊後，還能自動飛回托爾手裡，最方便的是，不用的時候，也可以變成很小藏起來，讓敵人不防備。這柄鐵錘唯一的缺陷就是因為少了一把火，所以手柄有點短，但也不妨礙托爾用它殺人無數。

最後經過綜合評審，因為亞薩園的頭等大事是跟巨人國打仗，所以兵器肯定是上選，而托爾作為主將，這柄鐵錘絕對可以讓他如虎添翼，所以最後的結果是其他五件都差不多，這柄鐵錘票選最高，成為亞薩園排名第一的超級寶物。

按這個評比結果，洛基顯然是輸了，根據賭約，這娃要交出項上人頭。洛基最會逃跑，一看不對，撒腿就溜，他腳上還有一雙神行鞋。可憐還沒跑遠就被托爾一把抓住。因為小侏儒幫托爾做了這麼好的武器，還給他老婆長出頭髮，所以覺得很欠侏儒人情，於是決定替他們出頭，讓洛基兌現賭約。亞薩園的神仙對洛基都有些厭惡，這傢伙奶奶不疼舅舅不愛的，所以侏儒要砍他腦袋，大家居然都沒意見。

好在洛基在整個神界智商是最高的，他很快就想出辦法了。他對小侏儒說，根據他們的賭約，小侏儒要的是他的腦袋，不是脖子，所以，砍頭的時候，不能帶一點脖子，否則就違規了。

被洛基咬得頭破血流的布洛克最恨他，所以決定親自動手，可他拿著刀比劃半天，發現不管怎麼下手，都不可能一點脖子都不帶上啊。小侏儒萬般無奈之下，決定把洛基的嘴縫起來，因為這傢伙經常靠嘴逃命，也算是亞薩園的法寶之一。據說因為洛基的臉皮太厚，小侏儒縫了幾次都沒成功，後來還是辛德里親自出手才算把洛基的嘴縫上了。不過等小侏儒一離開，洛基就把線掙開大搖大擺地走了。亞薩園一場重大風波就這樣平息了，為神國增加了幾個好東西。

現在大家知道洛基到底是個什麼樣人了，整個神國的異類。洛基平日最喜歡兩件事，欺負侏儒和跟女巨人鬼混，因為私生活混亂，所以生了一堆良莠不齊的孩子，有三個比較特殊，引起奧丁的注意。他派亞薩園兩個最有力的人——托爾和提爾去巨人國連偷帶騙地把這三個小妖怪帶到亞薩園。

這三個小妖是一條小蛇，一頭小狼和一個怪異的小女孩。蛇總是不招人待見的，所以奧丁先把它打入海底世界，而那個小女孩，半邊身子藍色，半天身子紅色，一看就非我族類。奧丁把她放入冰雪世界，讓她管理死人國，接受世間的亡靈。只有這頭小狼，看起來毛茸茸的一臉無辜挺可愛，眾神都覺得，可以當寵物養著，於是，奧丁就把小狼留在身邊了。

時光荏苒，不知不覺三個小妖怪長大了，那條蛇已經將整個世界環繞了一圈，把尾巴含在嘴裡，整個世界似乎在它控制之中；而死人國的小女孩更是建了自己的宮殿，成為著名的女閻羅，世上的活人談她色變。而所有的死人自然也奉她為主。

留在亞薩園的小狼更不得了，它現在有個名字叫芬里斯狼，他以驚人的速度長得巨大，比奧丁那匹八腿大馬還高，張牙舞爪的，樣子非常凶狠。很快，除了戰神提爾偶爾去給他餵食，其他神仙都不敢靠近它。亞薩園諸神長期生活在憂患中，此時他們意識到，這隻狼是神國一個非常不安定的因素，必須想辦法把它控制起來，不能讓它亂跑。

這一天，神仙們找了條巨粗的鐵鍊，趁芬里斯狼不備鎖住了它，誰知它嘶叫了一聲就將鍊子弄斷了。神仙們趕緊四散逃跑，各自去找更粗的鍊子。後來又找到一條，雖然亞薩園還是比較富裕，但這一條實在是能找到的最粗的鎖鍊了。神仙們又來找芬里斯狼，這回要趁它不備可不容易了，於是神仙們開始編瞎話，說這條鍊子是世界上最粗的鍊子，如果被綁了以後還能掙脫，那可就天下聞名了。芬里斯狼不過是個野獸，沒什麼腦子，聽說可以出名，也很渴望啊，於是很痛快地答應。

這一次，神仙們用了吃奶的勁了，左三圈右三圈，馬蹄扣、蝴蝶結各種手段都用上，把大狼綁個結實，以為這次成功了，沒想到芬里斯狼氣沉丹田，雙目赤紅，仰天一聲大吼，這條神國最粗的鎖鍊應聲而斷，碎片飛出去好遠。而此時的芬里斯狼力氣更是激增，武力精進，比之前又凶惡了好幾倍。神仙們嚇壞了，最後趕緊去找侏儒工匠辛德里求救，讓他趕製一條超級鎖鍊。

辛德里兄弟不敢怠慢，立刻開工，忙了好長時間，交出來一條細如牛毛的絲線，非常光滑輕柔。神仙們拿著這條線差點哭出來，心想，這侏儒不會是玩我們吧。但侏儒兄弟作生意是很誠信的，不僅交產品，還附上了說明書，以下是這條鎖鍊的成分說明：

貓的腳步聲——二十八%　岩石中的樹根——三十三%　女人的鬍子——二十四%

魚的肺——十四%　熊的腳腱——三%　鳥的唾液——二%

大家看出來沒有，這些東西基本上都是不可能得到的，侏儒還特別說明，這條繩索的成分可以捆綁芬里斯狼八十七點八條！據說就是因為做這條繩索，人間現在才找不到上面說的這些東西了。

既然拿來了，總要試試吧，神仙們又去忽悠芬里斯狼。對它說，上次它已經出了大名了，但還不是最出名的，想要大紅大紫，還要再炒作一次。如果它能將這條軟繩掙斷，那它就成為天上地下最強最牛的勇士了。

其實芬里斯狼不是不知道神仙們的陰謀，但它有點托大，也很想拿這條細絲一樣的繩索試驗身手，於是就答應了。但它提出一個顧慮，說萬一它掙不開繩索，神仙們加害它怎麼辦，只有派一個神仙，將手臂放在它嘴裡作為保證。這種事哪個神仙肯幹啊，還不都往後躲。亞薩園裡有勇士，戰神提爾不得不站了出來，大義凜然地將一條胳膊放進狼嘴裡。結果是小侏儒的手藝不騙人的，這條細絲幾乎嵌進了芬里斯狼的皮肉中，而且隨著它掙扎的動作越大，捆得越緊，最後它放棄了，宣布掙不斷繩索，讓神仙們放了它。

此時神仙們獰笑了，他們甚至還把繩索的另一頭綁在一個孤島的千年巨石上。芬里斯發現自己徹底被禁錮後，狂怒之下，自然是將提爾的手臂嚼碎嚥下肚子。從此以後，戰神提爾就變成獨臂了，帥哥有點殘疾也不礙事，跟楊過一樣都成為宗師級的高手。而且他還成為世間所有契約的擔保人，因為他用一條胳膊擔保神仙和芬里斯狼的賭注。不過這樣的擔保人比較悲情，後來芬里斯狼逃出後找神仙報了仇，所以整個事件，提爾損失最大。這就告訴大家，沒事不要給人作擔保。

亞薩園的敵人們都已經隱隱成型了，就等著那個世界毀滅的預言來臨——諸神的黃昏！

7

上篇說到，亞薩園的諸神過著自在而開心的日子，可奧丁和他老婆的心裡，關於諸神的黃昏那個慘烈預言時時讓他們不安，尤其是天后芙利格，已經開始神經性憂鬱了，每天躲在小屋子裡，呆呆地紡金線。而被諸神設計捆綁的芬里斯狼每天發出淒厲的嚎叫，響徹亞薩園天宇，似乎在向所有的仇人警告末日。

既然是設定的悲劇，自然是誰也不能避免的，冥冥中總會開始。還記得巴爾德爾嗎，天上地下最完美的太子，亞薩園的未來主人，最受諸神愛戴的光明之神，當然也是奧丁和芙利格最鍾愛的兒子。巴爾德爾住在最漂亮的宮殿裡，每天，其他的神會把最好的美酒和最美的東西奉獻給他，有個美麗的妻子，這個天之驕子生活得完美無缺。

突然有一天，巴爾德爾開始連續地作惡夢，這些夢模糊而曖昧，似乎在昭示一個恐怖的事件，巴爾德爾被這些噩夢折磨得日漸憔悴，光明之神的明亮神采正在褪色。奧丁和芙利格深感憂慮，趕緊召開了亞薩園神仙大會，在場所有人，包括智慧巨人密密爾的腦袋也參不透這些惡夢的預兆。後來奧丁拜訪了死神，就是洛基那個古怪的女兒——赫爾，她現在已經是個邪門的大仙了。她告訴奧丁，巴爾德爾這些夢昭示著這位太子馬上有性命之憂，而且是和他自己的一個兄弟有關。鑑於這是宇宙間最大的祕密，死神也了解得不多，不能給與清楚的解釋，奧丁帶著疑慮回到了亞薩園。

天后芙利格這時已完全沒有心思紡線了，作為一個媽媽，她絕不能讓自己最心愛的兒子受到任何傷害，她啟動了從沒使用過的強大法力，在天地之間走了一圈，拜會了所有的物種、大地、山川、湖泊、風雷雨電，請求他們不要傷害自己的兒子。世界上所有的事物感念芙利格的辛苦，巴爾德爾的良善，全都鄭重發誓，絕不會對太子有任何傷害。於是，巴爾德爾成為一個萬物不能侵害的神，整個亞薩園為之歡呼慶祝，奧丁和芙利格心裡也慢慢平靜下來。

亞薩園雖然美麗如畫，神仙們的日常生活卻頗為無聊。自從巴爾德爾刀槍不入，水火不侵後，他就成了亞薩園一個重要的娛樂項目。所有的神仙經常聚在一起，用各種東西擊打他，看他是不是會受傷。巴爾德爾是個性情溫和的好人，能夠讓別人高興的事，他也從不拒絕，所以每天被一些石塊、磚頭、利刃、尖矛之類的折磨，他也笑嘻嘻地毫不拒絕，陪所有人開心。

也不是所有人都開心，最不開心的是洛基，自從奧丁安排諸神趁他不備收拾他三個孩子後，洛基感到自己在亞薩園有點公敵的處境，雖然奧丁對他還是很客氣，但他心理對所有人的憎恨算是埋下根了。

亞薩園諸神有個傳統活動是每年冬天到大海的主人安吉爾家中聚餐。宴會上，安吉爾派來伺候諸神的兩個僕人受到大家的交口稱讚。洛基也在座，此時他的心理已經徹底陰暗了，越是別人痛快的時候，他越是添堵，越是別人喜歡的東西，他越是要破壞。所以，當僕人們伺候到他跟前時，他突然拔劍，把其中一個就地殺死！這一下變生不測，毫無來由，讓所有的神仙目瞪口呆，但他們很快知道，這是洛基故意缺德的舉動，就為讓所有人掃興罷了。於是所有的神掏出武器，將洛基趕出了聚會。可洛基臉皮厚了，過了一會兒，他又自動跑回來了。奧丁讓大家別跟他計較，繼續吃飯喝酒。誰知洛基毛病大發了，他開始潑婦罵街般地發作，在席上對所有的神仙破口大罵，尤其是那些女神，更是將人家隱祕的私生活拿來大事詆毀。洛基口才一流，罵起來人來行雲流水，天花亂墜，所有神仙都被罵傻。一年一度的神仙聚會，最後在很不愉快的氣氛中散場，神仙們飯沒吃飽，氣脹了肚子。

洛基這一次發威並沒有讓他消除心中的怨恨。回到亞薩園後，看到諸神每天笑呵呵地在一起玩笑娛樂，他更是生氣了。尤其是大家都圍繞著巴爾德爾。既然大家都喜歡巴爾德爾，洛基就預備選他下手，再次讓所有的神仙痛苦。他變成一個老婦人的模樣拜訪天后芙利格，跟她打聽巴爾德爾的事。芙利格也是個標準的歐巴桑，有人對自己兒子感興趣，說起來就沒完沒了。她詳細講述了如何讓天上地下所有的東西起誓不傷害巴爾德爾地經過，洛基當時問她，真的是所有的東西都起誓了嗎？芙利格說，只有屋角的槲寄生沒有起誓，那是一種弱小的灌木，我們經常在耶誕節看到。它非常瘦小伶仃，卑微柔弱，芙利格認為它實在是沒有傷害巴爾德爾的能力，所以也就省事沒有麻煩它。

洛基心中暗喜，走出天后宮殿，他馬上找到槲寄生，並用它製成一枝箭，藏在身上來到諸神的娛樂現場。此時的亞薩園，除了洛基，還有一個心理不健全的，他就是巴爾德爾的兄弟霍德爾。雖然是親兄弟，相比較巴爾德爾在亞薩園的地位，霍德爾顯然是另一個極端了。亞薩園所有的熱鬧，跟這個瞎眼的孤僻神仙似乎沒有關係，巴爾德爾比太陽還亮的光芒讓霍德爾在亞薩園經常被人遺忘，在所有人圍繞著巴爾德爾嬉戲歡笑時，霍德爾在陰暗的角落裡，心中肯定充滿嫉妒和怨懟。這個情形，洛基當然是看在眼裡。他揣著槲寄生製成的小箭來到霍德爾身邊，問他怎麼不參加諸神的娛樂。霍德爾說自己看不見，也找不到東西可往巴爾德爾身上丟。洛基趕緊拿來一張弓，把他特製的那支槲寄生箭放上，幫霍德爾瞄準之後，慫恿霍德爾射出這支惡毒之箭！邪惡的死亡之箭筆直穿透了太子的胸膛，巴爾德爾在所有人驚詫的目光中血流如注，倒地身亡。這個變故太突然了，太意外了，整個亞薩園完全呆住了。過了很長時間，諸神才反應過來，光明之神真的死了！

洋溢在整個亞薩園的憂鬱濃得化不開，諸神都被突如其來的傷痛折磨到木然，此時只有一個人在悲痛中保持著高度的清醒，那就是天后芙利格，她發誓要從冥王赫爾的手裡奪回愛子的生命。巴爾德爾的另一個兄弟主動請命到死亡之國去乞求赫爾，因為巴爾德爾的完美聲譽，赫爾也答應將巴爾德爾的生命歸還，但前提是，世界萬物，人類、神仙、精靈、侏儒、巨人都要為巴爾德爾哭泣，如果所有生靈都為他流淚，他就可以復生。但如果有一個物種沒有哭出來，則巴爾德爾永墮地獄萬劫不復。

像巴爾德爾這樣的人，讓所有的生靈為他流淚是不難的，可惜還有個邪神洛基，他變成一個老太婆守在路中間，聲稱完全不會因為巴爾德爾哭泣，這樣等於又害了太子一次，這一次比較徹底，巴爾德爾永遠回不來了，徹底死翹翹了！

當確信對巴爾德爾的拯救計畫徹底失敗後，諸神的悲痛轉化為對洛基的痛恨，他們聚在一起，商議將洛基抓來償命。話說洛基知道自己這次是闖了大禍了，就跑到一個山谷中，找了塊巨大的石頭，把這塊石頭變成一個四面有門的房子，躲在裡面，平時則變成鮭魚藏身在瀑布下面。實在閒著無聊，就在瀑布邊上生一堆火，編絲線打發時間。他編出來的東西就是最早的漁網。奧丁不是能看見世界上所有的事嗎，洛基的藏身之所也不是什麼祕密，諸神很快找到了這裡。

洛基聽到動靜，趕緊丟了漁網，變回鮭魚躲在瀑布之下。神仙們撿到他編的漁網後，發現這是個捕捉鮭魚的好東西，於是就做了張大網，開始捕撈洛基。洛基實在太狡猾了，神仙們使了不少辦法，最後還是靠托爾的神力將他一把逮住。神仙們殺掉洛基的幾個孩子，把腸子掏出來，用這些腸子將洛基牢牢拴在巨石上。還找了條劇毒的毒蛇懸在他頭上，毒蛇的毒液一滴滴流到洛基臉上（這些神仙還真會發明酷刑）。諸神做完這些事後，覺得基本上惡氣也出了，太子的仇也報了，心滿意足地離開了。洛基的老婆趕緊跑出來，用一隻碗舉在洛基頭上接那些劇毒的毒液。每次一碗裝滿，她需要拿去倒掉時，毒液還是會有一兩滴落在洛基臉上，痛得他全身痙攣，整個大地為之震動，所以那陣子經常地震。

光明之神巴爾德爾死去，溫暖一起死了，世界迎來了三個漫長的冬天，寒風凜冽，滴水成冰，各個世界都充斥著沒來由的怨恨和暴戾，大小戰爭此起彼伏，這三個冬天之後又來了三個更嚴酷的冬天。先是青春女神突然失蹤了，然後是太陽和月亮在上班時因為筋疲力盡終於被身後追趕的狼群吞下肚子。天地失去了光明，而那些來自火焰之國的星星也因為寒冷而熄滅墜落。神界和人間都變成陰冷黑暗的冰窖。大地劇烈震盪，江河翻騰，樹木被連根拔起，那些巨大的岩石都被強大的力量撕碎，綁在這些岩石上的妖魔鬼怪都乘機逃出生天，洛基和芬里斯狼當然都解脫了束縛，開始憋著一肚子惡氣預備復仇。真正的「諸神的黃昏」開始了。

所有的敵人和復仇者組成大軍進攻亞薩園，入侵的軍團聲勢浩大，前鋒是洛基的兩個怪物兒子，芬里斯狼和海底巨蛇，洛基率領地女兒赫爾死亡國的幽靈組成大軍緊隨其後，巨人國精銳盡出．火焰國巨人蘇特揮舞著火焰之劍也殺來了。一直害怕發生的事情終於發生了，一直等待的這一天還是來臨了，亞薩園的諸神也沒有時間害怕了，他們全都披掛起來，預備在這最後的戰鬥中爭取終極榮譽。

8

「諸神的黃昏」如約降臨。從外界通向亞薩園是一條變幻絢麗的彩虹橋，來自各個方面諸神的敵人結成聯軍，浩浩蕩蕩一起踏過這平日裡美麗而祥和的橋面。入侵的妖魔尤其是巨人全都體型龐大，彩虹橋隨著他們踐踏的腳步顫抖而至粉粹，各種妖魔鬼怪震天的咆哮聲讓那棵巨大的宇宙樹也戰慄搖動。

亞薩園的守衛神海姆達爾站到了高高的圍牆上，看到遠處洪水烈焰般的敵軍，吹響了示警的號角，這樣渾厚而響亮地集結號，很久沒有在亞薩園響起了，讓亞薩園中的每一個神祇熱血沸騰，鬥志激昂。而奧丁此時卻是非常憂鬱的，因為他能夠清楚地預知這一戰的結局。可以想像，一個明知道會全軍覆沒的戰鬥，在開戰前，主帥是如何地難以決斷。

反而其他的亞薩神在了解到「諸神的黃昏」，以及他們的終極命運以後，並沒有因為末日的來臨而感到恐懼，這些平日裡嘻嘻哈哈的神祇現在全都預備慷慨激昂地去赴死，而血液中流淌的戰鬥熱情，更讓他們毫不畏懼選擇戰死沙場。

瓦爾哈拉宮，奧丁花了幾個世紀為這個時刻準備的英靈戰士已經在廣場上列起了森嚴的戰陣，雖然現在亞薩園已經沒有光明，但那些盔甲，矛尖和箭頭閃動的冷冷寒光比星星還要明亮，從這裡出發，眾神率領著死亡戰士組成的軍團，向決戰的戰場——威格律特平原出發。

奧丁騎著他的八蹄神駿，奔馳在隊伍的最前方。他手持雪亮的無敵長矛，身穿白銀打造的鎧甲，頭上的黃金頭盔在黑暗中如一個小太陽指引著眾神和死亡戰士們的前進之路。在奧丁的旁邊，是大力神托爾，舉著那柄讓天下喪膽的大鐵錘。巴爾德爾死後，弗雷成為亞薩園的太子，現在他和獨臂戰神提爾和亞薩園的門衛神海姆達爾緊跟在奧丁身後，還有奧丁所有的兒子，和幾個女神也參加了決戰的行列。

在亞薩園中的巨大平原上，諸神和諸魔的戰鬥一碰面就開始。奧丁與魔軍先鋒芬里斯狼戰在一處，一旁的托爾則立即同那隻海底大蛇展開了激戰。眾神奮勇向前，與各種魔怪捉對廝殺，英靈殿的戰士們更是與各種巨人混亂鏖戰。

奧丁和芬里斯狼的戰鬥最為慘烈。被禁錮了許久的芬里斯狼身體更加龐大，力大無窮，殘暴性烈，即使是諸神之主奧丁用他的無敵長矛似乎也沒有優勢。激戰了很長時間以後，奧丁筋疲力盡，而渾身被長矛刺得傷痕累累的芬里斯狼猛然張開它的血盆大口把奧丁吞了下去。眾神之主奧丁就這樣消失了。看到這一幕，奧丁的一個兒子，立刻上前繼續與芬里斯狼惡鬥。他穿有一雙用萬年鐵鑄造的鐵鞋，並已經用它踢死了無數惡魔。在他與惡狼鬥在酣處時，他趁芬里斯狼大張巨口的時候，用這雙鐵鞋踏住狼的下齶，又用雙手托住其上齶，用力向上頂去。惡狼的血盆大口被他活活地撕成兩半，大惡狼也終於倒地死去。

托爾和大蛇的戰鬥也是重要熱點。巨蛇不斷放出的毒霧和毒液，托爾幾乎是用著同歸於盡的打法進攻，最後他使盡全身力氣，大喝一聲，一錘向巨蛇的腦部打去，終於擊殺了魔蛇。但是，因為長時間的戰鬥中吸入了太多的毒氣，當巨蛇轟然倒地的時候，力量之神托爾也沉重地倒退了幾步，然後中毒而亡。

門衛海姆達爾號稱「洛基的敵人」，在戰鬥伊始就到處尋找他所切齒痛恨的魔鬼洛基。一邊尋找仇家，一邊擊殺巨人，神勇無比的門衛所到之處是一層層巨人的屍體。在殺死了無數的霜巨人和火焰巨人之後，海姆達爾終於找到了和英靈戰士打鬥在一起的洛基。仇人相見，分外眼紅，幾乎是肉搏戰，最後海姆達爾和洛基都筋疲力盡，海姆達爾揮劍斬掉了洛基的腦袋，可這邪惡的腦袋居然從地上彈起，撞在海姆達爾胸口上，讓他立時氣絕而亡，又一組選手同歸於盡。

戰神提爾善於對付各種魔獸，因此戰鬥一開始他就同來自死亡之國的惡犬鬥在一起。神勇的提爾畢竟只有一隻左手，又沒學會「黯然銷魂掌」，所以最後他也跟大狗一起死了。

因為都知道自己的結局，所以在打鬥中都不惜命，也不存在保存實力，基本上都是本著同歸於盡的心思戰鬥，整個戰場的慘烈程度難以想像，好在沒有光線，否則那些地上的惡魔、霜巨人和火焰巨人和亞薩諸神的屍體一定是密密麻麻鋪滿大地，觸目驚心。

亞薩團新太子弗雷和火焰巨人的領袖蘇特之間的惡戰打得最久。弗雷剛來到亞薩園時，諸神為表示對他的歡迎，曾送給他一柄可千里之外取人首級的勝利之劍，這柄劍可以根據主人的思路揮舞，遙控殺人。話說原來有一天，弗雷好奇偷偷坐上了奧丁的寶座，四下看熱鬧。劫數啊，給他發現巨人國有個美翻了的姑娘格爾塔，弗雷幾乎在第一眼就墜入愛河，不能自拔，後來他就陷入無窮無盡、寢食難安的單相思裡。而格爾塔家族的巨人正是亞薩園的宿敵，這份愛情注定是無望的。弗雷的一個僕從不願看到主子日漸憔悴，自告奮勇願意替他到巨人國求婚。弗雷趕緊把自己的寶劍交給他，還讓他騎上自己的馬去提親，這個媒人大名叫斯基尼爾，也是個天生會做媒的。他歷經艱苦見到格爾塔後，先是送上很重的聘禮，包括奧丁那隻神奇的金手鐲，格爾塔一口回絕了。最後斯基尼爾改嚇唬恐嚇，他拔出弗雷的劍，號稱自己可以用咒語把格爾塔變成醜八怪，要不就一輩子嫁不出去，要不就嫁給一個醜得要命的壞巨人。這個詛咒對所有的女孩子都管用，格爾塔嚇壞了，只好答應了斯基尼爾，願跟弗雷見面。好在弗雷人見人愛，花見花開，格爾塔見到這個美男子也心花怒放，結局美滿，終成眷屬。而自己的勝利之劍被當作聘禮留在了巨人國，他不知道這份愛情最後要了他的命。因為沒有寶劍，弗雷一直用一支鹿角與火焰巨人蘇特搏命，最不幸的是，弗雷發現，蘇特與自己作戰時所使用的正是自己的那柄勝利之劍，心裡直叫苦。沒有得心應手武器的弗雷居然還堅持了很久，身受多處重傷，終於犧牲在自己的劍下。勇敢的弗雷在倒地身亡之前，也重創了火焰巨人蘇特，這就使得他魔心大發，全身火焰迸射，點燃了神國亞薩園，點燃了人類的大地，也點燃了宇宙樹。於是，天上人間，一片火海，所有的一切都在其中毀滅，威格律特曠野中還在繼續糾結的亞薩神、英靈戰士以及巨人也都在大火中喪生。

亞薩園中宏偉的瓦爾哈拉神宮轟然倒塌，無數金碧輝煌的宮殿化為瓦礫。眾神的家園在大火中成為一片廢墟。整個亞薩神族就這樣在殘酷的戰鬥中產生，又在激烈的戰鬥中化為灰燼，人類、精靈和侏儒也隨著徹底消失在世界上……

諸神的黃昏一戰，公認是所有神話傳說中最激烈最悲壯的戰爭故事，超過所有戰爭的總和，因為這場所有生靈同歸於盡的戰鬥是早就注定，任何人都不能避免的，所以北歐的神話一直帶著莊嚴的悲劇感，即使是神仙，也逃不出宿命的無奈，在所有的神話體系中獨樹一幟，壯烈而又淒美。

至於「諸神的黃昏」之後的故事，預言是這樣說的：

當太陽轉入黑暗，大地沉於海中，火熱的星星從天空墜落，而火焰在空中跳躍，將會產生一個新的天地，再度呈現燦爛輝煌，屋宇以黃金為頂，田野不經播種也果實累累……顯然是個更好的新世界，亞薩神族也會因此重生重新統治世界！

北歐神話基本就是這樣了，應該說，北歐神話算是世界影響最大的神話系之一了，比如我們現在說的一個星期的七天，基本都來自北歐神話：

星期日（Sunday）——來自太陽 Sun。

星期一（Monday）——來自月亮 Moon。

星期二（Tuesday）——來自戰神提爾。

星期三（Wednesday）——來自古代祭祀主神奧丁的日子，Woden 是古英語對奧丁的稱呼。

星期四（Thursday）——來自雷神大力神托爾（Thor）。這是古日耳曼人一星期中最神聖的一天，會議通常在這天舉行，如果參加會議的成員中午前未出現，就會被取消參會資格，所以托爾也是會議的守護神。

星期五（Friday）——來自女神芙蕾亞（Freya）。

星期六（Saturday）——來自羅馬神話中的農神——Saturn（這個和北歐神話沒關係）。

而歐洲的很多節日，最早也是源自北歐的神話，最早的耶誕節即是由紀念太陽神的慶祝活動演變而來，古代的人們在一年中最長的夜晚舉行宴會，歡樂歌舞，迎接太陽神光臨。復活節（Easter）一詞的發音「伊斯特」，源自於一春天女神約斯特雷（Eostre）的名字。春回大地，萬物復甦，人們紛紛交換彩蛋，因為蛋象徵生命的開端。這就是復活節彩蛋的由來。

神話講完了，但是我們將看到亞薩神族的後裔，北歐那些英雄的維京人是如何一步步向歐洲大陸挺進，讓所有人聽到維京人的戰鬥號角……

9

從天上回到地面，不列顛島現在已經叫英格蘭了，盎格魯－薩克遜人組建了七個國家互相混戰，維京海盜開始向這個區域進襲。

先說說宗教的事，羅馬統治不列顛的時候，這裡已經流行基督教，但盎格魯—薩克遜這些蠻夷進來後，又將基督教信仰推翻。所以在歐洲大陸基督教風生水起的時候，英格蘭島上的人還堅持著對北歐神祇的崇拜。一百年後的一天，羅馬教皇貴格利在羅馬奴隸市場閒逛，突然他發現一個金髮碧眼的奴隸長得異常俊美，他趕緊跟奴隸販子打聽，知道這個絕美的美男子是來自英格蘭的盎格魯人。當時教皇驚呼道：不是盎格魯人是天使（盎格魯和安琪兒在英文發音上比較相似）！隨後教皇知道，這樣一些天使模樣的尤物居然是不信基督的，這絕對是傳道工作的嚴重疏漏，於是馬上派出了最得力的人馬遠赴英格蘭，又經過一百年的不懈努力，終於讓這個島嶼撲向了基督的懷抱。不要以為這是小事，我們研究這麼多國家的歷史已經深知，宗教信仰會改變歷史的行走軌跡。

九世紀開始，維京人正式撕掉海上商人的偽裝，明目張膽地變成強盜，他們沿泰晤士河口登陸，將沿岸作為根據地搶劫各類修道院和教堂。當時英格蘭的七個小國各自為政，受到不同程度的攻擊。雖然有驍勇的日耳曼血統，可是安逸日子過久了，盎格魯人身上的日耳曼血性逐漸被消磨，面對敵人如狼似虎的攻掠，只是躲在自己的城堡裡，夢想著花錢買平安。既然海盜要錢，就跟老百姓多收點稅，把錢給他們不就好了。就這樣越是示弱，海盜越是猖狂，老百姓越是水深火熱，海盜越是入侵得肆無忌憚，惡性循環幾輪後，英格蘭的形勢已經岌岌可危。

這段時間進攻英格蘭的海盜也是名人輩出的，最嚇人的是丹麥人伊瓦爾，因為他又高又瘦，江湖人稱「無骨者」。跟其他的海盜不同，伊瓦爾是有雄心的，他不僅要掠奪英格蘭的財物，他還想佔領土地，建立維京人的國家。他在冰島建立了一個基地，在斯堪地那維亞半島上徵召年輕人參加自己有組織的犯罪團夥，在冰島集訓後，就參加對英格蘭的戰爭。這些冰天雪地訓練出來的年輕人都有野獸般的品行和堅韌。尤其是根據北歐的宗教神話，在戰爭中不顧性命，奮勇殺敵，犧牲之後是會被奧丁請到亞薩園的英靈殿去，成為神的戰士。在這個信仰的支配下，維京人都是些不要命的瘋子，盎格魯人現在是基督徒，基督徒對瘋子，最開始的戰鬥結果基本是沒有懸念的。

伊瓦爾在英格蘭大地上攻城拔寨，那些小國紛紛失守，伊瓦爾的問題是，他下手太狠，動作太大，喜歡玩屠殺、酷刑之類的事，比如他抓了東盎格利亞的國王，竟然把人家綁在樹上，用亂箭射死。人家盎格魯人也不是病貓，真被惹急了，也會博命的。所以當時，盎格魯人如果捉了維京人，一般是剝皮處理。而各地對維京人的抵抗，也越來越激烈了。

西元八七一年，維京人佔領了倫敦，標誌著英格蘭已經處在被維京人完全吃掉的邊緣。好在這一年，英格蘭歷史上的大救星出現了，他就是英倫歷史上唯一有「大帝」稱號的王——阿爾弗雷德！

阿爾弗雷德是七國中威塞克斯王國的國王，其實，在八二八年左右，威塞克斯因為國力最強力壓其他六國成為老大，國王埃塞維爾夫成為英格蘭七個小國中的盟主，阿爾弗雷德是埃塞維爾夫的第四個兒子。從小在羅馬求學，深受教皇器重。回到英格蘭後，他大哥接班成為國王，阿爾弗雷德開始帶兵抗擊丹麥人，取得了非凡的勝利，還幹掉過一個丹麥的國王。所以他大哥死後，本來應該是兒子繼位，可阿爾弗雷德的名聲太好了，當時英格蘭一個叫「賢人會議」的政治協商組織一致認為，只有阿爾弗雷德成為國王，才能帶領所有的英格蘭的人抵抗外族的侵略。於是阿爾弗雷德眾望所歸成為英格蘭國王。

作為一個分裂國家的統治者，阿爾弗雷德深知只有整合所有的本土力量才能抵抗外族，所以他開始對所有的小國實行一些懷柔的團結政策，說服他們聯合行動，統一指揮，抗擊來敵，即便如此，對抗維京海盜還是很吃力，阿爾弗雷德大帝覺得，不能看到維京人就躲，這些人到底為什麼這麼兇悍，是不是完全沒有弱點，如果不弄清楚敵方的底細，是沒有辦法制訂相應戰略的，於是阿爾弗雷德大帝想到一個好主意。

當時的西歐和北歐都有個很好的傳統，就是如果遇到遊方的藝人，草台班子，一般有條件的人，應該是給與接待的。提供吃住，讓他們表演幾天。尤其是出征在外，軍營無聊，這些流浪的賣藝人，還有些流浪的詩人是很受歡迎的。阿爾弗雷德從小在羅馬受教育，學習的很全面，據說他不僅會吟詩作賦，而且還有雜耍的手藝。所以他就裝扮成藝人，混在草台班子裡行走江湖，居然還毫無破綻。阿爾弗雷德就這樣大大方方地進入了維京人的軍營，一邊給這些海盜表演說書、翻跟斗、倒立等絕活，一邊從一個職業軍人的角度分析丹麥軍隊的強勢和弱點。這些遠來的丹麥人仗打得太順利了，意識上一直很得意，所以軍紀自然就非常鬆弛，完全不把英格蘭人放在眼裡，軍營中也沒有嚴密的戒備。此外，丹麥軍隊沒有長期的作戰計畫，靠掠奪維持後勤供應，所以他們到處搜刮美酒佳肴，強搶婦女，軍營裡的生活非常糜爛混亂。

間諜工作順利結束後，阿爾弗雷德制訂了新的抗敵政策，那就是游擊戰！不與丹麥人正面對抗，他們來我們就跑，但是堅壁清野，絕對不能讓他們搶到糧食。「敵駐我擾」，丹麥人紮營休息時，就派出小股部隊過去騷擾，讓丹麥人精神衰弱，睡眠嚴重不足。這樣一來，又吃不飽，又睡不好，再剽悍的人也抗不住了。眼看著丹麥人的戰鬥力越來越弱，躲在林子裡休息了好久的英格蘭人衝殺出來，改變了戰爭的形勢。

游擊戰雖靈，也不總是能全身而退，在調戲丹麥軍隊時，阿爾弗雷德也經常遭受重創，屢敗屢戰，很狼狽的。有個非常出名的故事，大約是八七八年左右，阿爾弗雷德在一次戰鬥中被擊潰，手下軍團被打散，他一個鑽進叢林，爬過沼澤，非常狼狽地保住了性命。連滾帶爬地逃竄了一天，終於看到一個樵夫的小屋，又餓又累的國王上前敲門化緣，希望別人能給點吃的，再讓他借宿一晚。這小屋裡只有樵夫老婆，母老虎似的人物，既不認識國王，也沒有什麼慈悲心。她正好在烤麵包，又預備去擠牛奶，正是忙不過來的時候，於是對國王說：「你給我烤麵包吧，我現在去擠牛奶，如果麵包烤得好，老娘就賞你一頓飯吃！」此時的國王沒有選擇，只好答應了。阿爾弗雷德也算是學富五車，多才多藝了，可他所受的教育中，獨獨沒有烤麵包這一項。況且，自己的軍隊被打散，自己一個統帥落魄至此，烤麵包的時候肯定也無法安心啊。所以，等到樵夫老婆拎著牛奶進來時，麵包已經烤成黑炭了。據說當時這婆娘勃然大怒，不禁非常惡毒地責罵了國王，還用柴火棒子打了他。好歹從丹麥人手裡逃出來，差點死在一個母老虎手裡。幸虧這種罪沒受多久，阿爾弗雷德很快就召集了舊部，重新集結了自己的軍隊，在愛丁頓與丹麥軍隊一場大戰。此時的阿爾弗雷德背水一戰，因為知道自己連麵包都不會烤，如果被亡了國，沒有國王這個工作幹，是很容易餓死的，在這個力量激勵下，英格蘭軍隊奇蹟般地打敗丹麥軍隊，迫使丹麥國王古斯倫和談，和談的結果，丹麥人在英格蘭北部得到一塊兩萬多平方英里的土地，在那裡，當地人施行丹麥法，也就是丹麥區。談判中，最了不起的勝利是，阿爾弗雷德迫使古斯倫受洗成為基督徒，英格蘭的丹麥自治區奉行基督教。這是維京人歷史上的重大事件，大部分歷史研究人士都相信，維京海盜這樣的猛人後來逐漸衰弱，跟放棄了好勇鬥狠的北歐宗教很有關係。

大約過了七年，丹麥人撕碎合約又向英格蘭進攻，這一次，阿爾弗雷德就勝利得比較徹底，八八六年，英格蘭終於解放收復了倫敦，從此以後，這裡成為英格蘭的中心和首都。而丹麥人受創後，野心也受到抑制，龜縮到英格蘭北部自己的小地盤裡，貌似和平共處，不再敢隨便啟釁。

阿爾弗雷德大帝對英格蘭的貢獻絕對不只抵抗了外族侵略這麼簡單，他對國家的治理也是可圈可點的。最重要的工作是頒布了一部法典，這部「阿爾弗雷德法典」到現在還是不老顛家法律的基礎和基石，這部法典裡，很高明地中和了聖經法律和日耳曼人傳統法規。整部法律的核心是「己所不欲，勿施於人」，他認為如果所有人都做到這一點，則社會和國家根本不需要立法和刑罰。對中世紀的歷史背景來說，這部法典閃耀著非常人性的光芒。

在跟丹麥人的作戰中，阿爾弗雷德改革了徵兵的辦法，開始為國家設置常備軍，並訓練了一支非常優秀的騎兵團隊，這支騎兵部隊是可以世襲的，後來這個部隊的成員成為對英國社會影響很大的騎士階層。

阿爾弗雷德大帝還編撰了一部「盎格魯—薩克遜編年史」；提倡科學，重視教育，經常請學者到宮中講學，等於是開辦了最早的宮廷學校。完善了「賢人會議」這個政治協商的體系，這是是英國議會的基礎。

總之，既然是「大帝」，其文治武功肯定是一時描述不完的。應該說，如果沒有阿爾弗雷德大帝，英格蘭這個國家可能就不存在了。

原來說過，好皇帝經常紮堆，阿爾弗雷德之後，維京人也出了個千古一帝，統治英格蘭、丹麥、挪威，將海盜帝國帶上巔峰，那就是克努特大帝！

10

阿爾弗雷德大帝抑制了維京人對英格蘭的入侵，丹麥人縮在島上的一隅過著韜光養晦的日子。此時的前後三百年間，維京人正是史上最風光的一段黃金歲月，所以牛人輩出，群星閃耀。這一篇，我們說說丹麥的歷史。

在日德蘭半島的中部，有個叫耶林的小城市，耶林市教堂門口，立著一大一小兩塊石頭，這實際上是兩個墓碑，一塊是一個叫哈拉爾的王為他的父母立的，自然是歌功頌德的：「哈拉爾國王下令為紀念父親高姆和母親翠拉而立此碑。哈拉爾征服了整個丹麥和挪威，並使丹麥人成為基督教徒。」另一塊，則是高姆國王為王后翠拉立的墓碑。在這塊墓碑上，第一次出現了「丹麥」這個美麗的名字。去丹麥旅遊，這兩塊石頭肯定沒有美人魚的雕塑出名，可它們卻是丹麥立國的標誌，對丹麥人來說，不管祖先是不是海盜，早年的名聲有多不好，至少在西元九〇〇年左右，丹麥人已經擁有了自己正式的家園，成型的國家和疆域領土。所以這兩塊石頭對丹麥人的意義是很重大的，而高姆國王也被大致認為是丹麥的開國之君。今天的故事，從他的兒子哈拉爾開始。

哈拉爾有個綽號叫藍牙王，傳說他有一顆牙是藍色的。哈拉爾接高姆之位執掌了海盜帝國，並征服部分的挪威和日德蘭半島附近的大小島嶼，轄領著北海大片的土地。此時的歐洲，德國和法國都正在成型，這些安定下來的日耳曼人每每想平靜生活就會受到北海寒風的騷擾。丹麥海盜呼嘯而來，帶著大量「丹麥金」（受海盜騷擾的國家花錢買平安）歡呼而去的畫面，讓整個歐洲上下非常煩躁。好在歐洲最高的管理層——基督教會發現了問題的本質，那就是，這些野蠻的北方人不信耶穌！相信奧丁神，自然渾不畏死，在血與火的洗禮中成就自己，戰鬥成為人生最高的修練；而如果相信耶穌，則北海就應該普照愛和寬容的光澤，順從忍耐，所以，在應對海盜方面，歐洲教會一邊花錢消災，一邊在北海海盜核心區推廣基督教，想從根本上化解海盜的暴戾之氣。

哈拉爾登基後，丹麥的基督教算是「草色遙看近卻無」，這時，羅馬教廷派來了一個叫波波的主教。主教認為，擒賊擒王，如果藍牙自己能受洗成為基督徒，則丹麥的傳教工作定能事半功倍。於是他把工作的重點放在對藍牙的遊說上。波波主教告訴藍牙，上帝的力量是超出想像的，為了展示基督的神蹟，他要求將一塊燒紅的鐵放在自己手上。在哈拉爾的目瞪口呆中，波波主教的手托著這塊燒紅的鐵居然毫髮無傷，完好無損。波波雖然是主教，但也不是上帝，不過是血肉之軀，能演出這樣一場魔術，當然是有自己的辦法。好在目的達到了，藍牙立時為耶穌的力量征服，接受了基督教的洗禮，並帶領很多丹麥人加入了基督教。從這時起，耶穌取代奧丁，成為丹麥人之主。

哈拉爾早年也延續海盜的傳統，以武裝搶劫為國家主要生產力。隨著他加入基督教，考慮問題也越來越全面。他發現，每次出去辦搶劫業務，國內幾乎都是一座空城，如果鄰居的那些新興的國家想打壞念頭，很容易端掉海盜的老巢；而且，作為一個正經國家，總靠搶劫也不是長久之計。所以，哈拉爾決定，應該把工作重心逐漸轉移到國內建設，而適當控制對外搶劫的頻率和規模。海盜動了從良的念頭，需要和百年的傳統及血統作鬥爭，可以肯定，國內很多人是不願意放棄搶劫的。

當時的丹麥有個出名的大英雄，也就是最著名的一個海盜——帕里托爾克，這傢伙孔武有力，魁梧壯實，最擅長的是用一把硬弓，可百步穿楊。這人最大的毛病就是很不謙虛，有點本事喜歡到處炫耀。很快連藍牙王都知道他吹牛炫耀的事了。對這個尚武的國度來說，國王除了是主宰，還希望是第一勇士，聽說帕里托爾克到處張揚，心裡多少有點不爽。於是派人把他叫來，讓他當眾表演拿手絕技，百步之外射蘋果。不是隨便射啊，藍牙非常缺德地叫帕里托爾克的兒子頂著蘋果給他老爸作靶子。

王命難違啊，帕里很沉重地選了三支箭，低頭祈禱一陣後，鎮定地發出一箭，正中他兒子頭頂的蘋果。藍牙王自然知道這傢伙是真正有實力的，酸溜溜地問他，剛才為什麼選三支箭啊？帕里答道，如果第一箭失手射中自己的兒子，則剩下的箭，他將射向藍牙王，為兒子報仇。這個回答方式對一個國王來說顯然很冒犯了。從這時起，藍牙王算是記仇了。後來他利用王權整了帕里好幾次，雖然都沒把這個傢伙整死，但兩個人的私怨就越來越深了。

關於射蘋果的故事，「地主」們最熟悉的應該是瑞士的威廉泰爾，當時的瑞士在哈布斯堡家族的領導下，隸屬神聖羅馬帝國，管理瑞士的總督起了個規矩，把自己一頂破帽子放在市中心，所有的市民經過時，要對這破帽子鞠躬敬禮。有個獵人威廉泰爾桀驁不馴的，帶兒子經過時，拒絕參拜破帽子。被衛兵抓住後，總督罰他兒子頂個蘋果，讓威廉泰爾百步之外向這個蘋果射箭。威廉泰爾

也預備了三支箭，結果跟帕里一樣。後來威廉泰爾被捕逃脫後，組織了瑞士人民的獨立起義，成為

「瑞士獨立之父」。但帕里托爾克射蘋果在時間上要領先威廉泰爾，看起來北歐人的蘋果一般都是用來作箭靶的，當他們的兒子要格外小心。

藍牙王在決定要不要逐步放棄海盜生活時，遭到國內強烈反對，其中反對派的著名代表就是王子斯凡，而這個斯凡的養父就是帕里托爾克，於是這兩人結成一黨，開始牴觸藍牙王。到底是海盜世家的處事方法，父子倆鬧到最後誰也說服不了誰，於是各領艦隊到海上決鬥！最後是斯凡取得勝利，藍牙王潰逃到一個森林裡。不久，有人在森林裡發現了藍牙王的屍體，死於一支利箭從後背射入，口中穿出，死狀甚慘。

到底誰害死了藍牙王還不知道，但王位總要人坐啊，於是斯凡成為新的丹麥國王，因為他留了一撇漂亮的八字鬍，所以江湖人稱「八字鬍王」。在慶祝登基的宮廷宴會上，手下衛兵呈上了從藍牙王身體裡拔出的箭，八字鬍讓所有的手下傳閱這件兇器，試圖找到兇手。這時帕里托爾克承認，箭是他的，而且是他從背後射殺了先王。既然凶嫌認罪，斯凡於情於理都要將他養父治罪。誰知帕里托爾克驍勇異常，帶著手下一場血戰殺出重圍，上了自己的船，揚帆出逃。藍牙王的舊部抓不住元凶，就遷怒於八字鬍，他們認為如果不是八字鬍跟父親決鬥，藍牙王也不會慘死，而且帕里這樣逃走，八字鬍也有放水之嫌，於是這些人本著對先王的忠誠，綁架了斯凡，跟丹麥國民要求跟國王體重相當的白銀（綁架自己的國王跟自己的同胞要贖金，有創意！）。

顯然當時的丹麥，國家是不太富裕的，後來是靠老百姓的東拼西湊才將贖金攢齊，救回自己的

國王（按當時海盜贖身的規矩，胖子很容易被綁，減肥是生存的需要）。八字鬍回家後，感念家裡缺金少銀的，再被綁架很難回來，所以更加大力道到英格蘭去掠奪了。

這時的英格蘭又怎麼樣了呢？阿爾弗雷德大帝八九九年去世，他一死，老實沒幾天的海盜又開始向英格蘭內陸發動進攻。阿爾弗雷德大帝的後代跟海盜你來我往又互相折磨了百年，大約在西元一〇〇二的時候，當時的英格蘭國王終於給折磨瘋了，他決定，將英格蘭境內的丹麥人全部殺掉，不管是不是良民。這個動作不但沒有消除英格蘭的煩惱，反而帶來更大的禍端，為了給同族報仇，八字鬍王率大軍殺來，英格蘭國王看到這殺氣騰騰的海盜軍隊，大約可以預料自己的結局，於是以最快的速度放棄王位，逃離災難現場，他的兒子在大兵壓境的危難中登基，並率領所有英格蘭人民展開倫敦保衛戰。這個英王是艾德蒙二世。不過他對付的海盜頭子也更新換代了，八字鬍斯凡死掉，留下兩個兒子，一個是哈拉爾，一個叫克努特。

根據八字鬍死時的遺詔，哈拉爾接替他成為丹麥本土的王，而克努特到英格蘭的丹麥領地上去做王。所以艾德蒙二世此時面對的敵人就是克努特了。兩邊打了一陣互有輸贏，艾德蒙發現想驅趕丹麥人是很不容易的，算了，割地吧，分而治之，一人一半。他們倆的合約裡規定了一個公平的方式，讓兩邊的恩怨一了百了，那就是，兩邊不管誰先死，其轄下的土地就無條件地併入對方的版圖。所以，這個結果完全取決於上帝的安排了。上帝選擇了克努特，合約生效後不久，艾德蒙就病死了！

克努特被後世尊為大帝，是北歐海盜國度中的王中王，代表著海盜勢力的頂峰。他全取英格蘭成為英王後，他兄弟丹麥王哈拉爾突然也死了，於是克努特二十出頭就成為兩個國家的國王。

海盜的世界故事還是比較紛繁的，說到克努特大帝，我們就不得不提到另一個國家——挪威。作為丹麥的海盜幫凶，挪威人最早發現了格陵蘭島，他們的主攻目標一是西歐大陸，最喜歡到法蘭西的疆域內找東西。有一群海盜在搶掠過程中產生感情了，留下不走了，最後在塞納河下游定居，成立了諾曼第公國，而這群人的首領就是挪威人大海盜羅洛，既然成了公國，他就算洗底上岸了，不能再叫人家的江湖諢名，人家現在叫諾曼第公爵。另外一個挪威人喜歡欺負的地方就是愛爾蘭，不過好像在這一帶沒佔到什麼大便宜，被愛爾蘭人打出來了。但挪威參與海盜集團縱橫江湖時也有些著名人物，最出名的國王就是奧拉夫二世。

11

寫海盜的發跡史是挺暈的，海盜跟土匪和流民一樣，組織結構混亂，今天的同黨有可能明天變成敵人。比如丹麥和挪威，這兩兄弟的關係就是典型的匪幫組合，對外聯手搶劫，但私下裡兩邊經常互相搶地盤。

上篇說到克努特已經成為了英格蘭和丹麥的國王。這時的挪威國王是大名鼎鼎的奧拉夫二世。這個奧拉夫是個人物，作海盜的時候驍勇善戰，名震江湖，後來受洗成為基督徒後，就成為一個極端的教徒。他在挪威以強權推行基督教，毀掉了大量的北歐神像，他自已號稱可以為信仰付出生命，所以對那些堅持不改變宗教信仰的百姓也毫不留情。在挪威上一代帝王的時候，八字鬍就已經征服過挪威，所以對挪威人民來說，他們有另一個選擇，那就是如果對自己的國王不太滿意，可以請丹麥的國王來作兼職。克努特上台時，就已經非常有意識地在挪威培養反對派勢力了，很多挪威的海盜酋長已經私下效忠克努特，所以奧拉夫二世一行動過火，國內立時出現了推翻他的浪潮，還伴隨著克努特早已準備好的丹麥大軍。內外夾攻之下，奧拉夫戰敗而死，克努特成功地接管了挪威，從此，克努特成為三個國家還包括一部分瑞典的君主，而他領導的國家在歷史上被稱為「北海帝國」，是維京人的黃金歲月。

挪威國王奧拉夫二世後來被挪威人世代奉為保護者，據傳，他死後好多年，棺材打開，他不但沒有腐爛還面色紅潤如常，割出血來還能給人治病等等。神乎其神以訛傳訛，那段時間關於他的神奇故事都編得沒邊了，後來教會認為這些神蹟都是因為他的虔誠，所以賜與他「聖奧拉夫」這個尊稱，讓他在基督教的歷史上留下大名，也成為挪威歷史上的著名君主。現在的挪威國徽上是一隻金色獅子，頭戴王冠，持金柄銀斧。獅子象徵力量，而銀斧則是聖奧拉夫的兵器，可見他在挪威的江湖地位。

當然此時成就最高的還是克努特大帝，作為一個龐大國家的統治者，那些良莠不齊的海盜武裝顯然就不合時宜了，建設國家要先從軍隊建設開始，於是在貴族和世家中遴選精銳，組建了一支規模不大，但非常高效有力的正規軍隊，既然是國王親自指揮的武裝，就肯定是「御林軍」。這支軍隊的成員雖然都生活在王宮裡，跟國王同吃同住的，但日子並不花天酒地，訓練和紀律都非常嚴苛，也是克努特大帝皇權的重要保障。

既然號稱大帝，除了文治武功，多少還有些典故，克努特大帝有個故事非常出名，可以教育很多君主。據說當時克努特身邊有許多馬屁精，北歐人也不實誠，拍馬屁也很多花樣，他們說克努特大帝不僅是陸上最偉大的王，還是海洋之主，可以控制一切。說得多了，連克努特自己都覺得肉麻，有一天，他帶著這些馬屁精走到海邊，站在沙灘上對大海說：我是海洋之主，我命令海水不許弄濕我的衣服。話音未落，一個浪頭就把大帝打成落湯雞。克努特一邊抹臉，一邊清理身上的海帶，一邊告訴手下，以後拍馬屁還是盡量不要言過其實，真正的一切之主是上帝，隨後他走到教堂，將自己的王冠獻給耶穌，表示了自己作為一個教徒的謙卑之情。那些馬屁精也就自動閉嘴了。這個真的很難得，因為幾乎找不到不喜歡別人奉承的王。

克努特大帝有三個國家，隔著海，跑來跑去不好管理，而他自己更喜歡留在英格蘭。可能是因為這塊土地來之不易，所以分外珍惜。為了管理更有效，他將自己的妹夫，一個英格蘭伯爵派到丹麥做國王，把自己的兒子送到挪威管事，自己長期坐掌英格蘭並盡力使丹麥和英格蘭徹底融合，這個模式被證明很不安全，不久，他妹夫首先鬧事了。

幫自己的大舅子看家，大舅子長期不在，妹夫很容易動霸佔家產的念頭，而且許多丹麥的百姓對於克努特大帝總是在英格蘭居住很有意見，認為他放棄了國家。妹夫感覺到這個民間情緒後，果斷地發動叛亂。克努特大帝很快出兵平定了這場風波，開始追殺那個倒楣妹夫。妹夫知道大舅子是個虔誠的基督徒，所以他逃到一個教堂裡，他認為克努特絕對不會在這裡殺人。誰知克努特毫不猶豫地衝進去，抓住妹夫，在聖壇前就要了他的命。雖然後來他為此向教堂支付了大量的罰款，但這個舉動充分說明了克努特大帝的頭腦清醒，對一個王來說，任何事跟王權比較都是微不足道的，即使是信仰和宗教。

這個事情並沒有引起克努特大帝的重視，事後他還是堅持留在英格蘭生活，所以不久，他兒子在挪威的統治也經常遭到挑戰。

克努特大帝英年早逝，三十多歲就死去了，他的北海大帝國也就跟著分崩瓦解，維京人的野性之火也逐漸在越來越強大的基督教氛圍中熄滅，現在，北歐人已經成為文化素質最高個人教育最好的地球人，很難想像他們咆哮著打劫的樣子。

到此時，整個英格蘭的王族包括兩支，一個是盎格魯薩克遜血系，一個是丹麥血系。丹麥人在英格蘭當道，盎格魯薩克遜的王族哪去了呢？讓我們回顧上一篇，不是有個英國國王屠殺大量的丹麥人，引發丹麥王八字鬍的大報復嗎。這個英國國王在被丹麥人進攻時，為了抵抗侵略，曾經向諾曼第公國求救。還記得諾曼第公國吧，挪威人羅洛在塞納河下游成立的小國家，雖然佔了法國的土地，但高盧人還拿他們沒辦法，只好由著他最後成為法國一個大諸侯國。一〇〇二年，英王為了抗擊八字鬍，迎娶了諾曼第公國的公主艾瑪，而這位公主在英格蘭的歷史上的地位可是相當超級的！

艾瑪跟第一個老公——英格蘭國王生了兩個孩子，這兩個英國王子後來為躲避兵亂到諾曼第藏身。艾瑪做了寡婦沒多久，克努特大帝成為英王，居然迎娶了這位前王后；艾瑪又恪盡職守地為克努特生了個兒子。克努特死後，英格蘭的王位人選就非常混亂了。克努特有兩個兒子，前妻生的哈羅德和艾瑪生的哈德，接班的方式是，哈羅德接過英國王位，而哈德則到丹麥去做國王。作為丹麥血系的英王，哈羅德在英格蘭需要獲得很多支持才能登基，好在他有個很好的幫手，戈德溫伯爵，他在當時的英格蘭朝堂大權在握，在他的操作下，丹麥人繼續統治英格蘭。可惜的是，不論是哈羅德還是哈德都是短命鬼，很快，戈德溫就發現，丹麥王系已經沒有兒子可以做英王了，既然丹麥系沒有選擇了，機會自然就回到盎格魯王族。克努特剛死的時候，流亡在諾曼第的大王子曾經回國圖謀大位，結果是被戈德溫伯爵殺掉。最後只剩下小王子愛德華這個王系獨苗，既然戈德溫自己不能篡位登基，那就只好擁立愛德華成為英國國王。大家理一下人物關係啊，也就是說艾瑪公主一輩子嫁過兩個英國國王，還生出來兩個英國國王，所以這個女人是大英歷史上的第一國母，而且還改寫了英國歷史。

愛德華王子從小就流亡諾曼第，在法國區成長受教育，除了血統，他對英格蘭應該沒什麼特別的親近之情，是個標準法國人，命運稀裡糊塗地將他推上英國王位，他主觀上肯定是信任來自諾曼第的親信，這樣一來，戈德溫伯爵在英國的權勢就大受影響了，為了穩固自己的位置，伯爵趕緊把自己的女兒嫁給愛德華，想以國丈的身分繼續掌權。

新的英國國王斯文安靜，是個虔誠的基督徒，他當家後馬上就開始建教堂。在泰晤士河畔，威斯敏斯特大教堂拔地而起，愛德華將王宮也搬到這裡，從此這個又叫「西敏寺」的地方成為英國皇室的中心和象徵。雖然是個基督徒，愛德華心裡也並沒有充滿寬容，戈德溫伯爵殺了自己的哥哥，而且他帶來的諾曼第親信也有除掉伯爵的政治需要，所以此時的英格蘭，最激烈熱鬧的事件就是愛德華和戈德溫的君臣爭鬥。

不幸的是，愛德華及其幕僚窮盡所有的才智，也沒有把戈德溫扳倒，更糟的是，戈德溫還有個英雄的兒子在成長。戈德溫死後，他兒子哈羅德承襲了伯爵之位，家族勢力更大，正逢威爾斯族攻打英格蘭，愛德華束手無策之際，完全是靠哈羅德帶兵打退外敵，保護了國土安全。所以當愛德華一步步將英格蘭帶向法國時，英格蘭老百姓對哈羅德的支持率節節攀升，都希望他能夠主持大局，維持盎格魯—薩克遜族的正統，也維持英格蘭相對於歐洲大陸的獨特和個性。

愛德華也是個無壽的，國王之位還沒坐熱就死了，鑑於王子年幼，英格蘭的賢人會議和百姓趕緊擁戴哈羅德伯爵登上了王位，所以他是哈羅德二世。雖然哈羅德二世不負眾望，在英王的位置上鞠躬盡瘁小心謹慎，深受上下好評，可是他之前的王位混亂，總會留下一些禍端，慢慢發展成大麻煩。

前面說到諾曼第公國已經參與到英格蘭的政治事務，想讓他們完全不插手就不可能了。一〇二八年，諾曼第公國第四位公爵威廉出世了，這是個私生子，他的母親是被他父親強搶來的農村小姐，露水姻緣的產物，所以整個成長的過程中，受到很多壓力和輕視，事實證明，上帝很公平，小時候受的苦，長大一般都會給點交代。作為獨子，威廉七歲頂住重重壓力接位成為諾曼第公爵，十五歲成為騎士，在平息自己的屬地內貴族叛亂時，初露鋒芒。長大後的威廉更是剽悍異常，甚至公然跟法王叫板，威風八面，權勢喧天。不過這樣的小孩心理上肯定是有點問題的，對威廉來說，自己卑微的私生子出身是心頭大忌，傳說在打仗中，如果對手叫他「私生子」，那對方得到的結果肯定是慘死兼屠城。

按輩分，威廉的爸爸是艾瑪王后的哥哥，所以，英王愛德華就是威廉的表哥，從小一塊長大，開襠褲級的髮小。愛德華死後，一聽說是哈羅德伯爵成為新的英王，威廉立刻就不幹了，據威廉自己說，愛德華國王曾經在某年某月的某一天跟他許諾，萬一自己有個好歹，威廉就接班成為新的英格蘭之主。英格蘭人好不容易把一個法國英王等死了，怎麼可能再接受另一個法國式的英王呢，所以對於威廉在海對面的吶喊，基本是沒人理會他的。於是又有錢又有兵的威廉決定，打過海去，把自己的王位搶回來。

威廉實力不弱，還娶了個很有嫁妝的老婆，但他畢竟只是個諸侯國王，雖然用各種方法集結了八百多艘戰艦，可用來攻打英格蘭這麼大的國家，畢竟還是有些可笑的。不過後來威廉的故事告訴我們，有的時候，有些人的運氣會好得邪門。

話說威廉的戰隊在港口準備出發，英格蘭這邊不敢怠慢，哈羅德國王也算是有戰鬥經驗的，很快就在南部沿海設下道道防線，等著威廉過來以卵擊石。哈羅德在英格蘭南部靜候威廉，結果這傢伙說話不算數，哈羅德等了好幾天，這幫法國人總是不出發，急得英國人直跳腳。沒有等到法國人，可等到其他的敵人了。

12

歐洲中世紀的歷史很容易讓人暈，因為正是國家形成的時期，滿地都是國王和王子，只要有幢小城堡就敢到童話故事裡誘騙公主，當然公主也數量頗多，珍貴程度自然也不高。這段時間中國是北宋時期，雖然跟北方金、遼、蒙古的恩怨弄得有些混亂，但從「清明上河圖」中的市井生活我們

大致可以推論出，老趙家的皇室生活絕對是金尊玉貴的，其排場和奢華估計歐洲那些林立的王室想都想不出來。在中國，如果遇上戰爭，皇帝親征可是天大的事了，整個北宋，真宗趙恆算是在寇準的忽悠下親自出征過北遼，名垂青史的結果是「澶淵之盟」，從此中原正統開始向北方蠻夷繳納歲貢換取平安。所以說沒什麼特別需要炒作的，打架這種事，皇帝還是不要親身參與的好。

在歐洲可不一樣了，重要的打仗事件都是國王親自帶隊的。上篇說到諾曼第的威廉公爵自稱有英王的繼位權，他也並不是完全胡說。話說哈羅德沒做國王之前有一次海上遇險被一個法國伯爵救了，這法國伯爵不地道，當他知道哈羅德德身分後，將他當作肉票向戈德溫家族要求巨額贖金，後來威廉公爵行俠仗義把哈羅德解救出來，可是這次解救的條件更刻薄，他要求哈羅德答應將來如果取得英王之位，要無條件讓給威廉。當時的確是白紙黑字簽過協議，不過在哪種情況下的條約，多半是按著頭被逼就範，哈羅德一旦獲得自由，肯定不認帳，所以兩邊就預備拿刀劍解決合約糾紛。

新的英格蘭王哈羅德聽說諾曼第公爵預備打過海來找麻煩，趕緊親自在南方設防，萬事俱備，只欠威廉，這小子叫囂了好幾天，艦隊在港口裡就是不出來，讓對手非常著急。其實威廉公爵更著急，他士氣高漲地準備跨海打仗，但是從他出門那天開始海上就颳西北風，他的船也沒有核動力，就是靠風吹過海去，天公不作美，威廉也只好天天在岸邊感歎運氣。這一陣西北風，足足颳了四十多天。威廉不知道，這陣他天天詛咒的西北風比三國時火燒赤壁那一陣東風值錢多了。

海上颳西北風期間，風乾物燥的，英王的後院也起火了！哈羅德不是戈德溫唯一的兒子，他還有幾個兄弟，對於哈羅德成為英王的事，都有不服。於是各施本事給自己兄弟找麻煩，這些人並不知道「兄弟鬩於牆，外禦其侮」這個道理，不僅不一致對外，還將「外侮」引進來。先被引來的這位是當時的挪威國王哈達爾，克努特大帝的一個後代，說起來也是王室血系，如果按血統來算，他成為英王似乎要比哈羅德更名正言順一些。哈達爾王與哈羅德的兄弟裡應外合，很快就在英格蘭北部取得了優勢，並節節進逼，順利攻下了重鎮約克。哈羅德這下著急了，威廉還在海對面，可挪威人已經到眼前了，簡單權衡一下後，哈羅德趕緊調大軍北上，阻擋挪威軍隊去了。

英勇的英格蘭軍隊在史丹福大橋跟挪威人決戰，並取得勝利，還當場幹掉了挪威國王。可是就在對挪威人的戰鬥中，海上的風向突然變了，非常詭異，諾曼人、挪威人和老天爺似乎是聯手設局，要置哈羅德國王於死地。聽說威廉的艦隊已經登陸的消息，哈羅德完全顧不上休整遠征且連續作戰的軍隊，這些人只能發揚跑馬拉松的精神即刻掉頭向南，阻擋諾曼人。

威廉此時絕對不再埋怨上帝了，他無驚無險地登上了英格蘭的土地，估計是因為有點暈船，威廉一落地就摔了一跤，樣子很狼狽，不過他反應很快，馬上撲在地上，動情地說：「上帝已經將英格蘭賜與我了！」英格蘭的土地也不辜負他，幾乎沒有抵抗，威廉大軍輕鬆地向倫敦挺進，在離倫敦六十英里的黑斯廷斯，諾曼軍佇列好戰陣，等待哈羅德大軍遠來。

這場英國乃至歐洲歷史上重要戰役就是「黑斯廷斯之戰」，算得上是英國的立國之戰。哈羅德的正規軍隊只是在倫敦進行短暫整編，很多士兵都是臨時徵召的農民，當時英軍是步兵，威廉帶領的是騎兵，哈羅德設計的戰法是所有的士兵舉起盾牌組成銅牆鐵壁，讓威廉的精銳騎兵無孔而入。一次次進攻無效後，威廉軍隊中開始出現潰逃的跡象，因為哈羅德軍隊的很多士兵是臨時工，相當於民兵，沒有經驗，也沒有紀律，看到對手示弱，自然是丟掉盾牌就衝上去追殺，結果固若金湯的盾牌陣出現缺口，威廉的騎兵掉頭回來時，輕鬆就衝破了英軍的戰陣。哈羅德跟自己的侍衛隊一起參加最後的白刃戰，最後被箭射穿了眼睛，和自己的兄弟一起慘烈戰死，金色的龍旗染滿鮮血！

這是一〇六六年，諾曼第公爵安葬了哈羅德的屍體後，整個英格蘭大地向威廉展開了懷抱。兵臨倫敦城下時，威廉覺得如果強硬攻城自己不見得能輕易成功，所以他非常聰明地選擇向英格蘭的賢人會議妥協，答應對方保全盎格魯－薩克遜的傳統，倫敦此時已經無人可以領導抵抗諾曼人，在無奈之下，只好接受威廉公爵成為英王，耶誕節那天，在威斯敏斯特教堂加冕，開創了英國歷史上的諾曼王朝。順便說一句，威廉在攻打英格蘭之前，已經取得了羅馬教廷的大力支持。歐洲的王都有自己的綽號，威廉的名號最威風，史稱「征服者」。

雖然已經加冕登基，可是英國百姓並不認可這位新王，各地的起義反抗不斷。威廉出名的就是手段殘酷，一〇六六－一〇七〇年，他的主要工作就血腥鎮壓了各地的反抗，剷除了各地的地方力量。

抵抗基本平息後，為了增加賦稅以應對隨時會發生的各種戰爭，威廉開始土改了。他派出大量官員做土地和財產普查，這幫官員各個窮凶惡極，對待老百姓態度惡劣，所有人都感覺到，被這夥人調查猶如在世界末日接受審判，所以威廉國王的土地財產調查報告又被稱為「末日審判書」。掌握了全國的土地資料後，威廉還下令沒收英格蘭貴族的地產，將其七分之一留給自己，其他的分封給隨他來的諾曼貴族，但他宣布，所有的土地所有權還是屬於國王，開創了以國王為中心的封建集權王朝的英國歷史，從此後，王權處於至高無上的地位。他仿照諾曼第公國的制度改組了英格蘭的中央行政機構和司法機構，把諾曼第人在審判中設立陪審團的古老制度帶到了英格蘭。同時頂住羅馬教皇的壓力，頑強地保留了對英格蘭各主教的任命權，因為這一手，使威廉的諾曼王朝擁有整個西歐國家最強大的王權，可以跟羅馬教廷叫板。威廉要求將法語作為官方語言，他自己不會說英語，也學不來，因為威廉同學是個文盲！於是法語對英語進行了一輪強行滲透，英語也吸收很多法語的辭彙，更新了一個版本。

進入諾曼王朝後，英倫諸島想獨立在歐洲大陸之外隱居已經不可能了，西歐尤其是法國的事務肯定是經常參與的，由於威廉國王依舊是諾曼第公爵，所以，英法的土地糾紛成為那段時間歐洲的主要矛盾，兩家糾結不清終於發展成為冤家和世仇，讓整個歐洲為之亂翻天。而威廉之前的英格蘭一直是被動挨打的，自從被諾曼人統治後，秉性發生了重要變化，後來，英格蘭開始主動欺負別人家到別人家地盤上去打架了。

13

現在英法面臨這樣一個複雜的問題，那就是諾曼王朝的土地，除了英格蘭本土還包括塞納河下游的諾曼第。對法國國王來說，這是件很膩歪的事，你既然已經擁有英格蘭那樣大片的土地，就應該把諾曼第還給法國啊，這個事在道理上說是成立的，可是縱觀所有國家的歷史，只有豁出命去爭取新的土地，絕對沒有無端將自己的土地送出去的高尚先例。威廉從骨子裡是個法國人，雖然稱為英王，倫敦的環境和氣氛也不讓他舒服，所以他將英國的管理工作交給當時的英國主教，自己回到諾曼第，繼續過著公爵的生活。

此時的法王是腓力一世，賴在諾曼第不走的威廉一世簡直就是插在他眼中的一根釘子，忍無可忍之下，終於決定向諾曼第動手了。威廉這樣的人是不會任人宰割的，所以雖然年近六十，威廉還是親自披掛上馬向法王發動了戰爭。在這次戰鬥中，威廉一世依然驍勇無敵，甚至打到了巴黎附近。只是，他的好運終於用完了，一路勢如破竹的威廉一世意外墮馬，居然很快就死了。這位蓋世的英豪一生的命運猶如一部傳奇故事。他改變了英國乃至整個歐洲歷史，如果上帝沒有驟然收回他的幸運，不知道他還會做出什麼驚人的事情來。

「征服者威廉」登陸英格蘭，建立了帶有濃郁法國風格的諾曼王朝。威廉一世雖然是英王，但他死前最鬧心的事是自己在法國的諾曼第領土，與法王作戰，也是為了保留這片故土。離奇地死於墮馬，對久經沙場的老戰士威廉來說，這種死法相當丟人，不得不懷疑這是上帝的故意安排。尤其是據傳說，他下葬時棺材尺寸不合，為了把他已經發脹的屍體塞進棺材，工作人員用力過猛，屍體竟然炸了！

作為旅遊手冊，我們要特別介紹倫敦旅遊的必到景點——倫敦塔，在英國人的眼中，似乎倫敦塔跟中國的故宮地位相當，代表著皇權的輝煌歷史，和一些詭異的，散發著腐朽氣味的皇家密事。倫敦塔就是威廉一世進入倫敦後花了二十年修建起來，一個外地人入主倫敦，不但害死了一個優秀的本土國王，還鳩佔鵲巢，名不正言不順，自然全英格蘭的人都是敵人，所以威廉到達後第一件事肯定是修個碉堡保衛自己的安全。

倫敦塔中心的白塔又叫諾曼第塔，就是當年威廉一世的王宮，後來時局稍定，他感到總躲在碉堡很不威風，就搬家到威斯敏斯特宮去了。往後的英國人以白塔為中心又建了好些城堡，這個碉堡群成為倫敦一個重要中心。既是一座堅固的軍事堡壘，又是華麗宮殿，內部還配備了天文台、監獄、教堂、刑場、動物園、小碼頭等設施，但是最出名的還是監獄和斷頭台，我們以後的故事中會提到很多大腕都在這裡被監禁、折磨或是處決，整個倫敦塔的印象如同倫敦的天氣一樣的陰森冰冷。在倫敦市建碉堡並沒有讓老威廉覺得安全，於是他還在倫敦的週邊建造一條碉堡鏈，一個接一個的城堡環伺倫敦，相互呼應，防備森嚴以保衛自己來之不易的英國皇權，而最大的那座城郊堡壘就成為後來英國皇室的行宮，著名的溫莎堡。

老威廉有四個兒子：長子羅伯特，接受了諾曼第的土地，成為新的諾曼公爵；二兒子也有一塊封地，三兒子威廉二世繼位為新的英王，四兒子沒有爵位也沒有帝位，只好給他一大筆錢。看起來，似乎分得還算公平，只是，其中的三兄弟都不是省油的燈。老威廉是死於對法王的戰鬥，起因是諾曼第的國土，而跟法王勾結在一起跟自己作對的，就是自己的大兒子羅伯特。

威廉二世繼位登基後，羅伯特繼續跟自己弟弟為難。他經常到派人到風雨飄搖，人心不穩的英格蘭挑撥離間，挑唆英國人反對威廉二世。所以威廉二世的帝王生涯十分動蕩鬱悶，他的外號叫「紅臉王」，赤色面龐，脾氣暴躁，對自己哥哥的行為自然火冒三丈。從上台開始，紅臉王就一邊鎮壓英國的內亂，一邊還親自到諾曼第去跟自己大哥打架，這幕諾曼第的兄弟鬥毆持續了七年，好在，發生了一件大事，讓諾曼第公爵羅伯特找到了比對付自己弟弟更有價值的生活。

這件大事就是第一次十字軍東征開始了！這場被譽為世界歷史上最大規模的宗教性軍事行動是

怎麼開始的呢？教皇發起的！他告訴西歐所有教眾：基督教的聖地耶路撒冷被穆斯林佔領了，必須奪回來！這是教皇的說法，對於基督教來說，在歐洲取得的統治地位讓他們的理想更大，而全世界最富庶，最肥沃，文明最深遠的地區成為伊斯蘭教區這讓教皇常常睡不著，所以教會要東征；而根據我們已知的西歐歷史，西歐人骨子裡有個根深柢固的概念，那就是如果手頭緊，GDP成長緩慢，西歐人第一時間考慮的絕對不是發展生產，而是找個有錢的地方武裝搶劫，西歐的戰爭幾乎都是這樣發生的。聽說教皇要組織到富饒的中東一帶打劫，那肯定踴躍報名啊，於是，貴族們加入了；當時西歐貴族的繼承制規定，長子繼承一切，其他的兒子什麼也撈不著，日子很窘迫，這批人都是騎士，還數量眾多，既沒有工作又不願意打工擺地攤，骨子裡就是喜歡打劫這項高等業務，這樣一來，騎士們也加入了；對商人來說，打下中東一些要塞，就可以將東西方貿易的通道把握在自己手裡，商務利益的考慮讓商人們也加入了；而對於老百姓來說，封建制成型到成熟的這個階段，地主貴族的盤剝是非常苛刻的，長工們在自己家日子不好過，種地種得很沒前途，參軍到國外搶劫如同外勞輸出，利益方面還是很誘惑的，大量的長工們也加入了。於是從教皇到百姓，社會各階層都對東征取得一致意見，認為早下手是非常必要的，五湖四海為了一個共同的目的集合在一起，一〇九六年，十萬大軍分四路在君士坦丁堡會師集結，他們的盔甲外貼著用紅布繡成的血色十字，從此正式得名「十字軍」，開啟了西歐對地中海東岸的浩大遠征。

回到諾曼第，羅伯特公爵作為西歐著名的封建領主，東征這樣的盛事肯定是一定要參加的。他帶領自己的軍隊出征，軍隊的吃喝拉撒，兵器馬匹都要他掏錢購置啊。搶劫這門生意，雖然收益好，前期投入也是很大的，為了取得搶劫的軍費，羅伯特公爵不得不想了個無奈的辦法，那就是將諾曼第公國抵押給弟弟威廉二世，跟他借了一萬馬克。這事正是威廉二世求之不得，趕緊給錢，收編了諾曼第的領土，也就是說，英國被分割在海峽兩岸的領土算是又統一了。可惜威廉二世沒高興多久，第一次十字軍東征結束，羅伯特娶到一個很有錢的老婆，手頭寬裕了，自然第一時間要求贖回自己的領土——諾曼第。大家都猜到了，對威廉二世來說，羅伯特給十倍的錢，也不會願意將諾曼第交還。威廉二世在家裡積極準備，預備如果大哥堅持索回諾曼第，他就繼續發兵揍他！不幸的是，紅臉王突然遭遇了一場奇異的無妄之災。

一一〇〇年八月的一天，威廉二世在皇家林苑打獵。英王打獵，是很重要的集體活動，從者甚眾，隨行人員包括他弟弟亨利，還有國王最信任最親密的顧問蒂雷爾。狩獵開始不久，一隻赤鹿就進入了國王的射程，紅臉王拈弓搭箭，準確命中目標，誰知那赤鹿竟然十分堅強，帶著箭傷逃跑了。紅臉王目不轉睛盯著那隻赤鹿，希望看清楚它的逃跑路線好追殺上去。就在這個時刻，不遠處的蒂雷爾也射出一箭，這一箭沒有命中赤鹿，卻準確射中了國王的胸膛，紅臉王翻身落馬，箭直接將他的身體穿透，威廉二世當場駕崩。這個突發性重大事故似乎並沒有讓王弟亨利痛哭或是慌亂，他甚至沒有查看兄長的屍體或者找救護車，便帶著隨從以最快的速度趕到了曼徹斯特，那裡收藏著英國皇室的所有財寶。亨利將這些錢財全部掌握後，便趕回倫敦，宣布接位成為新的英國國王。

威廉二世之死是英國皇室著名的神祕事件之一，從亨利的動作看，他弒兄篡位的可能性巨大。兇手蒂雷爾射殺國王後逃到了法國，而亨利居然沒有派人捉拿他，甚至對蒂雷爾留在英國的財產家小都沒有任何動作，顯然不合常理，顯得嫌疑更大。但蒂雷爾作為威廉最信任的大臣，權勢已極，如果他自己不想作皇帝，為什麼要幫亨利這個忙呢？還把自己弄得流落異鄉。如果說是蒂雷爾眼神不好闖了大禍，而亨利反應迅速獲得漁利，似乎也說不通。還有一種說法是威廉自殺，可是他既然摩拳擦掌要爭奪諾曼第，大志未酬，為何要此時輕生呢。鑑於就算找到真相我們也不能懲辦兇手，就不繼續研究了，更何況，紅臉王不是個和善的君主，不論是教會還是百姓都不太喜歡他，這種人死了，就死了吧。

亨利成為英王亨利一世，他很快向所有人證明，他取代自己的哥哥是完全有道理的，不僅馬上改善了和教會的緊張對立，更是將從他父親開始的各種苛捐雜稅，橫徵暴斂全部結束。他以自己的賢明和誠意終於讓英國人接受了這支來自法國的王系，英倫大地獲得了難得的平靜。因為上台初期需要處理的內部事務太多，亨利不想激怒自己的大哥羅伯特，所以讓他回到諾曼第，繼續作公爵。可以想像，對於英國的王位，羅伯特肯定是垂涎的，加上他在英國內部還配置了大批支持者，隨時預備搶奪大位，所以亨利在大局安定後，馬上派兵去收拾諾曼第的心頭之患。

後方穩定，前線自然更順利，亨利一世殺進了諾曼第，手下的三百名貴族騎士擊潰了諾曼第所有抵抗，沒有傷亡一人。羅伯特公爵落在亨利一世手裡，被押到英國監禁了二十八年，一直到死。

收復諾曼第後的亨利一世很快又遭到了法王的阻擊，跟法王聯手而來的是法國盛產葡萄的領地安茹的領主——安茹伯爵。讓法王鬱悶的是，雖然是本土作戰，可他對跨海而來的英王卻毫無優勢，亨利一世一次次挫敗法王的進攻。畢竟是法國的土地，在自己家打架，打壞東西都是自己的，打久了對本土不合算，只好求和。而法王的幫手安茹伯爵則更有誠意，直接率部投降，向英王稱臣。

這樣一來，亨利一世再次統一了英格蘭和諾曼第，勵精圖治為英國帶來很長一陣的和平與興榮，這是諾曼王朝最好的時代，亨利一世自然就成為本朝最優秀的英主。

不過世事無完美，亨利一世第一次婚姻迎娶蘇格蘭公主，這個動作本來是讓英國和蘇格蘭的邊境安穩了不少，可是蘇格蘭公主生了兩子兩女，小兒子沒成年就死了。大兒子也沒活多久，在一次渡海的沉船事故中淹死在海上。為了生出新的繼承人，亨利一世又結了一次婚，傳宗接代的目的還是沒有達到。為了延續英國的皇室血統，亨利一世不得不考慮自己的女兒繼位的事了。

14

諾曼王朝最好的君主亨利一世沒有兒子，找誰來接替王位一直讓他寢食難安，這樣的心思重重最容易導致各種慢性疾病，比如消化不良。當時的歐洲上流社會流行吃八目鰻魚，又叫七腮鰻，據說當時亨利一世已經是龍體欠安，醫生給他開的藥方就是吃這種鰻魚（中世紀的歐洲醫生沒現在那麼牛，都有點像巫醫），亨利一世跑到諾曼第去休養，想到自己沒有兒子接班，自己絕對不能隨便死，所以遵醫囑狂吃鰻魚，終於導致消化不良，在買不到「嗎丁啉」的情況下，溘然而逝，懷著無比的遺憾，為英國王室留下一個誰也解決不了的難題。

亨利一世兒子死光了，還剩倆閨女，當然還有私生子數量不詳。他曾經想讓女兒繼位。亨利的二女兒瑪蒂爾達先是嫁給了德國皇帝亨利五世，沒多久就作了寡婦，亨利趕緊讓她回娘家，預備接班做女王。可惜環境不允許。中世紀的歐洲，給一個女老闆打工這個事還是有點驚世駭俗，貴族們也不能接受朝堂上對一個女人彙報工作，所以這個事就暫時擱置。可女兒也不能做一輩子寡婦啊，於是，亨利又做主將女兒改嫁安茹伯爵，就是上篇說的夥同法王進攻諾曼第，後來沒得手就投降了英王的帥哥。雖然亨利國王對安茹伯爵器重有加，可是英國的本土貴族卻視他為仇敵，因為他畢竟是法國人，也曾經攻打過英王，所以瑪蒂爾達成為他媳婦後，英國貴族更是不能接受瑪蒂爾達成為英女王的事了。

在這部皇室爭位大戲中，還有一個主要演員，那就是亨利的外甥。亨利一世的親妹子嫁給了一個法國伯爵，生了個兒子叫史蒂芬，亨利生前對這個外甥是非常鍾愛的，因為妹夫參加十字軍戰死聖地，所以亨利將史蒂芬接到自己身邊教養，視同為親生兒子，恩寵無比，史蒂芬不斷受封領地和爵位，年紀輕輕就成為英國最有錢的人。但是喜歡歸喜歡，國王之位，亨利還是傾向傳給跟自己血緣更近的瑪蒂爾達。

可惜亨利死得太突然，既然沒有明確的遺詔，那各路英雄就憑本事搶吧。史蒂芬離得最近，動作最快，亨利前腳一死，他後腳就進入倫敦，因為手裡有錢收買人心，立刻取得了當地貴族的支持，加上他弟弟在亨利的扶持下，已經成為教會的高層，稍微走了走人情，送了點禮，又得到了教皇的認可，於一一三五年成為英王，諾曼王朝第四位君主。

瑪蒂爾達目瞪口呆之際也不能善罷甘休，她預備出兵搶回本來屬於自己的皇冠。她的媽媽不是蘇格蘭的公主嗎，所以現任的蘇格蘭王是她舅舅，外甥女求助，當然要發兵援助。

當然，蘇格蘭也有自己的利益考慮，還有一支人馬也站在瑪蒂爾達這邊，那就是亨利的一個私生子，叫羅伯特。這三股人馬氣勢洶洶殺進英格蘭，跟史蒂芬叫陣。

這場姑表兄妹之爭鏖戰了快十年，互有輸贏，史蒂芬曾經被瑪蒂爾達活捉，監禁了快一年，後來因為羅伯特落在史蒂芬的軍隊手裡，交換戰俘，才把英王換回來。這期間瑪蒂爾達成為實際上的英王，可是因為所有人都反對她，眾怒難犯，她也不敢貿然登基。史蒂芬回到倫敦拿回皇位後，奮發圖強，很快就在戰鬥中取得主動，瑪蒂爾達節節敗退之下，只好無奈回到諾曼第，把持這塊家族的龍興之地，史蒂芬一時也拿她沒辦法，如此一來，英格蘭隔海的土地又被分割，各有其主，虎視眈眈。

原來說過，諾曼王朝的開國之君是個運氣好的離譜的人，上帝的眷顧還真是奇怪，現在又一個蒙主喜悅的人物出現了，那就是瑪蒂爾達的公子小亨利。話說瑪蒂爾達這個媽媽像個女戰神似的長期在外打架，家裡的兒子沒人照看，竟然不知不覺地長大成人，不僅像他父親一樣的瀟灑倜儻，玉樹臨風，而且還博學有識，頭腦發達。

就在瑪蒂爾達與史蒂芬打得難捨難分的時候，安茹伯爵已經配合老婆取得了諾曼第，並將之贈與自己的兒子，於是小亨利成為諾曼第公爵，安茹伯爵不久死去，他轄下的安茹等領土也歸入小亨利的名下，小亨利不到二十歲，已經成為法國有名的大地主，有若干個爵位，領地大得嚇人。因為這些領土畢竟是法國境內，所以小亨利還是要覲見法王，表示一下忠誠，這一次覲見，竟引出一場著名的桃色緋聞。

先給大家隆重介紹一位改變了中世紀歐洲歷史的美女，歐洲歷史上最有權勢的女人——埃莉諾。在法國的所有領地中，最肥最好的一塊叫阿奎坦，在法國西部，毗鄰大西洋，南部與西班牙接壞，氣候宜人，地理條件優越，富庶而祥和，當時的法國人稱之為「世界中心」，埃莉諾就是這塊屬地的公主，她父親去世後，因為沒有子嗣，埃莉諾就接班成為阿奎坦公爵。這位女公爵絕對是財貌雙全，不僅坐擁法國最好的土地大量財富，還生得貌美如花性格火辣，引無數歐洲貴族折腰。埃莉諾不是個普通女子，心胸中懷著些大志向，希望錦衣玉食之餘，還能整出點事來，所以在婚配方面，她自然選擇了法國王儲，隨後成為歐洲最強國家的王后——路易七世的老婆。

歐洲最有權力的女人的地位並沒有讓埃莉諾幸福，結婚幾年，生了三個女兒，路易七世是個有點懦弱，沒什麼主見的人，這樣的男人很容易讓埃莉諾這樣的強勢女人厭倦。為了讓自己的生活多一點激情，埃莉諾幹了件驚人的事，她組建了一支娘子軍，也帶上紅色十字架標誌，作為女子十字軍參加了東征，跑到中東一帶旅遊去了！我們不指望法國王后成為另一個花木蘭或是穆桂英，但她的遠征收穫也頗為豐盛，艱苦而枯燥的行軍旅程讓埃莉諾找到了理想中的激情，墮入愛河。整個東征過程中，十字軍營裡最熱鬧的話題就是法國王后和皇叔的香豔事件，讓十字軍打仗之餘也有娛樂。埃莉諾私通的是自己老公的叔父，這個事變成各種版本流傳到路易七世耳朵裡，再老實的人也是不能忍受的，尤其是這個婆娘一直沒生出兒子來！所以，回到巴黎後，埃莉諾的王后之位有點岌岌可危，就在這個時候，十九歲的新大地主小亨利來到了法國王宮。

這幾乎是一段孽緣，三十歲的埃莉諾第一眼就愛上了十九歲的亨利。對亨利來說，埃莉諾還不算太老，風韻依然，最重要的是，只要娶了她，作為嫁妝，小亨利就自動接收了阿奎坦的土地和不計其數的金銀財寶。埃莉諾在這個事件上保持了高度的清醒，顯示了極高的辦事能力，她先因為沒有子嗣而向教皇要求跟路易七世離婚。本來她已經犯了風化，法王就想休她，既然她主動提出，自然馬上答應。沒過幾天，教皇和法王就發現她高調下嫁諾曼第公爵小亨利，這才反應過來，改嫁亨利才是這個女人離婚的主要原因。可惜已經沒有時間挽回了，法王在家計算了一下，十九歲的亨利公爵手中掌握著一半以上的法國土地，成為整個歐洲最大的領主，實力權勢幾乎在法王之上。而混到這個地位，小亨利幾乎沒花任何功夫，既沒動腦，也沒動武，餡餅從天上掉下來，正好落在嘴裡。

一個人運氣好到這個程度，那就絕對沒有「平常心」這個概念了，對小亨利來說，人生唯一的遺憾就是老媽失去了英國王位，所以他要替老媽出頭，成為英格蘭之主。於是，小亨利集合人馬，越過海峽向英王史蒂芬發動了進攻。戰鬥的過程證明，小亨利的成功不僅僅因為運氣好，史蒂芬對這個年輕的小侄子也有點束手無策。正在這時，史蒂芬這方內部出現了問題。

15

史蒂芬處理了先王留下的權臣索爾茲伯里主教羅傑，不僅將他拘捕，還株連了其家人，這個動作讓教會很不滿，覺得這史蒂芬既然是教會扶持的，不管多大的事，都應該留點面子，不要做絕。為了懲罰史蒂芬對教會的叛逆，教皇宣布，史蒂芬的長子不得繼承英國王位，好在史蒂芬還有另一個兒子，可是這小兒子完全沒有出息，他看到他父親這個英王作得勞心又勞力，十幾年來沒過一

天安穩日子，小亨利的大軍還對倫敦虎視眈眈，所以堅持拒絕了繼承權。這樣一來，史蒂芬就沒有兒子可以繼位了。隨後不久，大兒子暴病身亡，史蒂芬萬念俱灰之下也覺得身心俱疲，他轉告小亨利，他願意放棄英國王位，讓他準備登基。小亨利還是比較仁義，他覺得史蒂芬一輩子也挺可憐，於是簽了個協議，讓史蒂芬完成自己的任期，並將小亨利立為王儲，史蒂芬百年之後，小亨利就過來接班。兩邊一說定，小亨利撤兵回到法國，過著準英王的幸福生活。

在這種情況下，史蒂芬精神基本已經垮了，所以不到一年的時間，就憂鬱而死。小亨利兵不血刃進入倫敦，加冕為王，實現了他老媽的畢生理想，也如亨利一世所願，將王權保留在瑪蒂爾達這一支。據說小亨利登基時英國是非常歡迎的，為了王位，英倫大地遭受了十九年的戰亂折磨，歷史上，這十九年被稱為「史蒂芬亂世」！現在終算塵埃落定，大局平靜，英國的老百姓可以吃幾年舒心飯了，尤其是小亨利血統高貴，形象優秀，加上富甲天下，可以預期他會為英國帶來富庶。所以從威廉的諾曼第征服以來，這是第一次英王繼位沒有遭到任何反對和阻擾，小亨利眾望所歸，讓所有人滿意，統領著包括英吉利海峽兩岸的巨大國土！

小亨利的父親安茹伯爵是個美男子，一天到晚花裡胡哨的，最標誌的打扮就是在帽沿上別一朵金雀花，這種小黃花在咱家是一味中藥，主治腎虛陽痿，安茹伯爵把他插在頭上，顯得風騷之至，而且這金雀花還是安茹伯爵的家族標誌，所以小亨利成為國王後，從血統上就已經不是諾曼王朝了，歷史上小亨利開創的是安茹家族血系的王朝，所以叫金雀花王朝，也叫安茹王朝。而小亨利也就成為亨利二世。

補充一個個花絮：說說英國中世紀的司法制度——神判法，顧名思義，就是靠神來審判案子。當時沒有警察局刑警大隊這樣的部門受理勘查案件，苦主一般是到教會找教士告狀，透過教士找上帝來裁決。舉個例子，比如一個老男人猥褻幼女，幼女的父母到教會告狀，而老男人一口咬定自己什麼也沒幹，不過是搭了一下小姑娘肩膀，怎麼辦呢？教士拿出一塊燒紅的鐵塊，讓老男人拿著走九步，然後拿掉鐵塊，把老男人的手包起來，三天之後過來察看，如果傷口潰爛，則老男人猥褻幼女罪成立，如果手掌完好無缺，則表示他無辜。大家一聽覺得這個整法很公平，可以燙傷老男人的鹹豬手，可是事實上沒這麼簡單，如果老男人因為是首都派下來的官員，有錢又有權，他就可以在背後收買教士，握一個燒紅的鐵塊而不傷手是個簡單的障眼法，在中世紀的歐洲教會早算不得高科技了。所以老男人有很大可能無罪脫身。即使教士們不受賄賂，我們知道，中世紀的教士素質良莠不齊的，並不見得每一個都能聯繫到上帝，所以可以想像，大多數的案件，都是憑有關的教士自己的感覺評判。他如果認為有罪，自然會讓「神判」產生有罪的結果，如果他認為被告無辜，大可以用各種辦法讓其脫身。除了上面說的「熱鐵法」，還有「熱水法」、「冷水法」、「摸屍法」等各種花樣，聽名字就知道是些邪門的辦法，既荒謬又兒戲，簡直不敢想像這樣的蠻夷如何能創造出後來那些縝密的司法體系。而奠定了歐洲博大而雄偉的法律基石的，就是亨利二世，金雀花王朝的開國君主。

金雀花這個英國歷史上很重要的王朝建立於一一五四年，這個時間是中國的南宋時代，再過一年，著名的壞蛋秦檜就死了，不管他的壞名聲冤不冤，反正對華夏來說，那是個垂頭喪氣，沒臉見人的時代，與之相反地是，亨利二世為英倫大地帶來的振興，將安茹帝國的版圖擴張到頂點。

跟過往的英王相比，亨利二世算是非常有文化的，雖然他不會說英語，是個地道的法國人，而且登基時年齡尚輕，二十出頭，可是心裡非常有數。頭腦清楚。他一上班，就發現上一個英王因為常年累於各種戰事，國內幾乎沒人管，大貴族各自割據，權勢喧天。教會更是把握各種國家機器，國王很容易就變成傀儡。找到問題癥結後，亨利先以強大的軍事實力和財力讓英國那些貴族和封建領主屈服，壓制住了他們趁亂奪權奪地的野心。然後，他開始進行了歷史上最著名的司法改革。

亨利二世的司法改革中，有兩件事影響最大，其一是，加強王室法庭的權力，當時的法律規定，一般的案件都是在發生當地處理，處理辦法一般是遵循當地封建主的規矩，改革後的法律規定，如果你擔心當地司法不公，可以交點錢，到王室的法庭裁決，這樣一來，各封建領主的法律管轄權就大大減少，有利於英國的司法逐漸統一，英國習慣法就是由此產生，並在此基礎上產生了民事法庭的雛形；其二是實行陪審團制度。亨利二世的改革廢除了我們開篇說的「神裁法」，實行了陪審團制度，大家都知道，這個制度到現在都被歐美的法律體系沿用，被認為是非常公正、公平合理的斷案方式。而因為這一套司法改革，亨利二世被有些人稱為西方法律之父。

上述改革的第一個動作是為了分割封建領土的權利，第二個動作就有點像跟教會叫板了。亨利二世很清楚，要從教會手裡奪回屬於國王的權力，過程還是艱苦的，於是，他很快想到一個自以為高明的法子。

一直以來，英國所有教會中，有兩大主教最有權勢，直通教皇，可以決定大部分的國家大事，一個是坎特伯雷主教，一個是約克主教。當時的坎特伯雷主教有個首席助理名叫貝克特，因為出身富商家庭，也是個公子哥，人生也比較順利，成長過程跟亨利二世有些相似，所以兩人認識後迅速成為死黨兼鐵哥們，亨利二世更是很快將貝克特提升為英國宰相，讓他負責自己所有的內政外交事務，寵臣加親信。在亨利打定主意要跟教會奪權時，他採取的辦法是利用各種手段，不理會外界任何阻擾，將鐵哥們貝克特扶上了坎特伯雷的主教之位，希望他跟自己一條戰線跟教皇和教廷叫板。

不過事情的發展大大出乎亨利二世的預料，小哥們貝克特平時看起來吊兒郎當，很好控制的，可一成為英國最大的主教，立刻脫胎換骨，改邪歸正，成為羅馬教廷的忠實奴僕。貝克特一上任就宣稱：教會的權力是完全獨立的，教會的權力可以凌駕在王權之上，國王大事小情不得擅自作主，必須向教會早請示晚彙報！亨利看著這個舊日的好友變成自己最大的對頭，又想到自己搬的石頭砸了自己的腳，心中那種有苦說不出的感覺真是鬱悶至極。亨利二世被逼急了之後，開始為貝克特羅織罪名，想把他整下台，趁貝克特躲到外國期間，更是安排了約克主教為自己的長子小亨利加冕，這個事自然是沒有透過羅馬教廷的。貝克特回國後，直接宣布加冕無效，還利用自己的權利處罰了參與加冕的教士。這個事傳到亨利二世耳朵裡，國王在盛怒之下說了句：「真他媽的煩人啊，難道就沒有辦法能讓我擺脫這個囂張的傢伙嗎？」亨利二世說這句話，絕對是一時的頭腦發熱，但他手下的四個騎士卻是很體會聖意，老大生氣了，我們這幾個作小弟的，理應為老大分憂，走，找貝克特這個死孩子算帳去！

當時的亨利二世在自己法國的領土上，畢竟是土生的法國人，總覺得法國才是自己的家，所以雖然做英王做得很勤奮，但大部分時間，他還是願意在法國住著。那四大金剛也沒向亨利請示，就渡海進入英國，找到貝克特，在教堂的祭壇邊給他上課，讓他趕緊給老大道歉賠不是，以後安分守己，低眉順眼。貝克特自然是不受教的，估計還以主教身體訓斥了這幾個娃。中世紀的騎士最不信邪，爭吵的結果是，這四個騎士直接就拔劍捅死了貝克特，血濺坎特伯雷教堂祭壇，頃刻震驚了整個歐洲教會！

肝火最盛的顯然是教皇，他不僅馬上宣布貝克特為聖徒，並威脅要開除亨利二世的教籍。對當時的社會來說，開除教籍絕對比判死刑更難受，那就表示成為全民公敵了，每天要活在詛咒裡。亨利二世在家計算了一下，覺得自己的實力還不夠跟整個教會和教眾翻臉，人在屋簷下，一定要低頭。於是，亨利二世採用了負荊請罪的辦法，脫了上衣，光著膀子，進入坎特伯雷，讓所有的僧侶用鞭子抽打自己，最後走到貝克特死的地方，跪下衷心懺悔，教會感覺他認罪態度可以接受，原諒了他。亨利二世算是度過了一個大危機。這個事件在歐洲歷史上是有重大意義的，從這時起，以國王為代表的君權和以教會為代表的皇權之爭成為歐洲社會一個很顯要的矛盾，明爭暗鬥連綿不盡。而對我們現在的意義就是，「地主」們去英國旅遊時，坎特伯雷教堂是個重要景點。

除了對國內事務的改造，亨利二世的軍功也很顯赫，他先後入侵蘇格蘭和愛爾蘭，讓這兩個國家成為英格蘭的附庸，他在位時，英國的版圖從蘇格蘭延伸到西班牙，再包括法國境內的大片國土，疆域巨大，幅員遼闊，如果計算實際面積，大約是同時期法國國土的近七倍！

英雄少年，福星高照，文成武德，一統江湖，亨利二世的人生似乎是完美無缺的。可是，上帝還是公平的，不論亨利二世在人前是個多麼優秀的君主，可回到後宮，他似乎並不是個好父親，也不是個好老公。

中世紀的歐洲君主是很可憐的，沒有我們家皇帝正常的後宮三千（中國歷史上唯一只有一個老婆的皇帝是明孝宗，是比熊貓還罕見的國寶），一夫一妻是必須維持的宮廷體面，如果國王實在是有其他想法，那就只好到外面去找小三，基本上還是不能太公開的。亨利二世的王后比自己大了十一歲，誰也不能阻止他愛上更青春年少的女子。亨利二世的情婦不多，大部分就是露水姻緣，不傷筋動骨，當然常在河邊走，偶爾會濕鞋，終於有人打中亨利二世的心坎，讓他動了真情。

就在埃莉諾皇后接近五十歲的時候，她聽說老公亨利二世找到新的情婦，著名的絕色美女羅莎蒙德，據線人報告，亨利二世經常在泰晤士河邊的一個修道院跟這位女子私會，而且已經生了好幾個孩子。此時的埃莉諾正值更年期，遇到這種事，吃多少靜心丸也沒用，為了讓老公回到身邊，埃莉諾預備清除小三。亨利二世對羅莎蒙德是非常寵愛的，他不僅為她在海邊修建了一個著名的涼亭，還為了金屋藏嬌，不讓老婆找到，甚至還建了個迷宮，讓美人藏身其中。不過嫉妒的更年期女人能量是無窮的，王后終於找到了羅莎蒙德，而且非常聰明地發現了亨利二世為幽會留下的絲線，順著絲線，找到小三。埃莉諾連恐嚇帶嚇唬，羅莎蒙德蒲柳弱質，哪裡是王后的對手，只好自殺，英國玫瑰香消玉殞。據說她當年死的地方現在還鬧鬼，是英國幾個著名的靈異之地。

聽說老婆逼死了自己的妻子，亨利二世怒不可遏，他要求跟老婆分居，最後還把埃莉諾監禁起來了。亨利二世在處理家庭內部事務時，表現得非常無能而弱智，他不知道他和老婆的床幃之事是可以影響王權的，因為埃莉諾非常清楚，以她的年齡，想讓老公忠誠已經很難了，如果不能控制老公，唯一的保全自己地位的方法就是控制自己的兒子們。

16

亨利二世為了幽會在牛津一帶建造了宮殿，經常在那裡消遣。當時英法的關係不好，在公私，亨利二世跟法王總是很不對盤。那段時間英國沒有大學，有求學意願的學子都跑到歐洲，最多的是到巴黎求學，英王和法王是宿敵，那些在巴黎求學的英國人長期處於不安全感之下，最後無奈之下，一些巴黎的英國學者回到英國，決定建立屬於英國人自己的大學。因為亨利二世當時總在牛津出沒，學者們覺得可以依靠大樹好乘涼，於是顯赫的牛津大學就這樣成立了。後來一部分的師生跑出去幹副業，順手又成立了劍橋大學，為全世界的高等學府豎立了兩竿大旗。

亨利二世和埃莉諾結婚的頭十年，生了四個男孩，三個女兒。四個兒子中的老大幼年夭折，最後還剩了三個兒子，分別是亨利、理查和傑佛瑞。根據世襲法的原則，小亨利成為英國太子，並接領大部分的領土，包括法國的諾曼第、安茹等地；理查則接受老媽的封地——阿奎坦；傑佛瑞則成為亨利二世過去入侵成功霸佔的一塊地區的地主。分封妥當，兄弟們都沒有意見，相安無事，可人算不如天算啊，埃莉諾在四十五歲高齡的時候，竟然又生了一個兒子——約翰。據說約翰一點也不像高齡產婦生的，非常清秀伶俐，一落地，就受到亨利二世的特別寵愛。現在麻煩出來了，光喜歡沒用啊，人家小約翰剛會說話時就跟老爸說：「愛我就該賜我土地！」亨利戴著老花鏡在英國和法國地圖上找了半天，連鼻屎大的地方都沒有了，怎麼辦，跟其他三個兒子商量吧，看他們能不能發揚風格，每人讓一塊給這個小弟弟。

父子四個到底怎麼談的就不知道了，反正是亨利二世沒生出孔融這樣的兒子來，不僅不肯讓梨，還對父親這種偏袒的行為非常反感，三兄弟拂袖而去，寸土不讓。加上這段時間，矛盾還是比較複雜的。在外，老對頭法國換老闆了。卡佩王朝最厲害的君主腓力二世成為新的法王。他最大的成就就是挽救了法國王室日漸萎縮的王權，並開始清理那些大地主的土地。而法國版圖內最大的地主當然就是英國國王亨利二世，為了打擊英王，以達到自己奪回土地目的，一聽說亨利和三個兒子鬧矛盾，他趕緊從旁煽風點火；在內，埃莉諾因為更年期症狀跟老公不合，也唆使兒子們跟父親作對，於是在這幾股力量的誘導推動下，小亨利、理查、傑佛瑞竟然發動軍隊開始向父王宣戰！按咱家的說法，就是儲君謀反了。

這一場父子戰爭糾纏了十幾年，其間小亨利和傑佛瑞先後病死，理查成為造反總司令，而且因為打不過自己的父王，不惜跟法王腓力二世結盟。戰爭中間雙方曾試圖和解，可惜亨利二世的談判條件竟然還是為小兒子約翰爭取權益，甚至提出讓約翰成為新的王儲，這讓理查更加火大，更加跟父親針鋒相對。江湖傳聞，除了土地和王權這一類大是大非的問題，理查和亨利二世還有一個重要矛盾，那就是，亨利二世跟理查的老婆有染！要不然怎麼說西方人就是不如東方人孝順，咱家的唐玄宗看中自己的兒媳婦楊玉環，直接拿來用，他兒子壽王一點意見也沒有。而理查卻是非要自己親爹的老命。

亨利前半生風生水起，吉祥如意，沒想到中晚年卻要跟自己的兒子們反目成仇，兵戎相見，這樣的打擊讓他沒堅持幾年就病倒了，他宣布不跟理查爭了，讓他休兵兩邊歇息一下，可就是這個示弱的動作，讓他的寶貝小兒子認定老爹沒料了，搞不好很快倒台，所以以最快的速度投奔二哥理查的謀反隊伍。這個事傳到亨利二世耳朵裡，給了他最致命最深重的一擊，因為大家知道，這一場父子骨肉之爭的起因就是亨利對約翰的偏愛，沒想到，連約翰也背叛了自己，亨利二世當時就崩潰了，並且開始絕食並拒絕醫生治療，只求速死。二天後，這位金雀花王朝的開國之君就駕崩了，他臨死前命令畫師畫了一幅畫，畫中是四隻小鷹跟一隻老鷹互相撕咬，其中最小的那隻停在老鷹肩上，利嘴正啄向老鷹的眼睛。亨利二世命令在他死後將這幅畫掛在威斯敏斯特宮的大廳裡，寓意是很清楚的。

亨利二世死去，理查在沒有競爭的情況下自然成為新的英王。這位理查國王就是英國歷史上大名鼎鼎的「獅心王」，在那個浪漫而血腥的騎士年代，他絕對是最豔麗最尊貴的騎士之花，騎士中的王，王中的騎士，英雄的一生，戰神的一生。

英雄總是靠另一個英雄成就的，理查國王在位時，上帝為他準備的對手是伊斯蘭英雄薩拉丁。薩拉丁是一位虔誠的遜尼派穆斯林教徒，庫爾德人。當時的中東，其混亂程度一點也不輸給現在。十字軍的兩次東征，攪得天翻地覆的。這些西歐人總算是佔領了巴勒斯坦地區，尤其是將聖城耶路撒冷收在基督教會的懷中。而伊斯蘭方面，就以埃及的法蒂瑪王朝比較強大，他們屬於什葉派穆斯林。另外還有些突厥人夾雜在這兩股勢力之間生存活動，他們也建立了一些零星的小國，佔據伊拉克北部和敘利亞的努爾丁王國的贊吉王朝實力最強，而薩拉丁就生長在這裡。贊吉王朝的日子並不好過，不論是基督教還是埃及的什葉派穆斯林都是敵人，但相比較，跟埃及基本上還算是伊斯蘭內部矛盾，所以，當耶路撒冷的基督教國王攻打埃及時，贊吉王朝派出了名將施爾科前去支援穆斯林兄弟。而施爾科帶到埃及的副將兼幫手就是自己的侄子薩拉丁。

在幫埃及成功抵抗了十字軍後，埃及王任命施爾科為宰相，掌管國事，過了兩個月，施爾科突然病死了，為了安撫駐紮在埃及的大軍，薩拉丁接他叔叔的班成為埃及宰相，作為一個有點極端的遜尼派教徒，薩拉丁總算找到機會在埃及這個什葉派的國度重建次序了。他先是換了大法官，又將所有的什葉派將領革職，時機成熟後，他直接推翻法蒂瑪王朝，為埃及建立了新的阿尤布王朝，他自己當然成為蘇丹。薩拉丁是作為努爾丁國的軍事代表被派往埃及出差的，如今他成為埃及之主，按常理應該是附庸在努爾丁之下，向努爾丁王納貢並成為附庸。可惜，他不願意。正好沒幾年努爾丁的國王也突然死了（那陣子暴斃的人很多），薩拉丁直接宣布阿尤布王朝獨立，以後贊吉王朝的人就別指望敲埃及竹槓了，還想敲啊，那好，我先敲你們。於是，薩拉丁揮師西亞，幾年後，他建立了一個包括埃及、敘利亞、伊拉克北部、內志、葉門的國家，大家看地圖。也許從國土面積上說，薩拉丁這個國家不算大，但是他的領土正好將巴勒斯坦圍在中間，形成包圍。按照他自己的說法，「猶如兩個磨盤，會將耶路撒冷的十字軍碾為齏粉！」實力加上最好的戰略位置，薩拉丁很快成為伊斯蘭世界的聖戰領袖，替穆斯林搶回耶路撒冷這個任務就責無旁貸地落在他的肩上。

薩拉丁不負眾望，一一八七年七月四日，在巴勒斯坦的赫澱高地，薩拉丁的穆斯林大軍遭遇保護聖城的十字軍主力，完美的圍攻戰幾乎殲滅了這部分十字軍，而且還俘獲耶路撒冷國王，之後，經過十三天的圍城，終於將聖城拿下。這時耶路撒冷被十字軍佔領已經達八十八年之久，終於又沐浴在真主的榮光裡，穆斯林世界歡騰雀躍，七手八腳的很快就將所有聖地的教堂換成了清真寺。

跟伊斯蘭世界相反，西歐的基督教世界被這個消息沉重打擊，教徒們如喪考妣。當時的教皇烏爾班三世聽到了這個消息，一口氣沒上來，就當場死去。新教皇一上任，馬上發動新的十字軍東征，而西歐各路基督教英雄也是憂憤交加，各個摩拳擦掌，恨不能親自與薩拉丁大戰一場。這次東征，是十字軍的征伐中最出名的一次，因為參演的都是大腕，主要演員包括，德國皇帝紅鬍子腓特烈，法國國王腓力二世，當然更少不了英國國王理查一世。

英國經過亨利二世父子相殘若干年，理查上台時，經濟情況並不樂觀，百廢待興。為了籌措糧餉，理查在國內橫徵暴斂，刮地三尺，他當時有一句名言：如果有買主，我願意把倫敦賣給他！雖然沒人買下倫敦，理查的軍費總算是東拼西湊地弄了一部分，勉強可以發兵，國家就交給大主教管理，不是還有太后埃莉諾可以攝政看家嗎，理查高高興興地到中東打架去了。

根據戰前安排，英王和法王各自發兵，在西西里島兩軍會師，一同出發，誰知在西西里島上，兩個國王鬧起了糾紛，話說理查的妹妹嫁給西西里島的上一個王為后，王死後，因為沒生出兒子，西西里島的權貴們擁立了一個伯爵為王。理查的妹子過著落魄的生活。理查在英國費了牛勁刮來的軍費遠遠不夠支持英軍的遠征，理查這一路想錢都快想瘋了。到了西西里島，看到妹子的遭遇，他很快想到了搞錢的辦法。他聲稱自己的妹子受了委屈，以娘家人的身分要求西西里王給個說法。西西里王當然知道理查替妹子出頭是假，敲詐勒索是真，所以不肯賣帳。而在一邊看熱鬧的法王腓力二世，不知道出於什麼目的，暗地裡挑唆著西西里王直接跟理查幹一仗。這一次交兵的結果是西西里王求饒，交出了兩萬盎司的黃金作為對理查妹子的補償。理查的妹子很知道好歹，只求哥哥能帶自己回家，黃金自己分文不受，全送給理查哥哥支持他打仗。理查笑納了全部黃金，徹底解決了軍隊的財政危機。可法王腓力二世不幹了，因為出征前兩邊曾經說好，打仗的戰利品是要平分的。這兩萬盎司的黃金，法王應該分一萬，然而理查不這麼想，畢竟這筆錢是自己妹子的，她受那麼多年委屈算是給哥哥賺來這批黃金，怎麼可能分給別人。後來抵不住腓力死乞白賴，理查像打發叫花子一樣給了他兩千五百盎司。腓力收了這筆黃金，心裡卻對理查懷恨在心。

17

上篇提到亨利二世跟理查的老婆有染，這是個緋聞，更正其中一點細節，其實這個媳婦並沒有正式過門，只是很小就有婚約。這個沒正式成親的老婆是法國公主，腓力二世的妹妹，埃莉諾的前夫離婚後，又娶了兩任王后才生下的。說到腓力二世和理查的矛盾，其中有一個很重要的心結就是，理查遲遲不願意迎娶這位公主，雖然他已經三十多歲，在中世紀的歐洲算是大齡男青年了。可理查也有他為難之處，江湖上盛傳，他的性取向有問題，更喜歡那些軍營中那些粗獷的老爺們，對女人沒感覺。估計他老爸就是覺得既然兒媳婦兒子不用，放著浪費，就自己辛苦一點，幫兒子完成些工作，可是，這死孩子居然還不領情。

這是十字軍的第三次東征，公認是十字軍所有的東征中最精彩的一次，前面已經說過驚動了歐洲各路君主。當時的行軍過程是這樣的，德皇腓特烈從陸上向耶路撒冷挺進，腓特烈一臉的紅色大鬍子，人送外號「紅鬍子」又叫「巴巴羅薩」，他是後來希特勒的偶像，因為這個夥計也是個戰爭狂人，多次殺入義大利，殺人如割草，還給自己一個「神聖羅馬皇帝」的稱號，我們在以後說到德國歷史時再詳細講。這次出征，紅鬍子已經六十七歲高齡，長途的行軍及身上沉重的盔甲都讓他不堪負荷，沿途還不斷遇到穆斯林的頑強阻擊，步履維艱，終於在度過一條薩列夫的小溪時，失足墜馬，這位日耳曼戰神稀裡糊塗被淹死了！皇帝沒了，軍隊馬上就渙散了，總要把老頭的屍體抬回去國葬啊，於是十字軍中這一路主力就鳥獸散了，還剩下些虔誠的就跟隨德國太子和奧地利公爵繼續前進。

英法兩個心存芥蒂的盟軍走海路行軍顯然安全多了，因為英王沿途要騷擾各方，敲詐勒索，於是法王便先登陸，與先期抵達的德軍餘部會師，圍攻耶路撒冷附近的重鎮阿卡城。待到理查腰包裡塞滿了金子來到阿卡城時，法德聯軍已經攻打了快一年，戰事不利，腓力二世和奧地利公爵都有點灰溜溜的，理查一動手，就顯示了不一樣的軍事素養，在海上，他安排自己的戰艦打擊阿拉伯的補給船，陸上用巨大的投石機往城裡砸大石頭，在英軍這樣的攻勢下，這座被十字軍攻打了快兩年依舊固若金湯的城池輕鬆地就被攻破，十字軍呼嘯著殺入城中。最先進城的是奧地利公爵，他安排手下將自己的旗幟插上阿卡城城頭，理查一世進城後，看到硝煙中飄揚的奧地利戰旗，心裡特別不爽，他認為這破城之功，顯然是自己最大，你奧地利公爵有什麼資格插個旗子顯擺呢，這樣容易誤導不明真相的百姓，有搶功勞之嫌啊。於是，理查二話不說，一把將奧地利戰旗扯下來，換上自己的旗幟。這個動作激怒並羞辱了奧地利公爵，為大局著想，他不能也不敢當時就跟理查翻臉，他選擇帶本部人馬退出十字軍回家，臨行前，他目光如刀地看了理查一眼，在心裡說：「小兔崽子，你給我等著！」

阿卡城一戰，理查一世名滿中東，連薩拉丁也馬上感覺到自己的對手來了。現在十字軍剩下英法兩路，理查自動自覺地將自己定位為總指揮，法王不知不覺成了小弟。腓力二世看到理查那張狂得意的樣子，心想，累傻小子呢？如果繼續打下去，功勞都自然是理查的，萬一打輸了，法軍一樣跟著損兵折將。算了，不跟這傢伙混了，裝病，回家去。法王突然生病，法軍當然要趕緊收拾行李細軟跑回家。聲勢喧天的第三次十字軍東征，只剩下理查率領的英軍這一路在堅持戰鬥，英王是個不信邪的，他自己把所有人得罪光了，完全不知道後患無窮，想到即將要面對的穆斯林猛人薩拉丁，他還挺期待的。

聽說阿卡城失陷，薩拉丁指揮快如閃電的阿拉伯輕騎兵向英軍進攻，理查先指揮英軍以傳統的羅馬戰法用盾牌防守，待阿拉伯騎兵第一輪進攻受阻後，英軍的重裝騎兵殺出，大敗穆斯林軍隊。薩拉丁退守耶路撒冷，這是他進入中東戰場後的第一次失敗，他深刻地記住了理查的名字。而英軍此時挾勝利之威進逼耶路撒冷城下，開始圍攻聖地。你來我往地拉鋸戰開始了。這兩人是勢均力敵的對手，一時半會誰也不能佔到便宜，反而在這個較量的過程中，兩位英雄越來越互相欣賞，惺惺相惜。在戰鬥中，理查的馬死了，薩拉丁趕緊命人送去最好的戰馬。理查受傷，薩拉丁還專門派人送水果慰問，傳說兩邊還商量乾脆找地方單挑，輸的人加入贏的那方宗教。後來，理查還作主將妹妹嫁給薩拉丁的弟弟！這是個驚世駭俗的行為，因為薩拉丁的弟弟畢竟是異教徒。這兩人戰場上互相廝打毫不留手，私底下，卻培養出了偉大的友誼，顯示出中世紀戰場最瀟灑倜儻的騎士器度，唯大英雄能本色。不過這兩位英雄在耶路撒冷打得興起，吸引無數崇拜的目光，躲在暗處的，他們的敵人也都沒閒著。

先是薩拉丁，因為他長期在一線征戰，穆斯林世界爭權奪利沒有消停，那些被薩拉丁征服的地盤開始蠢蠢欲動想要脫離阿尤布王朝，埃及的總部似乎也出現了很多不安定的問題，薩拉丁明顯感到後背經常發涼，危機重重。而理查這邊也出事了。話說在中東病得不行的腓力二世一到巴黎就什麼病都好了，開始實施對理查的報復行動。他找到了最合適的工具，理查的弟弟約翰。還記得他吧，因為生下來沒土地，而導致亨利二世跟幾個哥哥戰鬥那個小崽子，從他背叛老爸投奔二哥這個行為上，我們可以看出，這個夥計是毫無忠誠和廉恥可言的，腦有反骨標準就是個奸人。法王腓力二世在江湖上外號小狐狸，計謀百出冰雪聰明，他很快就跟約翰取得聯繫，在他三言兩語的蠱惑下，約翰反應過來，理查遠征在外，自己在英國一人之下萬人之上，如果自己更要求進步一點，很容易就能登上大位，成為英國之主，完成他父親對他的期望。於是，約翰開始忙著篡位。

在耶路撒冷繼續打肯定會陷入膠著，但家裡的王位快保不住了，事情的輕重緩急是很清楚的，好在理查和薩拉丁哥倆好，有事能商量，兩人都覺得當務之急應該停戰，各自回家撲滅後院之火，於是開始和談，並簽訂合約：「領土以約旦河為界，基督教的「耶路撒冷王國」保留包括雅法、阿卡在內的沿海一個長條的土地，耶路撒冷繼續留在穆斯林手裡，但基督徒和穆斯林都允許從對方的版圖自由地通向耶路撒冷和麥加朝聖。薩拉丁將攻陷耶路撒冷繳獲的基督教聖物之類的歸還。此合約三年有效。」合約一簽字，雙方都急不可耐地往家裡跑。

這次撤軍經常讓後來的西方人垂足頓胸，遺憾異常，因為這是自第一次十字軍勝利之後的七次十字軍東征中機會最好的一次，其實這時薩拉丁絕對是強駑之末，他面臨的問題比理查艱難多了，如果理查能再堅持幾個月，聖城唾手可得。理查當然不這麼想，他說了：「你丫站著說話不腰痛，打下聖城算教會的，英國的王位是我自己的，讓我用自己的東西給教會換地盤，不幹！」

理查急得頭頂冒煙，肯定不能等待大軍慢騰騰地往回走，他帶著幾個親信，乘一隻小船急急忙忙往家跑。忙中出錯，小船在接近義大利的地方觸礁翻船，理查水性不錯，好歹爬上岸，他不得不從陸路往英國趕。一踏上大陸，他就在心裡暗暗叫苦。因為他看過地圖，眼下腳底踩著的，是奧地利公爵的領土！不論理查怎樣的小心謹慎，喬裝打扮，奧地利公爵既然早存報仇之心，自然每天都在張網等待。功夫不負有心人，理查終於一頭栽進了這張大網，落在奧地利公爵手裡。可以想像，奧地利公爵是怎樣的心花怒放：「小兔崽子，得瑟（顯出得意的神態）吧，老子知道你神氣不了幾天！」畢竟這是英國國王，奧地利公爵縱然恨他入骨也不敢將理查酷刑弄死，甚至痛扁他一頓也不合適，所以他大約是跳著腳口沫橫飛地罵街，挨個親近理查的女性長輩，奧地利公爵出了一口惡氣後，不敢闖禍，決定還是老老實實地將這個昂貴的俘虜交給自己的上級主管，德國皇帝亨利六世。

紅鬍子淹死，德國太子戰死，亨利六世交了狗屎運成為德皇，好在，他不是他爹哪種狠角色，看到理查這麼個大寶貝，他首先想到的是經濟效益，這傢伙值很多錢啊，讓英國人拿錢來贖吧。可是堂堂德皇扣押一個國王索要贖金，神聖羅馬帝國皇帝成為一個綁票的，這個事操作起來肯定是丟人現眼的，所以在亨利六世沒有把這個事考慮得太清楚之前，他決定先保守祕密，將理查關在一個偏僻的城堡裡。

理查被羈押期間，是長期征戰難得的平靜。除了是個戰神，理查還算個文學愛好者，從年輕時代就喜歡吟誦詩歌，結交詩人。那個時代的雲遊詩人有現在明星一樣的地位，經常被國王請到宮裡，搖頭晃腦地吟詩作賦，博得國王高興之餘，封賞豐厚，日子非常好過。理查一手扶植捧紅的詩人不少，成為國王後，深受文藝界歡迎，雖然年年征戰國家很窮，但文化事業還是挺蓬勃的。理查被關在城堡，一點不頹廢憂鬱，每天吃了睡，睡了吃，有空就引吭高歌，活得很愜意，讓亨利六世心裡特沒底。據說理查作囚徒的日子太放鬆了，越來越放肆不受約束，甚至還勾引德皇的妹子（他既然是個疑似同性戀，調戲少女則純為胡鬧了），亨利六世惱憤之餘，又不好殺他，於是將他關進一個獅子籠裡，讓他跟獅子博命。誰知這理查好整以暇地調戲獅子，猛獸被激怒張開血盆大口向理查撲來，說時遲，那時快，理查以迅雷不及掩耳之勢把手伸進獅嘴裡，直接掏出了雄獅的心臟，然後舉著這枚血淋淋的獅心，大步走回亨利六世的餐廳，坐下後就生生地將這顆心臟吃下了肚子，一嘴的血看著亨利六世齜牙咧嘴地笑，亨利六世驚駭之餘差點吐了！從此理查就獲得了「獅心王」這個威震江湖的綽號。這個故事我每次聽到都心存疑惑，細節上很說不通，那頭站在那裡傻呼呼張著嘴等人摘心的獅子也不知道是什麼品種，既然這麼蠢，肯定已經物種滅絕了。

回到英國，隨著東征的十字軍陸續回家，英王理查杳無音訊讓朝野非常慌張。尤其是約翰這個死孩子到處宣揚理查已經死翹翹了。好在英國宮廷內有太后埃莉諾主持大局，而主政的大主教和重臣們對理查忠心耿耿，堅絕不相信理查的死訊，並不斷地粉粹約翰一次次的篡位計畫。

在民間，雖然理查在位政績乏善可陳，還橫徵暴斂苛捐雜稅的，可老百姓不介意，不論是盎格魯—薩克遜人還是日耳曼人，骨子裡都是好戰尚武，崇拜英雄的，理查搜刮民脂民膏並不是為了自己的享受，而是對異教徒作戰，尤其是單人代表十字軍打敗穆斯林英雄薩拉丁，更讓英國人覺得無比的光榮，所以老百姓對理查一世也是擁戴和支持的，以至於約翰和腓力二世的種種動作都不能成功。

紙包不住火，理查被德皇囚禁的消息漸漸傳到了英國，德皇見事情敗露，當然堅絕不認帳，英國太后和重臣們在家討論怎樣才能在德國多如繁星的大小城堡中，找到被關押的理查。這時，理查的好友布朗德爾走了出來，他是著名的詩人，從小跟理查一起長大，從小時起，就經常跟理查一起唱歌吟詩嬉戲。他主動請纓，願意去德國尋找理查王。

18

很多人提問關於羅賓漢的事蹟，老楊就插一個花絮，這是英倫版的宋江故事，這位英國的古代黑道大佬可是同行業中的名人，地球人幾乎都認識。不過，這個夥計是個虛構的人物。因為是假的，所以也沒個標準歷史藍本，老楊查閱的是各類童話還帶插圖的，以至於我希望看到的欺男霸女，血腥比武的情節基本沒有。這個版本的梁山泊位於英國諾丁漢鎮，那裡是大片的舍伍德森林。很多丐幫子弟，黑社會幫派，通緝犯，欠債不還的，都在這森林裡躲著。這羅賓漢啊，原來也是個良民，家裡有屋又有田，生活樂無邊，還有一個小情人，芳名叫做瑪麗安，聽說國王要東征，便堅決聖戰上前線，武功高強箭法精，揚名立萬在眼前。可惜國王失了蹤，羅賓漢只好回家轉，諾丁漢的鎮長真無賴，竟然佔了他的田，還想找瑪麗安做小三。多次抗爭沒結果，把心一橫上了梁山，舍伍德森林眾好漢，都推羅賓漢做老闆，舉起大旗來造反，成就英名天下傳！（忍不住又打起了快板）

羅賓漢的故事出自各種民謠和傳說，跟「水滸」一樣，舍伍德森林也有各種各樣的江湖好漢，奇人異士，他們被整合到一起，專門打劫經過森林的各類富商、貴族，劫來的錢糧也是分給附近的窮苦百姓，江湖形象非常好。當時獅心王理查的弟弟小約翰正想篡位，需要大量錢財，所以到處搜刮百姓，傳說也成為羅賓漢的重要鬥爭對象。羅賓漢的故事版本太多，又沒有一本像「水滸傳」那樣的權威小說來記述，所以我們在講述歷史的時候就簡單點吧。有興趣的「地主」們可找大仲馬的「俠盜羅賓漢」來看看。

上篇說到獅心王陷在德國的某個城堡，行蹤不明，他的兒時好友，著名詩人布朗德爾主動請纓去德國尋找。這是個大海撈針的任務，也是個死馬當活馬醫的解決辦法。布朗德爾當夜就渡海到了德國，披著斗篷，穿著麻鞋，抱一把六弦琴，樣子可憐又落魄，這種不得志的行吟詩人在當時的歐洲隨處可見，所以也沒人懷疑他是英國特工。每到一個城堡，他都會坐在牆下，彈一支陌生的曲子，德國人裡沒有知音，從城堡裡經常會丟出一些板磚之類的，把這製造噪音的傢伙趕走。布朗德爾知道，如果是獅心王聽見，肯定會跟著唱和，因為這是二人小時候譜的曲子，是二人之間的祕密。就這樣一邊流浪一邊尋找，走過多少路，經過多少城堡，挨過多少板磚都不記得了。大約一年以後，終於在一個密林中的城堡裡，布朗德爾的音樂找到了知音，獅心王中氣十足的歌聲從城堡中傳出來，完美搭配著六弦琴的旋律，布朗德爾看著自己流血的雙腳和紅腫的手指，熱淚頃刻間覆蓋了他滿是風霜的面頰。

找到理查王的準確位置，德皇便無話可說了，但理查在德國住了這麼久，沒少吃沒少喝，還整死了不少猛獸，英國要帶走他，還不是多少要支付一筆伙食住宿及動物保護費啊。根據英王身價行情標準，打個折扣，收十五萬馬克吧！

找到理查，太后埃利諾自然是欣喜若狂，可這十五萬馬克的贖金，又讓她掉進冰水。要知道，自從理查接班管事，英國就已經窮得叮噹響，即使是沒有戰爭，沒有天災的年份，十五萬馬克也相當於英國兩年的國民總收入。一收到這個消息，小約翰和法王腓力高興了，他們先籌集了十五萬馬克找到德皇要求帶走理查。好在德皇亨利二世雖然已經淪落為綁匪，但還不願意搞壞道上的規矩，肉票的家人已經在湊錢，不可能將其轉賣吧，盜亦有道啊！也幸虧英國的百姓對理查非常愛戴的，大家都願意砸鍋賣鐵贖國王，太后拿出了自己所有的首飾陪嫁等，終於將這十五萬馬克湊足。傳說就是俠盜羅賓漢帶著這筆贖金進入德國，並安全地將國王帶回家，骨肉團聚，抱頭痛哭。

被關在城堡裡的獅心王自然只能唱山歌，回到自己軍營的理查便是蛟龍入海，猛虎歸林了，篡位行為很快被鎮壓，造反頭目小約翰被帶到理查面前。畢竟是親生兄弟，理查經過這些年的波折，對骨肉之情也有些特別的感觸，母親和弟弟是自己在世上最近的親人了，沒有什麼不能原諒的，況且真正的敵人還在外面張狂呢！

誰是真正的敵人，首當其衝的當然是小狐狸腓力二世，如果不是他挑唆自己弟弟造反，所有這一切都不會發生，自己此時說不定已打下聖城，立下不世的戰功，更可惡的是，在自己被囚禁期間，腓力二世竟然出兵霸佔了諾曼第等英國土地，越想越恨啊，整飭軍隊，重披戰袍，跨海報仇去！他不知道，這一去就再也沒有回來。

理查一世對腓力二世的征伐足足持續了五年，單從戰鬥角度而言，腓力完全不是理查的對手，仗著自己詭計多端，基本上就是逃跑戰術，理查的軍隊在法國大地上勢如破竹般的挺進，到戰爭的最後一年，腓力幾乎已經絕望，預備跟理查談和平協議了。沒想到，一個意外的事故改變了戰爭的進程。

理查再次將英國帶入了戰爭，人民生活更是窘迫，倫敦甚至還發生了抗稅的起義，所以在戰爭中，理查的軍事目的也總是以財富的攫取為第一考慮。在他的阿奎坦屬地上，有個封臣據說是發現了寶藏，發了筆小財，聽說這個事後，理查趕緊向他索要這部分財物，沒想到對方竟然堅絕不給。窮急了眼的理查也不顧身分，竟然親自率兵攻打這個封臣的小城堡！作為統帥，理查有個很不好的毛病就是身先士卒，而且還不喜歡穿盔甲，也許是對這個小城堡極端藐視，所以他居然大大咧咧地在陣前晃來晃去。城堡上一個小兵突發冷箭，精準地穿透了獅心王獅子般的胸膛！

理查的一生是英雄的一生，臨死也保持著完美的騎士風範，不計前嫌將王位傳給弟弟小約翰（沒辦法，沒兒子），還特別讚揚了那個射中自己的小兵的箭法高超，留下遺言，不許手下為難他，隨後，騎士之花便隨海風凋零了。理查做了十年英國君主，正經上班的時間不超過六個月，其他時間都在窮兵黷武，打架鬥毆，弄得不列顛民不聊生的。不過大多數英國人都不介意，一點不影響理查成為英國歷史上最受歡迎的幾位帝王之一，而且他橫刀立馬的形象被製成銅像，安放在倫敦議會大廈門前，成為不列顛的英勇無畏的象徵。

理查身亡的消息讓全歐洲放下心口大石，理查在法國領土上霸道的征伐已經讓他所有的敵人惴惴不安，不知道這傢伙什麼時候會打到自己眼前。如今魔王已死，危險化解，終於可以鬆口氣了，尤其是小狐狸腓力，至少感謝上帝了一千多次。而英軍失去統帥，精神力量瓦解，英法的戰局也很快隨之逆轉。對腓力二世來說，所有的英王都是敵人，因為他們手裡握了大把法國土地，所以他對英國的策略從來是扶持反對黨，其目的就是把英國攪亂，自己可以趁亂把領土收回來。雖然之前支持約翰篡位，待約翰真要登基了，他又開始發展新的造反派了。

話說約翰正興高采烈地準備登基為英王，可這傢伙形象太差了，先是背叛自己的老爸，後來又趁哥哥聖戰的時候篡位，絕對是個卑鄙小人，全英國都很鄙視他。而英國王室並沒有只剩他一個男人，他三哥傑佛瑞有個兒子叫亞瑟算是比較出息的，支持他成為英王的貴族也非常多。腓力二世趕緊利用這種矛盾，也開始私下扶持亞瑟跟叔叔約翰爭位。約翰是個標準的窩裡橫，內戰內行，叔侄一場惡鬥下來，亞瑟和一群英國貴族被約翰生擒。回憶約翰的哥哥理查和父親亨利二世，在對待自己的親屬反叛的事情上，基本都是原諒和寬恕的，可約翰顯然不是個有博大胸懷的人，他不僅殘殺亞瑟，還把他拋屍野外，追隨亞瑟的英國貴族更是受到各種酷刑折磨而死。即使是中世紀，這樣的清理異己也讓所有的基督徒側目，約翰讓自己本來就很衰的形象又更惡劣了幾分。

英國王室的名字都帶有編號，比如亨利一世、亨利二世、查理一世、查理二世之類的，因為子孫們出於對先祖的愛戴，會用那些英明的先王之名為王子取名。而說到約翰，比較省事，他就叫約翰，以後也沒有英王再用這個名字，因為實在丟不起人，這夥計幾乎是英國歷史上最恥辱最丟人的君主之一，他最出名的綽號叫「失地王」，一聽就知道喪權辱國了。

昏君一般都好色，約翰肯定也有這毛病，他明明已經有王后，突然宣布要休妻再娶。他看中了一個法國女地主，擁有昂古萊姆領地的伊薩貝拉。伊薩貝拉長得美豔不用說了，最重要的是，如果娶到她，則昂古萊姆的土地便是陪嫁，約翰取得這塊土地，英國在法國的領土就從北到南就連接成片，管理起來更加順手。可惜約翰沒有他爹亨利二世那麼好的運氣，這伊薩貝拉原本已經許配給一個法國的于格伯爵，于格伯爵家道中落，就指望未婚妻的嫁妝翻身呢，既然英王想撬牆角，可以啊，交出差不多的銀子，伯爵出讓自己的未婚妻。這約翰娶伊薩貝拉就是為了發財，如果先掏一大筆錢出來，這買賣就不好玩了。所以他擺出了一副女人我要帶走，銀子一分錢沒有的無賴嘴臉。于格伯爵是個守法公民，受了欺負，一紙訴狀將約翰告上了法王的法庭。

腓力收到這份訴狀，差點沒笑出聲來，這真是想什麼來什麼，正想收拾約翰，他就自己落到手心裡來了。雖然約翰是英王，但因為頂著諾曼第公爵之類的頭銜，所以也是法王的屬臣，腓力二世馬上給約翰一張告票，讓英王到巴黎來參加庭審，解決跟于格伯爵的爭老婆官司。約翰再傻也知道，此去巴黎凶多吉少，生死難測，自己沒有那種單刀赴會的本事，所以就裝傻，拒不接受傳訊。腓力當然知道約翰不敢來，他等的就是這個結果，於是他臉色一板，開始在被告缺席的情況下直接宣判了約翰的罪行，說諾曼第公爵不履行封臣的義務，違抗王命，大逆不道。判決結果是：將約翰在法國的土地全部沒收！這個命令一下，那些準備多時的法國軍隊便按各自的位置潮水般殺入英國在法國的所有領土，很快就將這些土地牢牢控制！

19

讓我們先清算一下新英王約翰已經犯過的錯誤啊：殺掉了跟自己爭位的侄子，有點不仁；隨後

想休妻再娶是為不忠；搶人老婆不給錢是為不義；得罪法王是為不智；加上他先前還造過父親和哥哥的反，當然是不孝，這麼個不忠不義，不仁不孝還不智的東西坐了大位，想像一下他會闖出多少禍來。

上篇已經說到，法王腓力二世沒收了英國在法國的所有土地。讓約翰有了個名垂青史的大名叫「失地王」。不過失去法國的土地也不全是不好，約翰之前的英王更喜歡在法國住著，在英國本土的時間非常少，到約翰這輩，除了英格蘭這個小島，其他地方也不能隨便去了，所以只好老實待在倫敦上班，成為第一個真正意義上的英王。

失地王坐在倫敦的王座上，愚蠢的腦袋時刻盤算著如何拿回法國的土地。可以肯定，他是想不出什麼高明主意的。蠢人千萬不能太思考，因為他一想事，就會闖出更大的禍來，而且，這個傢伙很倒楣，在他任上，與他利益攸關的對手都是頂級的高人。

先給大家介紹當時歐洲最強的高人，教皇英諾森三世。這位有德意志血統的教皇在歷史上最出名的就是鐵腕，近乎偏執地追求教廷的權利，擴張教廷的勢力範圍，並限制和壓榨甚至欺負各國國王，他的名言是：「教皇是太陽，世俗國王是月亮；國王如不能誠心侍奉基督的代理人，就不能正確地治理他的國家；國王擁有肉體上的權利，祭司擁有精神上的權利，由於精神統治著肉體，教皇也應高於國王。」中心思想就是，教皇的地位是凌駕在所有歐洲國王之上的。關於這個教皇的種種故事我們寫日耳曼時再詳細說，總之是這位老兄執掌教廷時，羅馬教皇的權利達到頂峰，相當霸道。

話說小傻子約翰正在考慮如何收復失地，他能想到的辦法就是打一架，要回來。可打架這件事要錢啊，大家都知道從獅心王開始，英國國庫就非常寒磣。所以約翰現在腦子考慮的第一等大事就是到哪裡去搞一筆錢來。他是國王，找錢的路子多，收稅啊，燃油稅、過路費、個人所得稅、資本利得稅、房產交易稅都可以多多地收，橫徵暴斂之下，全英國從貴族到百姓都怨聲載道。約翰知道，搜刮貴族和百姓油水是有限的，整個英國最肥的地方是教會！如果能搞到教會的錢，經濟問題可以迎刃而解。正當他動這個念頭的時候，上帝就保佑他了，英國最權威的坎特伯雷主教突然死了！約翰馬上想到，如果這個肥缺落在自己的親信手裡，國王就可以控制教會，教會那些錢自然就源源不斷地進入國王的口袋。於是他趕緊扶持自己的心腹繼承這個主教之位。教會的僧侶們也不傻，自然知道約翰的如意算盤，所以拒不接受約翰安排的主教，自己推舉了一個新主教。為了主教之位，約翰和教會爭執翻臉，因為都拿對方沒辦法，只好找教皇申訴，請他老人家定奪。

這位教皇就是英諾森三世，對這位老大來說，歐洲各國的事務，他從來不是個旁觀者或是調解人，他要做最後拍板的人。所以英國的主教官司一到他手裡，他想都不想就斃掉這兩個候選人，並即時任命自己的愛將蘭頓去英國的坎特伯雷教區上任。對於教皇的命令，英國的僧侶們肯定是接受的。但約翰的經濟算盤落空，他是不能答應的，於是他在家火冒三丈之餘下令，不允許蘭頓主教入境！

更加冒火的是英諾森三世，一個世俗的王敢於忤逆上帝代理人的權威，是絕對不能原諒的，於是，教皇啟動了他手上最嚴重的刑罰，那即是六年之內，英國境內不許有任何宗教活動！大家不要小看這個懲罰，對一個宗教國家來說，不能進行宗教活動如同滅頂之災，也就是說，這六年裡，信徒們不能祈禱、不能受洗、不能懺悔，天哪，這絕對會下地獄的！所以，教皇的判決一下，英國教會內所有僧侶，主教，還有些虔誠的信徒都跑了。

要不怎麼說無知者無畏呢，到這時候，約翰還沒意識到得罪教皇的後果，看到那些教士們都跑了，他居然哈哈大笑，然後下令把那些教堂裡的各類財產沒收，因此發了一筆橫財。英諾森教皇實在沒想到這個傢伙如此的膽大包天，只好出殺招了。他下令，開除約翰的教籍，既然不是基督徒了，就不能做英王了，所有的英國貴族和百姓都不需要效忠他，法王腓力二世趕緊跳出來替教皇收拾叛逆，拿下約翰後，腓力二世名正言順接掌英國王位！腓力二世樂壞了，他沒想到約翰將法國土地送給他還不算，居然還要把英國土地一塊兒給他，這麼客氣，卻之不恭啊，趕緊集合軍隊預備渡海登基。而英國國內的貴族們早就受夠了約翰這個廢物，碰上這麼個老大，手下人天天提心吊膽的，日子怎麼過啊，法王腓力二世號稱「小狐狸」，顯然智商要高多了，跟著他，前途多少明媚一點。所以紛紛回應教皇和法王，預備跟他們裡應外合將約翰扳倒。

不見棺材不掉淚，約翰再傻也知道，這次如果過不了關，不僅王位沒了，可能連腦袋都保不住了。背信棄義的小人都會玩變臉，約翰更是個能屈能伸的高手。他趕緊找到教皇的使節，二話不說就跪下，其形象之卑微，翻譯成中國話就是：磕頭如搗蒜。除了痛哭流涕，還雙手奉上了英國的版圖，並宣布，從此以後，英國是教皇的領土，英王成為教皇的臣屬！收到英國的國土，英諾森算是勉強同意約翰的認罪態度，號令天下，收回對約翰和英國的所有處罰，以後英王是教皇罩的，法王回自己家去吧，別再打英王位的主意了。另外，約翰還要把教會那些錢全部吐出來還給教會。

丟了土地又丟臉，錢還沒撈到，經過這一場大劫的約翰並沒有從此安分守己。此時的他更加感覺應該跟法王打一架，出這口惡氣。他畢竟還是國王，雖然他不得人心，但如果他真要打仗手下也不敢不從，於是，一個傻統帥帶著一些嘰嘰歪歪的貴族和一群心懷怨恨的大兵出征了。這一次出征就不用描述了，法國人都覺得這樣的軍隊送上門，不揍他們都不好意思。這一架打下來，約翰徹底不敢想法國領土的事了。

出征法國，約翰是增收了很多額外稅收的，老百姓固然辛苦，貴族的日子也不好過，物價飛漲，這是英國有歷史紀錄的第一次通貨膨脹。經濟危機一般會導致政治危機，兵敗法國後，貴族們終於決定要跟國王清算一次了。全國的貴族地主們很快結成聯盟，並發兵攻打倫敦，兵臨城下後，他們給了約翰兩個談判選擇：第一，接受他們的條款，他們繼續效忠約翰，並停戰休兵；第二，不接受他們的條款，他們將繼續進攻首都，打下王宮後，他們會冊立新的英王。約翰看著城外那些各色貴族武裝，如狼似虎，而此時願意站在約翰麾下為他作戰的騎士還不到十個！無奈之下他接受了第一個條件，貴族們拋出了他們的條款，這個條款，通俗的說法就是國王守則，英王必須按照此條款控制自己的行為，不得恣意亂為，到處闖禍。

約翰拿到這份長達六十三款的守則，當場就哭了。其中那些諸如國王在未徵得貴族同意的情況下不得隨意地收取貢賦；不經過同等人的合法裁決和法律的審判，國王不得逮捕和囚禁任何人等條款就不說了，最讓約翰崩潰的是第六十一條，根據該條的要求，由二十五個貴族成立的委員會有權隨時召開會議，具有否定國王任何命令的權力，如果國王違背諾言，貴族可以使用武力，佔據國王的城堡和財產。據說約翰一看到這第六十一條，就大喊了一聲：「你們給了我二十五個太上皇！」然後就一頭栽在地上，全身發燙，犯了毛病。

約翰收到的這份國王守則就是英國歷史上最著名的「大憲章」，約翰被迫在上面簽字時是西元一二一五年，《大憲章》中最為精髓的兩條原則是：第一，以法律的形式肯定了對臣民財產及人身安全的保障；第二，臣民與君主的契約關係中，臣民對君主擁有反抗的權力。後來英國社會的發展證明了《大憲章》的優越，因為個人財產是有保障的，所以百姓就有信心為自己製造財富，同時也為社會製造財富；人民可以反抗君主，就可以用合法的反抗終止和改變不合理的制度。最重要的是：《大憲章》代表的是合法維權，基本原則是：國王的權利並不是至高無上沒有極限的，他的所作所為必須在法律的限制下，即王在法下，國王的權力不能超越法律。相同的時間裡，中國是南宋時期，理宗時代，這個時期歷史上最大的功勞就是朱熹理學的崛起並興盛。大家都知道理學的最中心教條就是「存天理，滅人欲」，跟「人權」這個概念差別還是非常之大。一個國家在解放人權，充分擴展自由空間，一個國家不斷禁錮民眾的思想和精神，讓自由越來越遙遠，不得不承認，華夏民族和不列顛的差別從這時就開始逐漸拉開，而且距離越來越大。終於有一天，這種差別讓我們付出了慘痛的代價。即使是當時的歐洲，很多國家的君主制也在蓬勃發展中，加強皇權，中央集權是發展主流，而英國卻已經提出了限制皇權這樣前衛而先進的思想，這恐怕就是不列顛大國崛起成為日不落帝國的基礎。《大憲章》後來屢次修改完善，並發展成為現在的大英憲法，而美國的憲法也是源自於此。

約翰知道自己必須暫時接受這些條款，待到貴族軍隊解散回到自己的封地後，他立刻變臉，宣布《大憲章》無效。貴族們只好重新披掛再次開戰教訓約翰，英國內戰開始了，這一場《大憲章》之戰，約翰算是以生命捍衛了王權，一二一六年，他病死在曼徹斯特，至死都不承認《大憲章》合法。不過他一死，英國內戰就自動結束了。

約翰是英國王室的真正老祖，因為此後所有的英王都是他的子孫，雖然再沒有人願意沿用他的名字。

20

「失地王」約翰在自己的貴族大臣的逼勦之下，鬱憤交加而病死，自動終結了英國內戰。要不怎麼說英國貴族有風度呢，他們逼死了國王並不改朝換代，而是繼續扶持約翰的兒子繼位，只要國王按「大憲章」的要求敬業愛民，貴族們絕不再鬧事。約翰的兒子亨利只有九歲，貴族們不介意他年輕，只要聽話就讓他當國王玩。當然，英國人辦事也不是完全不靠譜，這個九歲英王的身後站著一位威嚴而神武的攝政王，他就是中世紀最忠心最榮耀，擁有一切美德的騎士標準——威廉・馬歇爾，而他侍奉英國幾代君王，位極人臣，算是騎士這個職業最成功的範本，是其他騎士學習的好榜樣。當然，根據「大憲章」的規定，除了攝政王，還有二十五個太上皇監控著國王。

這個九歲登基的英王是亨利三世，他在英國王室的歷史上比較邊緣，應該說工作不過不失，既沒有驚才絕豔，也沒有惡貫滿盈，想藝術加工都無從下手。但是說英國歷史又不能迴避他，第一是他地位尷尬，夾雜英國歷史上兩個極端的君主之間，他的上一任是最窩囊的英王，他的下一任是卻是最英明的英王，有個二流的爹和一流的兒子，所以他夾在中間算一點五流；第二就是，在他任期內，出現了英國議會這個東西，進而給全世界發明了一種科學而民主的施政辦法。

先說英國議會的來歷。話說亨利三世到了一定的年齡就親政了，雖然從小就被貴族大臣們灌輸「大憲章」的概念，可國王畢竟是國王，心中的某種權威一旦甦醒，肯定是不願受控於手下的。於是，成年的亨利三世開始找毛病了。國家大事有點自作主張，不找那些太上皇之類的商量。比如「大憲章」說了，不許擅自決定發動戰爭，可他還是堅持跟法國打了兩次，都碰了一鼻子灰回來。

亨利三世不願意被貴族大臣們控制，但他願意被教皇控制。他算是英國歷史上對教皇最忠心的英王了，除了唯唯諾諾地言聽計從，更是願意把整個國家給教皇當提款機，教皇收拾不安分的國家，需要出手使用暴力時，亨利三世從來都是主動送上軍費。教皇見亨利三世這麼懂事，就完全不跟他客氣了。卻說這一陣子，教皇和德國皇帝不對盤，兩邊經常動武較勁，打得難看（為什麼不對盤，德國篇會詳細說）。當時，地中海上的明珠——西西里島是德皇的掌中之物，作為羅馬教皇，肯定是想拿回這塊原來屬於羅馬的土地。自從發現亨利三世這個好苗子後，教皇決定，以後打架鬥毆這種粗活，自己就盡量不親自上陣。於是他就頒布一道法旨，說是將西西里島之主這個光榮稱號賜予亨利三世的小兒子，當時還在吃奶的艾德蒙。鑑於西西里島落在德皇手裡，作為島主的爸爸應該出兵去把它打回來。

這個事怎麼聽都像戲弄小傻子，可亨利三世不這麼認為。自己家法國的土地要不回來了，版圖損失很大，西西里島多少能彌補點，他忘記了，這個西西里島的位置是在不列顛的千里之外，就算真能打下來，能安全地駐守嗎？這個道理誰都想明白了，只有亨利三世想不通，他叩謝了教皇的聖恩之後，便開始摩拳擦掌預備到千里之外去挑戰德國皇帝，大家注意，亨利三世只是國王，而德國那個可是皇帝啊。

打仗要錢，從獅心王理查開始，英國就沒富裕過，亨利三世預備長途打架的時候，英國更是三年歉收，正鬧饑饉。國王可不管這些，那些英國貴族收入都很高，找他們殺富濟貧，於是亨利三世突然提出讓貴族上繳三分之一的收入作為西西里島的軍費。從亨利三世的動作來看，他已經把「大憲章」的精神當垃圾來踐踏了。當年為了「大憲章」的建立不惜與國王一戰的貴族們發現，這個亨利三世貌似老實，其實跟約翰王一樣啊，於是，貴族們決定，按老辦法教育國王，那就是重新訂立規章制度，讓國王按有關紀律行事，如果他不答應，就興兵打到他答應。

這一次的貴族武裝有個很出名的頭目，叫做蒙德福特。他原來是個法國貴族的第二子，按律在法國既無爵位也無土地，好在他的母系原來是英國貴族，有自己的封地和爵位，所以他便來到英國，成為一位英國伯爵。蒙德福特長得英俊，到英王跟前上班不久就被王妹看上了。兩個人私訂終生，生米煮成熟飯。這個事讓英王和貴族們都很不爽，畢竟蒙德福特是個法國人，也不算太顯赫，怎麼能隨便就成了駙馬，尤其是這個王妹曾經起過誓，預備一輩子守節不嫁人的。亨利三世因為這個事曾將兩口子趕出英國，找不到出路的蒙德福特兩口子加入了十字軍，並在聖戰中功成名就。再次回到英國時，亨利三世接納了這個妹夫，還對他委以重任，成為朝中重臣，漸漸成為貴族圈子裡的頭目。

看到亨利三世越來越囂張，尤其已經直接影響了貴族集團的利益，一二五八年，由蒙德福特牽頭，在當時集中了很多新思想、前衛人物的牛津，貴族們召開會議，重新擬定了對國王的種種限制，這款新的國王守則就是「牛津條例」。本條例規定：由十五個大貴族組成會議，實際執掌國家政權。同時，由這十五名大貴族和另外選出的十二名大貴族組成「Parliament」每年開會三次，討論重大國事。大家現在知道「Parliament」這個詞是國會和議會的意思，但在「牛津條例」訂立之時，它的意思是「討論」。

這個條款當然又是貴族們闖進王宮手按在劍柄上交給國王的，亨利三世迫於形勢，只好接受。短暫的安寧維持了三年，亨利三世就不幹了，宣布「牛津條例」是廢紙，還再次驅逐蒙德福特。於是蒙德福特只好聯合貴族的人馬組成所謂的議會軍和亨利三世的王軍再次內戰。

在這場戰役中，議會軍的頭目自然是蒙德福特，王軍的頭目就是王儲愛德華。太子爺高大挺拔，生得氣宇軒昂，尤其是身材好，根據他的遺骨測量，身高大約一百八十八公分，有兩條很符合黃金比例的長腿，所以江湖人稱「長腿愛德華」。雖然這個綽號不算太好，不過不要緊，他後來獲得了很多很神氣的綽號，他算是英王名單上，「花名」最多的一位。

愛德華王子從小就喜歡騎馬打仗，練得驍勇善戰，指揮王軍作戰也是有模有樣。但畢竟薑還是老的辣，王軍在南部的一場戰役中兵敗，亨利三世和愛德華被議會軍生擒。王軍失去統帥，仗也沒什麼好打的了，蒙德福特進入倫敦，挾天子以令諸侯，掌握了英國的大權，並召開了英國歷史上第一次的議會。蒙德福特雖然獨攬大權，可並沒有三國董卓那麼囂張，他不敢廢掉國王自立，更不敢獨裁決斷，他反而是要照顧到各方面的利益。要讓大中小封建領主、騎士、城市市民和自由農等，除了王室之外的所有人，統統吸引到自己這方來，以鞏固自己的現有的政治地位，所以，在一二六五年的第一次議會上，除了貴族和主教以外，還邀請騎士（每郡二人）和市民（每城市二人）代表參加，算是開闢了各個階層參政議政的先河，也為後來英國的議會發展成為貴族院（上院）和平民院（下院）兩部分打下基礎。而由此，蒙德福特就成為了英國議會的創始人。

亨利三世此時成為傀儡，而太子愛德華更是變成了議會軍的人質。好在像愛德華這樣的人，一般的人也困不住他，因為議會軍掌權之後內部出現些小問題，愛德華很快就利用議會軍的內訌逃出來，並立刻召集了王軍的舊部重新組成了軍隊，再次跟議會軍開戰。當年八月，王軍大敗議會軍，蒙德福特當場陣亡，亨利三世重新登上王位。

經過這一番折騰，尤其是蒙德福特主政這段，亨利三世休息過頭了，非常懶散，最愛好在宮裡鑑賞藝術，對國家大事毫無心肝。好在王儲愛德華德才兼備，大事小情都有擔待，所以亨利三世的最後幾年，名義上在崗，實際上已經退居二線，所有的國家大事都由愛德華控制決定。

在這段太子監國的時間裡，鄰居法王又發動十字軍東征了。對歐洲的王室和貴族公子來說，參加十字軍的征伐似乎是一個鍍金的進修，成名的捷徑。所以這些平時閒得無聊的公子哥們都趨之若鶩的，對於那些天生喜歡打架的來說，到東方跟異教廝打顯然更是一場人生的狂歡。愛德華太子就是這樣一個好勇鬥狠的，所以一聽說十字軍又要出發，他馬上歡呼著就報名參加，組團到中東耍暴力。這次東征是十字軍第八次也是最後一次折騰，歐洲實在是再也折騰不起了。這第八次東征基本沒有什麼值得描述的，十字軍登陸不久就染上了瘟疫，最後是大部分人馬鳥獸散逃竄跑回家，讓這場鐵血華麗的大規模聖戰結束得狼狽不堪。

愛德華滿腔熱血到東方，沒想到結局這樣沒勁，他在無處可去的情況下，還是指揮英軍及剩下的十字軍跟穆斯林正面對打了幾次。讓他成為這第八次東征中，十字軍最大的亮點。因為武功高強，身手不凡，為自己贏得了「世界之矛」這個武林封號。據說敵軍曾假稱談判用毒劍刺傷了他，他的軍醫只好為他「割肉療傷」，面對這種血淋淋沒有麻醉的手術，太子爺神色平靜，完全沒有呻吟或是鬼喊鬼叫，猶如關雲長附體，非常之英雄好漢。

跟十字軍混了幾年，實在一點意思也沒有，愛德華只好帶兵回國去，在路上就聽說亨利三世翹辮子了，長腿趕緊收拾起中東度假的閒散心情，回到家正式加冕上班，成為愛德華一世。

21

卻說愛德華一世先是跟著老爸打貴族叛軍，後來又跟著十字軍到中東瞎混，蹉跎到三十五歲，終於找到正經工作成為英國國王。正是一枝花的年齡，男人的巔峰時代，只要不太弱智，稍微有點出息，一般都能在國王這個職位上建功立業。愛德華一世不僅不弱智，智商還相當之高。

一個明君要文治武功兩手抓，兩手都要硬。先說愛德華的戰功，這個比較重要，因為直接影響了現代英國的形成。又要看地圖了，中世紀的英國領土，在不列顛群島上，只有現在英格蘭這部分，頭頂的蘇格蘭，和屁股這個位置的威爾斯還都獨立在英國版圖之外。雖然歷代英王也向這兩個地方動壞腦筋，但成效都不太大。尤其是，英王們更重視的是海峽對面的歐洲大陸。隨著英王的法國領土逐漸失去，蘇格蘭和威爾斯這兩片土地就慢慢顯示出重要性了。

先說威爾斯，這片位於不列顛西南的土地，跟中國的西南一樣，都是多山的地貌，這種山區很容易產生一些土著政權，各自為政，而且易守難攻。以前的英王們對這塊土地也不是特別渴望，所以偶爾的進攻都是掠奪式的，沒什麼長遠的版圖規劃。到愛德華一世這一輩，登位之初也沒想過要讓這些山民徹底繳械投降。此時的威爾斯被一個叫小盧埃林的親王把持著，因為大體統一了威爾斯大部分地區，小盧又是個略有野心的，所以便有些挑釁動作。

愛德華一世的父親在位時，因為國家內亂不止，管不了威爾斯那些山裡的事，於是只好承認了小盧埃林的土地和他的威爾斯親王的稱號，不過威爾斯親王必須是向英王宣誓效忠，每年過年，還是要打點三千馬克的年費。小盧埃林逐漸整合威爾斯各大門派後，頗有實力，覺得應該光復威爾斯，擺脫英格蘭的控制，於是他先發制人，高調通知英王，以後沒什麼事就別拿我當小弟使喚了！現在我自己就是大哥了！自然，那一年三千馬克的孝敬銀子也就省了。可惜，他並不知道，像亨利三世那麼窩囊的爹是會生出愛德華一世這麼神勇的兒子。

一二七七－一二八三年，愛德華一世採用層層推進的策略向威爾斯的山區進攻，步步為營，每前進一步就構築相應的城堡並將所有要塞連接成線。有效摧毀了小盧盤踞山中的游擊戰法，英軍很快將威爾斯軍隊擊潰，小盧埃林和他的弟弟大衛不屈不撓，最終戰死，讓威爾斯徹底落入英格蘭手中。為了長久控制這一地區，愛德華大興土木，在險要地區構築城堡，對一些野性難馴的地帶，更是陳以重兵。他自己則跑到小盧埃林的家鄉去建了個行宮，就是威爾斯旅遊的重要景點——卡那芬城堡，愛德華將自己置身於蠻敵的腹地，自然是要充分考慮安全。這個堡壘據說是機關重重，神祕莫測，是愛德華所有城堡中最漂亮的，也是最大的一座，到現在為止，它還是中世紀城堡的傑出代表。

據說即使是統帥已死，敗局已定，愛德華佔領了威爾斯大部，桀驁的威爾斯人還是不願意向英王臣服，戰後的威爾斯問題談判就在這新建的卡那芬城堡舉行，當愛德華提出由英王向這一地區派駐管理者時，威爾斯人提出這個管理者必須符合下述四個條件：「一、必須在威爾斯出生；二、帝王貴胄，金枝玉葉；三、既不講英語，也不講法語（金雀花朝的老家在法國，所以大部分英王都講法語）；四、道德上純潔無瑕，從未犯過錯誤或冤屈好人。」這四個條件一開出來，怎麼聽都像是故意刁難，這明擺著只能在威爾斯找人，最後威爾斯的管理權還是落到威爾斯人手裡。誰知愛德華一世哈哈大笑之後，滿口答應了。隨後不久，愛德華一世就將大腹便便，馬上要生產的王后接到卡那芬堡，不到一個星期，王后就生下一個男嬰。愛德華一世將這個孩子舉起給威爾斯人看，讓他們自己分析這個孩子是否符合他們所說的條件。不用說，這孩子的確出生在威爾斯；皇室正統，既不會講英語也不會將法語，只會哇哇哭；道德上肯定純潔無瑕，如果不算隨地大小便之外，幾乎沒犯過錯誤，更加沒有冤屈好人的機會。威爾斯人沒想到自以為高明的問題就這樣被輕易解決，有點自作自受的感覺。打落了牙和血吞，只好接受這個小嬰兒成為新的威爾斯親王，他們的新主人。從這時起，英國所有的太子，成人後便受封為威爾斯親王（現在的英太子查爾斯就是一九六九年成為威爾斯親王的）。當時出於威爾斯人的敵意，冊封典禮在倫敦舉行，到後來的愛德華八世才回到威爾斯卡那芬堡受封，最終成為傳統。可惜愛德華八世不珍惜自己的身分，不到一年就因為女人放棄王位。

愛德華一世對威爾斯的收復俐落漂亮，獲得了帝王生涯另一個綽號「威爾斯的征服者」。可是在收取蘇格蘭時，這位征服者遭遇重創，甚至還把老命都搭上了。

位於英格蘭北部蘇格蘭俗稱高地，在整個群島中，海拔較高。這是個頗有風情的地方，以方格小短裙，清悅的風笛，尼斯湖怪獸，威士忌釀造聞名世界，羅馬時代居住著匹克特人，一直沒有被羅馬軍團馴服，後來凱爾特人的一支遷徙過去，北歐的維京人也移民過來一部分，這三個部分的人成立了最初的國家。經過幾個朝代，到愛德華一世這段時間，是坎莫爾王朝。坎莫爾王朝最後的君王是愛德華的妹妹生的，算是親戚，所以宣誓效忠英王。可惜這支親戚很快就絕嗣了，作為宗主國的英格蘭覺得自己有義務為蘇格蘭物色個新君主，從愛德華的角度考慮，蘇格蘭人也是野性難馴的，最好能找一個容易管束的蘇格蘭王，以後就算是扶持傀儡，最終達到徹底收服蘇格蘭的目的。

愛德華一世在蘇格蘭貴族中考察良久，本來最有資格繼位的應該是開瑞克伯爵布魯斯，傳說蘇格蘭上任國王曾將他立為繼承人。可愛德華不待見他，因為這夥計看起來年富力強，頗有頭腦，讓他上台，肯定是不好控制的。所以，愛德華力排眾議，推舉了當時十六歲的巴里奧爾成為蘇格蘭王，這個小子發誓會無限效忠於英王。

本來以為是個高枕無憂的事，誰知還是出現了變故。這個巴里奧爾是個貌似忠厚，卻窩藏反心。一二九三年，英格蘭跟老對頭法國又發生矛盾了。原來已經說過，法王幾乎已經收回了英王在法國大陸的所有土地，別的部分倒還罷了，實在打不過人家，也只好由別人佔著，可還有一塊地區，是所有的英王咬著牙都不能鬆口的，那就是法國西南部，原來阿奎坦地區的加斯科尼。這可是個好地方，夾在比斯開灣和庇里牛斯山之間，物產豐富，工商業非常繁榮，這地方最重要的產業就是釀酒，英格蘭從上到下都指著加斯科尼的酒過日子呢，它是日常生活必備用品，絕對不能中止供應的；另外就是，英格蘭孤懸海上，跟大陸還有些貿易來往，而加斯科尼正是英格蘭外貿的重要轉運港。傳說，英王當時一年總收入兩萬多英鎊，其中一大半來自加斯科尼，這實實在在是個小金庫。到愛德華一世時，英王在大陸唯一還據有的土地就剩這一塊，跟以前佔據法國一半國土的勢力是不可比了，所以法王經常到加斯科尼製造事端，想把這個地區也一起收回來。這一年，法王號稱英法的船隻在海上發生衝突，派兵佔領了加斯科尼，直接把愛德華一世惹毛了。

國王又要打仗了，所有人要增加賦稅，而那些臣國自然要派兵共同作戰。愛德華一世統治蘇格蘭，讓他們趕緊準備好軍隊、武器、軍費幫英格蘭打仗，為了封鎖法國大陸，愛德華禁止英國所有船隻出海，當然蘇格蘭的商船也要老實在家待著。這對蘇格蘭來說有點不公平，英王和法王是私仇，把蘇格蘭的利益也賭上很不公平，加上蘇格蘭人本來就仇恨英格蘭，被愛德華逼急了，巴里奧爾索性就投靠了法王，法蘇達成協定：法國每年提供蘇格蘭補助金五萬鎊，作為交換條件，蘇格蘭必須每年用四個月的時間同英格蘭作戰！愛德華從沒想過蘇格蘭會膽大妄為到這個程度，在家裡氣得跳腳，隨後決定，向蘇格蘭發動懲罰式戰爭。

英軍選擇了蘇格蘭最大的商業城市貝里克為第一進攻目標，攻克後燒殺搶掠近乎屠城，接著巴里奧爾的四萬大軍也敗在英軍手下，愛德華一直進入蘇格蘭腹地，兩千多名蘇格蘭貴族被俘獲並囚禁，巴里奧爾被迫宣布退位，愛德華在貝里克城建立了新的統治次序，並派自己的親信帶兵駐守蘇格蘭各要塞，從英格蘭調來大量地方官控制各地。蘇格蘭的歷代君王都會在斯昆的一個大石墩上受封加冕，這塊歪瓜裂棗的大石礅被蘇格蘭人稱為「命運之石」，是王權象徵，愛德華進入蘇格蘭後，先將這大石礅搬回家，還專門設計一把椅子把這塊石頭鑲在下面，寓意以後蘇格蘭的王位永遠在英王的屁股下面了。可惜啊，愛德華搬走了「命運之石」，卻搬不動蘇格蘭那些勇敢的心啊。

大家應該都看過好萊塢著名大片「英雄本色」，梅爾．吉勃遜的代表作，髮型很土，場面很大。他飾演的是一個叫威廉．華萊士的人。巴里奧爾退位後，蘇格蘭的反英鬥爭不但沒有被遏制，反而如星火燎原般蔓延到蘇格蘭各地，這場史稱「蘇格蘭獨立戰爭」的大戰從一二九六年到一三五七年，足足打了半個世紀，而這場獨立戰爭的最初領袖，就是威廉．華萊士。

華萊士是一個小地主家庭的第二子，根據繼承法，家裡的自留地跟他無關，所以他跟做神父的叔叔學點文化，將來預備自謀職業。愛德華接管蘇格蘭，他派去的各級地方官心裡委屈啊，好好的被外放到高地，長期不得回家，這種駐外的生涯讓人鬱悶，肯定是讓轄地所有人都別想好過。除了搜刮民脂民膏，就是搶佔良家女子。當時的規定是，蘇格蘭的大姑娘嫁人，新婚第一夜，要跟英格蘭總督進洞房。第二天才可以回家伺候老公。這個工作可把各級總督累壞了。（這個缺德法子也不算英國人的專利，咱家的元朝，保長之類的基層官員也有替老百姓進洞房的愛好。）面對英國總督的欺辱，蘇格蘭人用各種辦法反抗，華萊士的父親就組織了小股游擊隊造反，不久就被英國人抓住處死。華萊士在家鄉有個相好的姑娘，被一個英國軍官看中，強姦不遂，便直接割開了小姑娘的喉嚨。如此殺父之仇，奪妻之恨，威廉．華萊士孤身殺進英軍駐地，手刃十幾名英國士兵後，名聲大噪，取得一批村民的支持，於是扯起了造反的大旗，因為勇敢善戰，慢慢成為蘇格蘭起義的重要領袖。

22

一個國王只要治理好國家就基本及格，如果還能開疆闢土則是優秀，再如果為人專一，愛情忠貞，不傳緋聞養小三，則是國王中的極品。我們用這個標準來衡量一下長腿愛德華，先看極品的要

求。長腿幼時因為父親和貴族之間的權力之爭，太子生涯並不好過，脾氣暴躁，為人殘忍，從小就看出是個狠角色，會看相的都認為這傢伙有機會就會成為一個暴君。可後來愛德華一世是以一個開明君主的形象留在英倫歷史上的，是什麼讓看相的走了眼呢？

有人說「好女人是一所學校」，長腿顯然碰上了一個好老師。長腿十二歲時，迎娶了美麗的西班牙公主埃莉諾，這位西班牙女郎溫柔嫻淑，春風化雨，自從她來到愛德華身邊，這個暴躁小孩所有的戾氣都無影無蹤了。長腿夫婦伉儷情深，愛德華一生完全沒有緋聞，對自己的王后一直珍愛有加，有一個資料可以充分證明這件事，埃莉諾大約給愛德華一世生了十五個孩子（真是英雄的母親）！一二九〇年，埃莉諾香消威爾斯，長腿哀痛得無以復加，他將王后的遺體運回倫敦，這一路上，每個驛站他都樹立一個十字架，現在還能看見這些被稱為「王后十字架」的古蹟。後來他還為王后建了三個華美的陵墓以寄託哀思，讓埃莉諾成為歐洲歷史上最幸福的王后之一。埃莉諾如同上帝派來的監護天使，她一離去，封存在愛德華體內的魔鬼就甦醒了，長腿再次成為一個暴戾殘酷的人。

愛德華一世插手蘇格蘭的事務時，正是王后新喪，因為在蘇格蘭的戰績，長腿又獲得新的綽號——「蘇格蘭鐵錘」！對威爾斯下手，大家叫他「威爾斯征服者」，如今這個「鐵錘」的綽號顯然不怎麼友善，強調的是破壞，大家應該還記得他屠城的事蹟。

鰥夫長腿在晚年成為一個暴君，蘇格蘭英雄威廉．華萊士領導了起義，一二九八年，英軍開進蘇格蘭鎮壓，在經過斯特林大橋時，中了埋伏，起義軍以很少的人馬戰勝了幾倍與他們的英軍，威廉．華萊士的大名也驚動了愛德華，此後的六、七年時間裡，長腿先後四次親自出兵鎮壓起義，一三〇五年，因為叛徒的出賣，華萊士落到了愛德華的手裡。

在處決華萊士的事情上，長腿充分暴露了他已經徹底變態的老心：華萊士被從審判地提走，扒光了衣服，被一匹馬拖著穿過倫敦城，在刑場上了絞刑架，勒了一陣又把他放下來，讓他清醒後，割下他的命根子，然後活體解剖，開膛破肚，扒出內臟，活活地掏出那顆「勇敢的心」，然後拿出腸子，在他面前燒掉！忙了半天，眼看他支持不住即將死去，趕緊斬首，屍體被分成好幾部分，腦袋被掛在倫敦橋上示眾，其他部分被送到英倫各地，警告所有人不要犯上作亂，會死得很難看！

可惜華萊士的死並沒有讓蘇格蘭屈服，第二年，羅伯特．布魯斯（上篇說過，本來預備成為蘇格蘭王，後被長腿否決的那位蘇格蘭貴族）的孫子直接自稱蘇格蘭王，揭竿而起，接過了蘇格蘭獨立解放運動的大旗，繼續跟長腿死磕。

對一個老鰥夫來說，這樣的接二連三的打擊太不人道了，一三〇七年，再次上馬親征的長腿得痢疾病死在去蘇格蘭的路上，他給太子的遺言慘烈而悽愴：「要將征討蘇格蘭的工作繼續下去，不准放棄，你要捧著朕的骨灰衝在最前線，朕要看到最後一個蘇格蘭人投降！」從這個遺言來看，這老人家在蘇格蘭的問題上已經完全陷入瘋狂了。

沒有在有生之年征服蘇格蘭是長腿一生最大的遺憾，但他作為第一位在不列顛群島上開疆闢土的英王，軍功已經算非常了得。除了「征服者」、「鐵錘」這些驍悍的綽號，長腿還有一個很人文的雅號，更加牛：「英國的查士丁尼」。

查士丁尼是東羅馬帝國的一個皇帝，大約西元六世紀在位，他主持編撰了「查士丁尼法典」，這是歐洲歷史上第一部系統完整地法典，歐洲所有國家的法律都是從這部法典上發展進化而來。

愛德華榮膺「查士丁尼」的名字，自然也是因為他是個立法者，他將之前條理混亂的英國普通法重新修訂了一次，頒布了細化分類的各種條例。其中最引人注目的是「土地法」，當時的英國有個很頭痛的問題就是越來越多的土地落到教會手裡，教會是不需要履行對王室的義務的，打仗的時候也不能指望僧侶們會贊助軍費。針對這個情況，他規定了任何人不經過他的同意都不能向教會轉讓土地。這項土地法沿用了幾百年，充分顯示了科學性和前瞻性。

愛德華的年輕時代一直與議會軍戰鬥，一般認為他是議會的堅定反對者，出乎意料的是，議會制度就是在他任內得到正式的確立並得到更民主的改良。在捍衛王權和尊重民意兩方面，愛德華建立了微妙而完美的平衡，一二七五—一三〇七年期間，他用了各種方法吸引騎士和市民代表進入議會，又在一二九五年召開了一次有各郡、各自治城市和下層教士代表參加的議會，擴大了政治協商的範圍，更廣泛地了解了大眾呼聲，讓民意最終為王權服務，這種貌似謙遜的協商方式，反而讓國王的行為產生了獨裁不能實現的權威。由長腿時代開始，議會才算正式成為英國政治一個重要組成部分了。

終於又把一個賢君說完了，一個好國王的故事是很沉悶的，好在他生了個非主流兒子。

還記得那個出生在威爾斯的王子嗎，愛德華用他忽悠了所有威爾斯人，這位小威爾斯親王大名也叫愛德華，小愛德華一直跟在埃莉諾身邊長大，賢慧的媽媽一般會比較溺愛孩子，孩子不吃飯，追著滿世界餵。一般這樣的小男孩長大，多少會染上些娘娘腔的毛病。尤其是愛德華一世是這樣孔武威嚴的爸爸，肯定看不上動不動就哭鼻子的兒子。小愛德華六歲時，母后去世，失了常性的父王更加看他不順眼，天天的疾言厲色讓他膽子更小，更沒自信。

雖然埃莉諾皇后為愛德華一世生了十幾個孩子，但最後能活到繼位的男性只剩下小愛德華這一個，即使再不上路子不靠譜，到時間也要把王位傳給他。愛德華一世臨死前鄭重將北伐的大事託付給他，這愛德華二世對父親的遺詔並沒有放在心上，一登大寶，他有更重要的事情要處理。

愛德華二世金髮碧眼，英俊強壯，卻是個出櫃的同志，他第一個公開的情人就是來自加斯科尼（上篇說的英王在法國的最後一塊領土）騎士加斯弗頓。愛二還是太子的時候就跟這位騎士同志情深了，像長腿那樣的爸爸是絕對不能接受太子這種取向的，於是曾將加斯弗頓趕出英格蘭，讓愛二一直飽嘗相思之苦，所以一旦登基，可以說了算的時候，肯定是馬上迎回自己的愛人。

給國王做情郎是合算的，愛二為了撫慰加斯弗頓被驅逐受傷的心靈，預備將英格蘭最西南端的康沃爾賜給他，那裡是英國重要的產錫區，而康沃爾伯爵的稱號一般只能封給王子。這個動作激怒了所有的英格蘭貴族，自從約翰王開始，英國貴族已經養成了不能慣國王毛病的作風，於是，國王的侄子蘭開斯特伯爵組成了貴族同盟，又預備給國王上課了。歷史又重複了一次，這次的結果是迫使國王答應成立了二十一個貴族組成的改革委員會，又拿出了四十一條國王在任必須遵守的規章制度，同時，將小情郎再次趕出英國。愛二本來就是個窩囊廢，哪敢跟這樣貴族作對，乖乖的都答應了。可是不久啊，色膽包天，他又偷偷把小情郎接回來了，這小情郎陪國王上床還不算，國家大事，愛二也交給他拿主意了。貴族同盟忍無可忍之下，終於將加斯弗頓處死以絕後患。可是，一個小情郎倒下去，好幾個小情郎又冒出來，加斯弗頓屍骨未寒，愛德華二世身邊出現了父子兩個，上陣父子兵，這光榮的父子倆就是德斯彭瑟，這段時間，國王該做的事由他們父子倆負責完成，一時權勢喧天。

貴族們無奈之下覺得，飽援思淫欲啊，總在宮裡待著，這些風花雪月的事不能避免。根據愛二的脾氣，治理國家這一類的事不能找大臣和議會商量，最有效的法子就是在床上交給小情郎解決。為了杜絕這種佞臣專政，一定要把國王從床上拉下來，要給他找點戶外的活動。對了，先皇有遺詔，還要收服蘇格蘭啊，尤其是愛二登基後，自稱為蘇格蘭國王的小布魯斯已經趁愛德華跟小情郎談情說愛的工夫，收復了不少原來英軍把持的土地。先把皇帝的私生活放一邊，大家繼續北伐蘇格蘭。一三一四年，愛德華二世親征蘇格蘭，兩軍在曾經交戰過的斯特林城堡旁的班諾克本相遇。

這一戰，蘇格蘭再次以少勝多大敗英軍，英軍的傷亡人數接近一萬，基本可以算英格蘭立國以來單次戰爭傷亡最大的戰役。愛德華二世自己差點被活捉。這一仗雖然讓英軍顏面掃地，卻讓小布魯斯威名遠播，威廉．華萊士之後，蘇格蘭人再次找到自己的領袖，小布魯斯真正成為羅伯特一世，成為蘇格蘭人公認的王。

兵敗蘇格蘭讓愛二更加沒有尊嚴，以蘭開斯特伯爵為首的貴族聯盟權力越來越大，尤其是一三一五—一三二二年，英國又遭遇農業歉收和大規模牲畜疫情，內憂外患之下，愛二只好放任貴族同盟處理大小事件，自己躲在後宮墮落。德斯彭瑟父子伺候國王非常辛苦，愛二是個有情有義的，不願意看到人家白忙乎。一般人家養個小蜜還給買房子買車呢，我一個國王，不能太寒磣，怎樣表達愛意呢，乾脆把威爾斯賜給小德斯彭瑟吧。

這個想法一公開，所有大臣們都目瞪口呆，這威爾斯可是先王又用武力又用智謀費了多少工夫弄來的，怎麼能交給一個男寵糟蹋！因為已經有處理上一個小情郎的先例，貴族們不慌不忙，由議會宣布德斯彭瑟父子倆滾出英國去！貴族們心想，我們先禮後兵，先趕他們出去，如果趕不走，就把他們咔嚓掉。可惜，這父子倆媚主的本事超出了所有人的意料，他們竟幫著愛二組織了軍隊，正式跟貴族同盟開戰，又一次國王和貴族之間的英國傳統內戰開始了！

貴族們都認為愛二是個窩囊無能之輩，卻不知他外戰外行內戰卻是內行，幾乎是舉手間就將貴族軍隊消滅，並處決了貴族首領蘭開斯特伯爵，順利收回了被分解的王權。為了給大家省事，防止再被人從床上拖下來去打仗，愛二重掌大權後宣布承認羅伯特一世為蘇格蘭國王，他家的土地拿回去，以後沒什麼事，誰也不准再提到蘇格蘭打架的事。貴族們被鎮壓了，蘇格蘭也安寧了，愛二這才找到做國王的樂趣了，花天酒地，夜夜笙歌，所有的事德斯彭瑟父子都會安排好，一點也不用操心。

可是世事不如意十常八九，愛二的生命裡除了各種男寵和不馴的貴族以外，還有一個重要人物是不能迴避的，那就是他的老婆，英國王后伊莎貝拉。

23

愛二不知道算不算雙性戀，不過一個英國國王無論如何是需要配一個老婆的，而根據英法兩國曖昧晦澀的雙邊關係，一邊打得激烈，一邊還堅持通婚。伊莎貝拉的父親就是著名的法王腓力四世，江湖上都稱他為「美男子」和「鐵國王」，他就是屠殺了聖殿騎士團那位鐵腕國王。傳說伊莎貝拉跟愛二結婚的第二天，愛二就將收到的結婚禮物賜給了自己的小情郎，以後就很少上皇后的床。不過伊莎貝拉不錯，很珍惜來之不易的國王臨幸的機會，不聲不響的給愛二生了四個孩子。

愛二對自己的老婆寡情薄幸，他每天絞盡腦汁地為情郎爭取土地，可王后的利益他完全視而不見。伊莎貝拉是個有主見的女子，最開始，她還是想利用自己的王后的地位讓老公收斂點，可她鬥爭的結果是，愛二沒收了王后所有的財產，每天給她一個英鎊作為家用。伊莎貝拉此時對這個老公已經完全沒有幻想了，不僅沒有了愛情，更是滋生了無比的仇恨，她甚至想要他的命。

終於有一天，她獲得了一個逃出倫敦的機會。法國和英國又鬧毛病了，眼看又要兵戎相見。愛二現在日子過得舒服，可不願意找不痛快，於是他安排自己的老婆回娘家，讓伊莎貝拉去法國遊說並調停這場即將到來的風波。伊莎貝拉趕緊收拾行囊回法國去，她還多長了個心眼，將兒子愛德華（王儲）帶在身邊一塊回家。

回到娘家的伊莎貝拉覺得舒服多了，尤其是，在法國宮廷，她遇上了莫蒂爾默勳爵。這位勳爵本是英國貴族，在剛結束的英國內戰中，他參加了貴族同盟跟愛二作戰，後被俘關在倫敦塔。因為對愛二的仇恨，王后心裡是支持貴族同盟的，所以莫蒂爾默被俘期間，王后和大主教多方斡旋將他救出來，並安排他避難法國。這一齣美人救英雄的故事讓美人和英雄都對彼此留下深刻的印象，在法國宮廷的重逢讓這段深埋在心裡的愛情萌芽並開出了鮮花，伊莎貝拉找到了一直渴望的愛情。同是天涯淪落人，相逢原是舊相識，天雷勾動地火的愛情頃刻間熊熊燃燒，很快就讓地球人都知道了。這個緋聞不僅熱辣辣地傳播在巴黎的大街小巷，還越過海峽，一直傳到了倫敦宮廷。愛德華二世火冒三丈，本來是安排老婆出公差，沒想到她利用公款廝混小白臉，自己花錢給自己買了頂綠帽子。雖然王后他並沒有放在心上，可國王的尊嚴畢竟很受挑釁，這個女人儘管我不太用，並不表示別人就能隨便用啊，尤其是一個造反的叛臣。愛二馬上寫了一封措辭強硬的信給法王，威逼恐嚇了一番，讓他交出姦夫淫婦。此時的法王是「鐵國王」最小的兒子，所有王子中最沒用最傻的，如果不是那些英雄哥哥們的自相殘殺，怎麼也輪不到他當國王。愛二一嚇唬，法王也慌了，這伊莎貝拉是他姐姐，愛二是合法姐夫，他一個做小舅子的，還是不要蹚渾水的好，於是趕緊把伊莎貝拉打發走。

伊莎貝拉和莫蒂爾默在荷蘭等地溜達了一圈，覺得這種浪跡天涯的日子不是長久之計，正好有些法國貴族是同情這二人的，乾脆借兵殺回倫敦去，跟愛二徹底撕破臉。於是莫蒂爾默很快就東拼西湊集合了一支人馬越過了海峽，向英王宣戰。

愛二在英國混得很不得人心，不僅貴族們恨他，教會也嫌棄他，以至於伊莎貝拉的人馬一登陸，就受到了很多支持和歡迎，頓時實力大增，兵強馬壯。前面說過，愛二最怕打仗，一聽說又要披掛上陣，非常恐慌，於是把守城的任務交給老德斯彭瑟，他自己號稱是到威爾斯組織軍隊去了。

王后的軍隊裡帶著太子，所以國王麾下的英軍也不願跟少主動手，基本都是主動獻城，老德斯彭瑟更是被手下綁了交給王后處理。王后這支人馬勝券在握，一致推舉太子出來作統帥，處理隨後的事件。太子也是愛德華，愛德華三世。此時的愛三不到十四歲，金髮，長睫毛，面色蒼白讓他看起來很柔弱。可是很多人都知道，這孩子有著與年齡不相稱的鎮定和智慧。

英倫金雀花王朝的帝王們有的英明睿智，有的糊塗粗暴，參差交替出現在歷史上，讓英王室的王運像樂章一般的高低跌宕，起伏不定。

愛二是個病態的窩囊廢，伊莎貝拉因為對老公的無情征伐獲得了「法國母狼」的光榮稱號，加上兩人罕有的同床機會肯定也是心不在焉，優生的機率接近於零，所以愛三這樣一個孩子被生出來，從科學角度分析，只能理解為「隔代遺傳」。愛三的爺爺是長腿愛德華，他的外公是「美男子」——最鐵腕的法王，全都是外貌與才能都很出眾的絕代君主，因此愛德華三世如果遺傳得當，絕對有機會成為最完美的英王。

貴族們將老德斯彭瑟交給愛三處理，他非常冷靜地下令砍掉了德老頭的腦袋。隨後不久，貴族們在一個偏遠的修道院找到了藏匿在那裡的愛二和小德斯彭瑟。愛二被就地羈押，小德斯彭瑟被帶到愛三跟前。這小白臉肯定是禍害的根源，愛三判了他一個類似「凌遲」的刑罰，整個過程跟處理威廉．華萊士一樣。據說行刑時最興奮的觀眾就是王后，她一直說：「真希望愛二能在這一起看！」這個尊貴的法國公主，遠嫁倫敦後發現自己的情敵居然是男人，這種奇異的屈辱下，終於讓自己也變態了。從她看得斯彭瑟被肢解時滿臉放光的模樣，可以充分體會伊莎貝拉對老公的切齒仇恨。

處理了佞臣，囚禁了國王，國不可一日無君，所有人推舉愛三直接登基成為新的英王。誰知此時這個十四歲的孩子做了件讓所有人驚愕的事，他宣布，除非是愛二主動退位，否則他絕對不登基。這小孩有點像咱家的人，有些東方傳統道德觀念，雖然他現在已經是眾望所歸的英王，但只要愛二不鬆口主動讓位，愛三戴上王冠的動作都不能算名正言順，以任何國家標準衡量，這都是「篡位」！即使是在主教和貴族一致認為，以愛二的所作所為，絕對可以將他罷黜的時候，愛三還是堅持要等到他爹主動讓位的正式通告。

沒辦法讓這倔強的小孩改變主意，貴族們只好派代表去遊說愛二，讓他順應時勢，主動讓位算了，自己親生兒子，又不是外人。沒想到老子和兒子一樣倔，愛二此時死豬不怕開水燙，牽著不走，打著倒退，他聲稱可以讓他死，但他絕對不主動退位。派去的主教代表忍無可忍之下只好威脅他，如果他不讓位，愛三又不願接班，國會和教會肯定會推舉一位老百姓都很擁戴的人做英王，讓他自己分析利害吧。愛二掐指一算，得出結論，現在人氣最高的是叛軍主帥莫蒂爾默，如果愛三不願登基，最有可能稱帝的就是這個小子，那自己可是葬送了祖宗的基業了。痛心權衡之下，還是把王位傳給兒子吧。他伸手招來了自己的侍衛長，當著主教的面折斷了自己的權杖，宣布自己的王朝終結。談判代表鬆了一口氣，趕緊回去安排愛三登基的事。

愛二雖然退位，但他一日不死，總是個心腹之患。伊莎貝拉和莫蒂爾默只要一想到愛二，晚上睡覺就會做惡夢，他現在是太上皇，是國王的生父，而且已經為所作的一切付出代價，國王、教會和人民都不會接受對他趕盡殺絕。於是王后寫了一封措辭模糊的信給愛二的看守，大意就是讓他們想辦法除掉愛二，但不要留下謀殺的痕跡。

接到信的看守不知道是什麼來路，我估計此人一定是極端反同性戀組織的，他選擇了的謀殺方式是：把一根鐵條燒紅，從愛德華二世的肛門插進去！王后的指令是祕密處死，可行刑時愛二的慘叫聲響徹天宇，讓周邊村莊的人都以為聽到了魔鬼的嚎叫。王后隨後對外宣稱「先帝暴病而亡。」

愛三登基時才十五歲，國家的大權掌握在太后手中，太后大小事都聽情夫的，莫蒂爾默是實際上的英王。他帶兵推翻了昏君愛二，廣受英國各界的擁戴，可他一旦大權在手，就露出了惡劣的面孔。貪得無厭，最風光的時候，佔有著英國四分之一的土地，各種爵位一大堆；獨斷專權，完全不把國會放在眼裡；手段殘忍，對不同意見的人斬草除根。漸漸的，莫蒂爾默從一個民族英雄徹底轉變為無道權臣，因為這一切都是王太后支持的，所以伊莎貝拉「法國母狼」的外號被叫響了。很多原來跟他們一起戰鬥的貴族開始站到他的對立面。當時最大的反對貴族是王室的一支近親，算輩分應該是愛三的叔叔──亨利，他是議會第一元老，而且是國王的監護人。面對莫蒂爾默越來越放肆的行徑，亨利策劃著組織一場暴動將他處理掉。可是莫蒂爾默的消息快多了，他很快就想到了先下手為強的辦法。

有一天，亨利收到一封密信，寫信人聲稱自己是愛德華二世，實際並沒有死，而是被莫蒂爾默囚禁了，讓亨利趕緊想辦法救他。亨利拳拳的老臣之心，非常忠誠，馬上回信說自己會立刻安排拯救，讓太上皇好好保重自己，等待援兵。沒幾天，老亨利就被逮捕了，這封回信落在莫蒂爾默手裡，並以此為證據說老亨利傳假消息，試圖篡位，當然王太后也跟著敲邊鼓，讓愛三趕緊處理這個老東西。愛三雖然覺得這事有點無稽，但在王太后的壓力下也不得不先將老亨利收押，這位朝廷重臣被關不久，就被祕密處決，臨死他才知道，整件事都是莫蒂爾默詭計，而他的領地已經落在莫蒂爾默手裡。

此時的愛三十七歲了，莫蒂爾默所有的行為他都看在眼裡，記在心頭，他知道此人將是自己親政道路上最大的障礙，不除掉他，自己永遠只能是傀儡。不久，愛三又得到一個讓他羞憤難當的消息，那就是王太后懷孕了，當然是莫蒂爾默的種。這個孩子不僅是王室的羞恥，說不定將來還會危及自己的王位，愛三明白，是必須下手的時刻了。

當時國王一行正在諾丁漢巡視，太后和莫蒂爾默單獨下榻在一個城堡裡，當地的諾丁漢伯爵是愛三的好友，他們商議後，決定就地解決問題。愛三找了幾個平日裡親信的貴族和騎士，從一條地下密道進入了城堡，出現在莫蒂爾默面前。看到年輕的國王鐵青的臉，和他身後那些年輕的騎士，莫蒂爾默知道自己大限已到，雖然太后苦苦哀求，愛三還是面無表情地帶走了老莫，帶回倫敦，讓他二進倫敦塔。不久，在臣民的歡呼聲中被吊死。而太后被關在一個城堡裡，此後被囚禁了三十多年，一直到死。不過愛三還是維持基本的孝道，這三十年間隔三差五，逢年過節還是經常去探望老媽，所以雖然「法國母狼」失了太后的威風，但日子還算舒適。

一三三〇年，十八歲的愛德華三世正式親政。開啟了英國歷史上另一個可圈可點的英雄時代，歷史學家都說，英王朝到愛德華三世這一輩才算是讓英國的國家性得到完全的定義。

24

一三三〇年，十八歲的英王愛德華三世終於將垂簾聽政的人趕走，勝利親政。他一上台就顯示了一個絕代明君的優良作風。這小孩深知水能載舟亦能覆舟的道理，在英國做國王，除了政治清明，國泰民安這些基本要求，最重要的是讓貴族們日子好過，要讓他們覺得受重視，要拿他們當幹部，歡迎他們對國家大事指手畫腳。所以愛三一上班，就大肆強調議會的作用，鼓勵貴族們參政議政，給他們灌輸國事就是家事的道理，使王和貴族間長期互相猜忌互相恐嚇動不動就橫刀相向的英國特有階級矛盾得到了緩解。愛三還振興武備，大力提倡尚武精神，經常組織比武和大規模狩獵，將獅心王時代剽悍野性的騎士精神發揚光大，徹底洗刷上一個同性戀國王的娘娘腔作風。隨著國家漸漸風和日麗，百廢略興，愛三開始有了新的想法。

騎士和軍隊們練了這麼久，到底能不能打，還不知道，需要找個地方實兵演習一次；雖然跟貴族緩和了關係，可這些人的胃口是很大的，愛國精神和個人實惠通常是合併考慮，如果有一天，國王又影響這些人的實惠，他們還是會犯上作亂的，可英格蘭就這麼大，國王自己也不富裕，更不可能分給貴族們太多。怎麼辦？根據祖先的傳統，自己家不夠的時候，就可以到鄰居家去搶。而且，在一致對外的戰鬥中，國王和貴族哥倆好，齊衝鋒，更容易培養出患難與共的君臣情誼。鑑於這些考慮，愛三覺得，他工作的重心應該是找個地方打架，打誰呢？最方便的是打蘇格蘭，欺負鄰居順手啊，騎上馬就過去了，如果挑釁歐洲大陸，還要預備船隻，準備功夫比較複雜，而且，根據祖父愛一的遺願，也應該收拾他們。

一三三三年，愛三北伐蘇格蘭，還是那地方，蘇格蘭的邊境重鎮貝里克。愛三在愛一的庇佑下，圍點打援，包圍貝里克，幹掉了馳援而來的援兵。蘇格蘭戰敗，割地求和，當時的蘇格蘭國王逃到法國，愛三扶持一個傀儡管理蘇格蘭，暫時讓英格蘭北部邊境安穩了。可這一場北伐的勝利並沒有讓愛三舒服，他發現，縱然他在蘇格蘭節節勝利，還是達不到他爺爺希望的「讓最後一個蘇格蘭人投降」這個目的。將高地收入英格蘭的版圖依然艱難重重，這群高地人為什麼總是打不服呢？有人撐腰啊，誰？法蘭西。蘇格蘭和法國的聯盟是讓愛三想起來就很煩躁的事情。到底年輕啊，初生牛犢想法大膽，愛三最後決定，只要打倒大哥法蘭西，小弟蘇格蘭自然無以依附，到時再收拾這些高地人則易如反掌，根據歷史學家的說法，「與其剷除頑固的薊草，不如採摘光榮的百合」，主意就這樣定了，直接打法蘭西！

打仗也要有緣由，騎士出征可不能無名之師，法國不久前出了件大事。話說法蘭西家的查理四世一三二八年死翹翹了，這個三十四歲的昏君除了把法國經濟搞得一團糟，連國王最基本的作為都沒實現，那就是沒生出兒子來。所以卡佩王朝就鬧出了「絕嗣」這樣讓天下大亂的事情。

英法兩國是世界上最纏綿的仇家，查理四世是「法國母狼」伊莎貝拉的哥哥，是愛三的親舅舅。這麼近的血緣關係，雖然伊莎貝拉是個女人不能繼位，但愛三作為外甥應該是很有機會的。可是這時法國政壇活躍著查理四世的叔叔瓦盧瓦伯爵，查理四世剛嚥氣，他就到處奔走，讓所有的法國貴族支持他兒子登基。對法國人來說，如果愛三過來接掌法王位，那就等於英法合併了，這當然是法國人最不希望發生的事情。所以，瓦盧瓦伯爵的兒子就眾望所歸繼位成為法王，也就是腓力六世，開創了法國史上的瓦盧瓦王朝。愛三雖然心理不服，但當時尚未親政，胳膊擰不過大腿，也只能忍氣吞聲。當時英王在法國還有基斯和加斯科尼兩塊領地，愛三還算是法王的封臣，在無比委屈之下，一邊心理暗暗地罵娘，一邊到法國向腓力六世宣誓效忠。

當時英法亂麻般的恩怨中，還涉及一個地區。法國北部有個地方叫佛蘭德爾，領主佛蘭德爾伯爵雖然是法王的附庸，但領地上的城市基本都是自治的。這個地區當時絕對富甲歐洲，是紡織業的中心。最熱門的生意就是，英國的羊毛出口到這個地區，這裡用羊毛紡織成各種布料返銷回英國甚至歐洲各地，非常興盛繁榮。幾乎所有的法王都想把這塊寶地據為己有，到了腓力六世這輩，看著佛蘭德爾日進斗金的貿易活動，口水都流出來了。他在家動了幾天腦筋，就以鎮壓當地農民起義為名，出兵佛蘭德爾，隨後就發布聖旨，禁止英國的羊毛進口。這件事讓佛蘭德爾當地人大為不滿，大批紡織廠突然沒有了原料，工廠和工人全都無所事事，陷入迷茫。所以雖然佛蘭德爾的伯爵是法王一夥的，但各城市的商人們卻站到英國那一邊去了。

當愛三決定直接教訓法國後，上面的所有事件都是打仗的導火索了。尤其是一三三七年，法王突然宣布，因為愛三不履行封臣的義務，要沒收他在基斯的土地，這一下就真把火藥桶點著了。當年十月，愛三公開宣布，腓力六世是篡位的，自己才是貨真價實的法王！（這個重要的宣布不是開玩笑的，此後若干世紀，所有的英王都自稱是正牌的法國國王！）為了拿回屬於自己的王位，愛三集合大軍和佛蘭德爾的同盟，正式向法國宣戰，歐洲歷史上最膠著最漫長的演出——英法百年戰爭拉開了大幕。

英法戰爭分三個階段：第一個階段，一三三七—一三四七年，愛三帥三百多艘戰船，一萬五千名士兵在泰晤士港下水，雖然士氣高漲，但英軍並沒有魯莽地越過海峽直接登陸，而是在法國沿海港口騷擾對方的海軍，終於殲滅了法國的艦隊。歐洲大陸從古代時就興雇傭兵，到中世紀，這些雇傭兵的服務品質不斷提高，甚至打造出了品牌。在法王眼中，英王入侵這個動作很像是螻蟻捍大樹，有點不知死活，法國用銀子就可以砸死他們，所以他雇用了他認為最擅長海戰的諾曼兵團，在第一道防線上消滅英國人，省得在自己的土地上抓壯丁。遺憾的是，曾經雄霸海上的諾曼人犯了個中國人都非常熟悉的戰術錯誤，那就是，他們居然用了當年曹軍用過的連環計，將所有的大船用鐵鎖連接。這場海戰的結局跟赤壁一樣，自然是這些連在一起的大船慘敗，英國順利把握英吉利海峽的制海權，本土的士兵和補給就可以非常安全地源源不斷地傳遞給登陸作戰的英軍。隨後不久，英王曾經的領地布列塔尼公國又內訌，這個地區因為原來是屬於英王的，後來被法王強行沒收，該區域一直同時存在著親英和親法的兩股勢力，為布列塔尼公爵這個名號經常鬥毆。愛三充分利用這個矛盾，首先拿回了布列塔尼，讓這裡成為英軍的根據地，大本營。正當愛三摩拳擦掌預備大舉開進巴黎的時候，當時的教皇出面調解，他老人家的面子還是要給的，於是雙方表面上停戰，其實都在各自的軍營磨刀鑄劍，單等機會決戰。

這一等就等了四年，一三四六年的愛三終於忍不住了，親率大軍在法國北部登陸，直取巴黎，這是世界戰爭史上很重要的一場戰事，冷兵器時代盛大的騎士表演，讓我們仔細說說。

此時愛三帶領的部隊由兩部分組成，一部分當然是大貴族率領自己的親兵和家臣等，另一部分卻是英國自由民自發組成的軍隊，因為準備了很多年，所以這些愛國的農民比正規軍還訓練有術。而英軍最高級的武器就是長弓。這種武器來自威爾斯，愛一征服該地區時將它引進英格蘭。當地的山中出產一種紫杉木，木質輕便而且極其柔韌，製成五尺長的大弓，拉滿時力量極大且不易折斷，而且重量很輕，便於攜帶。這種紫杉長弓據說可以在兩百五十碼外將穿盔甲的敵人射個對穿，在槍支發明以前，這是相當霸道的遠端武器。

而法國那邊呢。軍事革新的速度就慢很多了。話說當年諾曼第公爵威廉征服英倫大地時，靠的是一個叫重裝騎兵的兵種，聽名字就知道很累贅。這個兵種打扮得像美國橄欖球運動員，頭盔、鎧甲包得嚴嚴實實，密不透風，馬匹也帶著特製的盔甲，人馬都裹在裝甲中，遠遠撞過來有坦克的規模。這個兵種最大的缺點就是笨重，大家可以設想一下，這身行頭如果摔下馬來，一時半刻肯定是爬不起來的，就算勉強能爬起來估計也跑不動。這樣的裝備不要說打仗，光行軍就累到半死。大家算算，威廉征服不列顛已經是快三百年前的事了，法軍還在用這種古董級的兵種。自己的軍隊不行也不要緊，法王有銀子，可以花大錢請外援，除了上面說過的諾曼海軍，還有來自熱那亞的弓弩手。這些弓弩手裝備是一種特製的弓弩機，發射出如蝗的箭雨，非常牛。但因為這東西比較笨重，最少需要兩人一組操作，還必須找空地安置好，看上去非常麻煩。

大戰開始，愛三本來向巴黎進發，後來他得知法王正在巴黎城下等自己，便改變了主意，掉頭就跑。腓力六世聽說這個情況，馬上自我感覺良好，「肯定是朕的天威讓這些英國佬嚇破膽子了，現在想跑，沒那麼容易，英雄的法蘭西騎士們，給我追！」。英軍跑得快，直接涉過索姆河，在克雷西一帶的山崗上，找了個小山頭排開陣勢，現在輪到愛三以逸待勞恭候腓六了。

鑑於熱那亞的弓弩手是雇來的，死了也不心痛，放在最前面，發動第一輪攻擊。當時天降大雨，弓弩機使用起來極其不便，法國人仰攻，這些弓弩機發射的箭矢最多只打到半山腰，還沒夠到英國人的腳丫子。待這些熱那亞人慌慌張張射了第一輪，英國的長弓手們出手了。穿雲裂帛的箭雨漫天而下，熱那亞雇傭兵死傷慘重。這些人不過收錢打短工，對雇主沒什麼忠誠度，眼看形勢不對，撒丫子鳥獸散。法王也顧不上起訴雇傭軍不履行合約，趕緊命令重裝騎兵出擊。

英軍此時也派出了騎兵迎戰，那些矯健的英國騎士打扮輕便，進退迅捷，這次出擊，本章節的另一個男主角橫空出世，只見英國騎兵隊伍當先的是一位小將，身著黑色盔甲，似一道黑色閃電般劈開法國騎兵戰陣，左突右擋，無數敵人被斬於馬下，待到衝殺一輪回到英軍陣地，摘下頭盔的這位，金髮飄飄，英姿颯爽，炯炯的目光搭配著一張稚氣的面孔，這一位便是英國十六歲的當朝太子，愛三的長子，也叫愛德華（真要命，能不能改個名啊！）。因為那身黑色的盔甲在戰陣上如死神降臨，江湖上人送外號「黑太子」。可惜他永遠是黑太子，並沒有最後成為愛德華四世，我們以後再說。

隨著那些長弓急箭密如傾盆大雨，法王知道敗局已定無力回天，可憐腓六也受了箭傷，戰馬被射死，最後身邊剩六十位騎士狼狽逃離戰場。這一戰就是大名鼎鼎的「克雷西戰役」。此戰以後，愛三掌握了戰爭的節奏，繼續北上，直取法國重要港口——加萊。

25

先講個花絮。有個國際通用的手勢，就是向看著不爽的人伸出一根中指，這個動作非常粗魯，小朋友千萬不要學。這個流氓的手勢，最早就是來源於英法戰爭時期，上篇說過，英軍的殺手鐧是那些長弓手，法國人對這些拉長弓的既恨又怕。拉弓時最重要的是中指和食指用力，所以法國人一旦俘獲英軍，管他是不是拉長弓，即使是炊事班扛鍋的，第一件事就是砍掉他們的食指和中指。後來英軍一旦勝利，就把這兩根指頭豎起來遠遠地調戲法軍。時間長了，又花了點心思，改良得更缺德，於是就成了現在這個手勢了。這應該算是英法百年大戰留給世界的人文遺產。

愛三和黑太子虎父虎子在克雷西力挫法王腓六，英軍士氣高昂，一路向北高歌猛進。法國北部有個非常重要的港口城市，叫加萊，英軍衝上去就把這座城市圍了個水洩不通，這一圍就把這個小城圍了十一個月，城中糧食耗盡，所有人危在旦夕。在確信法軍已經無力救援後，加萊城答應投降。愛三跟這個小城較了一年的勁，心煩氣躁，覺得不能便宜了加萊人。他開出的投降條件是：城中最受尊敬，最有地位的六個人，光著頭，光著腳丫，脖子上繫上繩索，捧加萊城的大門鑰匙出來祈求愛三的寬恕。加萊城裡的六個顯貴，主動站出來，願意做投降代表。這六個人被愛三百般折辱而死。後來根據這個悲壯的故事，著名的雕塑家羅丹創作了「加萊義民」這一組非常出名的雕塑。如果去加萊旅遊，是重要的參觀項目。從此以後的兩百年裡，即使是英法戰爭之後，加萊也一直受控在英國手裡，成為他家對歐洲大陸羊毛貿易的中心，同時也成為英軍入侵法國的重要登陸港口，經濟和戰略位置都非常要緊。

也許是上帝的懲罰，愛三對加萊的工作有些過激，英軍進駐加萊不久，很多士兵就開始染上了鼠疫，這時沉溺於侵略法國的快感中的愛三舉頭一望，發現整個歐洲大陸已經變成了地獄，來勢洶洶的鼠疫——當時叫黑死病已經席捲了歐洲所有的城市。愛三慌亂之下返回倫敦，為了防止黑死病進入英國，愛三甚至下令禁止到英吉利海峽捕魚！可是，這一場疫情太瘋狂了，孤立在海上的不列顛群島也沒有倖免。大家都知道歐洲中世紀這場驚人的災難，到底這場災難是怎樣開始的呢？說起來，跟我們們還有點關係。

大家看地圖，在黑海和亞速海這個位置，烏克蘭伸出一個小半島，這裡就是克里米亞半島。這個地方在俄羅斯和烏克蘭的關係上是個敏感帶，俄羅斯經常威脅要把這半島收回去。島上有個小城叫加法。中世紀時，這個城市在東羅馬帝國的版圖內，被一批義大利商人控制著，城裡居住著大量的穆斯林。這個小城也是個是非之地，他的另一邊，緊靠著蒙古的金帳汗國，是成吉思汗的長子朮赤的地盤。整個中世紀的歷史，東西方一直在激烈的碰撞中，一邊是歐洲諸國不斷以聖戰的名義到東方做事，一邊是蒙古鐵騎對西方的騷擾。加法夾在東羅馬和金帳汗國之間，可以想像是不太平的。

話說某一天，加法的義大利商人不知什麼事跟穆斯林人發生衝突，雙方結怨越來越深，最後發展到各自找人打群架，義大利商人找的肯定是東羅馬帝國的兵團，而穆斯林自然向伊斯蘭兄弟金帳汗國求援。蒙古人早就想佔領這個城市，一遇到這機會，以最快的速度出兵，將加法城圍住開始攻打。東羅馬的守兵也不是吃素的，整個城池固若金湯，整整一年，蒙古軍隊就是沒辦法破城。

這時在中亞草原，蒙古人的老巢那裡，因為大旱，死亡人畜無數，並爆發大面積瘟疫。在加法攻城的蒙古軍隊也被染上，疫情以驚人的速度在軍中傳播。讓蒙古人的攻勢突然停止了。正當城中的東羅馬士兵認為蒙古人打累得時候，他們看到了世界戰爭史上最駭人的一幕，蒙古人支起了巨型投石機，往加法城發射炮彈，這些炮彈可不是平時看到的那些巨石，而是屍體！蒙古人將軍中那些染瘟疫死亡的士兵的屍體，全部打入了加法城中！很快加法人就知道了蒙古軍隊的目的，因為這些屍體引發的大規模瘟疫立時覆蓋了全城，很多人開始出現寒戰、頭痛等症狀，繼而發熱、譫妄、昏迷，皮膚廣泛出血，身長惡瘡，呼吸衰竭；快則兩三天，多則四五天，就紛紛死亡，死後皮膚常呈黑紫色，所以，這種可怕的疾病被命名為「黑死病」。

這種缺德冒煙的攻城方法很快奏效（可以和現代戰爭的細菌戰媲美，在戰法上，蒙古人真是勇於創新，敢於創新啊！），那些沒有染病，或者染病沒死的義大利人紛紛出逃，好在城外的蒙古人自己也抗不住了，這種打法顯然是同歸於盡的。那些義大利人趕緊組織大船回家去，除了這些疑似黑死病患者，一起上船的，還有那些加法城中的老鼠和跳蚤，它們也是生命，也有逃命的權利。

雖然通訊不太好，但加法城幾乎被黑死病滅城的消息已經傳到了歐洲，這些逃難者的船在地中海的所有碼頭都遭到拒絕，不許他們靠岸。船上不斷有新的死者，那些倖存的人看著不遠處的大陸也充滿絕望。有一陣子，這些漂流在地中海上的流浪船被稱為「鬼船」。終於有一艘船慢慢靠近了西西里島的一個碼頭，船上的人用重金收買了當地的總督，總督見錢眼開，不知死活地讓這船人上了岸。雖然當時他們隔絕了船隻，而且是在檢查過船上人沒有染病的前提下讓他們登陸，可那些老鼠和跳蚤是沒經過檢驗的，它們也大大咧咧地跳上了陸地，將死神帶入歐洲大陸。

這種瘟疫的重要傳播介質就是老鼠，老鼠死後，這些病菌就在人體上附生。而歐洲這時候正大鬧鼠患，為什麼呢。話說基督教在歐洲取得王者地位後，教皇教士們權力太大，考慮問題就不太理性了。根據聖經的說法，這個世界的惡，是因為魔鬼撒旦的攪擾，而魔鬼撒旦這東西不容易顯身，信眾們既然看不見，就容易懷疑其存在。為了用實物達到教育的目的，教士們選擇了一種動物，將它作為撒旦的化身，那就是貓，教士們認為「貓在夜間令人毛骨悚然的嚎叫和眼中閃爍的凶光，正是魔鬼撒旦的化身，或是造禍女妖的幫凶，是與魔鬼結盟的異教畜生」。在這個指導思想下，中世紀的歐洲虐貓是重要的宗教活動，老百姓一看見貓，基本都是各種酷刑折磨死。尤其是黑貓，歐洲人到現在還認為，如果黑貓經過屍體，那屍體立刻變僵屍，所以至今黑貓還是不祥之物。而當時基督教對異教的排斥，編了個女巫是貓變的這種故事，於是又引發大規模的屠殺女巫的活動。

貓被殺光，老鼠自然高興，中世紀的歐洲衛生條件極差，基督教對自己的身體還很重視，教徒們不太輕易洗澡，主要城市居民住在垃圾堆裡並無不適，那些往來穿梭的老鼠從來也沒讓他們困擾。於是，這些老鼠在關鍵時刻便將大量的歐洲人送上絕路。

卻說愛三飛快逃回英國，想啟動緊急應急機制將疫情控制在海峽之外，可惜啊，老鼠不僅會傳染疾病，還會游泳。那些老鼠長途跋涉，泅水來到不列顛，將這一場末世般的災難帶到英倫，讓英國人充分享受了跟歐洲人一樣的待遇。

英法同時遭災，戰爭自動偃旗息鼓，各自在家處理死人。整整十年的時間，每家的人口都少掉一半，比計劃生育政策有效多了。

一三五五年，眼看家裡該死的都死得差不多了，沒死的還要繼續打仗啊。黑太子愛德華沒有染病，所以念念不忘收拾法國半途而廢的事。法蘭西家被黑死病折騰得夠嗆，腓力六世也死掉了，接他班的是兒子約翰二世，傳說這位仁兄人品非常好，是個老實人，所以黑太子覺得柿子要揀軟的捏，二話不說，又打過海去了。從波爾多登陸，穿過法國中部，在法國大地上縱橫。約翰二世聽說英國大軍深入，覺得可以把他們關在國內關門打狗。於是就率兵操了黑太子的後路。黑太子趕緊回師南撤，在普瓦提埃附近的高地，兩軍相遇。

黑太子看到法軍遠遠多於己方，曾經提出一個示弱的方法，他希望約翰二世讓路，給他撤回英國，他保證幾年之內不再來騷擾。約翰二世自然不幹，他急於給他父親報仇。黑太子無奈之下，只好指揮手下為數不多的人馬反擊。這個地區盛產葡萄，到處都是低矮的葡萄樹，英軍藏身在樹後，用長弓襲擊法軍，法軍的重裝騎兵再一次輸在英格蘭長弓之下。比上一戰更慘的是，連法王約翰二世和他小兒子菲力浦都被英軍俘虜。這一戰也是英法戰爭的重要戰役，叫做「普瓦提埃戰役」，在這一戰中，法軍大約有四萬人馬，而黑太子的兵馬不到一萬！

愛三父子在法國戰事順利，可想到法國去登基幾乎不可能，因為法國的老百姓和貴族們都不幹，來來回回折騰了幾年後，愛三也疲倦了，算了，暫時不說王位的事，先爭取實惠吧。一三六〇年，約翰二世和小兒子被關在倫敦，太子查理五世攝政，為了在英國軍隊的不斷進襲下給自己一個緩衝時間，查理跟愛三簽訂了一個屈辱的「布雷丁尼合約」。在這個合約中，英王擴大了在法國西南的領地，比原來的領土還大得多，而且成為這些土地的領主不用向法王行效忠禮，等於這些國土從法國版圖上被分割了。並要求法國交出五十萬鎊的巨額贖金，將國王和王子贖回去。而五十萬鎊幾乎是英王室五年的總收入。

當時查理太子在法國籌集贖金時幾乎搶銀行，可是對剛經歷黑死病和戰亂的法國來說，這筆錢是天文數字，查理到處借貸，求爺爺告奶奶怎麼也湊不齊。話說在倫敦等贖金的愛三講道理啊，他覺得查理太子湊不齊贖金可能是許可權不夠，不如把約翰王放回去籌錢，反正還有小王子押在手上做人質。約翰總算回家了，可他也沒辦法湊齊那筆錢，他這時收到一個消息，說是小王子已經成功越獄，逃出來了。這約翰王人老實講誠信，出於騎士精神的考慮，他居然又傻呼呼地主動回到倫敦，主動要求愛三繼續把他關起來。愛三一邊在心裡狂笑，一邊毫不客氣地將他繼續羈押。因為這個事，約翰二世這個沒什麼功業建樹的法王給自己贏來一個「好人」的綽號。不厚道地說，叫「傻人」合適一點，因為為了贖他出來，法國付出了慘痛的代價，他用大量百姓的民生為自己賺了好名聲。

還是從花絮開始，二〇〇八年八月，英國的威廉王子正式成為「嘉德騎士團」的成員，這個騎士團的成員代表著英國爵士的最高爵位，一般在世只有二十五個成員，身分尊貴無比。這個騎士團的名字「嘉德」來自英文的「GARTER」，意思就是女士的吊襪帶。這麼尊貴的身分怎麼會有這麼曖昧香豔的名字呢，來自愛德華三世。

話說愛三領導英軍終於攻克了加萊港之後，按英國人的傳統自然要開個舞會來慶祝一下。舞會上，愛三的一個情婦跳舞太投入，以至於吊襪帶脫落掉在地上，這事讓現場所有的人都笑翻了，那位夫人尷尬得無地自容。這時愛三揀起這根吊襪帶，很帥地把它綁在自己腿上，並說：「Shame on him who thinks ill of it」，這句話翻譯成火星文就是：這有什麼好笑的，你們這幫低級趣味的東西。隨後，就以這個吊襪帶為標誌成立了一個騎士團。成員的重要標誌是一個腿上綁著吊襪帶。這個騎士團的成員由英王親自冊封，有男有女，柴契爾夫人也是其中的成員。由這個故事，我們可以感覺到愛三的騎士風度，把吊襪帶上升到這樣尊崇的高度，中世紀歐洲人還真是放蕩不羈啊。

上篇說到，愛三囚禁了「好人約翰」，法國的查理太子到處籌錢，等他把錢湊夠，他爹已經死翹翹了。查理五世正式登基，因為已經簽下了條約，英國暫時不找麻煩，給了法國修養生息的時間。經過幾項稅收和政治方面的改革，法王的王權得以加強，漸漸手裡又攢了點小錢，挺直了腰桿。查理五世翻身的第一件事就是大量徵召雇傭兵，不讓自己家那些騎士再全副武裝出去丟人了，組建了野戰炮兵和新的艦隊。大家注意，此時的戰場已經出現火器，那些重裝騎兵終於被時代淘汰了，戰場上再也看不到他們摔在地上爬不起來的精彩畫面。兵馬糧草準備好，查理五世便宣布他親手簽訂的「布雷丁尼合約」是廢紙，然後預備大舉收復那些在合約中割讓的土地。這是一三六九年，宣告著英法戰爭第二階段開始。

法王突然變卦，英王肯定會有反應，你會耍賴我不會啊?!本來愛三已經不提法國王位的事了，一聽說查理五世賴皮黃牛了，馬上就宣布自己又是法王了。不過英王這次發飆，怎麼看都像是苟延殘喘，因為黑死病不僅把英國折騰垮，愛三也殫精竭慮了。這段時間的愛三除了跟情婦佩里斯夫人還有些小寵臣到處鬼混，諸事不問。國家大事，打仗方面的就由黑太子負責，而國內事就由四兒子蘭開斯特公爵約翰．岡特負責處理。這位約翰深諳權力之道，他私下裡跟佩雷斯夫人關係不錯，兩人聯手掌握英國的大權。不管是誰主政都好，反正現在的英國又窮得叮噹響，早年在法國大地的劫掠那些小錢很快就花光了，由於愛三在法國刮地三尺的盤剝，曾經引發過法國人的起義。

手頭不寬裕自然就沒有實力，在海峽對面的土地更是無力照看。本來只是沒錢打仗，很快連人都沒有了，黑太子長年征戰，一三七六年病死。這可憐的娃到死都是太子。他的死讓愛三心灰意冷，他知道失去這員猛將，英軍一時半刻怕是不能縱橫江湖了，所以第二年愛三也跟著去了，約翰．岡特扶持黑太子十歲的兒子登基，自己成為當然的皇叔攝政王！

英國國內動蕩不寧，法王查理五世則有條不紊地，邊打邊拉，一步步將英王的土地收復回來。一三七二年甚至還重新奪回了制海權。到七〇年代末，除了沿海一帶幾個港口城市還被英軍拼死把著，其他的土地又回到法王手裡。一三八〇年，雄才偉略的查理五世也駕崩了，他家也亂一陣子，守鑑於兩家內部都有麻煩要解決，就很有風度地商量了一下，決定在二十年內，不騷擾對方。這樣戰爭的第二階段又結束了。

話說英國國內，約翰．岡特把持朝政，是為攝政王。攝政王是個危險的職務，幹的好有篡位之嫌，幹不好容易遭罷黜，履行國王的責任又沒有王權的保障，萬一攝政期間沒控制好自己的態度，不知道謙虛謹慎，給未成年的國王看在眼裡，幼小的心靈留下傷痕，則未來就後患無窮。

約翰．岡特想不想做國王是不知道，不過想做也沒辦法，因為愛三晚年昏庸，臨死時只有一個念頭，就是要讓黑太子的兒子登基，黑太子為國家辛苦一輩子，操勞而死，他沒享過的福一定要讓他兒子補上。所以愛三在臨死前一年最辛苦的工作就是安排好了理查二世接班的事，可他沒想到的是，這個時期的英國國王可不是個享福的差事，內憂外患之下，對一個十歲的孩子實在太可憐了。除了上層沒有理順，約翰在下層也沒有基礎，約翰．岡特是蘭開斯特公爵，蘭開斯特家族夥同一群商人壟斷了英國最賺錢的羊毛出口業務，形象非常奸商，非常寡頭，所以下層商戶百姓對他印象並不好。此時的英國政壇是一個黨爭的局面，理查二世一夥是所謂的「青甲太子黨」，而約翰．岡特則是「蘭開斯特黨」。理查二世登基後，雖然是約翰．岡特攝政，可政壇的高層還是「青甲太子黨」佔優勢，所以約翰就算有野心也只能窩藏在心底，不過從他後來的動作來看，至少他本人並沒有垂涎王位的意思。

英法戰爭第一階段，因為戰場上的勝利，無論是國家榮譽感還是個人實惠都得到滿足，國王和貴族們互相看對方都非常順眼，上下團結，一致對外。第二階段戰事失利，加上黑死病的折磨，貴族們不幹了，這些人又開始組團找領導發難。這些人嘰嘰歪歪從來只有一個目的，手頭緊了沒錢喝花酒了。為了安撫這幫討債鬼，國王唯一的辦法就是收稅啊。不管三七二十一，只要是人就要交稅，人頭稅。一三八一年，苦難深重的英國百姓終於被逼上了絕境，一個叫瓦特・泰勒的泥瓦匠率領東南部的農民造反了！

這是西歐歷史上規模最大的農名起義之一，對整個封建體系是產生了重大衝擊的。泥瓦匠沒什麼政策水準，所以找了個軍師，一個窮教士，叫做約翰・鮑爾的擔任了政委的角色。農民起義我們們都熟啊，一般要整個口號出來，這個約翰政委是基督教的革新派——羅拉德教派的，他提出的口號在當時也算是震撼人心了，他說：「亞當耕種，夏娃紡織，誰是貴人?!」這個說法有點像抄襲「王侯將相，寧有種乎」，反正是激勵廣大農民，勇於向自己的出身挑戰。他們公開地提出了廢除農奴制。起義軍在英國貴族的慌亂中攻入倫敦，當時十四歲的理查二世跟一些大臣們避禍倫敦塔，起義軍毫不客氣地追進倫敦塔。殺掉了當時的坎特伯雷主教，還搶走了倫敦塔裡儲藏的大量武器，這時理查二世不得不出來跟農民談判，為了解決眼前的困局，他哭喪著臉同意了起義軍的要求。主要是人頭稅不能再亂收了，以後對老百姓會多少仁慈點。不過，梁山好漢的要求比較多，他們又提出要沒收教會的土地之類的，於是談判過程就變成吵架了，氣氛沒有把控好，保護國王來談判的倫敦市長爆脾氣，稀裡糊塗地殺掉了瓦特・泰勒。這下直接激化了矛盾，眼看國王就要落在好漢們手裡，這時，不知是什麼靈光一閃，理查二世這個小朋友突然變得離奇的勇敢沉著。他孤身走到起義者中間大喝道：「除朕以外，爾等別無首領。只要隨朕離開此地，爾等便可得償所願！」這些農民對國王的權威還是頗為忌憚的，見這小孩突然威風凜凜，大義凜然如有神助，心裡也有些害怕，竟然乖乖地就散了！理查二世在隨後的兩個月，巡視起義經過的所有區域，鎮壓了各種亂黨，徹底平息了一場重大危機。讓所有人領教了小孩的厲害。

關鍵時刻挺身而出解決危局，讓理查二世感覺到，自己完全可以親政了，邪門的是，一三八一年這次珍貴的靈光一閃再也沒在這小孩身上出現過。

小傢伙本事不大，權力欲卻是沒邊。掌握大權後，他每天最忙的事就是想法設法讓貴族們老實，削弱議會的權力，以達到徹底獨裁的目的，幻想在他這一代恢復英王久違的霸道王權。尤其是正式親政後，他全心致力於滅絕反對派，當時幸虧是約翰·岡特在他和貴族之間充當調停人的角色，彈壓著反對派裡最重要的人物——理查的另一個叔叔，而這個叔叔在理查走向獨裁的道路上終於被他幹掉了。

一三九九年，約翰·岡特老皇叔終於死掉了，理查二世長舒了一口氣。雖然老約翰晚年輔佐朝政衷心耿耿，但早年攝政時大權獨攬讓理查一直心中忌恨，所以之前的一年，為了防止約翰·岡特私下做小動作，理查二世已經把約翰·岡特的兒子亨利·博林布魯克放逐到法國去了。約翰·岡特死後，理查二世做了件前無古人的驚人舉動，他宣布沒收約翰·岡特家族的所有領地！這事可捅了馬蜂窩，其實這時候，理查二世已經跟貴族們徹底對立了，如果不是老約翰一直從中和稀泥，兩邊早就撕破臉。如今既然老約翰的領地會被沒收，那當然所有的貴族都跟著兔死狐悲啊，說不定下一個被沒收土地的就是自己了。所以此時的英國貴族們已經開始計畫再次教育國王的事了。

理查二世被老約翰護持慣了，不曉得死活，他沒收了人家的土地幹了這麼大一件危險的事，他居然還大搖大擺地出兵愛爾蘭，鎮壓暴亂去了。他前腳剛走，被剝奪了繼承權的亨利·博林布魯克就回到了英國，他當然不是回來探親的，他帶著軍隊來的。倫敦的貴族們迎接亨利入城，並馬上加入了他的戰隊，熟門熟路地向國王開戰。理查二世慌慌張張跑回來，一上岸，他就發現大勢已去了，亨利的地位顯然已經不能動搖。後來因為自己親信的出賣，理查二世在一個城堡被亨利活捉，押回倫敦。這傢伙在位最喜歡橫徵暴斂敲詐百姓，所以回到倫敦時，老百姓在街上列隊等他，往他身上丟各種蔬菜表示歡迎。

被理查徹底得罪的議會和貴族們已經下定決心，這次要讓國王下崗，扶持亨利上位，所以在理查回來之前，議會就已經散布了一些小道消息，大致是理查二世要將法國的加萊港還給法王，在這個幾乎叛國的罪名下，理查在威斯敏斯特大教堂受到議會的審判，把一個國王抓來受審，證明英國的議會鬥爭又進入了一個新的階段。不用說，肯定是所有罪名都成立的，國王被罷黜，囚禁起來。一四○○年二月，原因不明地死去，一個被罷黜的國王，他的生存是危險的，被暗殺是正常的，最大的嫌疑人當然是接班成為英王的亨利。

這時候，我們應該稱呼他為亨利四世了，金雀花凋零，理查二世葬送了英國歷史上一個無比精彩的王朝。亨利四世是蘭開斯特公爵，所以，他也算改朝換代，開啟了蘭開斯特王朝時代。

愛德華三世是金雀花王朝最後一個明君，他的血系連綿甚廣。好萊塢那個永遠的天使——奧黛麗·赫本就是他的後代，那超凡脫俗、不食人間煙火的氣質正是來自尊貴的王族。

27

亨利四世透過議會篡得大位，蘭開斯特王朝就算開始了。剛剛講訴了英格蘭一堆「愛德華」的故事，現在又迎來了一撮「亨利」。整個蘭開斯特王朝三個王全叫亨利，分別是四、五、六，西歐人一點不動腦筋，起名字毫無創意，在他家開取名字的公司絕對虧死。

先整理一下英王室的親戚關係啊，愛德華三世的長子是黑太子，二兒子是克拉倫斯公爵，三兒子是約克公爵，四兒子才是約翰·崗特，亨利四世登基，不光黑太子一系不爽，另外兩個哥哥也不痛快啊，這事總要有個先來後到吧，各王子都有自己的粉絲擁躉，所以亨利改朝換代不久，他的堂哥堂弟伯父之類的就各發人馬搗亂。亨利四世在位十四年，大部分時間用來平亂，終於在臨死前將一個還算平靜和諧的不列顛交給了兒子亨利五世，成就了這位蘭開斯特王朝歷史乃至整個英國歷史最戰績彪炳的君主。

當年亨利四世被理查二世流放的時候，亨利五世還小，理查二世對這個堂侄子還是關照的，將他接到身邊教養，接受帝王薰陶。所以登基之後，作國王比他爹心理更有數。他一接班，就發現心頭大患法蘭西家出問題了。

話說法蘭西家這陣子當家人是查理六世，根據中世紀西歐國王都有外號的傳統，這位老兄也有個響亮的綽號，叫「瘋子」！好好的一個人如果沒有精神病是不太會被叫瘋子的，查理六世的確是精神病患者。當家的有病，負責任的貴族們都覺得應該出面替國王辦事，當然也享受國王的權力。動這個念頭的法國貴族很多，最志在必得的是北部老大勃艮第公爵和南部老大奧爾良公爵。關於法國這南北雙雄的恩怨，我們到法蘭西家再仔細說，他們兩虎相爭的結果先是勃艮第公爵派人暗殺了奧爾良公爵，隨後為了剷除奧爾良派，勃艮第又攛掇了一場巴黎市民起義，操作失手，自己敗走離開巴黎，使攝政權落在了奧爾良派手裡。為了挽回自己的勢力，勃艮第公爵開始賣國了，他跟亨利五世結盟，預備引狼入室，幫自己拿回失去的一切。

遇上法國人邀自己去法國打地盤這種事，每個英王都會狂笑。亨利五世趕緊派人到法國開條件，要求法王將凱薩琳公主嫁給自己，並將原來英國在法國的兩塊領地當作嫁妝一起帶回來。這個條件，法王是絕不可能答應的。亨利五世早就預備對方拒絕自己了，所以速度極快地舉六千騎兵，三萬弓箭手，攜帶大量火炮，在勃艮第公爵這個賣國賊的支持下，悍然登陸塞納河口，英法百年戰爭的第三階段正式開始。

一四一五年十月，長途奔襲疲憊不堪的英軍被法軍堵在阿讓庫爾。這時的英軍因為之前的攻城戰傷亡甚大，加上行軍勞累，糧草匱乏，已經有點強弩之末的感覺。所有的法國貴族認為可以在阿讓庫爾將英國侵略者一舉蕩平，是千載難逢的建功立業機會，所以遠近上下，閒著沒事的法國貴族都來了，頃刻間，集合在阿讓庫爾的法國大軍超過五萬，嚴陣以待亨利五世只有那可憐兮兮不到一萬的人馬。縱然亨利五世一代悍將，天縱英才，可見到這個陣仗還是心中打鼓，傳說他曾經提出和談，可此時的法國人視英國人是到嘴的肥肉，想怎麼吃就怎麼吃，斷不會答應亨利五世的和解要求，逼得亨利五世只好咬牙上陣，豁出去拚命！

法國人爭功心切，也不顧陣形章法，一些人在狹窄的甬道上你推我擠往前衝，英國的弓箭手從容不迫地一輪接一輪向法國的人山人海發射。這樣一通混戰持續了大約一個小時，最後亨利五世自己都看不下去了，宣布停戰，英軍陣前的法國人集屍如山，血流成河，統計一下，法國損失了三個公爵，五個伯爵，騎兵及各種隨從超過五千人，而英軍的傷亡人數是三百個。這就是百年戰爭史上又一場著名戰役：「阿讓庫爾戰役」，英軍再次以少勝多，戰勝法軍。這一戰讓二十八歲的亨利五世轟動大陸，成為歐洲最新出爐的戰神！

戰神亨利五世打出了手感，打出了節奏，在盟友勃艮第公爵的幫忙下，摧枯拉朽，席捲法國北方大部分地區。隨著亨利五世越來越流暢的攻勢，法國盟友勃艮第公爵感到事情不對了，我只是找你幫忙對付奧爾良派，如今這個局勢再發展下去，可能整個法國都葬送了，勃艮第公爵微弱的愛國心總算被觸動，趕緊找到奧爾良公爵，兩個大佬宣布和解，攜手反英反侵略。可是結怨太深，一時半會溝通不利，以至於勃艮第公爵在跟王太子談判和解時，被奧爾良派的人刺殺。這一下，勃艮第派的人又不肯和解了，再次投靠英王，藉著戰事上的威風，亨利五世和新的勃艮第公爵壓著法王簽訂異常屈辱的「特魯瓦合約」。這個合約規定：剝奪法國太子的繼位權；英法兩國合併，以後只要一個國王就夠了；查理六世死掉後，亨利五世接替王位；法國公主嫁給亨利五世，以法國的兩塊地區做嫁妝。這個合約，等於是英國兼併了法國，一統江山，亨利五世完成了一件大英從金雀花王朝就開始最心醉的美夢。

可惜一代天驕亨利五世並沒有等到正式成為法王的那一天，一四二二年，三十五歲正值盛年的亨利五世死於一場突來的傷寒。這位雄才大略的英主看著自己十個月大的獨生子，知道自己努力一生的事業岌岌可危，只是再大的雄心壯志也捍不過死神，亨利五世帶著無限牽掛離去。可以想象，這位老哥如果稍微活久一點，將英法統一成一個國家，西歐的歷史應該會被徹底改變。

莎士比亞寫過很多國王的戲劇，其中比較著名的是「亨利五世」，在這部戲劇中，莎士比亞創造了一個完美君王的形象，智慧而神勇，德才兼備。尤其是他與法國公主凱薩琳的愛情故事，因為摻雜著兩國的恩怨，特別的纏綿跌宕。

十個月大的小嬰兒亨利六世成為新的英王，這孩子有做國王的運氣，有人當一輩子太子都不知道戴上王冠是什麼滋味，而這個小破孩還不知道太子為何物，就直接跳過這個過程成為英王，他還沒弄清楚英王是個什麼東西，法國那個瘋子國王也崩了，剛剛會走的亨利六世又成了法王。這個小嬰兒一邊吃奶，一邊實現了不列顛朝的列祖列宗誰也沒能成真的美夢，一統海峽兩岸，成為英法王！

一歲的小嬰兒實在沒什麼作為，好在親戚多，各派一個叔叔到兩邊攝政就行了，個人承包，都給我把自留地看好了。英國還好說，畢竟是自己家，亨利六世登基也算名正言順。法國那邊就不消停了。亨利五世舉著劍剝奪了法國太子的繼位權，這位失勢的太子流亡法國南部，感歎著命運。一聽說亨利五世這隻猛虎早逝，心中感謝了無數遍萬能的上帝，這下沒什麼好怕的了。所以他瘋子父王一駕崩，查理七世就完全不顧「特魯瓦合約」，在布林熱一帶宣布成為法王。

在法國攝政的英國叔叔貝德福特公爵知道，戰爭不徹底，反動派就不會滅絕，現在雖然北部地方在手，但南部的叛逆餘黨甚多，必須予以剿滅。所以他接過亨利五世的戰旗，繼續在法國大地上征伐。到一四二九年，法國的整個北部地方，西南方的一部分，都在英國的控制下。英格蘭把持著巴黎，盟友勃艮第公爵則佔據蘭斯。蘭斯對法國是個極其重要的城市，歷朝歷代的法國國王都在這裡加冕，而那個自稱為法王的查理七世只要不能進入蘭斯舉行儀式，他叫再大聲，也沒人承認他是法王。當然，如果此時亨利六世的小腦袋可以撐起法國王冠，他也應該到這裡來加冕。這時的英軍最重要的攻勢就是清除查理七世的最後武裝，所以開始對奧爾良發動攻勢。

奧爾良處在盧瓦爾河上，是法國中部重鎮，南北咽喉，戰略要地。只要這裡失守，剩下的法國土地幾乎可以拱手讓給英國。法蘭西民族面臨生死存亡，歷史學家說：「整個王國的命運都繫在奧爾良上了」。雖然都知道奧爾良是生死之地，可大多數法國人包括查理七世自己都是悲觀的。一四二八年十月，英軍將奧爾良重重圍困，馳援而來的法軍也被英軍的長弓手斃在城下，奧爾良守軍度日如年，知道城破國亡也就是時間的事了。

這時，一個十七歲的農家女子拜訪奧爾良的指揮官，要求面見查理七世。說她自己是上帝的使者，帶著神諭來解救法國。一說大家都知道了，這個農家女子就是貞德。此時的法蘭西也有點死馬當活馬醫，指揮官將這個事情通報查理七世，查理七世也沒別的選擇，只好宣貞德來見。既然是神的使者，多少應該有些神通吧，法王給貞德的第一個考試就是，他自己混在許多法國士兵中間，看貞德能不能把自己認出來。貞德顯然是從未見過查理七世的，但她一眼就將他找了出來。讓查理七世和眾貴族有點相信這個十七歲的文盲農家妹就是上帝派來的救兵。經過對貞德背景和其他情況的詳細調查，查理七世做了他這輩子最英明的決定，同意貞德前往奧爾良指揮法軍對英作戰。

貞德剪一頭短髮，穿著別人贊助的鎧甲，成為奧爾良的新統帥。她放棄了之前那種死守的打法，對英軍的攻勢主動出擊，這個驍悍的小女孩認為進攻才是最有效的反抗。好在高盧人還是有血性的，不管這小姑娘是不是上帝的使者，她瘦瘦弱弱地衝鋒在最前面，讓所有的高盧男人都不敢也不能退縮。這個從天而降的小姑娘帶給奧爾良奇蹟般的勝利，英軍終於開始退卻了！

奧爾良勝利，按正常的思路，法軍當然是打回巴黎。但貞德力主先收復蘭斯，讓法王登基，國不可一日無君，只有法王繼位，這一場解放戰爭才有主心骨。所以，雖然攻打蘭斯要比攻打巴黎更加艱難，法軍還是向蘭斯進發。三個月後，拿下了蘭斯，查理七世在貞德英姿颯爽的護持下，正式戴上法王的王冠。戰局出現了不可思議的驚天逆轉。

貞德帶領的法軍氣勢如虹殺向巴黎，因為法王身邊一些糊塗幕僚的主張撤兵和談，而且，諸大一群男人被一個農村姑娘指揮得很沒有面子，所以不久，法王就撤掉了貞德的軍內職務。貞德一離開軍隊，法軍的頹勢又起，之前攻克的城市又紛紛陷落。貞德姑娘不拿自己當外人，既然國家不承認自己，索性招募游擊隊北上繼續戰鬥。一四三〇年五月，巴黎東北八十公里的城市康邊被英軍和勃艮第公爵的聯隊圍困，貞德率領自己的小部隊馳援來此。本來有機會戰勝，沒想到有一支勃艮第的軍隊在別處打完正好經過這裡，馬上投入戰鬥，貞德見敵軍人多，只好下令向城內撤退。誰知康邊的守軍擔心打開城門會放英軍進來，所以任貞德在城下嘶聲求救，他們就是死不開門。眼睜睜地看著貞德奮戰力竭後被俘。自從貞德上戰場，已經讓大量英軍聞名喪膽，傳說有些英國人聽說戰場上有這麼個女子，不敢上船過海參戰。現在這女人被生擒，證明了她不是萬能的，不是不可戰勝的，所有的英軍歡呼雀躍，把她五花大綁押到了勃艮第公爵府邸。

28

上篇說到貞德被俘，落在勃艮第公爵手裡。根據中世紀的戰爭規則，這樣的戰利品通常是待價而沽，價高者得。貞德是法王的恩人，英國人的仇人，誰更願意花錢把她贖走呢？答案是，對你最上心的往往是仇敵，恩可以忘記，仇卻不泯。英國在法國的攝政王貝德福特公爵用與貞德體重相同的黃金將這個十八歲的法國女孩弄到了自己手裡。貞德被押解到盧昂，這裡是英國人在法國的一個重要基地。

英法都是講究騎士精神的國家，兵戎相見之下，看到真英雄偶爾還會惺惺相惜，可面對貞德這個農家女子，英國貴族們就把騎士風度丟到九霄雲外去了。英國人知道，如果不是這丫頭橫空出世成為絆腳石，征法的大業說不定已經成功，尤其是這小姑娘宣稱自己是聽到了主的召喚，天使們的命令來幫助法國的，這讓英國人更加鬱悶，為什麼上帝會派人幫助法國呢？難道英國人不是上帝的子民嗎？為了消除這個影響，英國人決定由宗教法庭審判貞德，理由是這丫頭是個女巫而且還散布異端邪說。

英國人最希望成立的罪行是女巫，如果這個罪名成立，英軍則不是敗在法軍或是上帝手裡，而是敗給魔鬼，直接拖出去燒死就萬事大吉了。但英國人還是比較尊重法律，覺得女巫這個罪名還是應該有真憑實據。女巫是什麼呢，就是被魔鬼控制的女人，而當時的人認為，魔鬼是不能控制處女的，所以如果貞德還是處女，她就不是女巫。負責為貞德檢查身體的就是貝德福特公爵夫人。雖然老公一心想用女巫的罪名釘死貞德，老婆卻不願意胡說八道。經過檢驗後，她宣布，貞德的確還是處女。既然是自己老婆驗證的，公爵就不好意思說人家是女巫了，現在只剩下「異端」這一個罪名了。

異端是宗教法律下的罪名，大約就是曲解基督教義，為到達自己的某些利益散布歪理邪說。這個罪名是很難界定的，基督教教義因為時間比較長，原始版本的遺失，本來就缺少權威解釋，異端這個罪名一般都是建立在某種政治立場上，讓一個十八歲的農家文盲女子承擔這樣的罪名，非常牽強，所以，宗教裁判所的審判方向就是希望這小姑娘自己認罪。想讓別人認罪，方法不外乎就是酷刑和引誘。貞德從被捕就飽受折磨，她作為一個女囚，正確的做法是關在修道院，由修女負責看守，而貞德是被關在地牢，由五個英軍老爺們輪流看守，吃喝拉撒都在這些英國大兵的眼皮底下。不論是躺是坐，都用鐵鍊捆著。貞德身材健美，有非常美麗的胸部，讓所有男人垂涎。傳說她剛被關的時候，英軍不願她穿男人的衣服，曾找裁縫來給她做衣裳。那裁縫忍不住在貞德胸部摸了一把，貞德甩了他一個耳光。這裁縫不以為恥，反以為榮，滿世界繪聲繪色描述這件事，帶給英法兩國的男人很多遐想。裁縫忍不住，看守他的大兵更忍不住了，不過因為這女人說不定真是上帝的使者，看上去聖潔不可侵犯，所以垂涎歸垂涎，都不敢碰她。貞德畢竟只是個小姑娘，宗教裁判所那些老奸巨猾的陰謀她是防不勝防的，終於有一天支持不住，在自己的認罪書上簽了字。這一認罪，聖潔的光環立時熄滅，她很快遭到了英軍的輪姦和更加殘酷的對待。最後裁定她十二項罪名成立，判她火刑處死！本來宗教裁判所騙她認罪的時候答應她，如果認罪，最多判無期。但因為貞德堅持說她一直跟天使保持溝通，讓那些教士們認定既然異端罪名成立，她所說的天使定是魔鬼，這女子不知悔改，還繼續交通妖邪，所以在她認罪後又判她死刑。

中世紀為什麼經常會判人火刑呢，因為當時的宗教常識認為，人會犯錯就是因為身體裡有魔鬼，只有用火燒，魔鬼才會從身體裡出來，才能真正達到治病救人的目的。像貞德這樣的異端妖女更應該被活活燒死了。處死貞德的過程非常慘烈，她被鐵鍊五花大綁在一個很高的台子上，大火中一直傳來她淒厲地呼喚「耶穌」的聲音。這個火刑的過程非常謹慎，執刑者在確信貞德已燒死後，特意把火熄滅，讓所有人參觀被燒焦的屍體後，再次點火將她化為灰燼。可憐這個女英雄被執行了兩次火刑！

二十五年後，在貞德被燒死的地方，法國人終於良心發現為她平反，五百年後，梵蒂岡的教皇奉她為聖女，讓她成為世界歷史上最出名的女英雄。現在對她的研究還很多，比較傳奇的說法是，她根本不是什麼農家女，其實是查理六世的私生女，查理七世的妹妹。被逮住並燒死的是替身，真人活到五十多歲等。還有更勁爆的說法是，貞德其實是個偏執型的精神病患者，她寧死都堅持她聽到了上帝和天使的召喚，說得神乎其神，飽受酷刑都不改口，這看起來的確不是太正常。當然，這都是後人閒著沒事的研究，歷史這碼事，最容易胡說八道，大家當笑話聽聽好了。

貞德死了，英法戰爭還在繼續。法國軍人再沒出息，一個十九歲女孩為國慘死，總該有些觸動的。原來很多法國貴族是明哲保身的，歷史上英王和法王就打斷骨頭連著筋，誰做國王都一樣，只要自己的封地不受影響，沒什麼國家民族概念。貞德的死讓他們萌芽了法國的民族意識，和超出自己那點小利益之外的國家精神，所以紛紛整飭武裝，馳援查理七世，團結在他周圍，與英軍戰鬥。

英法戰爭的轉折來自於勃艮第公爵的改邪歸正，查理七世這時非常清楚必須把這位大佬拉攏回來，所以他答應嚴懲殺害上一任公爵的兇手，並承諾分給他家大片土地。勃艮第公爵知道，總跟英國人夥著打自己人不是長久之計，既然法王這麼客氣，自己就順勢倒向法國一邊，又撈到好處，又不用賣國了。勃艮第這一支人馬幾乎是英軍的右手，如今右手變成敵人的了，當然就處處受制，加上長年的戰爭，英國國內也實在負擔不起。於是，英軍便開始節節敗退，法軍則越戰越勇。一四五三年，除了加萊港還在在英軍手裡，法軍將英國人徹底趕出了歐洲大陸。而法國的土地也終於實現統一。

從一三三七年愛德華三世縱馬登陸法國大地，到一四五三年，英國人帶著滿腔的憋屈永遠撤出歐洲大陸，這一百年的歲月起起伏伏，悲歡離合對英國人影響太大了。歷史上英國人都感覺自己在小島上像個過客，早晚要回到大陸上去，法國的土地是他們世代的夢想，如今英屬法國的領土喪失殆盡夢想粉粹，才發現這個小島才是真正屬於自己的家園。而亨利六世十個月登基開始，整個國王生涯就是在英法戰爭的動蕩中度過，因為自己年幼，只好任大貴族們說了算，在這個過程中，貴族的勢力不斷擴大，以致到亨利六世可以親政的時候，這些曾經攝政的老傢伙們都比泰山還重，坐在朝堂上，誰也搬不動了。

亨利六世是個好人，仁慈溫和，心地善良。可憐他生在王室，可憐他做了幼主，可憐他做了兩個大國的幼主，政治鬥爭戰場殘酷伴隨他成長，讓他非常厭倦。最不公平的是，作為瘋子法王查理六世的外孫，亨利六世沒有成功地繼承法國的王位，卻成功地繼承了神經病的基因。一四五三年，英軍在法國的最後一場戰鬥慘敗撤退是一個重要誘因，亨利六世突然就發瘋了，直接惡化成為一個間歇性的神經病人。最後完全不能主政，又需要攝政王了，這時，隱藏了很久的一樁恩怨又被翻出來。

還記得上篇我們整理過英王室的子系，再復習一次啊，愛德華三世的長子是黑太子，二兒子是克拉倫斯公爵，三兒子是約克公爵，四兒子才是約翰．崗特，亨利六世是亨利四世的孫子，是愛德華第四子約翰．崗特的曾孫，亨利四世篡了理查二世的位成為國王，其實理查二世在位時，已經指定了約克公爵這一支做自己死後的繼承人，所以在約克家族的心目中，英國王位應該是自己家的。亨利六世神經病之後，這一任的約克公爵理查很熱心地成為攝政。他可不是僅僅是幫助精神病人這麼簡單，當時亨利六世沒兒子，約克公爵直接就提出，亨利六世死後，他繼承英王位。按血緣上說，似乎也並無不妥，亨利六世已經瘋了，對此無力反抗，可他老婆不幹啊，亨利六世雖然無能，娶個老婆卻不是個普通的家庭婦女。

英王后瑪格麗特，法王的侄女，比亨利六世年少很多，她是作為政治談判籌碼被嫁到英國的，這個法國小女生權力欲旺盛，喜歡管事攬事。碰上亨利六世是個生性淡泊，不喜歡管事的，兩口子相得益彰，瑪格麗特王后非常自覺地幫助老公殺伐決斷各種朝廷大小事。對於約克公爵想從攝政王直接過渡成國王的事，王后當然完全不能同意，於是由王后代表的蘭開斯特家族與約克家族便開始在亨利犯病期間明爭暗鬥。

亨利六世是間歇性瘋子，所以偶爾會有清醒的時候，他病了一年某一天突然就好了，尤其是瑪格麗特在這一年終於生出了兒子，大喜過望的亨利六世立刻就跟好人一樣了，馬上撤掉約克公爵的攝政資格，跟老婆一起重坐朝堂。

約克公爵在亨利生病期間蹦躂得歡，亨利清醒後肯定會在老婆的挑唆下找他算帳，約克公爵權衡了一下利弊，就拉上當時朝中重臣瓦立克伯爵一起造反，發動了對國王的戰爭。這一場戰役發生在蘭開斯特家族和約克家族之間，中世紀的貴族都有自己的族徽，蘭開斯特家族的標誌是紅玫瑰，約克家族的標誌是白玫瑰，這兩邊一開打，戰爭就有了一個漂亮的名字叫「玫瑰戰爭」。

29

英法戰爭剛打完，英國國內就出現了王位之爭。蘭開斯特王朝是亨利四世篡位來的，到亨利五世，絕代猛人，誰也不敢捋其鬍鬚。可到了亨利六世，這哥們是個標準軟柿子，有點野心的人都想捏他，尤其是他還有間歇性精神病。瘋子加軟柿子並不影響人品，亨利六世不發瘋的時候，是個道德高尚，非常有愛心的人。他在任除了內戰外戰焦頭爛額外，最大的功績是教育。他創辦了兩個最名聲顯赫的學府，一個全世界最貴族化的伊頓公學，一個是劍橋大學最牛的國王學院。

伊頓公學不用說了，以前是只有一定等級的貴族才能把孩子往裡送，而且這些貴族子弟一出生就要註冊，否則到時候沒學位分給你。現在傳統貴族少了，但接受的還是「貴族」，身家昂貴的種族。不僅要有錢，還要有身分有體面，如果你在山西開幾個煤礦，家裡冬天拿鈔票生爐子，雇一個海輪裝一船的鈔票去要求入學，人家絕對嫌你身上有煤渣味，給多少錢都不搭理你。至於國王學院，那就更牛了，雖然劍橋的三十多個學院中名聲最響的應該是精英輩出的「三一學院」，但國王學院絕對是地位最尊崇的，三十個學院中的龍頭老大。建立之初就只接受伊頓公學的畢業生。大家看到劍橋鎮的風光圖片，地標性的圖案就是一座氣勢恢宏的哥德式經典建築，那就是國王學院禮拜堂，劍橋已經是名校中的名校，而這座大房子則是劍橋的標誌和榮耀，讓全世界的學子敬畏。

上篇說到，約克公爵對王位的圖謀被粉粹，惱羞成怒開始發難，玫瑰戰爭爆發。這段歷史混亂人物複雜，「地主們」注意用腦安全。

整個玫瑰戰爭也有三個階段，第一個階段一四五三—一四六一年，由約克公爵和國王的小股軍隊在聖阿爾班碰撞一次，約克公爵取得勝利。本來雙方只想帶兵嚇唬對方，沒想到最後真的走了火，兩邊都不敢承擔內戰的巨大責任，所以打了一小架後就停手了四年。而此時亨利六世又犯病了，所以約克公爵再次攝政，大權在握便宣布剝奪小王子的繼承權，如果亨利六不小心死掉了，攝政王就直接變成國王。瑪格麗特王后當然是不幹的，她的支持者和盟友都在北部及蘇格蘭，於是到北部拉起了隊伍，南征約克派。為了讓這幫臨時徵集的軍隊忠誠，王后允許他們到南部後可以隨便搶。於是，部隊士氣高昂，打得很順手，還殺掉了約克公爵理查，把他的腦袋掛在約克城門上示眾。新的約克公爵在第二年捲土重來，因為王后的軍隊實在是軍紀太差，簡直就是土匪，走到哪裡都如同蝗蟲過境，所以倫敦人全體反對王后帶兵入城。可她的對頭，新約克公爵愛德華卻昂首被請進了倫敦，因為他家的重要盟軍瓦立克伯爵在倫敦的支持率非常高，於是愛德華進城後，一不做二不休，索性宣布繼位，建立約克王朝，而這位愛德華，扳手指頭一數，應該是四世，這位愛德華不辱沒這個名字，十九歲就舉起了約克家族的戰旗，將王后軍隊一直趕出英國領土，隨後便清算仇家，將蘭系的支持者殺的殺，逐的逐。王后和王子流亡海外，亨利六世瘋瘋癲癲被關在倫敦塔。這第一階段的戰鬥，算是約克家族贏了。

第二階段則是約克家族內訌。愛德華四世登基，瓦立克伯爵顯然是首功，還獲得了一個「國王締造者」這麼牛的江湖名號，新王年輕，大小事還都是瓦立克安排，不知道愛德華四世不要緊，不認識瓦立克就別在倫敦混了。既然王朝大小事都是瓦立克安排，愛德華四世成年大婚自然是重要事務。這位愛四除了年少有為，還是個性情中人，根據資料，他很會做人，善於交際，對誰都客氣跟誰都哥們，是很值得結交的朋友。不過對男人和女人，這哥們態度完全不一樣，對兄弟講義氣，對女人他則視為玩物。始亂終棄是常事，最不厚道的是，那些跟他有過露水情緣的女人，他一旦厭倦會當禮物轉送給手下大臣們。話說愛四在登基後曾頒布過「財產沒收法」，主要是針對蘭開斯特派系的，所有蘭系人馬的財產封地全部沒收，所以很多蘭系沒有被趕盡殺絕的家屬都蝸居在鄉間旮旯，日子過得很窘迫，這樣的人看來不少，愛四一不小心就碰上一個。

根據狗仔隊資料，愛四一天在倫敦郊外打獵，深夜未歸，借住了當地一個古堡。這個古堡主人有個侄女，曾經是瑪格麗特王后的侍女，嫁了個老公是蘭開斯特家族的騎士。現在老公已死，這個女子便落魄在此，寄人籬下。此女生得頗有姿色，還很有頭腦，聽說花花國王愛四下榻古堡，她覺得這是她改變命運的機會。這個小女子叫伊麗莎白．伍德維爾，不管她用了什麼辦法，反正是成功地讓愛四看上了她。愛四見到美女，一般是一步到位，從不囉嗦。可這位伊麗莎白卻不好搞定，她居然拒絕愛四求歡，前提是，上床可以，王上要給個名份。這是個英吉利版的遊龍戲鳳的故事，伊麗莎白小姐顯然比我們家大明正德年間的李鳳姐腦子清楚，愛四調戲她半天，她竟然堅絕不從！當然，愛四也沒什麼耐心，據說後來是拿著刀才成其好事，一個國王需要用這種手段還是可憐的。

伊麗莎白這個三貞九烈的形象顯然是故意設計的，因為這之前她已經生了兩個兒子。但她做戲很成功，這種玫瑰帶刺不好上手的作派讓愛四覺得很刺激，腦子一熱，竟然當天就祕密娶了這女人！

國王祕密結婚跟小明星祕密結婚可不一樣，不僅僅是報紙娛樂版鬧翻天那麼簡單，關係到很多國際大事啊。他的大管家瓦立克伯爵蒙在鼓裡，早就物色了一個法國公主，這樁婚姻成立後，法國就站在約克族一邊，畢竟蘭開斯特家族還沒死絕，要防止他們死灰復燃，捲土再來。瑪格麗特王后畢竟是法國人，很容易取得法王支持。瓦立克伯爵沒想到，愛四這小子不跟自己打招呼，偷偷就把婚結了，娶的還是蘭系的女子，尤其是這女子的七大侄八大舅頃刻之間雞犬升天，伍德維爾家族像坐了直升機一樣成為朝中新貴，直接影響著瓦立克的權威和利益。其實這時候，因為瓦立克總是拿愛四當傀儡，愛四早就想跟瓦立克結算了。拒絕跟法王聯姻，愛四有自己的想法，他認為，跟法國合夥就不如拉勃艮第公爵為同盟。勃艮第公爵在法國地位超然，幾乎是自治的，法王也不太敢惹他，他沒事當然也不招惹法王。愛四認為，如果跟法王聯姻，以後對方是自己的岳父，地位肯定不對等，英國還是被法國所制；但如果拉攏勃艮第公爵，則是在法國埋下一枚定時炸彈，勃艮第公爵自己可能成不了氣候，但如果一跟英國聯手，就有收拾法王的實力，用勃艮第公爵牽制法王當然是比給法王做女婿來得高明。從這件事上看，愛四應該是比瓦立克有政治頭腦，既然你不如我，那大小事還是我收回來自己處理吧。眼看自己的權力地位岌岌可危，瓦立克決定先發制人，收拾愛四，我既然能扶你上位，當然也能趕你下台，既然大家都叫我「國王締造者」，那我就受點累，再造一個出來，誰呢？愛四的弟弟，一直對這位大哥深懷嫉妒的克拉倫斯公爵。

因為愛四鬼鬼祟祟跟伊麗莎白結婚，又讓這個家族飽受各種封賞，加上一些稅收政策不得人心，所以一四六九年，瓦立克和克拉倫斯兩個造反的時候，贏得了大量貴族的支持。愛四當時貴敗，不過他很識時務，很快就收復了人心，將局勢逆轉，瓦立克戰敗後跑到了法國。當時的法王是路易十一，不管法王是誰，英國人鬧得雞飛狗走是他最喜歡看到的。瓦立克來投，法王肯定是要想辦法扶持他，好讓他繼續去找愛四的麻煩啊。路易十一聰明人，很快想到個高招，當時前王后瑪格麗特正帶著兒子在法國避難，法王做中間人，讓原本不共戴天的瓦立克與瑪格麗特成為同盟，一起殺回英國去！

瑪格麗特無利不起早，她願意跟自己的仇家陪笑臉，肯定是算好利益的，這兩派人馬盡棄前嫌的條件是：攻入倫敦，讓亨利六世復位。對瓦立克來說，誰做國王有什麼要緊，重要是自己的利益，所以他便加入了蘭開斯特的隊伍，向舊主愛四發難。

有蘭開斯特的人馬，法王也不少贊助，瓦立克現在北方策劃了一些叛亂，愛四帶兵北上平亂，瓦立克便殺進了倫敦，將他自己一手推倒的瘋子國王亨利六世找出來，給他擦乾淨口水，洗白白之後扶上王座。亨利六世第二次成為英國國王。

失利的愛四也有早安排好的退路，他將妹子嫁給勃艮第公爵，妹夫自然要拉扯大舅子一把。反正英國人打架，不管誰跟誰，法國人都不得消停。勃艮第公爵心想，如果愛四不拿回王位，自己娶他妹子就吃虧了，現在已經娶了又不能離婚，算了，咬著牙幫助大舅子打回去。於是愛四很快又整合了一支軍隊，殺回英國。愛四可不是腦子發熱的愣頭青，他這麼破釜沉舟地殺回來，心裡是有算計的，因為他獲得了一個敵方的重要內應，那就是他弟弟克拉倫斯公爵。這事很容易想明白，克拉倫斯願意陪瓦立克造反玩，圖的就是英國王位，現在瓦立克用英王位交換了蘭開斯特家族的支持，沒他什麼事了，他當然就不幹了，心想愛四畢竟是親哥哥，骨斷筋連，小弟有錯就改，這會兒幫大哥做無間道收拾瓦立克這幫反賊，以後哥哥復位還不是要記我一功。一四七一年，在克拉倫斯陣前變臉，裡應外合之下，愛四成功地打垮了瓦立克的主力，一代權臣瓦立克伯爵死在亂箭之中。

瑪格麗特王后見主力失手，趕緊撤到威爾斯預備重新招募人馬再來，這次愛四沒給她再來的機會，瑪格麗特被生擒，獨子戰死。愛四認為這次處理蘭開斯特家族一定要乾淨徹底，所以在凱旋進入倫敦的頭一天，他就讓自己最信任的弟弟理查將返回王位沒幾天的亨利六世殺掉。然後再次血洗蘭系所有人，這次清理的比較徹底，該死的都死了，那些漏網的小魚都微不足道，比如有個蘭開斯特家族的遠親，叫做亨利．都鐸，他們就逃得無影無蹤了，料這都鐸家族也成不了氣候，隨他們去吧。改邪歸正的弟弟克拉倫斯沒等到大哥對自己的原諒和封賞，秋後肯定是要算帳的，江湖傳說，克拉倫斯被丟在葡萄酒桶裡淹死的，這種死法很浪漫令人神往，做哥哥的很為弟弟著想。

愛四平息了內亂，暫時結束了戰爭，玫瑰戰爭雖然聽起來很浩大，可真正開打的時間並不長，所以對英國的經濟民生也沒造成太大影響，倒是對封建體系是個巨大的衝擊，因為這場鏖戰，消耗的都是各英國貴族，捲在其中的都是大地主，將英國的封建制度打成廢墟，等待新生的一切過來填補和重建。

平靜的英國開始休養生息，愛四也覺得自己辛苦得到頭了，恢復了花花國王本色，過著聲色犬馬的日子，他有條件享受生活，因為他有個才華蓋世還對他無比忠臣的弟弟，就是上面說的理查，這位御弟武可帶兵征戰，文可安邦治國，正是約克王朝的棟樑，在愛四這一朝的後幾年，國家安定，政治平靜，國王貴族相安無事，低稅收讓商業資本迅速發展，為後來的大英帝國打下基礎。愛四知道這樣的日子，他可高枕無憂。沒幾天，愛四就永遠無憂了，四十一歲的愛四因傷寒而死。大家不要暈啊，太子還是愛德華，是為愛德華五世。還記得愛四那個祕密娶來的老婆吧，此時，王后的家族在倫敦可是翻手為雲覆手為雨，權力大得沒邊。愛四臨死擔心外戚專權影響自己好不容易建立的王權，所以安排自己最信任的弟弟理查成為攝政王，輔佐兒子登基。

一說到年幼的國王有個軍功顯赫的叔叔，熟悉歷史的人立刻就為那小國王捏把汗。不篡位的王叔，不是合格的王叔，理查王叔絕對是合格的。

30

上篇說到愛四壯年身亡，如果不是早死，愛四的帝王生涯應該是不錯的。因為百年戰爭和玫瑰戰爭，王室打衰了，貴族打廢了，互相都不敢叫板了，反而安穩了。愛四有經濟頭腦，善於跟有錢人募捐，還讓法國每年給一筆錢算是買斷英國不到法國搗亂，又加上被幹掉的蘭開斯特家族大量土地財產充公，愛四晚年給王室攢了不少錢。有了錢腰桿硬，愛四有意思地扶持一些有權勢的平民制約貴族勢力，重建了衰退很久的王權。整體來說，愛四做國王不算太濫，一定要找硬傷，就是他的婚姻，他不知道，那個郊外古堡的浪漫之夜，會給他的王朝帶來多大的困擾。

愛四的老婆伊麗莎白一直不為英國主流社會接受，先不說她卑微的家庭出身，她那些窮親戚雞犬升天後，有點暴發戶的德行，深為老牌貴族所不齒。所以，在朝中樹敵不少，攝政王理查跟這家的矛盾就更激烈，大家想啊，新王年幼，如果沒有攝政王這個礙事的，當然是王后一家子說了算。而對理查來說，他不管是明裡暗裡，從來不承認伊麗莎白這個王后，他跟許多大貴族一樣，都認為愛四的婚姻其實是不合法的。婚姻不合法，生出來的那六個孩子也就是野種，顯然沒有繼位的資格。王子們沒有繼位權，王位應該是誰繼承呢？毋庸置疑是御弟理查。

愛四死時，理查正在北部邊疆駐守，王后一黨想趁他回來之前組織一個攝政會議來代替攝政王的權力，想辦法把理查架空，結果理查更老辣，加上朝中他廣有耳目，所以一早就偷偷行動，帶兵進入倫敦，毫不猶豫就將登基三個月的愛德華五世從王座上拽下來。隨後又閃電般控制了王后，並逼她交出另一位王子，將愛四僅有的兩個兒子全部關進倫敦塔。緊跟自然是開始清算，王后整個家族被血洗。這些瑣事一辦完，理查再次大聲宣布自己是唯一合法的英法繼承人，然後跳上王位，成為理查三世。

理查三世跟之前那幾個愛德華不同，不僅面貌平庸，形象委瑣，還有一條胳膊肌肉萎縮，是個半殘廢，這樣的人心理多少都有些陰暗，最容易把事情做絕。英國還是比較有傳統的，雖然那些大貴族對剷除王后那些暴發戶親戚沒有意見，可愛五畢竟是先王骨肉，先王欽定的接班人，理查三世這種公然篡位的做法有點過分了，所以，理查三世發現，手下人看他時，不太友善。他是個鷹派，覺得只要清除愛四留下那兩個孽種，這些貴族沒有指望也就不好再嘰嘰歪歪了。於是愛四的兩個孩子愛五和理查（暈吧，這一段歷史，主要人物不是愛德華，就是理查，再就是亨利）就被王叔殺害在倫敦塔。關於這兩個王子的死因是著名的歷史之謎，現在的說法是王叔沒下這個狠手，後來這兩個人都被趕出了倫敦，愛五自然死亡，而理查則在後來為生活所迫成為一個磚瓦匠而終老。

理查三世以為侄子消失，自己的王位就無憂了，可惜他沒想到世界上有報應這碼事，他一四八三年登基稱王，剛收拾了那些反對他的貴族，第二年，唯一的兒子就死了。新興的約克王朝面臨絕嗣的危險，這時，有人替理查三世打算未來了。

還記得上篇說到，玫瑰戰爭中段結束時，蘭開斯特家族被徹底清洗，只有一支遠親逃亡海外嗎？這位遠親的大名叫亨利．都鐸。到底他和蘭開斯特家族什麼關係，我就不仔細說了，因為這拐了山路十八彎的親戚關係容易把「地主們」整瘋，反正是嫡系都死光後，他算是比較近的了。蘭開斯特家族沒被整死的餘部聽說還有這麼個人，就趕緊過去，圍繞在他周圍，以圖東山再起。亨利．都鐸也是個心中有數的，自己的血緣離王室有點遠，要舉大事，名正言順最重要，自己的血統不能改，但可以透過聯姻讓自己成為王室近親啊。於是，他的幕僚們想了些辦法，成功地讓亨利跟愛四的大女兒訂婚，這樣一來，亨利就成為了愛四的大女婿。大家整理一下，亨利本來是蘭開斯特族的首領，愛四是約克族的，在愛四的兩個兒子都消失後，約克族自然會擁護大女婿啊，等於亨利．都鐸麾下集合了玫瑰戰爭兩派的人馬。雖然此時的亨利．都鐸只是里士滿伯爵，但他的勢力和影響已經足夠替英國考慮未來了。

一四八五年十月，在法國的基地預備好一切的亨利率領各路兵馬，還有法王不懷好意贊助的一些物資，越過海峽，在英國登陸。一上岸，亨利就昭告天下，控訴理查篡位弒侄的罪行，理查三世王位來得不名譽，做國王也沒什麼撫民政策，沒得到什麼支持，甚至在最後決戰的時候，他的左臂右膀的親信居然陣前倒戈，讓他在兵力絕對佔優的情況下戰敗戰死。

理查三世和亨利．都鐸的最後決戰就是博斯沃斯戰役，這一場英國著名的改朝換代之戰非常戲劇性，除了國王主力一開打就掉頭跟自己作戰外，還有件著名事件：話說決戰馬上開始，理查吩咐手下人為自己的戰馬釘上新的馬掌，戰時物資匱乏，馬夫釘完三個馬掌發現釘第四個馬掌少個鐵釘，眼看著國王就要出征，馬夫不管三七二十幾，把剩下的鐵釘給胡亂敲上，理查三世就騎著這匹馬殺上了戰場。開打時，理查三世發現自己一邊的陣線有潰逃的趨勢，便縱馬過去維持次序，結果那隻少了根鐵釘的馬掌脫落，馬成了瘸子，很快就摔倒在地，理查三世自然也被掀翻，敵軍乘機掩殺過來，國王丟了小命。這個故事最近經常出現在管理書籍上，當作案例使用，告訴大家，細節的重要作用，一件小事的疏忽可能會徹底逆轉全局。而理查三世也被取笑為，因為一個鐵釘失去一個國家。

理查三世的死結束了短命的約克王朝，亨利．都鐸進入倫敦登基成為英王，開創了都鐸王朝，而這位亨利按排行就成為亨利七世。亨利七世一加冕，馬上正式迎娶愛四的大小姐，新王后很快就生下了兩個兒子兩個女兒。這樁美滿的婚姻宣告著蘭開斯特家族和約克家族三十年的玫瑰戰爭正式結束，這一場恩怨的結果是：兩家合併為一家，一笑泯恩仇。

玫瑰戰爭這幾十年，英國老百姓看慣了王位的更迭，那些皇親國戚們頻繁的篡位動作，讓英王室的形象變得有點難堪，亨利七世上位後頭等大事，就是要重建王權。嚴格說起來，亨利七世也是篡位的，從血緣上講，他應該是最近這段篡位的國王中最邊緣的，資格最不夠的，但他運氣好，理查三世幫他清除了愛四的兒子們，理查自己的兒子又死了，其他就算有比他夠格的，也在玫瑰戰爭中被削弱甚至消滅。但想當國王的人是死不完的，亨利登基不久就鎮壓了兩次叛亂，這兩次叛亂都是一些貴族打著約克或是蘭開斯特的旗號發難，好在當時的英國上下軍民，再也不願意國家陷入內亂，不管亨利七世的血統夠不夠資格，他既然已經登基，就接受了吧，千萬不要再亂了。亨利七世的平亂基本上是獲得了英國百姓的支持。

亨利七世也是明君，他任內最了不起的貢獻就是把英國從歐洲那些勾心鬥角的泥沼中撥出來。在王位造反添亂的各路人馬中，很多都是境外勢力支持的，法國、蘇格蘭這些老冤家自然都首當其衝，巴不得英國天天有人篡位內戰。亨利七世知道，如果不能安撫這些鄰居，自己的王位總是坐不熱的，不僅國內上下要支持自己，周邊鄰居乃至整個歐洲都要認可自己的地位。於是，他充分利用自己手上的資源，開始跟周邊的國家拉關係。什麼是亨利七世最大的資源呢，就是他生的這四個孩子。孩子只有四個，周圍如狼似虎的鄰居們可不少，如果想用聯姻的法子做好鄰里關係，孩子明顯少了，所以就要遴選一下，要按重要程度給鄰居們排個榜。

此時的歐洲，傳統強國肯定是法蘭西和德意志，法蘭西跟英國的關係太理不清了，亨利七世寧願想辦法牽制他家，也不想再跟這家人走得太近，所以他的視線從法國移開。德意志家呢，他家這段時間內部出現些問題，在歐洲的影響也逐步下降。而此時歐洲大陸最新銳最牛的大佬是西班牙。

西班牙半島上一直是分裂狀態，小國林立，阿拉伯人佔據了大部分地區，而就是在十五世紀這段時間，半島上兩個大國聯姻聯合成為新的國家，新國家的國王斐迪南二世一統半島後，向穆斯林在半島上的最後據點發動了攻擊，此時的西班牙剛開始以統一的獨立國家面貌出現在歐洲。因為與穆斯林戰鬥了七個世紀，眼看要取得最後勝利的西班牙成為歐洲大陸最驍悍的武裝，也成為亨利七世結盟的首選。一四八九年，亨利七世三歲的大兒子亞瑟和西班牙國王斐迪南二世的女兒凱薩琳訂婚，並宣布從此以後，英格蘭和西班牙將共同進退，尤其是對付法蘭西家的時候。而英國的商人獲得了進入西班牙這個巨大市場經商的優惠。

歷史上蘇格蘭和法蘭西家的結盟讓英國人非常頭痛，而這段時間，蘇格蘭內部也有些風波，蘇格蘭的貴族內訌，國王詹姆士三世也深陷其中，最後戰死。十四歲的詹姆士四世接班，忙著平息家中混亂的貴族戰爭，雖然當時法國正扶持一個冒牌王子到英國跟亨利七世搗亂，盟友蘇格蘭卻並沒有參加這次行動。亨利七世抓住時機，趕緊把自己一個女兒嫁給新的蘇格蘭國王，簽訂了一個永久和平協定，給了法蘇多年的聯盟關係沉重打擊。

對法國，亨利七世採取的策略跟愛四一樣，那就是金錢換和平，法國定期交點銀子上來，則英王放棄對法國國土和王位的要求，兩國平等通商。這一任的法王也不願戰爭，於是，雙方握手言和。

亨利一陣忙碌，終於給自己打造了一個安全的居住環境，安定了就要製造效益了。自從百年戰爭開打，英王室過了百餘年窮日子，國王要想辦法搞點錢啊。因為戰爭，亨利幸運地繼承了蘭開斯特家族、約克家族和他家本來的里士滿土地，又加上重視商業，跟鄰居和解後，第一時間開放貿易，讓關稅收入大大增加；亨利七世自己還壟斷一些貿易項目，出租艦隊等，也收穫甚豐，很快，亨利七世就成為一個富有的英國國王。

既然亨利靠自己解決了王室的經濟危機，則對議會的態度上就超然了，不用看那幫人的臉色，國王應該控制議會，而不是議會轄制國王。從亨利這一代開始，英王將自己的支持者鎖定在中等階層，只要有能力，對國王忠誠，都可以為官作宰，替國王謀劃大事。在威斯敏斯特宮，有一個屋頂掛滿星狀的枝條燈的房間，這裡是亨利七世決定很多大事的地方，被稱為「星室法院」。亨利七世任用賢能，最重要的是自己的親信在這間屋子裡決定大小事務，尤其是審判那些覬覦王位的亂黨。設立了治安官，解除了大貴族的私有武裝。亨利七世交給兒子一個生機勃勃的國家，很多歷史學家都認為，都鐸王朝從一開始就是整個歐洲次序最好的國家，為後來的大英帝國崛起打下堅實的基礎。

亨利七世也是個好王，所以非常沉悶。不過英國歷史從不會讓我們悶得太久，下一篇，萬眾期待的亨利八世來了！

31

終於輪到亨利八世這個緋聞大明星了，說他的故事前，先交代一個重要的歷史背景。先請出宗教歷史上最風雲的人物，馬丁．路德！雖然他的故事應該放在德意志講述，但他跟亨利八世的故事有大關係，所以就將他搬家到英吉利的歷史舞台上演出。

一四八三年，馬丁．路德出生在德國東部一個小村子，家庭貧困，父親是一個礦工，馬丁從小生活的環境裡，村民都信仰天主教，很多非常虔誠。馬丁．路德在愛爾福大學畢業，根據他父親的要求，他應該繼續攻讀法律，就業前景比較理想。一百五十五年，一件意外的事改變了他的一生，當然也改變了歐洲的宗教歷史。某天，他在回家的路上遭遇狂風暴雨，當時電閃雷鳴，非常凶險，馬丁．路德作為一個文科知識份子，估計不太清楚遇到這種天氣應該如何躲避，於是他選擇祈禱，而且還發了個毒誓：如果我今天不被雷劈死，我將遁入空門成為修士，終生侍奉上帝！上帝聽見了，也保護了他，他也守信用，逃過這一劫後，真的在所有人的目瞪口呆中進入一個修道院成為修士，就算是出家為僧了。

當時的德國，因為地理位置的原因商業發達，可國家政權混亂，四分五裂，大地主割據，人民的生活亂糟糟的。教會的生活卻是非常不錯，一般狀況下，老百姓越苦，信仰越虔誠，越是天災人禍，教會的生意就越好。當時的德國教會和僧眾都過著奢華腐敗的生活，

天主教會當時跟現在的華爾街一樣貪婪，對金錢的欲望沒有止境，但要錢是需要技巧的，所以就出現了一種叫贖罪券的宗教經濟衍生產品。什麼叫贖罪券，其實質意義跟大家現在去各大寺廟捐香火錢是一樣的。教皇告訴全體信眾，你死去的親人們正因為生前的罪，在煉獄中煎熬，你可以透過購買贖罪券讓他們免於煉獄之苦。

馬丁．路德成為修士時，天主教的一把手，羅馬教皇是著名的利奧十世。這位老大來頭可不小，他家是佛羅倫斯的銀行家，利奧十世從小吃慣用慣，花錢如流水，這毛病成為教皇後變本加厲。一般的開銷，教皇透過出售教職之類的動作可以報銷，可有一筆巨大的項目讓利奧教皇很頭痛，那就是修建聖彼得大教堂。教皇蓋教堂，是天主教的政績工程之一，猶如某些地方政府動輒就修建巨大奢華的政府辦公樓，很容易讓當權者上癮。而聖彼得大教堂是現在世界上最大的教堂，可見利奧教皇果然是大戶人家出身，眼界非常高。利奧十世鐵了心要蓋世界上最大的教堂，可手裡沒

錢啊。教皇出生銀行世家，是個融資天才，他很快找到一個管道，他與勃蘭登堡的一個貴族達成了一筆交易：教皇允許這位貴族兼任三個教區的主教職位，這當然是違規的，但教皇特批，別人也不好說什麼，而這位貴族則向德國乃至歐洲，當時最大的財團富格爾銀行貸款，巨款，這筆巨款全部奉獻給教皇，而貴族還貸的辦法則是在未來即將上任的教區內出售贖罪券。

這位成為新主教的貴族找了個銷售天才來銷售贖罪券，整個過程絕對可以進入行銷案例，這位銷售天才大名叫約翰·特策爾，他專門為贖罪券設計了一條很嚇唬人的廣告語：（買贖罪券的）錢幣往箱內丟的聲音一響起，就有靈魂從煉獄裡跳出！然後就危言聳聽地跟教眾說：你看你剛死的老媽現在正被火燒呢，燒得好可憐，趕緊買贖罪券，你媽就不用被燒了！你就這麼點錢啊，她才出來了一半呢，還有一半在火裡燒，再加點，現在好了，令堂她老人家已經從煉獄被救出來了！謝謝惠顧啊，下次你家死了人再來找我！如此這般，在德國大部分地區，老百姓的那點小錢都稀裡糊塗進了教會的腰包，至於自己的親人是不是被救出了煉獄，就沒人知道了。

這件事終於讓馬丁·路德不能忍受了，這時的馬丁是一位聖經教授，根據他對聖經的研讀，他心中漸漸成型了自己的宗教學說，這就是著名的「因信稱義」：只要、並且僅僅憑著自己對上帝的信仰，就可以在上帝的面前稱為義。每一個基督徒，如果他真心為自己的罪懺悔，他無須贖罪券就可以得到上帝的赦免。相反，如果沒有對上帝的信，再多的慈善行為，捐獻再多的錢財，也不能令你釋罪。馬丁·路德認為，贖罪券這種東西是在侵蝕基督徒對上帝的信，因為一旦他們購買了贖罪券，便如釋重負，便不再考慮自己與上帝的關係，教會這樣做反而是害了教徒。他將自己對贖罪券的看法寫成個帖子，引發了劇烈的社會迴響，也同時啟動了歐洲宗教改革波瀾壯闊的大戲。基督教的重要分支路德宗就此應運而生。路德開始向贖罪券發難的時間是一五一七年。

交代了背景，我們可以回到英國去了。

一百五十九年，亨利七世去世，留下一個平靜發展次序穩定的國家，還有上百萬英鎊的王室財產。亨利有兩個兒子，大兒子是亞瑟，威爾斯親王，太子爺，俊朗聰慧，加上亨利七世處心積慮為他迎娶了西班牙的公主，可以想像，這位太子爺的未來是如何的英姿勃發，前途無量。可惜啊，亞瑟竟然是個薄命的小孩，十六歲，剛剛把西班牙公主娶進門不久，便因肺結核而死。幸好還有備份，二兒子亨利自動成為了新的太子。這位亨利太子原來因為沒有繼位的責任，出於前途考慮，便按神職人員教養。那時的神職是最高尚的職業，進入的門檻非常高，這亨利從小便學一堆東西，進各種補習班，所以當他接班成為亨利八世的時候，能講六種語言，會寫文章，精通神學，還會吟詩作賦，彈琴唱歌，加上相貌英俊，高大魁梧，表面看，簡直就是個完人。在這位老兄彬彬有禮的外表下，掩藏著卻是粗暴殘酷，剛愎自用的心腸。

卻說亞瑟死後，他的新婚媳婦，西班牙公主凱薩琳成了個痛苦的問題，亨利七世已經毫不客氣收了西班牙的公主陪嫁，也高調宣布成為西班牙的同盟，這時如果把凱薩琳送回去，之前的好處自然也要退回，還是要把凱薩琳留在英國，怎麼辦，太子有備份，西班牙的女婿也有備份，讓凱薩琳改嫁亨利就好了。

下嫁小叔子可不是小事，婚事是透過教皇安排的，如今有了變化也要透過教皇。因為從凱薩琳嫁過來那天，亞瑟就是個癆病鬼，我們絕對相信一個古代的肺癆患者，除了搜腸刮肚的咳嗽，是幹不出其他事情的，雖然他跟凱薩琳成親了一段時間，但凱薩琳堅持對教皇宣稱，自己還是個處女。

教皇在這個情況下，同意了英王的要求，下旨允許亨利娶嫂子。這件事亨利並不委屈，凱薩琳除了出身顯赫，還是個端莊賢慧的美女，高雅雍容，亨利一見之下，竟馬上動了心，毫不猶豫答應娶她為妻。亨利成為英王後，凱薩琳母儀天下成為英國王后，雖然凱薩琳比亨利大了近六歲，但婚後的很長時間，兩口子情深意篤，亨利對王后愛惜尊敬，舉案齊眉，堪稱歐洲王室夫婦的楷模。

亨利八世即位不久，便追隨自己的岳父跟法國作戰，戰功顯赫，頗有軍事才能。不過既然是以西班牙小弟身分出征，也就看不出什麼特別功勞了。

一五一三年，英軍大敗蘇格蘭軍隊，蘇格蘭國王、二十多個貴族和一萬多士兵陣亡，新上位的詹姆士五世年幼，由太后攝政，而這位太后正是亨利八世的親妹子，基本上還是不跟哥哥添亂，從此英格蘭的北部邊境算是穩定了好長一段時間。

過了不久，歐洲大陸發生了一件大事，一五一九年，德皇馬克西木利昂一世去世，沒人接班，皇帝這個位置是吸引很多人眼球的，尤其是那些國王，誰不希望自己職稱上再升一級啊。最吸引人的是：德國皇帝的正式稱謂應該是：神聖羅馬帝國皇帝！想成為新德皇的人不少，排名比較靠前的是三個人，一個是亨利八世，一個是法王弗朗索瓦一世，另一個是西班牙的新國王卡洛斯（此時亨利八世的岳父已經退休了）。這三個人，不論血統還是個人實力，最強的競爭者應該是西班牙國王。卡洛斯國王按輩分應該叫亨利八世為姨父，他母親正是凱薩琳的姐姐，江湖人稱「瘋女胡安娜」，這位西班牙公主是歐洲各類藝術特別喜歡的形象，她愛上並嫁給了上面說的德皇馬克西木利昂一世的兒子腓力，而腓力王子卻是個花花公子，成天在外拈花惹草。他跟胡安娜的婚姻關係建立在胡安娜是西班牙王位繼承人這個基礎上。後來因為被拋棄的絕望和極度的嫉妒，胡安娜瘋了，為愛癡狂了。腓力死後，她讓屍體陪伴自己。為了防止瘋子闖禍，她兒子卡洛斯一直將她囚禁到死。等我們到西班牙篇的時候還會詳細講到這個苦命的女人。

卡洛斯是德皇的長孫，在血統上自然有資格，加上他獲得了德意志最大銀行家族的支持，又有了錢，他的姑姑是尼德蘭的女總督，又給他軍隊的支持，所以在爭取德國皇帝之位時，卡洛斯在前面舉著大把銀子賄選，身後跟著精銳的部隊隨時預備得不到就搶，胡蘿蔔加大棒，一般都好用，因此成功地競選神聖羅馬帝國皇帝成功，成為德國歷史上著名的查理五世。

這場德皇之戰，亨利八世很早就知道自己沒什麼機會，早早就退出了，可法王不甘心啊，查理五世一上台，下轄的土地包括：德意志，西班牙，尼德蘭，義大利部分地區，以及當時剛被發現的美洲新大陸，這個巨大的帝國顯然是歐洲之霸，這讓一直以歐洲老大自居的法王特別不是滋味，於是便發動對查理五世的戰爭。而亨利八世也跟在西班牙大軍後面，夥同著一起找法王的麻煩。只是，這些結夥打架的活動沒讓英國佔到什麼好處，反而花了不少冤枉錢，長期的戰爭，把亨七留下的家底都消耗光了，英國又因此陷入了經濟危機。為怕經濟危機引發政治動蕩，亨八後來只好認慫，不跟法國人打了，開始在國內瞎折騰，搗鼓宗教玩。

32

亨利八世在英國歷史上最大成就就是為英國定立了國教，專業稱呼是基督教的新教，獨立於當時的天主教，從亨利八世開始，英國的教會有獨立於羅馬教廷的權力。這個新教最大的特點就是，每個人都能因為自己的虔誠篤信而得救，不用依靠教皇，教廷，教會和各種修士修女，信上帝是本人和上帝之間的事，跟其他人沒有關係，那些繁文縟節的各種禮儀也是無用的。這些基督教新思想基本跟上篇說過的馬丁．路德吻合，亨利八世從小受深刻的天主教教育，為什麼會突然篤信新教，難道他是一個勇於改革創新的人嗎？

完全不是，亨利八世上台伊始，聽說德國出了馬丁．路德這麼個叛逆，非常生氣。我們上篇說過，亨八是當神職人員培養的，同樣是反對新教的妖言惑眾，亨八有專業視角，還親自撰寫文章駁斥馬丁．路德的理論，當時英國國內也開始有人加入新教，亨八的處理方式是，一經發現查處，立即燒死！有感於亨八立場堅定捍衛天主教的行為，教宗經常在全歐洲通令嘉獎他。

這樣一個天主教積極分子，是如何被新教拖下水，終於站到教宗的對立面去了呢？跟很多腐敗落馬的領導幹部一樣，都是小蜜鬧的！

亨利八世和凱薩琳姐弟戀，剛開始也很好，凱薩琳奔四之前，也粉嫩粉嫩，一過了四十，立刻有人老珠黃的感覺。亨八正值壯年啊，對粉嫩女人還是有要求，漸漸地有點嫌棄家裡這個黃臉婆了。亨八之前近百年，英王位經常被人篡，都鐸家族江山來之不易，可不想輕易被人鏟了。亨八知道，如果自己沒有兒子，將來操心替自己管事的貴族不知道有多少，所以他最在意的就是子嗣問題。可這個凱薩琳不知道怎麼回事，新婚不久就生了個兒子，還沒容亨八高興幾天，這小王子就夭折了，後來又懷孕了幾次，不是流產就是死胎，好不容易在一五一六年生了個女兒，是為瑪麗公主。亨八當時高興壞了，他馬上得意地宣布：上帝這次給他一個女兒，下次肯定會再給個兒子。高興太早了，上帝就沒這計畫，左等右等，等了快十年，凱薩琳眼看就更年期了，兒子還是沒影。亨八對凱薩琳的嫌棄，跟她生不出兒子很有關係。

這事要放在我們中國，再容易不過，生不出兒子，已經犯了七出之條，隨便寫張休書就能打發，可英國沒有這種缺德條款啊。而且亨八和凱薩琳的婚事還是教宗安排的，那是絕對不能離婚的。亨八苦悶之餘，開始胡思亂想。作為一個宗教專業人士，他知道只有從宗教上找到這樁婚事的破綻才能達到目的。他的研究卓有成效，很快就從聖經裡找到了離婚證據，「聖經」上說，如果一個男人娶了自己的嫂嫂和弟媳，那就是侮辱兄弟，必將斷子絕孫。原來是因為自己娶了嫂子，犯了天條，所以上帝懲罰。有了這個結論，亨八就啟動了他艱苦卓絕的離婚之路。

能不能成功離婚，取決一個重要問題，那就是，凱薩琳嫁給亨八時，究竟是不是處女？這個事，世界上清楚地只有三個人，亞瑟、亨八和凱薩琳自己，亞瑟一死，亨八和凱薩琳各置一詞就說不清了。亨八為了甩掉黃臉婆，肯定是不惜詆毀凱薩琳的。而凱薩琳萬般無奈之下，以西班牙公主，英國皇后之尊，一次次在主教、法官面前解釋自己的私生活，四十多歲的女人了，天天要跟人申辯自己嫁人的時候是處女，可以想像那種痛苦，而亨八此時表現的絕情和果決也讓凱薩琳更加絕望。可是凱薩琳是個剛性的女子，她知道，如果她迫於壓力屈服，讓出了皇后的位置，那她不貞不潔導致亨八絕嗣的罪名就作實了。為了自己的名聲清白，不論亨八用什麼手段，軟的，硬的她就是不答應離婚。

亨八精力旺盛，跟王后鬧翻，他是不會閒著的。英國的貴族女子，各方面條件不錯的，可以進入王宮作皇后的侍女，雖然是下人，地位卻不低。證明所有的事都是公平的，歐洲基督教國家不許三妻四妾，國王想吃點野味也只能養情婦，而王后的侍女正是國王一個絕好的情婦來源，在宮裡抬頭不見低頭見，偶爾發生點故事也很正常。亨利八世跟老婆分居後，看那些年輕貌美的王后侍女更是如狼似虎，兩眼放光，這時，一個獵物進入了他的視線。

這個叫安妮·博林的女人嚴格說並不漂亮，據說就是脖子長得還湊合，但她從小在法國長大，除了那些花哨的宮廷禮儀，當然也學了法國女人的萬種風情。八卦傳聞：這丫頭在法國算是閱人無數，床上功夫相當了得。可在亨八看上她，並表達了愛慕之情後，她立即就變身為聖潔聖女。在相當長的時間裡，她跟亨八談戀愛純潔得像礦泉水，讓堂堂一個國王害了相思病，天天心裡鬧得像貓抓。

安妮·博林是個很有心機的女人了，對亨八的風流韻事，她已經見得太多了。所有女人在亨八床上是沒什麼保鮮期的，他基本用完就扔掉，在這些國王的臨時性用品中，就包括安妮·博林的親妹妹。

國王鐵了心要跟王后離婚，王后的位置眼看要輪空，安妮·博林看中的不是國王的寵愛，而是王后的大位，而她唯一能夠挾制國王的武器，就是自己的身體，她一天寫好幾封火辣辣的情書給亨八，把亨八撩得頭昏腦脹，見到亨八就捂緊衣服扮純真。一塊肥肉，看在眼睛裡總是吃不著。因為得不到的總是最好的，越是難得手越是珍貴，到最後，這東西實質是什麼樣的反而不考慮了。亨八現在只有一個信念，不惜一切代價，休掉黃臉婆，把安妮．博林這個小妖精弄上床！

亨八讓自己的主教前往羅馬，再次要求教皇解除自己的婚姻，王后凱薩琳當然也不是普通的受氣黃臉婆，人家娘家來頭很大。上篇說過，這時的神聖羅馬帝國皇帝查理五世是凱薩琳的外甥，一五二七年，西班牙雇傭軍和神聖羅馬帝國的聯軍在查理五世的領導下進攻了羅馬，佔領後洗劫了羅馬和梵蒂岡。此時的歐洲，查理五世是正牌大哥大，教皇被整得像受氣小媳婦。對這時的教皇來說，亨利的婚姻究竟有沒有違反聖經是不用追究的，重要的是，皇帝的大姨是不能受欺負的，所以，教皇自然是判決亨八婚姻合法，不准離婚。英國主教出差辦事不利，一回國就被亨八撤了。後來亨八無奈之下請求凱薩琳體面地離開王宮，免得以後撕破臉更難看，凱薩琳也堅絕不答應。

總有忠臣來了卻君王天下事的，取代英國主教解決國王離婚大事的是克倫威爾，（對，大家還認識另一個克倫威爾，不要弄混了，後面的克倫威爾專跟國王過不去，我們現在說的克倫威爾忠誠多了）。亨八的重臣克倫威爾給了國王一個離婚新思路，那就是，既然教皇油煙不進，我們就不找他商量了，離婚這事，說到底還是法律問題，我們找法學家研究不就行了嗎？

克倫威爾火速聯繫歐洲所有的大學，找法學專家討論亨八離婚案，法學家可比教皇容易溝通，他們一研究，亨八的離婚事件就非常容易了，「不管凱薩琳有沒有跟亨八的大哥發生過關係，是不是處女，她既然正式嫁給了亞瑟，就已經成為亨八的大嫂，亨八娶大嫂，這是近親結婚，與法理不合，教皇老糊塗了，這種事居然都能同意?!專家意見，趕緊離婚！」

這個結論正中亨八下懷，讓他欣喜若狂。克倫威爾是個腦子清楚的，知道這些法學家的意見頂多是個輿論勢力，還沒有能真正達到目的的力量。所以，他進一步給國王出主意：「老大，你看啊，現在我們們所有的問題就出在，太給教皇臉了，如果不理他，跟他決裂，以後我們家的事，不許羅馬比手劃腳，所有的事都能解決。」一聽到克倫威爾這番進言，亨八出了一身冷汗，一個天主教國家跟教廷決裂，這個事太驚天動地了，誰敢啊？這克倫威爾是個說客，他很快就找到亨八的弱點打下去：「老大，您老也算英明神武的，為什麼前幾年到歐洲打架這麼狼狽呢，不就是因為我們沒錢嗎？現在您老人家每天省吃儉用的，可憐巴巴也沒攢幾個小錢，為什麼呢，錢都跑到教會去了，你仔細算算，一年到頭，我們們要孝敬教皇多少錢，這麼多錢也沒把那老傢伙養親了，您老離個婚他都不給幫忙。只要你不跟他玩了，把他那些個教會、修道院什麼的一概關門，財產充公，以後每年給教皇交的稅您老全自己留著，你算算，這一算下來，你老人家要多出多少錢來？最近大陸不是流行新教嗎，有個叫馬丁．路德的人說了，信仰上帝是自己的事，不用透過教皇教會。」好色和貪財一般都是緊密相隨，想到跟教皇決裂有這麼多好處，亨八一咬牙一跺腳一拍桌子道：「馬丁．路德說得對啊，馬上跟羅馬清算！」（他忘了，他早先還批評過新教是歪理邪說）。就這樣，轟轟烈烈的英國宗教改革正式開始！

首先任命克倫威爾為首席國務大臣，全權負責跟教廷分手的各項事宜，很快透過了一系列宗教改革法令。這些法令使國王取代羅馬教皇成為英國教會最高首領，制訂教規教儀、任命神職人員、裁決司法糾紛的權力全歸國王所有，解散修道院，巨額土地教產收歸王室，以前交給羅馬的各種稅賦、年貢全部留在國內，以後國王負責管理這些錢。這個事最直接的後果就是，亨八暴富，數錢數到手軟。這其中最賺錢的是解散修道院，且不說那裡面的真金白銀各色細軟都是好東西，而那些修道院佔據的廣袤土地更是值錢，亨八除了自己留下一部分，打賞了一部分，其他的都在市場上拋售，而此時手裡有錢的新興資產階級成為購買主力，有了土地，資本主義的農場開始在英國大地發展壯大，極大推動了資本主義的農業發展。而這些獲得土地的人因為得到實質利益，對宗教改革十分歡迎，最怕英王鬥爭不徹底，又回到改革之前去，所以成為一個支持新的英國基督教的重要力量。

亨八發了財，更加希望財色兼收，克倫威爾辦事靠譜，親自主持教會法庭，裁決亨八和凱薩琳的婚姻不合法，裁定他們馬上離婚，並立刻安排了安妮．博林和與亨八的婚事，安妮．博林加冕成為新的英國王后。這女人沒把聖女裝到最後，為怕國王熬出病來，在大婚之前，局勢已定的情況下，就從了亨八，安妮．博林成為新皇后時，肚子裡已經懷著龍種，亨八及全國人民都在等待著期望中的太子降臨！

33

亨八終於如願休掉黃臉婆，還財色兼收，享受了安妮．博林這小妖精的萬種風情。像安妮．博林這樣的女人，沒到手的時候是很誘人的，一旦得手，就不過如此，能長久拴住男人的心，除了狐魅功夫，人格魅力也很重要。安妮．博林顯然是個蛇蠍美人的形象。凱薩琳母儀天下端莊賢淑，深受各界好評，更加映襯出安妮．博林的人品低下，所以從加冕開始，全倫敦都給這位新王后冷眼。安妮．博林可不管有多少人反對她，眼看著肚子越來越大，她知道，只要順利產下太子，她的位置就固若金湯了。

最奇怪的是，雖然當時沒有超音波，安妮．博林和亨八兩個人都堅信是個兒子，不僅倫敦準備好了各種迎接太子的準備，安妮．博林也依仗未來的太子將自己的權勢在此時用到極致。

凱薩琳離婚後，堅持不願意交出王后之位，後來亨八非常絕情地不讓她探望唯一的女兒瑪麗，這才讓這位剛烈的西班牙公主屈服。而最可憐的就是瑪麗，自從她父母的婚姻被宣布無效，她就變成了私生女，江湖地位急轉直下，尤其是又遭遇了安妮．博林這個後媽，大家可以想像，瑪麗公主絕對是沒娘的孩子像稻草。後來凱薩琳在憂鬱交加中心碎而逝，安妮．博林專門為這事大宴賓客，狠狠慶祝了一場。而瑪麗的生活就比稻草還不如了，這個可憐的孩子，終於被這些無情的成長環境整不正常了，她的故事，我們以後再說。

十月懷胎，總是要分娩的，殘酷的現實讓安妮．博林和亨八都有些崩潰，另外一個公主降生了，這就是伊麗莎白。不管這位公主後來為大英帝國帶來怎樣的繁榮，在她出生之時，他的父親是沒有半點喜悅的。

想到自己費這麼大周折，花這麼大代價，竟然還是這個結果，鬱悶得幾乎發瘋的亨八取消了所有的慶祝活動，自己到郊外散心去了。郊外住著位德高望重的英國貴族，西摩爵士，這老夥計不僅有座舒服的城堡，還有幾個頗有眼色的兒子，每日裡一起打獵釣魚，消磨時光。但西摩爵士城堡裡還有更好的東西，以最快的速度將亨八從煩悶不堪的狀態中拉出來，這股力量來自西摩的女兒——

簡．西摩。

亨八對女人的品味是犯賤型的，吃著碗裡看著鍋裡，身邊有的從來就不珍惜。凱薩琳是賢淑型的，所以亨八就被冶豔型的吸引，性感小野貓到了手，他又開始打純情小女生的主意。安妮．博林可沒有凱薩琳好說話，亨八與簡．西摩的傳聞讓她勃然大怒，她自己的王后之位是搶來的，自然擔心會被別人搶走。她的涵養差多了，她採取了撒潑的抗議方式，讓亨八在最短的時間對她恩斷情絕，好在這時她又懷孕了，新的希望讓決裂邊緣的夫妻關係暫時平靜。可惜，上帝真是要趕絕安妮．博林，可能心情不佳，情緒波動太大，懷孕幾個月，孩子突然流產了，最要命的是，竟然是個男胎！

亨八這次是真氣瘋了。如果之前只是沒有愛情了，現在剩下的就是對這個女人的仇恨了。變了心的亨八又開始計畫離婚了。這次沒那麼複雜，根據亨八做事的風格，沒有子嗣肯定是女人的錯，既然安妮．博林還是生不出兒子，自己當初會娶她只有一個原因：這女人是妖精，她對國王下了咒，國王如果做了什麼不合適的舉動，肯定是受蠱惑。這個基調一確定，自然有人在操作這件事。身為重臣克倫威爾再次披掛上陣，幫國王辭舊迎新。

剷除安妮．博林比搬走凱薩琳容易多了，安妮．博林並沒有大智慧，當了三年王后，什麼人情都沒給自己攢下，一聽說要整王后的材料，各類舉報如雪片飛來。花樣很多啊，比如：這女人長三個乳房、六根手指是女妖；還說她水性楊花，跟多個男人通姦；最刺激的一項居然是，安妮．博林長期跟自己的親哥哥保持亂倫的關係！有了第一次的教訓，克倫威爾絕對不會讓國王等得太久，這些舉報都給予採信，直接將王后送入倫敦塔關起來，罪名作實後，殺無赦！

一五三六年五月，在倫敦的明媚春光中，英國王后安妮・博林被處死。在行刑時，這個曾經跋扈乖張的女人維持了最後的尊嚴，表現得很淡定，嘴裡不斷念著基督之名，優雅從容赴死。她丈夫沒跟她客氣，安妮・博林被殺後不到二十四小時，簡・西摩就被迎進了王宮，成為新的英國王后。

簡・西摩是個賢慧的女人，還是最佳後媽，前兩任王後留下的兩位公主都受到她的善待，還努力幫助亨八改善跟兩個女兒的關係。簡・西摩唯一的遺憾就是天主教徒，她做王后期間，一直嘗試說服亨八回歸傳統天主教。好在亨八沒聽她的，畢竟這時亨八最信賴的左右手是克倫威爾，作為改革派領袖，他的職責就是經常提醒國王宗教改革後，他的小日子是如何愜意。

簡・西摩不負重望，終於在一年後為亨八生了個兒子，為這塊寶貝疙瘩的降生，英國付出的代價太大了，然而還沒有完，因為簡・西摩在坐月子時死於產褥熱，成為第三個枉死的英國王后。不過她死得有面子，亨八稱她為「唯一的愛妻」，不但親自主持了她的葬禮，死後還要求同她合葬。沒有被拋棄，沒有被殺頭，簡・西摩算是亨八的老婆裡，結局最好的。

話說亨八跟天主教廷決裂，歐洲大陸並沒有放過他，教皇直接宣布將亨利開除教籍，西班牙是直接武力威脅，威爾斯、愛爾蘭和國內一些封建舊貴族更是勾結外敵，頻繁叛亂。亨八還算是狠角色，全對全歐洲的敵人，他毫不退縮，他選擇與那些信奉了新教的德意志諸侯結盟，因為法國和西班牙敵對，敵人的敵人可以是朋友，所以亨八不惜跟死敵法蘭西陪笑臉。在國內，他將沒收的教產轉賣或贈送給新貴族和資產階級，促進了資本主義經濟的發展，並為自己爭取到一支強而有力的政治力量。依靠這些新興階級的支持，他鎮壓了大批舊貴族。克倫威爾還進行了大刀闊斧的政府機構改革，確立了分工明細的各種部門，行政管理手段進步多了，也極大加強了中央集權，亨利八世比以前的英王亨有更大的王權。

簡・西摩死後，亨八的婚姻問題又成為克倫威爾的重要日程，現在太子有了，亨八身上的壓力頓減，現在他再續弦，就不光考慮生養的問題了。此時亨八最可靠的盟友是德意志的諸侯國，出於政治和外交的考慮，未來的英王后應該從這個地區產生。克倫威爾很快就物色到了一位公主，來自德意志的克萊沃公國的安妮。克倫威爾以最快的速度弄到了安妮公主的畫像，著名畫家霍爾拜因筆下的這位女子，長得是嬌俏可人，甜美如花，亨八一見之下，立刻老心萌動，馬上拍板決定，「就是這位小娘子了！」

畫匠靠得住，人類就不用發明照相機了。我們們有教訓啊，我們家那位大美人王昭君就是因為畫匠的不負責任稀裡糊塗被嫁到蠻荒之地，便宜了那些野人。這位叫漢斯・霍爾拜因的德國畫家號稱是世界美術史上排名第一號的肖像畫家，大師級人物，如果說他眼神不好，肯定是冤枉。所以亨八也信任他。沒過多久，新娘子進門了，亨八滿懷喜悅揭開蓋頭，那一剎那，一個巨大的霹靂雷在亨八的頭頂。亨八當時就確信，這小娘子的確是畫上那位如花似玉的美嬌娘，不過肯定是在英格蘭登陸的時候把臉摔扁了，搞不好還被別人踩了一腳！新婚之夜，亨八就算吃了威而剛也毫無興致，更可笑的是，新娘子只會說德語，亨八會講六國語言，就是不會德語，連調情的機會都沒有。看著這個面目平庸的女人，亨八非常天才地給她取了個外號：德意志母馬！除了給新娘自起外號，亨八在心裡用六種語言把挨個問候克倫威爾的祖宗十八代，因為這件事肯定就是這臭小子一手策劃的。

天一亮，亨八就把克倫威爾叫來訓話，克倫威爾早有準備，馬上以國家社稷等廢話將亨八的滿腔怒火壓住，成也蕭何敗也蕭何，克倫威爾不知道，他是因為國王的婚姻得勢，稍有不測，也會栽在這件事上。一般感到亨八對克倫威爾不滿，那些守舊的貴族知道這是個重創改革派的大好機會，所有針對克倫威爾的屎盆子尿罐子全飛過來。更高明的貴族知道，國王就這麼點愛好，只要找到合適的女人，要控制亨八也很容易。

保守派的代表諾福克公爵是安妮．博林的叔叔，他的侄女都不是省油的燈。他很快物色到另一個侄女，作為禮物送給國王。這是另一個小妖精，美豔非凡的凱薩琳．霍華德（「地主們」暈死了，亨八的老婆不是安妮就是凱薩琳），這位凱薩琳可是美女，勝過亨八之前寵信過的所有女人，而且只有二十二歲，比亨八年輕三十歲！雖然年輕，道行不低，她魅惑君王的本事還在她堂姐安妮．博林之上，亨八年輕時扛不住，年老更容易暈菜。他馬上給克倫威爾一道指令：任務照舊，給朕把德意志母馬趕出去，幫朕迎娶凱薩琳！

「地主們」都暈了，克倫威爾一點都不暈，他非常清楚，這位凱薩琳信奉天主教，如果她順利成為王后，守舊派就佔了上風，很可能會顛覆改革成果。所以他採用了「拖」的辦法，不理會國王如饑似渴的換妻要求。這個動作給自己招致了禍端，亨八終於等不起了，守舊派編排一些惡性事端，將做媒做到得罪人的克倫威爾抄家，殺頭，還說他叛國罪！

英國宗教改革領袖克倫威爾犧牲的這天，凱薩琳成為第五任英國王后。德意志母馬被打發到一個小領地上，好吃好喝讓她孤獨終老，最可憐的是，一直到死，這位德國公主還保持著處女之身。

再次得到一個小妖精，五十歲高齡的亨八煥發了青春，歲月不饒人啊，曾經英俊強壯的亨八已經是個身材臃腫的老頭了，可以想像，所謂一樹梨花壓海棠這個畫面還是不太讓人舒服，尤其凱薩琳在婚前就放浪形骸，私生活多姿多彩的，現在守著個什麼都做不成的老頭確實胸悶。怎麼辦，繼續多姿多彩啊。這位凱薩琳有個曖昧的綽號，叫「無刺的玫瑰」，這個綽號翻譯成現代漢語可以理解為：很好上。亨八雖然老了，還是英王，他的頭頂上已經有一頂英國王冠，哪裡還有腦袋戴綠帽子。勃然大怒之下，另一次王后通姦引發的大清洗開始了，殘殺了一批據說或者疑似跟王后上過床的人。「無刺的玫瑰」也沒跑，不管亨八多麼留戀她如花的頭顱，最後還是被砍下來，成為「無頭的玫瑰」，跟她的堂姐安妮．博林在同一地點，用相同的方式，走了同一道鬼門關。

經過這五次折磨，一般人肯定就心灰意冷，不會再嘗試婚姻這個危險遊戲了。亨八不信邪啊，只要他一天不死，身邊就不能沒有女人，只是隨著年歲不同，老婆的功能跟著發生變化。眼看著亨八進入風燭殘年，他現在最需要的是個護理人員。

34

亨八的婚姻破事講了兩篇，這篇還要繼續。為了讓「地主們」讀歷史不光只關心野史和私生活，這一篇從一個高深的論題講起。十四－十六世紀，我們在不列顛溜達，這家人不是走馬燈一樣的換國王，就是國王走馬燈一樣的換老婆。要不怎麼叫島民呢，生活狀態非主流啊。這時候，歐洲的主流在幹什麼呢？文藝復興啊！大家心目中的文藝復興，似乎只是幾幅油畫幾座建築，其實文藝復興重要是一場巨大的思想變革運動，藝術和科學只是比較明顯的表現形式。

文藝復興的中心當然是義大利，但歐洲各國都有因自己的國情產生的人文亮點。而在不列顛，最耀眼醒目的，就是誕生了空想社會主義這東西。到底什麼是空想社會主義呢，聽名字就知道，將社會主義天真化。先說這個思想的出現背景吧。

十五世紀之前，英國還是個傳統的農業國家，耕種養殖各取其利，互不干涉，共存共榮。隨著環球新航線被開闢，歐洲人開始滿世界亂竄，國際貿易空前繁榮。尤其是毛紡織製品需求大增，歐洲大陸西南角有個叫佛蘭德爾的地區，成為全球這類產品的中心。毛紡織物價格不斷上漲，連動著原料羊毛也跟著大漲。歷史上，歐洲大陸的羊毛主產區就是英國。英國人很快發現，養羊剪羊毛是一門巨好的生意，比種糧食賺的多得多。如此一來，所有人都投入羊毛生意，開始大規模養羊。養羊這門業務，最大的問題就是需要地方，大面積的牧場。英國貴族們便開始比著搶地盤，除了買來的，騙來的，自然也有搶來的。那陣子英國的廣袤原野到處可見木柵欄、竹籬笆分割的地界，那些原來租種土地的農民被趕走，甚至把人家的房子都拆掉，就是為了霸佔土地養羊。老百姓流離失所，貧困交加。這就是那個著名的「羊吃人」的時代，一位天才的思想家在一本書上寫道：「綿羊本來是很馴服的，所欲無多，現在它們卻變得很貪婪和凶狠，甚至要把人吃掉，它們要踏平我們的田野、住宅和城市」。這位天才的大名就是湯瑪斯．摩爾，而這本書就是大名鼎鼎的《烏托邦》！

當時歐洲的思想精英，已將開始宣導建立「自由、民主、平等」的資本主義新型社會。而湯瑪斯・摩爾的目光更加深邃幽遠，他以柏拉圖的《理想國》為基礎，在否定私有制的基礎上，設計出財產公有、共同工作、按需分配的社會方案，為人們的進步追求描繪了美好夢幻前景。在這本遊記體的小說中，他闡明，「如不徹底廢除私有制，產品不可能公平分配，人類不可能獲得幸福」。莫爾設計出一個在所謂「烏托邦」島國的共產主義社會。在這個島上，總督和各級官員由選舉產生，官員基本上是一年一換。任何涉及到國家的要政，總督、官員都不能自作主張，而須經過「議事會」討論，以防個人專制統治。在經濟上，「烏托邦」徹底廢除了私有制，實行財產公有制，「一切歸全民所有」，在政府組織下，人們實行普遍的義務工作制，輪流到農場去務農，此外還得學一門手工技藝，取消商品、貨幣和市場，消費品按需分配。在社會生活中，人們妥善地安排工作、娛樂與休息，每天只工作六小時，其餘時間用來從事自己喜歡的業餘文化活動。這些個描述我們一聽就好笑了，這絕對是書呆子在家裡空想出來的天真白日夢。不過在當時的社會環境下，身為一個爵士的湯瑪斯．摩爾能這樣空想，也是令人感動的。畢竟有夢想的才有進步的空間，所以說：人類失去夢想，世界將會怎樣？

湯瑪斯．摩爾是個不識時務的書呆子，夢想太多容易失去現實判斷，作為一個死心塌地的天主教徒，他哭著喊著阻擋亨八拋棄第一任王后及與羅馬教廷決裂的行為，文死諫，在哪個國家都一樣，湯瑪斯摩爾本來是亨八私交很好的朋友，但國王也沒對他客氣，被他諫得煩了，直接下聖旨砍掉了這位天才的腦袋，也是亨八婚姻的一件重要犧牲品。而他帶給全世界的「烏托邦」這個詞，就成為一個夢想中美好境界的代名詞，比如你愛上一個人，兩人完全平等，沒有糾紛和不諧，只有愛情的甜蜜完全沒有愛情的糾結，那就是標準的「烏托邦式的愛情」，當然，這也是白日夢的意思。

回到亨八的王宮，換了五個老婆的亨八真的有些筋疲力盡了，成為一個對婚姻有些偏執認識的老頭。根據老亨八的新標準，另一位宮廷侍女進入了他的生活。這是一位三十三歲的寡婦，名字叫凱薩琳．帕爾（暈，又是凱薩琳）。五十二歲的亨八總算是出息了，這位凱薩琳不管從哪個角度看都不是美女，但她卻是個才女。有豐富的學識和睿智的頭腦，心地善良，還頗有性格。此時的亨八是個脾氣暴躁的老頭，身體也越來越差，一般人都伺候不了，只有凱薩琳以其智慧和胸懷包容他，終於在晚年給了亨八一段正常的家庭生活。傳說凱薩琳也差點不得善終，凱薩琳是個新教徒，而亨八雖然接受了新教，經常還有些不進步的思想。兩人一起探討宗教問題的時候，凱薩琳經常給國王上課，這直接打擊了亨八作為一個宗教專家的權威，他又習慣性地對王后起了殺心，好在凱薩琳腦子清楚，很快就發現了隱患，並以謙卑小心的態度安撫了亨八的暴躁，保住了自己的腦袋。

凱薩琳最了不起的是對亨八那三個孩子的態度，這麼多年，倫敦的王宮裡不是殺頭就是陰謀，充滿各種黑色陰霾和腐爛的臭味，實在不適合兒童成長。凱薩琳成為新後媽，馬上將分散在各地教養的瑪麗公主、伊麗莎白公主和愛德華小王子接回倫敦，在王宮中親自照顧他們，料理他們的生活，並極力協調孩子們同父王的關係。她還物色了很多貴族子弟進宮陪公主王子們玩樂，讀書，讓那個陰冷的宮殿再次出現了孩子們的笑聲歌聲和陽光。

一五四七年，五十六歲的亨八因腿傷引發的感染死去。亨八留給後世的故事多半是關於他六個老婆，實際上，他算是一個文治武功都還不錯的君主。最值得表揚的是對海軍的建設。他父親亨七在世時已經看出海軍的重要作用，開始建設艦隊，並製造了英國歷史上最大的戰艦，也是當時世界上最大的戰艦之一。到亨八這輩，他創立了正規的海軍，並開始製造快速靈活的新型戰艦，在甲板和兩舷配置了火炮，還專門訓練了用於戰鬥的水手，雖然還不具備向外擴張的實力，但畢竟為後來的「海上霸主」地位打下了基礎。

亨八臨死時，非常仔細安排了自己的身後事，王位繼承的順序是這樣的，第一繼承人當然是太子愛德華，如果愛德華生不出兒子，那麼王位就傳給瑪麗公主，而瑪麗公主到死都沒有兒子的話，將王位傳給伊麗莎白公主。看來亨八彌留之際很有智慧啊，果然如他所料，三個孩子都有機會當國王。亨八駕崩時，愛德華九歲，伊麗莎白十三歲，瑪麗公主已經三十一歲了。

愛德華六世九歲登基，做了六年的英王，對一個小孩子的治國之道我們就不評論了，而且這孩子一直被肺結核困擾，長期病秧子。年紀小身體不好，小性格還有一點。英國國內從宗教改革後，國內的天主教和新教的鬥爭從來沒有停止過，愛六從小就以新教教養，他短短的執政生涯全都用來清理傳統天主教了。眼看著自己命不長久，愛六一直計畫一件事，那就是剝奪大姐的繼承權！為什麼呢？因為瑪麗是個虔誠的天主教徒，愛六和新教派可以想像，瑪麗繼位，她必然會不惜一切代價將英國帶回天主教，並大力清理新教。所以愛六和親信們偷偷安排了一位叫簡．格雷的郡主繼位，取代瑪麗。

要知道，英國境內的天主教一時是殺不完的，那些守舊派貴族脖子伸得老長，就等著瑪麗上位後替他們報仇，並將不列顛重新帶回教廷的懷抱。一聽說瑪麗竟然不能上崗了，這些老傢伙豈能讓希望落空，趕緊組織軍隊，支持瑪麗殺進倫敦，將格雷這位半路殺出來的女王趕下台，和那些幕後主使一起砍腦袋。倫敦的老百姓還是比較傳統，鑑於瑪麗是亨八遺詔的繼位人，人家又沒犯什麼過錯就剝奪繼承權特別不地道，所以他們都支持瑪麗討還公道。最可憐的就是簡．格雷姑娘，稀裡糊塗成了女王，九天之後就稀裡糊塗送了性命，生命的最後十天比過山車還起伏。

先暫時離開英國，給大家講點花絮。介紹一種雞尾酒。雞尾酒是最上不得台面的酒，亂七八糟的如同東北菜亂燉，相當沒檔次（個人意見啊）。不過在酒吧迷離的燈光中，如果有個絕色美女端著一杯猩紅的酒漿，映襯一樣鮮豔的紅唇，還是頗有一點性感。那種顏色鮮紅如血的雞尾酒，就是大家都知道的血腥瑪麗，當然，去吧台點酒的時候，不能說中文，顯得土鼈，應該用低八度的聲音說：Bloody Mary！賊性感！

這種紅彤彤的酒漿也不是什麼高科技，用伏特加兌番茄汁就行了，有條件還可以加點芹菜根，喝起來味道噁心。但是這種酒的來歷卻非常美豔鬼魅。

大家都知道，歐洲有些經典鬼故事，多半是關於古堡裡的。歐洲著名的鬧鬼古堡中，在布達佩斯郊外的有個古堡很出名，它的主人是歐洲歷史上豔名最盛的美女，李．克斯特伯爵夫人。這個傳說中的美女到底有多美呢，據說為她決鬥而死的貴族超過一百個，而在她六十歲的時候，還有年輕年輕人，因為追求未遂而自殺。六十歲的她，皮膚和容貌還可以媲美任何一個花樣少女，連法王路易十四也是她裙下之臣，聽說也沒弄到手。

「女地主們」馬上又興趣了，到底用什麼化妝品，這麼駐顏有術呢?!她的訣竅你們學不了。這位李夫人每天用新鮮的少女血液沐浴，將自己的身體浸泡在那些少女的鮮血之中，吸取她們青春的精氣。沐浴前，她還會飲用一杯鮮血。時間長了，這位絕色的女人不僅美豔不可方物，身上還總帶著血腥味，這種殘酷的美感妖異鬼魅，讓更多的男人癡狂。據不完全統計，為了維持這位美婦，至少有三千個少女失血而死。因為手段太殘酷，周圍的女孩子都被她禍害完了，終於犯了眾怒，被村民擁進古堡將她燒死在浴缸裡。古堡從此被封閉，不過從那以後，布達佩斯郊外經常聽到古堡裡發出各種奇怪恐怖的聲音，成為著名的鬼屋。

血腥瑪麗就是來自這位李夫人，當然不是為了紀念她的豐功偉績，主要是緬懷她那不屬於塵世的驚人美麗。而血腥瑪麗也成為一個特定片語，形容一個女子過於殘酷，心狠手辣。

李夫人不是最早的血腥瑪麗，最早的血腥瑪麗出現在英格蘭，她就是我們下篇要說到的英國歷史上第一位正式的女王：瑪麗一世！

35

原來已經說過，亨八忙一輩子結了六次婚，累得半死生了三個孩子出來，其產量之低令人髮指。數量少，廢品率還高，唯一的兒子愛德華是個癆病鬼，宗教狂熱份子，大女兒瑪麗是個大齡剩女，宗教極端分子，二女兒伊麗莎白，大家都知道，好聽的說她是童貞女王，其實就是個沒嫁出去的老姑婆，好在她在宗教事務方面沒有一根筋，好像有得商量。這三個孩子雖說是骨肉，卻是比仇人還互相眼紅，都有欲整死對方而後快的想法，尤其是瑪麗和伊麗莎白，這對姐妹絕對是沒有一點人情可言，打斷骨頭，還要抽筋！

上篇說到，三十七歲的瑪麗在傳統天主教貴族的支持下奪回了王位，成為英國歷史上第一位正式的女王。宗教極端份子不是一天煉成的，讓我們回顧一下她坎坷的成長經歷。

瑪麗是亨八的原配西班牙公主凱薩琳的女兒，凱薩琳被貶後，亨八宣布，因為他和前妻的婚姻不合法，所以女兒也就是私生女，再不是公主。這之前，瑪麗作為亨八的獨生女，是享受了很多寵愛和榮華富貴的，如今不帶降落傘，直接從天堂栽進地獄，心理落差巨大，很容易出毛病。尤其是伊麗莎白出生後，瑪麗非常離譜地被宣布成為伊麗莎白公主的侍女。在安妮．博林的那幾年，這位不太善良的後媽對這個宿敵的女兒，下手絕對不客氣，大家可以想像瑪麗困窘無奈的生活。

在凱薩琳母女對安妮．博林母女的金枝欲孽中，除了是搶老公，搶皇后之位，還涉及到一個宗教領域的爭鬥，凱薩琳母女代表的是天主教傳統派，安妮．博林代表新教，兩派廝殺的過程中，弱勢的凱薩琳母女一直受到天主教宗的支持和保護，可以想像，瑪麗的成長歲月，天主教這個信仰是她人生的一劑安撫藥，尤其是母親死後，自己從鳳凰淪落為家禽，隨著年紀越來越大，前途叵測時，信仰代表著跟她的生命一樣重要的東西，如此一來，成為一個天主教極端份子就可以理解了。

亨八剝奪她公主頭銜，逼著她承認父母的婚姻無效，自己是私生女時，瑪麗表現出了跟她母親一樣的執拗性格，那就是，堅絕不從，正式跟父王敵對。亨八作為父親收拾這位叛逆閨女的法子比較缺德，那就是直接取消她所有的相親活動，人為地把她變成剩女，並為後來發展成為殺人如麻的女魔頭打下堅實的心理基礎。

瑪麗人到中年，獲得大英王位，一洗自己前半生的屈辱，更是靠天主教會的大力幫忙。所以瑪麗一上位，一場對英國新教的血腥清洗就開始了。

瑪麗做女王不過五年，這五年時間裡，瑪麗一世試圖以最快的速度將英國帶回天主教時代，重回教廷的懷抱，於是，她開始大事緝拿和殺害新教徒，大約有三百多位新教徒被火刑處決，包括孕婦和孩子。因為這個高調張揚的殺雞儆猴的動作，瑪麗一世給自己掙得了一個「血腥瑪麗」的江湖渾名，成為歐洲著名的女魔頭。大家會問了，英國也不算個小地方，一個國王殺三百多人就成了暴君很不公平，讓中國那些個動不動滅人九族的暴君覺得搞壞行情，影響聲譽。關於這個事，東西方有不同的標準，男王和女王也有不同的標準，反正不論什麼標準，後來新教成了英國的國教，其後的歷史工作者自然要將瑪麗一世對教徒的迫害大事渲染，這再次說明世界上沒有完全絕對公正的歷史觀。

瑪麗一世的宗教極端份子女魔頭的形象讓英國人民很不歡迎，他們原來支持瑪麗登基，是還記得瑪麗的媽媽凱薩琳是一位如何端莊而賢良的皇后，老百姓天真地認為，這樣一個賢婦的女兒再差也差不到哪裡去。新教在英國是受百姓支持的，畢竟那些教士，修道院太貪婪了，沒有一點宗教人士的基本操守，比地主官僚還盤剝百姓，所以英國脫離天主教庭，尤其是免掉了大量信仰宗教時的繁文縟節，讓百姓頓時覺得宗教生活竟然可以如此輕鬆。以前信上帝，沒有直接管道，要祈禱、要懺悔什麼的，都要看教士們的眼色，萬一他們消極怠工，不給如實轉達，上帝就根本不知道自己的疾苦。如今突然聽說，自己和上帝是可以直接單線聯繫的，不需要代理，不需要介紹人，那些信眾是多麼的歡欣鼓舞。所以，此時的英國，新教已經是一輛上了跑道的快車，它的發展已經由不得任何人阻攔了。強行拉停這輛快車，不僅不符合潮流，還很容易被這輛車頂到陰溝裡去。

很快，所有人都發現，就算沒有車禍，瑪麗一世自己也在向陰溝裡滑落。瑪麗畢竟是個女人，第一個英國女王，前面沒有前輩可以學習，所以心裡沒底，總覺得還是應該找個當家的商量一下。

況且，因為父親的阻擾，瑪麗年近四十也沒嘗到愛情的感覺，一點不渴望也不可能。於是，瑪麗一世一登基，馬上就著手安排自己的終身大事，為自己物色了一個老公。

女王的婚姻優先考慮政治安全，既然是以找靠山為目的，當然是找最大的。當時的歐洲，最牛的國家當然是西班牙，橫跨歐美，有半個世界的版圖。而西班牙跟瑪麗又有親戚關係，所以自然是聯姻首選。瑪麗選擇了西班牙的二王子腓力。他不僅是最大的靠山，對於將英國帶回教廷的懷抱更有積極的意義，瑪麗越想越覺得這樁婚事很值得，只是她不知道，不論她屠殺多少新教徒，都不如這樁婚事帶給自己的打擊更毀滅。歐洲的王室輩分血緣混亂，大家千萬不要仔細研究，這位腓力小同事結婚時二十七歲，整整比瑪麗小十一歲，扳手指頭一算，從西班牙皇室的親戚那邊論，腓力應該叫瑪麗表姑媽！

姑媽和侄兒的婚姻讓整個英國不滿，亂倫之類的事不考慮，根據嫁雞隨雞的普遍法則，瑪麗一嫁給腓力，腓力就成了真正意義上的英王，不久後腓力二世繼位成為西班牙國王，英國等於就變成了西班牙的一個海上行省。瑪麗一世實實在在做了一件賣國的事，她自己還沒感覺。

二十七歲的小丈夫對自己這位老婆大人沒什麼感情，幾乎從不在英國本土出現。腓力二世不拿英國當回事，瑪麗一世對這個小老公的臉色還是要看的，西班牙一直跟法國不對盤，狗咬狗。結婚第二年，腓力二世一聲令下，瑪麗一世立刻集合英軍開進了歐洲大陸，幫著西班牙跟法國打架。這次出兵英國摻和得很無聊，如果非要找出點意義，大約可以說瑪麗一世為愛情而戰。可惜英國的百姓不了解女王對婚姻關係的珍重，從出兵開始，英國上下就怨聲載道，對瑪麗的怨懟之情日益高漲。而瑪麗一世也高估了她愛情的力量，這一番英軍攻入歐洲，不但沒有為自己的老公爭出臉面，反而將英國留在法國大陸最後一塊立錐之地——加萊港徹底丟失。對於所有的英國人來說，加萊港是英國人回歸歐洲大陸的最後希望，是跟歐洲大陸連接的臍帶，其戰略和經濟地位更是重要無比，失去後，如喪考妣。這件事，讓英國人對瑪麗女王的支持直接降到了冰點。

瑪麗一世不得人心固然讓她煩惱，但更大的鬱悶來自於自己的生育問題。她處心積慮，頂住重重壓力給自己找個老公，最大的目的就是給自己生出繼承人來。因為如果她生不出孩子，英王位就會傳給伊麗莎白。

伊麗莎白繼位，不僅讓瑪麗很不爽，歐洲天主教世界更不爽，伊麗莎白生下來就是新教徒，如果她執掌王權，之前瑪麗一世大刀闊斧的宗教回歸活動就算白扯了，那三百來號男女老少白殺了。

本來瑪麗一世一夥預備以新教徒這個罪名將伊麗莎白打入監牢，但伊麗莎白是個很懂變通自保的人，比她媽的智商高多了，一敏感到女王大姐和她的幕後智囊預備對自己下手，伊麗莎白就以最快的速度和最虔誠的態度宣布自己加入天主教，放棄新教。全世界都知道伊麗莎白這個動作完全沒誠意，實在是委屈求全之舉，但她姿態已經做出了，瑪麗一世總不能因為她改邪歸正，懸崖勒馬，改信了天主教而廢除她吧。千思萬想之下，唯一能讓自己妹妹失去繼承權的方法就是：自己生出繼承人來，讓妹子在一邊乾瞪眼！

三十八歲的瑪麗對孩子的渴望幾乎瘋狂了，話說她跟腓力侄子結婚幾個月，她就對外宣稱她懷孕了，妊娠反應明顯，甚至據她自己說還感覺到胎動，說得神乎其神。當時的王宮上下都在為新的王室成員的出世做準備，瑪麗一世自己更是熱切期盼。誰知幾個月過去，女王的肚子沒有任何變化，女王懷孕是個烏龍事件！這事很快被歐洲各大媒體傳為笑談，瑪麗的西班牙小老公更是感覺這個大齡老婆什麼都不懂，還神叨叨的，完全沒有魅力讓他留下。於是，腓力二世從此揚長而去，再也沒回到英國來。瑪麗一世以最快的速度從新娘變成棄婦。巧婦難為無米之炊啊，老公跑了，瑪麗自然就再沒機會懷上孩子了，搭上了加萊港，也沒解決這個重大問題。

瑪麗一世的人氣越來越低，她發現妹妹的人氣卻在暗暗的高漲，可以理解，這個瑪麗已經讓所有人失望了，現在英國臣民就等著她趕緊下課，早日讓伊麗莎白上崗。所以，確定自己生不出繼承人後，瑪麗一世決定，把妹妹往死裡整，讓她永遠沒機會登基。恰好，來了個機會。因為瑪麗貿然出兵法國大敗，國內反對浪潮洶湧，一個叫懷亞特的英國貴族祕密組織了一次起義，希望能罷黜瑪麗，扶持伊麗莎白上崗。事情沒做得太隱祕，還沒動手就被發現，懷亞特被割掉腦袋，掛在倫敦的城門上。

懷亞特不過是一條小魚，瑪麗和他的幕僚卻知道，這是個整倒伊麗莎白的機會。所以，一個策動謀反的帽子就扣在了伊麗莎白的頭上。其實這個事非常冤枉，雖然懷亞特打著伊麗莎白的旗號造反，她自己並不知道這件事。瑪麗一世宣她妹妹進倫敦受審時，伊麗莎白正被嚴重的猩紅熱困擾，半死不活。瑪麗可不會心痛妹子，硬是下旨讓人將妹妹架上馬車，一路顛簸來到倫敦。伊麗莎白此番沒被整死，絕對是印證了「天將降大任於斯人」的論點。

在倫敦，伊麗莎白百口莫辯，瑪麗一派也管不得這個謀反事件有沒有真憑實據，就想直接取了伊麗莎白的性命完事。好在英國的宮廷裡還有些忠良，眼看著瑪麗肯定是生不出孩子了，如果伊麗莎白也沒了，將來英國的大位之爭又是一場動蕩。英國人難得過幾天太平日子，還是放伊麗莎白一馬吧。

瑪麗迫於廣大民意，也不敢貿然殺掉妹妹，只好下令將伊麗莎白關進倫敦塔，那裡正是安妮．博林被砍頭的地方，如果她的靈魂還飄蕩在倫敦塔上空，將看到自己可憐的女兒在狂風暴雨中痛哭著走進那些黝黑陰冷的監牢！

36

伊麗莎白因為疑似造反，在毫無證據的情況下，被姐姐瑪麗關進倫敦塔。倫敦是個經常下雨的地方，而那一天，更是狂風暴雨。伊麗莎白在大雨中緩步走向監牢，她的侍從們催促她快點進入牢中避雨，可她卻挺直了腰，用一個英國公主端莊雍容的步履慢慢向倫敦塔走去，因為她知道，一進入那些黑屋子，雖然不用淋雨了，可是也完全沒有自由了。公主美麗而端莊的臉龐濕得模糊，淚水和雨水混合在一起，讓周圍所有人動容。

因為母親在倫敦塔被砍頭，這個陰森的地方肯定是伊麗莎白心中最恐怖的所在，她的姐姐和弟弟也深知這一點，所以經常把她弄到倫敦塔收拾她。因為莫須有的謀反罪名被請進倫敦塔已經是二進宮了，之前還發生過一次，這要從伊麗莎白小時候說起了。

讓我們把鏡頭切回亨利八世生前。上篇說過，凱薩琳被廢，女兒瑪麗成為伊麗莎白的侍女，安妮·博林被殺，瑪麗和伊麗莎白成為了王子愛德華的侍女，後來三個孩子都在王宮外「飼養」（沒人管，形如放羊）。最後一任王后凱薩琳·帕爾將他們全部接回了王宮。此後，伊麗莎白就一直在她的教養之下，得到了正式教育，學了很多東西。伊麗莎白一世後來能用六種語言交談書寫就是得益於當時的教育。凱薩琳·帕爾是個學者型女人，她做事的方法還是比較隨性。亨八死後，她再次嫁人，她嫁給了一個叫湯瑪斯·西摩的時任海軍大臣。這個人什麼路數呢？還記得亨八的第三個老婆，愛德華的母親簡·西摩嗎？對，這位湯瑪斯就是她哥哥，愛德華的舅舅，愛德華六世九歲登基，肯定也是有一位攝政王的，當時的攝政王是另一個舅舅，湯瑪斯的大哥，薩默塞特伯爵（好亂）。

凱薩琳·帕爾跟湯瑪斯結婚後，伊麗莎白一直跟著他們夫婦，由他們撫養。此時正是伊麗莎白的青春期，一個青澀的花朵正緩緩地開放。這個歲數的小女孩，正是春心萌動，情竇初開。有經驗的老男人都知道，這種小姑娘最好騙，很快，有個老男人就打她主意了，近水樓台，這個老色狼就是湯瑪斯，現在充當她父親的這樣一個人物。

英國貴族老男人在獵豔方面都有些專長，湯瑪斯要吸引一個十五歲的小姑娘難度並不高。很快，整個倫敦都以各種版本風傳湯瑪斯和伊麗莎白的風流韻事，如果那時候就有路透社這個東西，在倫敦生活就幸福了，每天早上吃著早餐看皇室的香豔緋聞。湯瑪斯追求伊麗莎白其更高深的目的。自己的哥哥佔據攝政王之位讓他非常眼紅，他也想攝政玩，可哥哥的地位很牢固，由不得他打主意。於是，他決定繞個遠路，先跟伊麗莎白結婚，再扶持伊麗莎白提前繼位，他以王夫的身分執掌英國的大權。

這種動機絕對是司馬昭之心，地球人都知道。所以在凱薩琳·帕爾難產死後，湯瑪斯厚著臉皮跟他哥哥提出娶伊麗莎白時，遭到他哥哥的嚴詞反對。算盤打散了，湯瑪斯惱羞成怒，策劃謀反。眨眼之間，就被鎮壓。湯瑪斯被抓住，押到倫敦塔受審，而伊麗莎白想當然應該是從犯，也跟在倫敦塔接受調查。後來湯瑪斯被砍頭，最大的罪名是：不惜手段與伊麗莎白結婚！

這事伊麗莎白畢竟是被動方，她一個小姑娘被老男人哄騙正是個受害者，只能算行為不端，下次注意就行了。所以老男人死後也就沒太找她麻煩。但由這件事，她知道了一個道理：自己的婚姻絕對不是小事，稍不慎重，王位甚至生命都要搭進去的。也許，由這時起，伊麗莎白的心靈裡就已經開始滋生對婚姻的恐懼。

回憶結束，回到開頭那一幕，伊麗莎白再次被莫須有的罪名弄進倫敦塔，英國國王的幕僚團，私家顧問團——大名鼎鼎的樞密院，隆重其事地派出九個人組成的班子，常駐倫敦塔，按雙規貪污官員的標準審查伊麗莎白策動謀反的案子。審了兩個多月，實在是一點證據也沒得到，而造反頭目懷亞特在被絞死前，已經詛咒發誓伊麗莎白與此事無關。其實，伊麗莎白在跟姐姐的鬥爭中一直很小心的保全自己，因為她知道，姐姐經常會派暗探潛伏在自己周圍，隨時試探，所以自從她宣布加入天主教後，跟新教的人士都不來往，更別說有造反傾向的危險份子了。樞密院的同志們奮戰六十多天，沒有任何收穫可以指控伊麗莎白，瑪麗一世只好把妹子放出來，轉手就把她送到牛津以北四十公里的一個荒僻莊園，找了間小土屋，讓她住在裡面。還找了個性情古怪的老爵士監視他，這位老爵士顯然是瑪麗一世的不二忠臣，在對待伊麗莎白的事情上，深知女王的心態，以至於伊麗莎白後來說，在這裡度過的時光，比倫敦塔還要難熬，她的處境，比囚犯還糟糕。這樣的生活，她艱難地度過了十個月。

瑪麗一世的一生是痛苦的一生，即使後來成為英國女王，怕失去王位的恐懼，對其他人篡位的猜疑，丈夫對自己的拋棄，每一件事都在吞噬她，終於完全吞沒！一五五八年，四十二歲的女王在孤獨中死去。

瑪麗一世肯定想不到，她的死引起了全英國人的狂歡，歡樂的國喪。伊麗莎白根據亨八的遺詔成為英國的新女王，伊麗莎白一世。

一五五八年十一月二十四日，瑪麗一世屍骨未寒，一千名禁衛軍就簇擁著二十五歲的伊麗莎白，浩浩蕩蕩奔赴首都倫敦加冕。沿途的百姓人家都掛上國旗，表示向新女王效忠。倫敦城更是比過年還熱鬧，所有人都擠到街上，樹上、房頂上都是人。市民爭相瞻仰新女王的風采，歡呼聲如雷鳴如海浪。英國的歷史書這樣描述：「瑪麗一世女王狂風暴雨般的統治時代結束後，不愉快的愁雲被驅散，難忍的痛苦像迷霧一樣消失，迫害成為過去。感謝上帝給英格蘭送來一個平靜的季節、一個明媚的太陽、一個受到伊麗莎白女王保佑的世界。」伊麗莎白看到這一切，肯定會回憶起過去那些困苦難過的時光，她告誡自己，要吸取姐姐的教訓，謹慎小心善待自己這得來不易的地位。

「地主們」終於等到伊麗莎白登基，最想看的，肯定是女王的私生活。伊麗莎白是大英的千古一帝，我們首先自然要介紹文治武功。

伊麗莎白做女王，最大的優點就是親善，據說她剛上崗那一年，大部分時間用來自駕遊，拜訪各地區的百姓人家，毫不嫌棄地品嘗那些鄉間農婦烹製的食物。這個世襲的女王，對民意的尊重可媲美一個民選的政府首腦。就算不離開倫敦，她也經常到倫敦大街上閒逛，跟市民聊天，優雅而淡定的女子帶著淺笑征服了倫敦所有人的心。

一邊收買民心，一邊加強王權，她加緊建立自己的樞密院和完全聽命於自己的政府，扶持親信，說一不二。英國的貴族對女人就是有風度，伊麗莎白在位時，英國的王權空前強大，可貴族們居然沒想到把「大憲章」這個東西找出來給她上課！

伊麗莎白上任伊始，她第一個不能迴避的問題就是宗教。經過她弟弟和姐姐兩個宗教狂熱份子的折騰，英國國內天主教和新教的勢力各有消長，誰也不能完全壓倒對方。女王自己是個新教徒，但她知道，如果用蠻力推行宗教淨化，是會引發很多問題的。所以，她刻意地隱藏了自己的宗教傾向，從不在公共場合參與宗教活動，在國內緩和地推行新教，將那些被放逐的新教徒召回家，但對國外，女王小心保持跟羅馬教廷的謹慎的關係，和而不同。

英國的宗教問題徹底解決，要歸功於一個天才，大名叫威廉．塞西爾。女王在扶持自己的親信勢力時，將重點放在了中下層貴族，而威廉．塞西爾就是女王一手挖掘出來的左右手——首席國務大臣，這位老兄在伊麗莎白一世的前半程，絕對是朝廷的巨擘，女王最重要的外腦。一個小姑娘這樣老練從容地把自己修練成一代明君，這個外腦是有重大貢獻的。後來的英國歷史學家評價威廉·塞西爾是「英國歷史上完美的大臣」！

威廉·塞西爾出身劍橋，是個學者型官員。可這人一點都不書呆子，作為一個才華橫溢的人，他也算是官場沉浮中的老油條，之前他混跡愛德華到瑪麗的種種政治鬥爭中都能夠保全自己，可見有相當的政治智慧。他一開始就跟女王提出，解決宗教問題必須採取一條騎牆派的中間路線，絕對不能極端。宗教改革的詳細情況就不說了，現在的英國國教就是那時確立的，如果一定要描述，那應該是：以新教的精神為核心，改革保留部分天主教的儀式，但所有的宗教活動都是以忠於國王為前提。這個條款一經確立，騷擾了英國幾十年的宗教改革問題總算是基本消停了，老百姓鬆了一口氣，終於不用為信上帝的形式問題困擾了。

伊麗莎白以一個新教徒的身分成為英王，天主教國家經常有些要刺殺她的傳聞，她姐姐遭遇威脅時，光躲在宮廷裡害怕了，可伊麗莎白的幫手顯然高明多了，她先發制人，以攻為守。威廉·塞西爾為女王在全歐洲和蘇格蘭等地建立了一個無孔不入的間諜網，專門偵查那些針對女王的威脅，威廉·塞西爾之後，另一位親信沃辛漢伯爵接過了這個工作，將「伊麗莎白間諜網」發展壯大，為伊麗莎白的王位打造了一個密緻的保護網。

先介紹伊麗莎白一世的對外政策，因為它幾乎決定了英格蘭的發跡過程。

在伊麗莎白一世的故事裡，有另一個女王的故事是不能迴避的，我們要先把她請出來介紹一下，這位女王也在英倫三島上，那陣子這塊地區陰氣重，一茬茬的都是女當家，這位跟伊麗莎白一世較了一輩子勁的是蘇格蘭女王瑪麗一世。「地主們」不要暈啊，這位瑪麗是蘇格蘭的瑪麗，學歐洲歷史的時候，很多人容易把她與「血腥瑪麗」混淆。這兩位瑪麗一世除了帝號相同，最大的共同點是，都算不上幸福的女人，做女王做得很狼狽，尤其是蘇格蘭這位瑪麗一世，她的一生真是顛沛流離，坎坷波折，總覺得上帝讓她這樣的智商和情商君臨蘇格蘭就是為了玩她。

瑪麗一世被宣布接掌蘇格蘭王位時剛剛出生六天，黃袍就加身了。沒辦法，父系所有的繼承人都死光了。幾個月以後，瑪麗一世穿著世界上最小號的王袍加冕。好在這小嬰兒有個厲害的媽，是當時法國權臣的妹妹瑪麗吉斯，這位新媽媽自然成為蘇格蘭的攝政太后。瑪麗一世加冕的過程其實是偷偷摸摸的，根據英格蘭和蘇格蘭之前的約定，瑪麗一世應該嫁給亨八的兒子，愛德華，如果生下繼承人，將成為未來兩國國君。這顯然是英格蘭一個直接兼併蘇格蘭的動作，現在攝政的太后既然是法國人，肯定不幹。而亨八就想先下手為強，把襁褓中的瑪麗搶過來。太后果斷地轉移了瑪麗，在一個小禮拜堂給她戴上王冠。

亨八見蘇格蘭有悔婚的傾向，馬上興兵找麻煩，蘇格蘭在一次戰役中大敗，太后趕緊求救於自己的娘家，蘇格蘭的傳統盟友——法國。當時的法國國王亨利二世，立刻出兵幫助蘇格蘭遏制了英格蘭的兵鋒。世界上沒有白幫忙的事，蘇格蘭稍微消停點，法王趕緊替自己的兒子求婚，讓瑪麗一世嫁給自己剛出生的兒子弗朗索瓦。這個動作的動機也非常明顯，跟英格蘭的亨八一樣，娶瑪麗一世等於是最簡單的辦法收編蘇格蘭的國土，之前法蘇只是盟軍，法國心底深處的心思，自然是將蘇格蘭納入法蘭西的版圖，進而騷擾英格蘭後方。法國人對英倫三島的版圖野心，一點也不低於英國人對法國大陸的心思。

太后是法國人，對於娘家的事總是偏心些，馬上答應了法王的提親，給瑪麗一世收拾了細軟，將她送入法國宮廷教養。瑪麗一世在法國受到最正統最高級的教育，在十六歲時嫁給十五歲的法國太子，並在第二年成為法國王后。從法國太子妃到法國王后這段時光可能是瑪麗一世人生中最幸福的一段了，雖然弗朗索瓦病病歪歪，據說在床笫之事上還力不從心。可惜即使是這樣的日子也是短暫的，弗朗索瓦做了一年法王就歇菜駕崩了，法國興起王位之爭，年輕的寡婦回到了蘇格蘭，開始了不幸的女王生涯。

跟英格蘭一樣，蘇格蘭此時也面臨著宗教變局。瑪麗一世在法國長大，順理成章是個虔誠的天主教徒，但她在法國期間，蘇格蘭已經經過宗教改革成為一個新教國家。瑪麗一世回國，所有的新教教徒都捏了一把汗，擔心她像英格蘭的「血腥瑪麗」一樣，以極端的方式扭轉蘇格蘭的宗教局勢，所以瑪麗一世一踏上蘇格蘭的土地，已經感覺到了許許多多敵意的目光。

當時蘇格蘭當政的是瑪麗一世的哥哥，不過這哥哥是父親的私生子，所以不能名正言順的登基，只能當當大管家。這私生哥哥是個新教教徒的首領。瑪麗一世權衡了一下，決定還是讓一切照舊，什麼都不做，繼續讓新教當家。這個動作在她剛回家的那段時間有效穩定了局面，當然也讓天主教的人在心理罵這丫頭不夠鐵腕很不上道。

平靜的時光好景不長，瑪麗一世很快就犯下跟「血腥瑪麗」一樣的錯誤，那就是，對自己的婚姻太輕率。男人不壞，女人不愛，女人總是會被一些浪子吸引，瑪麗一世突然鐵了心要嫁給一個浪蕩子達利恩勳爵亨利．斯圖亞特。瑪麗一世的全名是瑪麗．斯圖亞特，兩個人同姓，血緣比賈寶玉林黛玉還近，是堂兄妹。再仔細地追溯上去，這一對堂兄妹都是英王亨利七世的子孫，如果按輩分算，此時的英女王伊麗莎白一世是他倆的表姑。

其實瑪麗一世回到蘇格蘭，最恨她的既不是新教也不是天主教，而是伊麗莎白一世。因為羅馬教廷不承認伊麗莎白的繼位權，所以如果成功罷黜伊麗莎白一世，瑪麗一世大有資格繼承英國王位。伊麗莎白知道這個表侄女是自己王位的重大威脅，所以一直派人祕密監視她，還企圖安排她的婚姻，以達到完全控制她的目的。

瑪麗一世嫁人這個動作所有人分析就是為了給表姑伊麗莎白一世一記耳光，如她所願，她這次婚姻讓整個英倫三島地震了一次。因為達利恩是個蘇格蘭天主教派領袖，天主教頭子成為王夫，對蘇格蘭剛剛站穩的新教是個重大的衝擊，新教徒敏感到，自己的地位恐怕岌岌可危了。而對伊麗莎白一世來說，這兩個人的結合，如果生出孩子，絕對血統純正，天經地義可以接掌英國的王權，成為英格蘭和蘇格蘭兩國的君主，是伊麗莎白最大的王位威脅。

不論是私事還是公事，瑪麗一世和達利恩的婚姻都是不妥當的，可是女王自己願意，誰也拉不住，不久，王上懷孕，並生下一個男孩詹姆士。婚後不久達利恩浪蕩子形象就徹底恢復了，眠花宿柳就不說了，最無賴的是，他一直要求讓瑪麗一世封他做「國王」，還在瑪麗一世懷孕的時候使用家庭暴力。差點讓她流產。不過這兩口子挺民主的，王夫在外花天酒地，女王在寢宮跟寵臣談心。但最讓瑪麗不能忍受的是，達利恩只許自己鬼混，不許老婆出軌，當時女王最喜歡一個叫大衛·瑞麗奧的義大利音樂家，並讓他作自己的私人祕書，簡稱「小祕」，可達利恩竟然有一天殺進寢宮，將這男「小祕」殺死在女王的眼前！

一五六七年，結婚兩年後，達利恩勳爵在愛丁堡的一個別墅療養，江湖傳聞他正在治療梅毒，二月的一天，這個別墅突然發生離奇的爆炸，等煙火散進大家衝進去一看，王夫死在床上，不是炸死的，而是被掐死的！這是個明顯的謀殺案件，線索最後全部指向詹姆士．赫伯恩伯爵。審了多次，最後被無罪釋放。跟美國的棒球明星辛普森殺妻案一樣，大家都知道是他幹的，他偏偏就可以逃出生天。

接下來的故事，簡直是離奇精怪到極點，詹姆士．赫伯恩剛從官司中脫身，就幹了一件驚天動地的大事。以下的故事是當事人瑪麗一世自己說的啊，我們不能懷疑一個受害者的證詞：這年四月間，剛剛喪夫的瑪麗去探望自己的兒子，在返回路上突然遭遇綁架，綁匪將她帶到鄧巴城堡，她發現綁匪的主謀就是自己的殺夫仇人詹姆士．赫伯恩！而詹姆士這個奴才色膽包天竟然強姦了瑪麗一世！瑪麗一世被囚禁在愛丁堡，受盡逆賊的侮辱，五月中回到愛丁堡，想到自己既然已經失了貞潔，就不如直接嫁給詹姆士算了。於是兩人在當月就舉行了婚禮，而瑪麗一世對外宣稱，王子詹姆士其實是這位詹姆士．赫伯恩的骨肉！

這一段讓人聽得目瞪口呆的故事並不複雜，有一個猜想可以解釋所有的疑惑，那就是，瑪麗一世和詹姆士早就有一腿並勾搭成姦，編這種白癡故事純粹是愚弄所有的蘇格蘭人，而上一任王夫達利恩動爵的死亡，說不定就是瑪麗一世勾搭姦夫共同策劃的！

蘇格蘭人又不傻，這樁婚姻絕對得不到國人的祝福，蘇格蘭的貴族以高地人的直率性格迅速起兵造反，瑪麗一世如果此時選擇跟丈夫切割，可能一切還有救，可這個為愛昏了頭的女人，竟然選擇了捨命相隨，跟丈夫一起跟所有的蘇格蘭貴族作戰，兵敗之後，被囚禁，並提前傳位給兒子詹姆士一世，等於是被罷黜（根據野史傳聞，她為他拼掉了王位的這個男人並不忠誠，還和自己的前妻藕斷絲連，勾勾搭搭）。瑪麗一世被廢後關在一個大湖的中央小島上。女王就是女王，這樣的天險，居然被她成功越獄。逃出來後，又集合餘部跟蘇格蘭貴族幹了一仗，徹底兵敗，趕緊往國外逃。

從這時總結瑪麗一世的一生，有智慧顯然是說不上的，不管智商有多低，之前犯的錯誤還沒有讓她送掉性命，很快，她就犯一個奇蠢無比，完全不可挽回的錯誤了——她竟然逃到英格蘭，向伊麗莎白表姑媽請求庇護！

瑪麗一世和伊麗莎白一世絕對是不同的人，雖然從外貌上看，瑪麗一世身高超過一點八米，在當時是個女巨人，絕對比伊麗莎白看起來有氣勢，可當我們回顧這兩位女王的成長經歷就會發現，瑪麗一世的前半生過於順利了，她的王位幾乎是天上掉下來的，而伊麗莎白是經歷了多少磨難甚至生死考驗才成為英女王，在心態上，伊麗莎白更加知道小心謹慎，步步為營。瑪麗一世最喜歡的事就是跟伊麗莎白對著幹，讓她不痛快，可她卻不知道，作為對手，她的級數差得太多了。

瑪麗的一生是糊塗的一生，最糊塗的事莫過於她死活都不願意放棄英國的王位。而她的對手伊麗莎白一世根本不願意跟這傻女人計較，面對她無數次王位要求，伊麗莎白輕鬆飄逸地玩起太極推手，以伊麗莎白的智商絕對清楚一件事：瑪麗一世如果在位，英國內部還有些天主教蠢蠢欲動，是不宜激化矛盾的，所以她對瑪麗一世瘋顛的要求，既不答應也不完全回絕，讓那個笨女人對英格蘭總是有些天真地幻想。就是因為這些天真幻想的支配，她才會在被罷黜後，傻兮兮地將自己送入伊麗莎白一世張好的死亡之網。

一踏上英格蘭的土地，伊麗莎白就將瑪麗監禁，理由是，她涉嫌策劃謀殺達利恩勳爵，也就是第二任丈夫。鑑於達利恩勳爵是伊麗莎白的表侄子，所以表姑媽要替他討還公道。這實在是一樁大案，慎重起見英格蘭司法機關一審就是十八年，瑪麗自然也就被監禁了十八年。在監禁期間，瑪麗說了一句很意識流的名言，揚名史冊：In my end is my beginning! 這話按我的理解就是：十八年後，老娘又是一條好漢！

瑪麗被軟禁這件事立即傳遍了歐洲，新上任的教皇不信邪，覺得伊麗莎白這丫頭欠收拾，之前的教皇對她實在太客氣，於是他下令：革除她的教籍、罷黜其王位、號召所有的天主教團結起來，不惜代價，推翻這惡婆！還給了一條非常之明確的指令：謀殺伊麗莎白不算犯法！這可把伊麗莎白一世徹底惹毛了，看來之前對天主教徒的寬容並沒有讓他們感恩，既然如此，就推翻中間路線，在英國成立獨立教會，推行新教。而教皇的廢話以後就是歪理邪說，如果以後有人敢把教皇的話傳到英國，一律懲以「叛國罪」！

徹底跟教皇決裂後，伊麗莎白知道，她要預備應付來自歐洲的武力威脅了！

38

這一篇開始重點講講英格蘭大國崛起最重要的一仗——對西班牙的海戰。在大戰開打前，我們先補充一點背景資料。

每一位英王上台，創收都是個重要問題，跟咱家的「普天之下，莫非王土」不同，英王還不能把老百姓的錢都算成自家的，因為有議會這樣的機關，偶爾手頭緊了，苛捐雜稅也不能說收就收。比起咱家的皇帝，英王像個小商販一樣小鼻子小眼，小裡小氣，經常要變著法子給王室朝廷國庫整點錢。伊麗莎白的前任瑪麗一世光忙著階級鬥爭了，一點不考慮財政建設，伊麗莎白一世接班時，國庫帳上幾百萬英鎊的欠債，讓女王上班第一件事就是不擇手段地搞錢。

伊麗莎白一世登基之初，歐洲大陸最熱門最刺激最快捷的發財致富門路就是像西班牙和葡萄牙那些航海家一樣，周遊世界探險，或是貿易或是搶劫收穫巨豐。那時的歐洲資本主義萌芽，商業發展迅速，海洋貿易的範圍顯然比陸地大得多，贏在海洋比贏在陸地更有效益。

英格蘭是個島國，任何一片土地約一百公里外一定是海洋，這種地緣優勢讓伊麗莎白非常清楚，英格蘭正站在一個巨大的歷史機遇面前，於是她開始大力扶持英國海外貿易，不僅授權商人組織貿易公司，發展外貿業務，還親自出資入股，給他們發特許證，授予這些商人和冒險家到海上去笑傲大洋。

又要看地圖了，在冰天雪地的南極半島的喬治島上，跟熱辣辣的南美大陸隔海峽相望，這分割冰火兩重天的海峽，名字叫做德雷克海峽，這個名字是為了紀念他的發現者，第一個到這裡的英雄——英國人德雷克。我叫他英雄，他自己都不好意思，因為這個夥計，實在是記錄不太好，他應該是歷史上最著名的海盜之一，不，應該說是御用海盜，奉旨打劫的那種巨牛的犯罪份子。

這位深受女王寵愛的海上大盜出身寒微，學徒出身。他成為商船船長出海的時候，整個地球的水面上以葡萄牙和西班牙為老大，尤其是麥哲倫完成了環球航行後，葡萄牙進入了印度，莫臥兒王朝的財富源源不斷流向歐洲，而西班牙則進入美洲大陸，幹掉了瑪雅人的後裔，將「黃金大地」南美收進腰包，遍地的金礦耀眼閃光。西班牙霸佔封鎖航線，其他國家就算想到海上分一杯羹，也不能越過西班牙的戰艦，當時很多歐洲的商船甚至沒見過太平洋。而這麼大的水域，簡直就是西班牙自家的水池子，他家要是高興，可以把太平洋當自家的水族箱擺著看。英法這兩個大傢伙被治得沒脾氣，看著西班牙和葡萄牙兩個國家都變成大金牙，羨慕的眼冒綠光，當時這哥倆只能是小打小鬧整點奴隸貿易，分點小油水。

一五六八年，德雷克和他的表兄約翰・霍金斯組織了五艘船到墨西哥，主要業務是進貨，販賣人口。遭遇風暴，船隻損壞，當地西班牙總督同意到他們的港口修理，幾天後，西班牙總督突然翻臉，下令攻擊英國船隻，將船員全部殺死，德雷克和霍金斯兄弟倆命大，虎口餘生逃回英國。德雷克心裡清楚，自己的出海探險讓西班牙覺得非常不爽，想趁他沒成氣候，把英國的大航海計畫扼殺在搖籃裡，德雷克從這時起，心中就醞釀對西班牙的深仇大恨，一輩子都以騷擾西班牙船隻為己任。

四年以後，德雷克兄弟整理了船隻捲土重來，潛進巴拿馬地峽蹲守，終於找到機會搶劫了西班牙運送黃金的騾隊和船隻，並成功地返航。德雷克這一次出擊立刻名揚歐洲，因為所有的歐洲人這下知道，原來西班牙這個老虎屁股還是可以摸的。回到英國的德雷克更是受到「民族英雄」一樣的歡迎，女王親自接見了他，並從此視他為親信，給他搶劫特許證，鼓勵他替女王出海打劫，女王私人掏腰包入股支持他擴充裝備。

一五七七年—一五八〇年，腰桿很硬，心裡有底的德雷克預備大規模跟西班牙單挑一次。從英國出發，穿越大西洋，繞過美洲，再橫穿太平洋回到英國，完成了一次成功漂亮的環球航行。這一路收穫太豐富了，因為膽子肥了的德雷克基本是跟在西班牙和葡萄牙的商船後面搶劫，人家辛苦卓絕，跟土著作戰搶來的那點戰利品，轉手就被「黃雀在後」了，都是不義之財，英國人取得心安理得。路上最大的風險大約就是在南美大陸的南端，為躲避西班牙的攔截走錯了航道，雖然繞了遠路，卻發現了德雷克海峽，讓海盜把大名永遠留在了世界地圖上。不僅地圖留名，歷史也留名，德雷克是世界上第二個環球航行成功的航海家，而排名第一的麥哲倫同志因為在經過菲律賓的時候摻和人家土著內訌，被亂刀砍死在沙灘上，並沒有全程指揮船隊航行。所以德雷克是世界上第一個親自指揮了整個環球航行的船長，我們向他致敬，而他完成這一壯舉的船隊旗艦大家需要知道一下，就是大名鼎鼎的「金鹿號」。

最該向德雷克致敬的是伊麗莎白女王，這趟生意走下來，她投資了多少不知道，反正回國分紅時，伊麗莎白分得大約十六萬英鎊，而當時英王室全年的收入大約五十萬左右。伊麗莎白在家數完了金子，馬上御駕登上「金鹿號」甲板，在萬眾歡呼中，封德雷克為爵士。隨後，德雷克出入王宮成為女王的親信，當然也是王室的搖錢樹，雖然她經常收到西班牙葡萄牙對德雷克的投訴，要求英國嚴懲海盜，伊麗莎白都一笑置之。最拽的是，她還將德雷克環球搶劫弄來的五顆綠寶石鑲在王冠上，每天戴在頭上耀武揚威。從這裡我們可以看出女王的道德觀，拿搶來的東西炫耀，他們從來不覺得丟人現眼。

伊麗莎白發家致富的路子很野，除了扶持海盜，還販賣奴隸，限制羊毛原料和糧食出口，保障了本國的工農業發展，實行新的貨幣政策，抑制了物價上漲。英國國內人口開始增加，GDP高速成長，老百姓生活水準得到不同程度的提高，新聞聯播裡天天都是好消息。女王甚感欣慰之餘，還是有些憂心忡忡，總覺得這樣的生活還是不算圓滿，為什麼呢，因為國內那些個天主教徒，放著好日子不過，老是找麻煩，這不是有個間諜網嗎，007們帶回的消息都是天主教徒欲除掉伊麗莎白而後快。除掉她之後誰接班呢，當然是被軟禁的蘇格蘭前女王瑪麗！

還記得沃辛漢伯爵嗎，英國情報網的頭目，相當於007的上司「M」，這個男M可算是衷心耿耿了，一直幫女王監控所有的消息。沃辛漢知道，只要瑪麗不死，那些境內外反動勢力就不會消停，他跟伊麗莎白提議了幾次，索性殺掉瑪麗，但女王知道殺掉另一個女王絕對不是小事，而且畢竟是自己的骨肉親戚，有點下不了手。沃辛漢急得跳腳之餘，準備設個陷阱，讓瑪麗自投羅網。

根據他的情報，他發現有個叫吉福德的年輕人形跡可疑，他在法國神學院留過學，回到英國後，有些鬼祟。以沃辛漢這種獵狗般的身手很快發現，吉福德實際上是歐洲天主教集團派駐英國跟瑪麗聯絡的通信員。沃辛漢不動聲色地控制了這小子。吉福德顯然是個剛出江湖的雛兒，被沃辛漢連利誘帶嚇唬，沒用辣椒水沒用美人計就全招了，並答應無間道，替英國到瑪麗集團臥底。沃辛漢便馬上安排將瑪麗換了個監禁的地點，跟外界的聯繫全部切斷，唯一可以聯絡的，就只有吉福德。雙面間諜吉福德不負眾望，很快在瑪麗關押的周圍找到一個啤酒館老闆，並成功地透過他將密信傳給了瑪麗建立了聯繫。吉福德給瑪麗出了個高招，說是可以將她的信件藏在啤酒桶中帶出去，非常安全。瑪麗立馬被忽悠，馬上交出了大批信件，給各路救兵的。沃辛漢知道，這些信件還不能最終決定瑪麗的命運，他需要瑪麗更過激的行為，將自己送上絕路。

沃辛漢很有耐心地看著瑪麗在自己眼皮子底下玩花樣，每一封信，他檢查過後，就還給吉福德用啤酒桶運出去，交給有關的反動派。過了一段時間，瑪麗和境外勢力都感覺訊息溝通得足夠，管道暢順，可以謀大事了。沃辛漢趕緊派吉福德到歐洲出差，告訴那些人，一切都準備好，可以下手了。

這時，境外反動集團的頭目——西班牙國王腓力二世露頭了。這個團夥謀劃的大事是什麼呢？就是派一個殺手團夥上來，將伊麗莎白幹掉，扶持瑪麗登基！當然這個計畫沒這麼簡單，潛進來的西班牙特工，一部分負責刺殺，一部分負責解救瑪麗，而腓力國王自己就集合好西班牙的無敵艦隊，列陣海上，隨時提供後援！

仔細算起來，這西班牙國王腓力二世曾經是「血腥瑪麗」的老公，伊麗莎白一世要喊他姐夫，為什麼對自己小姨子下手怎麼狠呢，除了腓力自己是個天主教的狂熱分子，另一外還有好幾件事讓兩人結下大仇，一件件細數一下啊。

39

第一次結怨，伊麗莎白拿腓力當傻小子，擺了他一道！

話說伊麗莎白初登大寶，她和她屁股下面的英國王位讓歐洲所有的王老五垂涎。腓力二世更是以前姐夫的身分過來求婚，小姨子結婚，姐夫優先，似乎也並無不妥。當時伊麗莎白一世的處境非常艱難，因為幾乎整個歐洲大陸都不承認她的王位有效，尤其是法國，對法國人來說，瑪麗是他家的媳婦，如果成為英女王，對也家自然是大有好處。面對姐夫的求婚，伊麗莎白採用了含羞帶笑，半推半就的動作，腓力二世以為這小姨子絕對跑不出自己的手心，於是為了取悅她，開始幫她在歐洲開路，搖旗吶喊。以西班牙的江湖地位，這點事還是能做到的，況且如果連大哥大西班牙都承認了伊麗莎白的女王之位，其他國家有什麼理由反對呢。很快，伊麗莎白一世算是在王位上坐穩，獲得了歐洲諸國的認可。達到目的後，女王小臉一板，義正詞嚴地告訴腓力二世：「我們倆宗教信仰都不一樣，哪有共同語言啊，以後居家過日子，天天為信上帝的事幹仗多不合適啊，你快去找別人吧，我還有事，不跟你說了，拜拜！」腓力二世這才明白被這小娘子耍了，嘔血數升後，決定君子報仇，多久也不晚！

世界霸主西班牙國王腓力二世追小姨子未遂，惱羞成怒還沒過去。歐洲又出大事了！尼德蘭革命了！

尼德蘭意思是低窪的地方，大致位置相當於現在的荷蘭、比利時、盧森堡和法國東北部，原來是屬神聖羅馬帝國的土地，一五五六年歸入西班牙。尼德蘭是西歐資本主義經濟發展比較快速的地區，資本主義經濟的最大特點就是自由。而西班牙還是頑固的封建統治，由於該地區是西班牙國庫收入的最大來源，所以對這塊肥肉的壓榨絕不客氣。尼德蘭因為嚮往自由的關係，很自然地接受了基督教的加爾文教派，也就是新教，這讓傳統的天主教西班牙非常惱火。腓力二世繼位後，更是處處對尼德蘭施以顏色，想逼迫他們放棄新教，重歸天主教的門牆。

被壓迫得緊了，尼德蘭人便開始找西班牙總督請願，想做非暴力合作運動，透過感動心靈來達到目的。腓力二世可不吃這一套，他非常果斷地派出西班牙名將阿爾瓦公爵帶五萬大軍殺進尼德蘭，這位以手段毒辣著名的將軍在尼德蘭殺人無數，激起歐洲各新教國家的無比痛恨，紛紛組成援軍支援尼德蘭。尼德蘭革命是世界歷史上第一次成功的資本主義革命，革命的重要結果是，北部勝利獨立，給世界帶來第一個資產階級共和國——荷蘭，轉動著大風車，搖曳著鬱金香風情的魅力國度。

這個事跟本篇的主角英格蘭有什麼關係呢？大家別忘了，英格蘭此時也是新教國家，而尼德蘭地區對英格蘭是非常重要的。首先，英國的羊毛最多就是出口到這裡，其次，尼德蘭地區是歐洲離英倫大地最近的部分，相當於英格蘭在歐洲大陸的前沿和戰略緩衝帶，如果被敵人佔據，英國的國土是很危險的，如果把持在盟友手裡，這裡自然就成為英國進入大陸的跳板。所以，尼德蘭的資本主義革命，伊麗莎白一世自然是全力支持的。

支持歸支持，可要跟西班牙正式翻臉叫板，英國的實力顯然是不夠的。怎麼辦？未婚的女子總有她的辦法。這時，突然又有人向她求婚了。

這次求婚的是法王的御弟，也是當朝太子，擁有安茹和阿朗松兩個公爵爵位的法蘭西斯。這位阿朗松公爵二十多歲，女王已經年過四十，求婚時，公爵正帶著法軍進攻尼德蘭的新教徒，伊麗莎白想到，如果能夠籠絡阿朗松，讓他掉轉槍口，是成本最低的幫助尼德蘭革命的辦法。於是伊麗莎白答應了阿朗松的求婚，但婚事要暫緩，這個傻小子沉浸在英國王夫乃至英法兩國國王的遐想裡，完全昏了頭，果然在尼德蘭的問題上改變態度，開始幫著新教徒反抗西班牙了。

如果僅僅是政治目的玩弄傻小子還罷了，英國人很快發現，這次女王好像態度猶豫曖昧，似乎對這位阿朗松公爵動了心思，她甚至還約阿朗松到英國見面。要知道，王室這種聯姻，就算是真的成事，男女雙方也不用見面，等入了洞房才互相仔細看。伊麗莎白約見阿朗松，聰明的英國國務政策辦公室——樞密院很快就感覺到，這位大姐春心動了，怕是真的會墜入阿朗松青春的情網裡。這可是不得了的大事，女王四十好幾了，結了婚也不一定生得出孩子，阿朗松還是個小鬼，看體格完全能死在伊麗莎白之後，那時的英國王位就跑到法國人手裡，那可是英國人最不願意看到的事。於是，全國上下開始掀起了如火如荼地反對女王結婚的運動。伊麗莎白做女王最成功的地方是，她從不以個人的利益跟整個英國對抗，非常尊重民意，所以這場婚事就一直拖下來，一拖就拖了十二年，女王超過五十歲了！而英國樞密院算命也沒算準，那位可憐的阿朗松公爵並沒有死在女王之後，這一場無望的愛戀以阿朗松熱病暴死而告終。全英國人長舒一口氣。可以想像女王這十二年的無奈，但這個犧牲非常有價值，因為有效地牽制了法國，使西班牙對尼德蘭的鎮壓少了一支強大的力量，控制法國，比英國自己參加尼德蘭革命效果還要好。

讓我們站在西班牙國王腓力二世的角度想想吧，英國那個女人，拒絕了自己的求婚，卻答應跟法國那個黃毛小子結婚，還煽動他跟西班牙作對，是可忍，孰不可忍?!腓力二世對伊麗莎白的仇恨又增加一重，所以，在一五八五年阿朗松去世後不久，腓力二世就將伊比利半島全部的英國船隻扣押。阿朗松死後，法國國內發生王位之爭，自然有一派力量是天主教的，英國的敵人，所以，伊麗莎白敏感到，沒有人可以幫助自己了，眼下既要派兵到尼德蘭支持革命軍，又要做好準備跟西班牙正式翻臉！

就是在這個背景下，腓力二世一邊做打仗的準備，一邊開始設計暗殺伊麗莎白。那個叫吉福德的小子不是已經聯繫上瑪麗了嗎，一切準備就緒，可以派人行動了！

這次到英國執行任務的特務集團頭目叫巴賓頓，一在英國上岸，他就寫了一封信讓吉福德帶給瑪麗，信的主要內容是彙報工作，大體上是將自己的暗殺和營救計畫都寫得明白。被囚禁了快二十年的瑪麗看到來信心花怒發，想到自己的苦日子要到頭了，有點言語失度。她在回信裡表揚了巴賓頓的工作計畫，並重點表示了自己對暗殺伊麗莎白的認可，認為只有殺掉自己的表姑媽，自己才能大搖大擺地繼承英國王位。

前面說過，瑪麗和西班牙的這些動作，如同一些老鼠的遊戲，早就被大花貓——「M」當大片看，瑪麗鬧騰得越凶，英國的情報網越興奮，尤其是瑪麗同意殺掉伊麗莎白的信件到手時，英國的特務頭子沃辛漢差點笑出聲來。他等了這麼久，就是要這樣一個重磅炸彈。不管是誰，策動謀殺英國女王，還不是殺無赦啊。於是，沃辛漢開始收網，暗殺組成員、營救組成員、聯絡組成員，不管什麼分工，沾邊的就抓，頃刻之間粉粹了一起針對國家領導人的重大惡性案件。

人犯和罪證交到伊麗莎白手裡，她本來還有點婦人之仁，還專門派人到蘇格蘭，徵詢瑪麗的兒子，現任蘇格蘭國王詹姆士六世的意見。要不怎麼說瑪麗這女人做得失敗呢，做老婆，剋死第一任老公、害死第二任老公、第三任老公對她還不忠；做女王，輕而易舉就被罷黜了；做親戚，來串個門就被主人家關了十八年；真是失敗得不能再失敗，更可憐的是，最失敗還在後面，她自己的兒子居然同意伊麗莎白一世對老媽的處決！作母親也失敗了！這樣的女人，活著也沒什麼意思了，仁慈的英國女王決定送她到上帝那裡去，希望她不要再在人間受苦了。於是，一五八七年二月，伊麗莎白一世帶著沉重的心情宣布把瑪麗砍頭。

瑪麗行刑那天穿了一身紅衣，意味著，她自認為是替天主教殉教。砍頭當天非常詭異，據說第一斧子劈下去，斷了一半脖子的瑪麗居然還能說話，劊子手最後是砍了三次，才把她的頭剁下來，英國的斧頭疑似有品質問題。最驚悚的是，劊子手提著那個頭顱給觀眾展示，這個腦袋上的嘴居然還在顫動，嚅嚅囔囔的，好像在祈禱！瑪麗被砍時，她的小獵犬藏在她的裙子裡，身上浸染主人的鮮血，後來好不容易給洗乾淨，被製成小木乃伊，收藏起來了。

瑪麗殉教，這個消息陰風席捲歐洲大陸，尤其是天主教世界。伊麗莎白一世的這個處決令被認為是向歐洲天主教世界宣戰，最受挑釁的，就是西班牙。腓力二世以極快的速度在伊比利半島西部集合艦隊，預備向英國大舉開進。只是，雖然是正經海戰，也沒說不准耍賴，也沒說不准海盜參與。英女王的祕密武器，大海盜德雷克先動手了，他幽靈般地突襲西班牙的港口，以迅雷不及掩耳之勢摧毀了西班牙近三十艘戰艦，搶劫西班牙的海軍補給更是不計其數，而在這期間，英國海軍也緊急動員，做好了戰鬥準備。

正式開打發生在一五八八年，西班牙派出了大型戰艦一百五十艘，號稱「無敵艦隊」（人家不吹牛啊，在這之前，西班牙的艦隊正式出征，從無敗績！被海盜騷擾不算啊）。這家人的戰艦最大的特點就是「拙」，體型粗笨，掉頭困難，但是火炮火力還是比較兇悍；而英國預備接招的戰艦是輕靈型的，吃水淺，速度快，炮彈也小型但射程非常遠。在指揮者方面，西班牙派出一個公爵，而英軍實際上的指揮官就是副司令德雷克，我們相信，在當時的江湖上，德雷克絕對是水上第一高手，而且最重要的是心理優勢，不管西班牙把自己的艦隊吹嘘得多厲害，嚇唬別人可以，德雷克是不會放在心上的，因為對西班牙動手，他的經驗實在是太豐富了。

無敵艦隊的一百五十艘大戰艦排成月牙形，浩浩蕩蕩駛進海峽。西班牙的策略是，穿越海峽在法國加萊港靠岸，將那裡正與尼德蘭作戰的西班牙陸軍接上船，然後揚帆越過海峽，讓陸軍在英國登陸，英國人知道，西班牙陸軍如果真的順利登陸，英國的防線還是很脆弱的，所以一定要將他們盡量消滅在海上。

在「無敵艦隊」去法國接陸軍回師的路上，英國艦隊遠遠看著，並不正面迎戰，只是讓少數快速艦隻繞過敵艦，尾隨在它後面，一有機會就襲擊那些掉隊的艦隻。當時的英國人把這種打法叫做「一根根捋下它的羽毛」。這種鬼鬼祟祟的騷擾戰術一看就是海盜的手法，讓西班牙稀裡糊塗地在行軍路上損失了不少船，氣得跳腳又抓不住兇手。只是，他們不知道，這只是英國人送來的餐前小菜，西班牙艦隊駛達法國海岸的加萊港以後，真正的大餐才開始。

離加萊港不遠，西班牙的巴爾馬公爵已經集結了一批精銳的陸軍部隊，但等西班牙艦隊幫他們渡過海峽。英國海軍決定把握時機，在西班牙海陸軍還沒有會合的時候，把它的艦隊摧毀。德雷克準備好八艘速度最快的小艇，裝滿火藥和乾柴，在炮火的掩護下，向敵方中央的指揮船艦衝去。隨著撞擊的巨響，西班牙幾隻大船著起了熊熊大火，其他沒沾上的船知道不好，都忙著閃避，可西班牙的船本來就笨重，行動遲緩，一時間亂成一團，再加上風助火勢，西班牙艦隊被燒成一鍋粥！

德雷克知道殲滅敵人的機會到了。第二天早晨，他率領六十艘英國戰艦出擊。這些艦隻雖小，速度卻比西班牙艦隻快一倍，火炮發射速度也比西班牙那些大東西快很多。雙方一交火，西班牙的大戰艦就完全處於挨打的狀態。從早晨到黃昏，英艦在西班牙的艦隊中，縱橫穿梭，身手敏捷，西班牙艦隊在原地掙扎如同無頭蒼蠅，打又不好打，躲又沒處躲，結果五六十艘大船很快就報銷了，隨著風勢一轉，英國艦隊果斷撤出戰鬥，消失得無影無蹤！

這一仗打下來，無敵艦隊顯然很「無力」。西班牙人決定逃跑。上帝不保佑啊，海峽上一直颳著強勁的南風，而且還有英艦截擊，往回逃已經不可能。殘存的西班牙艦隊只好順風北上，準備繞過大不列顛島，沿愛爾蘭島西岸駛回西班牙。這段路程不僅漫長，還很殘酷，北海滔天的巨浪和狂風都與英國人合夥欺負西班牙人。逃命之路讓西班牙艦隊受到更嚴重的損失。據說，在愛爾蘭北部沿岸，有八千名西班牙官兵還葬身在那裡，永遠回不了家。等到「無敵艦隊」由愛爾蘭駛回西班牙的時候，西班牙失掉了一百多艘戰艦和一萬四千多名官兵，可以號稱全軍覆沒，而英國的艦隻幾乎沒有損失，大約就是死了一百多名水手。

這一場，就是世界戰爭史上著名的一五八八英西海戰，打順手的英國女王後來毫不客氣地經常主動出擊西班牙，直到世界的海權易主！

40

「地主們」都期待伊麗莎白一世的緋聞，其實這個女王很讓大家失望，作為一個單身女子，九五之尊，她的私生活乏善可陳，一點不勁爆，男國王不好色，女國王沒有面首之類的故事，都讓歷史特別沒勁。老楊發揚狗仔隊的精神，深入挖掘，沒事也要找出事來吧！

上兩篇已經說過求婚者的事，西班牙國王和法國太子分別向她求婚，並都成功地被女王利用，成為實現政治目的的工具。在跟法國王子的婚姻計畫被全體臣民攪和了之後，伊麗莎白就宣布，她終生嫁給英格蘭。其實除了這兩位傻小子，歐洲大陸向伊麗莎白求婚的人是非常多的，要知道，伊麗莎白除了是女王，相貌還頗為秀麗，有才學，不管從哪個角度考慮，都是鑽石級的老婆人選，不過這些求婚者，因為在政治上地位比較低，連當工具的資格都沒有，我們就將他們徹底清除出女王的情史吧。

關於伊麗莎白為什麼不結婚的事，最多的說法是他父親的六次婚姻給她幼小的心靈留下傷痕。還有種說法，是她自己非常清楚，自己的婚姻對政治影響太大，在不知道這種影響是好是壞的前提下，伊麗莎白這個謹慎的女人索性選擇不嘗試，不冒險。伊麗莎白因為不婚，給自己整了個「童貞女王」的綽號，這名字放在咱家，可以在京城周邊找個地方給樹個牌坊，其三貞九烈，著實令人敬畏，不過歐洲並不是中國，伊麗莎白沒嫁過人是真的，但她是不是「童貞」就有點讓人懷疑，而且我個人認為，非要給這樣一個聰慧美麗的女子扣一頂老處女的帽子相當殘酷。

男國王沒有女大臣，沒機會鬧緋聞，但女大王是要靠男大臣的，時間長了，肯定有個別模樣不錯，善解人意跟女王關係特別好些。這個族群就是我們經常說的「寵臣」。

伊麗莎白第一個寵臣是萊斯特伯爵——達德利。這段關係說青梅竹馬比較適當，達德利也是王親，還記得瑪麗之前那個短命的女王簡．格雷嗎，達德利就是簡．格雷老公家族的孩子。小時候，伊麗莎白就和達德利在王室的私塾上學，明亮而清純的少年時代，那時伊麗莎白八歲，據說達德利跟女王同是一天生日，應該年長一歲。兩個小孩一見面就很投契，是私塾裡最好的朋友。不過顯然兩人都沒有健康而快樂的成長，伊麗莎白的命運之前說過了，而達德利也好不到哪裡去，他是家裡排行老五，估計將來既沒錢也沒地位，所以家裡安排他迎娶一個鄉紳的女兒，因為她陪嫁優厚。不久，簡・格雷被推下王位，瑪麗一世懲罰所有有關的人，達德利被關進倫敦塔。緣分啊，不久伊麗莎白也被送進倫敦塔，生命裡都有了倫敦塔的記憶，長大後也有些同是天涯淪落人的感覺，更近了。

伊麗莎白一世一登基，達德利的生活就發生了翻天覆地的變化，他被任命為皇家御馬師。大家一聽都很失望，怎麼能給人家安排個弼馬溫的職位呢，大家有所不知啊，這個御馬師的地位可比孫悟空強多了，基本上女王的出行、活動、私人聚會等活動都由他安排，有點私人祕書的性質，幾乎天天和女王膩在一起。而女王對達德利的封賞更是不計其數，還授予他萊斯特伯爵的頭銜。

一男一女有了特殊的關係，如同陽光下的灰塵，很難瞞住別人，萊斯特伯爵可以隨意進出女王的寢宮，一點也不掩飾，很快，他就發現自己犯了眾怒，朝野上下，宮廷內外，所有人對女王無原則寵信這個有婦之夫感到氣憤，而萊斯特伯爵的目的更容易讓人往最壞的方向猜測。不久發生的一件事，讓萊斯特伯爵的人品更遭人鄙視了。他的老婆艾蜜莉突然從樓梯上摔下來死掉了！這個案子一出來，幾乎所有英國人都成為福爾摩斯，推理的結果全都一樣：萊斯特為了恢復自由之身跟女王結婚而殺掉了自己的老婆！不管萊斯特有沒有殺老婆，獨身後的他確實向女王求婚了，伊麗莎白雖然深愛萊斯特，但頭腦高度清醒，如果自己答應了婚事，萊斯特老婆的死亡謎案就坐實了，伊麗莎白說不定直接被定性為幫凶；而萊斯特在宮廷內外遭所有人忌恨，如果他成為王夫，說不定會有人造反啊，於是，痛苦地權衡之後，理智再一次戰勝情感，伊麗莎白拒絕了萊斯特的求婚。

知道跟女王結婚無望的萊斯特後娶了女王美豔絕倫的表姐，據說為了怕女王受打擊，這樁婚事瞞了女王很長時間，即使是知道以後，女王還是保持了對萊斯特的寵幸。讓他領兵去尼德蘭參戰，本指望他掙點軍功回來改變大家對他的看法，可這傢伙不長進，在荷蘭被打得很慘。萊斯特兵敗讓大臣們更憎惡他，女王卻一點不責怪。到一五八八年萊斯特伯爵去世，他獨佔女王的寵愛三十年，死時女王悲痛欲絕，即使是英國海軍在海上大勝西班牙都沒讓她高興起來。萊斯特伯爵曾經替女王視察美洲，回來後帶給女王的禮物是一種鮮豔的水果，這種叫「狼桃」的東西讓女王非常興奮，這東西我們現在經常吃，也就是番茄，因為這個浪漫的來歷，番茄在英國又叫愛情之果。

萊斯特伯爵一生沒有合法的兒子，私生子卻有一個，大約源於他某次露水情緣。這個小孩叫羅伯特，一直跟在萊斯特身邊教養，還隨他出征荷蘭。萊斯特死後，他將兒子交給了伊麗莎白，女王自然便將他帶入宮中，這個小孩就是英國歷史上出名的埃塞克斯伯爵。為什麼很出名呢，除了他英俊不凡風度翩翩外，最重要的是因為他取代了他父親的位置，成為女王的新寵，這時，伊麗莎白五十三歲，埃塞克斯十九歲！

又是個老牛吃嫩草的經典故事，在這種故事裡，那老牛不管之前有多麼智慧，都會為嫩草犯糊塗，而這些個嫩草，普遍空有一付好皮囊，腹中全是草莽，一個比一個腦子笨，還會闖禍。埃塞克斯伯爵在朝廷幾乎是無所不能，伊麗莎白一世將英國最賺錢的生意——葡萄酒的業務讓他壟斷，經常升他的官，年紀輕輕，比韋小寶還有前途。可這小子是個志大才疏的繡花枕頭，在朝廷裡比手劃腳還不滿意，他竟然要求帶兵出征，去愛爾蘭打仗！

這時又涉及到英格蘭面臨的另一個外交問題了，那就是愛爾蘭的問題。我們之前已經說過，英王亨利二世的時候入侵愛爾蘭，將它收為殖民地，一直派總督管理。後來因為英格蘭忙著跟蘇格蘭、法國之類的宿敵扯不清，對愛爾蘭的管理比較鬆懈，讓該地區經濟發展遲緩，跟中央長期離心離德。亨八在位不是跟天主教翻臉決裂了嗎，順帶著讓愛爾蘭也跟著一起加入新教，可愛爾蘭畢竟是當年歐洲最不開化的地方，英格蘭平時對該地區就沒有文化建設，關鍵時刻讓人家突然接受這麼大的變革，自然是不幹的，所以愛爾蘭就開始叛亂不斷。亨八後來覺得這樣太麻煩，索性愛爾蘭直接由英國管轄，以後英國的國王兼任愛爾蘭國王，不管人家願不願意，這個事就這麼決定了。到愛德華六世，為了穩定這個蠻荒的地區，英國人開始不斷向這裡移民。

伊麗莎白一世在位，愛爾蘭也一直不太平。尤其是西班牙海上戰敗後，就一直想利用愛爾蘭的反叛力量找英國的麻煩。其實，就算沒有西班牙人挑唆，愛爾蘭人對英國也是滿心仇恨的，因為英政府派駐愛爾蘭的歷屆總督，莫不是以刮地三尺，欺負百姓為己任。而伊麗莎白自己，因為害怕愛爾蘭成為天主教顛覆自己的基地，對那裡也是很防範，很刻薄的。一五九八年，愛爾蘭的總督突然死翹翹了，英國一時半會沒派出新總督，藉這個機會，愛爾蘭人在首領蒂戎的領導下，開始反擊英國。

女王趕緊組織朝會商議新總督人選，這新出爐的總督，自然是要帶兵平亂的。埃塞克斯剛出征西班牙回來，雖然沒打出什麼威風，但這小子癮大水準低，聽見打架的事就想摻和。當時女王和眾臣已經議定新總督的人選，不是埃塞克斯，這小子平時被女王寵壞了，見她不按自己的意願辦事，當場就發飆。要不怎麼說這小白臉放肆而愚蠢呢，他竟然在滿朝文武面前轉身就走，背對著女王離去。我對英國的宮廷禮儀不是太清楚，可我知道，哪怕是今天，面見英女王都要倒退著出門，埃塞克斯這樣的動作，在咱家的說法上叫：大不敬。當著一屋子臣下，女王的顏面無存，氣惱之下，狠狠地扇了埃塞克斯一記耳光，而埃塞克斯也沒想到老太太居然會動手，火冒三丈，徹底昏了頭，竟然面對女王拔出了劍！當時現場所有人臉都嚇白了，幸好有幾個還沒被嚇傻的過來按住了埃塞克斯，將這場難看的風波結束。這事之後，所有人都認為，女王一定會處罰小白臉，誰知老太太竟然沒事人一樣，讓這麼大一件殿堂風波不了了之，小白臉自己把自己關在鄉村別墅生了幾天悶氣，又跟女王和好了。

後來埃塞克斯多次要求出征愛爾蘭沒能如願，而此時，對戰英軍的愛爾蘭的反叛軍隊驍勇野性，又善於游擊戰，在愛爾蘭的樹林中神出鬼沒，英軍只有招架之功全無反抗之力；加上西班牙國王腓力二世又出錢又出力在背後支持，讓伊麗莎白更加鬱悶。後來，在萬般無奈的情況下，死馬當活馬醫，只好派埃塞克斯出任新的愛爾蘭總督，滿足他出征愛爾蘭的理想。

小白臉神氣活現地全副武裝殺進愛爾蘭，這次出征跟以前幾次都不一樣，埃塞克斯出門打架，女王是很心痛的，所以不僅要人有人，要錢有錢，最好的裝備，最優質的後勤保障，當然還有御賜尚方寶劍。從埃塞克斯離開倫敦，女王就吃不下睡不香，生怕這寶貝有危險，好在寶貝有危險的消息是沒有的，最多的消息就是，還沒遭遇叛軍的主力，埃塞克斯的軍隊就損失過半了。

埃塞克斯的大軍在愛爾蘭花錢如流水，一場勝仗都沒打過，女王開始焦慮了。而埃塞克斯自己更焦慮，越想贏越贏不了，最後被逼急眼了，他居然私下去跟愛爾蘭的叛軍首領談判，談判的結果是，英軍最後的防線被擊潰。英國朝野上下盛傳一個猜測，埃塞克斯反叛了，他預備夥同愛爾蘭反叛一起打進倫敦！

這顯然不是真的，聯合愛爾蘭攻打英國這麼高明的計畫我認為這小白臉肯定想不出來，但面對倫敦越來越難聽的流言蜚語，他有他的解決辦法，作為英軍統帥，他竟然完全放棄了自己的軍隊，自己的職責，帶著自己的親信隨從跑回了倫敦，他到達女王行宮的時候是早上十點，女王剛剛起床。埃塞克斯地方熟啊，直接就衝進了女王的臥室，此時的伊麗莎白六十多歲了，因為年輕時的一場天花，臉上留下一些疤痕，每次出現在公眾面前的女王都經過長時間的化妝，充分掩蓋了蒼老，即使是埃塞克斯也沒見過女王一臉皺紋，滿頭亂髮，脖子上的肉都鬆弛下垂的樣子。

當時的女王很吃驚，但埃塞克斯跪下表白，說是完全是因為思念女王才這樣趕回來，女王見他一身泥濘，狼狽不堪的樣子，當場也非常感動。這一番苦肉計雖然感動了女王，樞密院的謀士們可不信這個邪，埃塞克斯兵敗，私會敵首，擅離職守，違反的軍紀國法也太多了，女王沒有任何理由可以為他辯護，只好任由樞密院作主，將埃塞克斯軟禁。

41

前面一直說埃塞克斯是個草包，不過以他的地位，草包不怕，自然有高人在他身邊幫忙出主意，而埃塞克斯身邊的師爺可不得了，說出名字來，大家都要嚇一跳，法蘭西斯·培根！如果還有人說不認識這個夥計，那老楊就真的無語了。據我所知，八十%以上的各類學校，牆上會貼這位老兄的名言，最著名的一句：知識就是力量！

培根一直被稱為是哲學家、文學家和科學家，他的治學之道非常出名，「讀史使人明智，讀詩使人聰慧，數學使人精密，哲理使人深刻，倫理學使人有修養，邏輯修辭使人善辯。」對於一個宣導科學的人，他提出一個叫「歸納法」的東西，簡單說就是先試驗，再看前人的經驗，然後分析、選擇、排除。馬克思說他是「英國唯物主義哲學實驗科學的真正始祖」，江湖地位非常之高。

按說有培根這個幕僚，埃塞克斯不應該太笨，實際上，培根算是女王和埃塞克斯的情感顧問，經常在兩人之間調解關係。我不厚道地分析，培根學問不錯，可在伊麗莎白一朝，仕途發展很一般，他此時依附埃塞克斯，只要這小白臉跟女王關係好，保持寵臣的地位，他自己的地位當然也有保障。應該說，埃塞克斯經常持寵而驕，如果不是培根天天在背後提醒他「低調」，這小子早就闖大禍了。可惜培根也是個書呆子，也不知道怎麼對付愛爾蘭的悍匪，只好眼睜睜看著他主子任性地從前線逃跑，鑄成大錯。

自從埃塞克斯被軟禁，培根就經常到女王那裡求情，希望女王還像原來那樣放他一馬。可這次不知道為什麼，女王聽到培根的求情總是很不耐煩，經常讓她更加生氣了。不久，女王突然宣布，取消埃塞克斯的葡萄酒專營權。埃塞克斯完全不分析女王的行為目的，只覺得自己被軟禁，受了天大的委屈，在他的邏輯裡，老太太視自己如珍似寶，絕對不會對自己下手，她現在居然這樣懲罰自己，太過分了，愛恨只有一線，埃塞克斯想到自己大好青年，伺候一個老太太這麼多年，無比委屈，立時開始憎恨女王了。

他被軟禁在鄉間別墅，經常在家裡召見各路親信，埃塞克斯的親信也沒什麼好東西，湊在一起就煽動埃塞克斯造反，讓他帶頭推翻女王，自己做國王。埃塞克斯的愚蠢又一次害了他，因為他經常跟女王在一起，知道些國家大事，女王因為常年對外用兵，國庫匱乏，稅收方面又有點重手，讓老百姓開始對女王頗有微詞。埃塞克斯認為，如果他走到街上，振臂一呼，英國的百姓絕對會追隨他攻入王宮，讓伊麗莎白一世下課，自己成為新的英王。

於是，埃塞克斯和他的那些草包朋友就真的這麼幹了，培根早就勸告埃塞克斯不要跟這些豬朋狗友混，會出事，這小子偏不聽。話說這一群花花公子揣著些天真的想法開始反叛，說來好笑，整個過程簡直連一點情節都沒有，基本上是，還沒發生就被平滅，如同拍死一隻蒼蠅。埃塞克斯被俘，關進了倫敦塔，而負責審理此案的大法官就是培根。女王又做了一件讓人想不到的事，這次小叛亂因為太玩笑了，所以很多主謀都被赦免，就是埃塞克斯沒有免，女王親自簽署了他的處決令，非常果斷！

伊麗莎白處決埃塞克斯這個事，是很多心理學家喜歡研究的問題，就算埃塞克斯犯下滔天大罪，女王若真想保他肯定也能讓他活命，為什麼一定讓他死呢，尤其是，他死了之後，女王悲痛得幾乎生病。

最高明的分析是，埃塞克斯從前線逃回來不算大錯，最錯的是，他不應該在女王沒洗臉沒刷牙沒梳頭的時候見駕！伊麗莎白一世一直以智慧型美女自居，生過天花後，臉上的疤痕讓她鬱悶死，總擔心自己不美的一面被人看見，在英國的朝廷，大臣們最適當的拍馬行為就是讚揚女王的絕世美貌，女王每次都很受用。

話說我們家漢武帝時代有個李夫人，有傾國之色，受盡武帝寵愛。後來李夫人生病，眼看就要玉殞，但她抵死不肯讓武帝見她一面，武帝去見她，她用被子蒙住頭，當時武帝甚至以千金的代價希望看到她病中的容顏，她寧可抗旨也不給見，她的名言是：以色事人者，色衰而愛馳，愛馳則恩絕。

雖然伊麗莎白九五之尊，不存在這個問題，但是對女人來說，總是希望自己最美的樣子讓愛人銘記，而如果有一天形容枯槁被愛人看見，那簡直是人生最大的痛苦。從伊麗莎白的角度來看，自己最醜的樣子被埃塞克斯見到，這件事讓她想起來就胸悶氣短，想太久，鑽了牛角尖之後，女王肯定也開始恨埃塞克斯這個不懂事的小子了。

這應該是伊麗莎白最後一段緋聞，埃塞克斯死後，伊麗莎白的性情大變，暴戾乖張，喜怒無常，經常不吃不喝的，憂鬱地在王宮裡晃來晃去，拎著把劍，對著牆上的掛毯亂刺。所有人知道，年界七十的女王走到最後了，現在最重要的事是趕緊物色接班人。伊麗莎白為怕引起國家動蕩，一直不提繼位人的事，但那些重臣們都知道，伊麗莎白經常跟蘇格蘭國王詹姆士六世通信，像導師和母親一樣給與關照和教化，而詹姆士會那樣果斷地大義滅親，同意英國人處決自己的老媽，也是向伊麗莎白表忠心之舉，他顯然是女王心儀的人選。

一六〇三年三月，彌留之際的伊麗莎白一世已經失去了語言能力，她用手勢交代了後事，將英國王位傳給詹姆士，是為詹姆士一世。

歐洲歷史上天之嬌女結束了她的時代，在位四十五年，伊麗莎白勵精圖治，調和了宗教矛盾，發展經濟，擊敗強大的宿敵西班牙，她絕對是英國歷史上獲得讚頌最多的國王，而英國在北美的第一個殖民地就是「維吉尼亞」，因為在英文中，童貞女王是Virgin Queen of England，維吉尼亞就是用她的名字來命名。其實，她對英國歷史最大的貢獻，就是幫英格蘭確立了所謂「英格蘭主義」，其要點就是保持在大陸之外獨立的島國個性，不依賴也不屈服，建立屬於英國人自己的民族精神。

伊麗莎白時代也是英國文化發展的一個巔峰時代，英國文藝復興的峰頂，除了重量級文化人培根之外，另一個大家都認識的文化巨擘就是莎士比亞。

莎士比亞出生在英國中部一個小鎮，父親經商，做過鎮長，那時候家裡還算殷實。十三歲時，莎爸生意失敗，家道中落，莎士比亞只好輟學打工，很早就結婚生了孩子，過著窩窩囊囊的生活。因為從小就喜歡戲班子，所以二十二歲的時候，沒什麼特長的莎士比亞跟著一個戲班子進入倫敦，開始了大部分明星都要經歷的「北漂」生涯。小莎在戲班子裡大概算個車童，代客泊車那種，當然，那時候沒有機動車輛，都是騎馬或是馬車，所以車童的工作就是照看客人的馬。小莎同志在卑微的工作職位上發光發熱，深受顧客好評，多次被評為「先進工作者」。

小莎口齒伶俐，為人機靈，還善於模仿，很快，戲班子有些路人甲匪兵乙之類的角色就讓他來跑龍套，龍套跑得好就成為配角，獲得戲班子的正式合約，算是進入了娛樂圈。當時的倫敦，戲班子不少，最缺的就是好故事，編劇本的人非常熱銷。小莎為自己前途打算，開始系統地讀書，學習編故事，寫劇本。幾年後，長達三部的歷史劇《亨利六世》上演，轟動了倫敦，莎士比亞開始走紅。

莎士比亞的劇本創作早期，人生比較順利，伊麗莎白一世的政局穩定，社會繁榮，所以他當時寫的都是喜劇和歷史劇。但是在這個階段，讓他奠定了世界劇作行業宗師地位的，卻是一部悲劇，那就是大家都熟悉的《羅密歐與茱麗葉》。講述兩個宿仇家庭的孩子意外相愛，私定終身，遭遇重重阻擋，不能公開關係，羅密歐因為殺人逃跑，茱麗葉被許配他人。後來在一個神父的幫助下，茱麗葉吃了一種高科技的假死藥，讓要娶她的那家人以為她死了，解除婚約。誰知局設得太像了，騙了所有人，包括羅密歐，傻小子以為愛人已死，當時就服毒自盡，待茱麗葉被救活過來，看到羅密歐死在身邊，什麼都不說，也跟著去了。羅密歐和茱麗葉的死讓兩家和解。大家知道，這個故事不知道影響了多少後世的作品，是西方戲劇經典中的經典。

莎士比亞後來就發達了，成為泰晤士河畔享譽世界的環球劇院的股東，還出入宮廷，侍奉女王，摻和點政治，作品的人文高度也不斷提升，而莎士比亞本人的創作巔峰，毋庸置疑應該算是《哈姆雷特》。這部作品大家也都非常熟悉，“To be, or not to be, that is the question.”這句英文只要小學畢業都會說。劇本的大致內容就不用說明，因為前幾年，大導演馮小剛曾拍過一部叫「夜宴」的電影，算是把這部英文名著漢化了。

莎士比亞的大牌作品太多了，有四大悲劇：

《哈姆雷特》：講的是一個弟弟殺了哥哥、霸佔嫂子，後來被侄子報仇幹掉的故事；

《奧塞羅》：講的是一個貴族費好大勁娶個美女回家，後來被手下人設局，把自己老婆掐死，自己最後也懊悔自殺的故事；

《李爾王》：講的是個糊塗父母孝順孩子的故事，花言巧語的女兒騙得父親的信任，取得了土地，不會說好話的女兒什麼也沒有，後來發現，花言巧語的女兒都是些不孝子孫，那個不會說好話的女兒回來幫父親出了氣。可惜這個孝順的小女兒死了，所以是悲劇。

《馬克白》：講的是個篡位的故事。

另外還有四大喜劇：

《仲夏夜之夢》：老莎喜劇作品的巔峰作品，四個年輕人四角戀，誤入森林，在一群神仙精怪的搗亂幫忙下，對象混亂，後來終於有情人終成眷屬的故事；

《皆大歡喜》：被流放的公爵的女兒到森林中找父親，找到了愛情，還解救了父親的故事；《第十二夜》：相貌相同的孿生兄妹，航海遇險，在異國他鄉找到自己的愛情的故事；《威尼斯商人》：這是個欠債還錢的故事。如果用一磅肉還債，是不包括一滴血的。

跟文學青年吹牛，以上的劇碼要經常掛在嘴上，以顯得有文化。

現在關於莎士比亞最有趣的新消息是，懷疑他雖然有三個孩子，卻是個同性戀者，他寫了大量十四行詩，內容普遍比較肉麻，有人分析是寫給他的主要贊助人南安普敦伯爵的。還有更離譜的說法是，莎士比亞不是一個人，還是一個創作團體，最駭人的說法是，莎士比亞是伊麗莎白一世的筆名！這些雜史大家將就著看看吧。

終於寫完了伊麗莎白一世，英國歷史進入另一個階段，另一個王朝！

42

卻說伊麗莎白一世孤獨終老，只好讓侄孫子——蘇格蘭的國王詹姆士六世過來兼職，成為英格蘭斯圖加特王朝的第一位君主——詹姆士一世，同時成為蘇格蘭、英格蘭、愛爾蘭的國王，英倫三

島終於有了統一的老大。

原來說過，詹姆士這個小同志是個童工，一歲就是蘇格蘭國王了，一輩子不會幹別的，只會當國王，以為自己是個當國王的專家，給幾個兼職也不怵，可是，國王和國王不一樣啊，他在蘇格蘭那種鄉下地方稱王稱霸習慣了，來到倫敦這個大都市，非常之水土不服。

詹姆士生下來就是國王，所以受教育程度很高，算是一個學者，頗有著作，還會寫詩。作為一個讀書人，詹姆士從小就知道「普天之下，莫非王土」，一直有一個堅定意識，叫做「君權神授」，整個世界，上帝之下就是國王，凡事說一不二的。可到了英格蘭這個地方，古怪啊，有個叫議會的東西，居然可以對國王指手畫腳，所有的軍國大事，他們不點頭，國王著急上火沒用。上院還好說，一群老貴族，專心養老，沒什麼事太讓國王不愉快，最招人嫌的是下院，既然是叫「平民院」，自然都是些鄉下人，那些鄉紳、地主、新興資本主義組成的團夥，處處跟國王作對，總想著跟國王分權的事。

詹姆士三十五歲來到英國當主子，倫敦人也欺負外地人，不拿人家當幹部。詹姆士同志也不先了解情況，不知道英國議會這些人對本土的國王都不給面子，更何況是外地來的幹部。詹姆士一上班還是比較聰明，他預備採用「釜底抽薪」的辦法，既然下院總和自己作對，他只要控制下院議員的人選就行了嘛。誰知，下院的同志們非常客氣地告訴他，議會的議員任命跟國王一點關係都沒有，這事是議會自己決定的。詹姆士氣得直跳，拍著桌子說：「太得瑟了！不要忘了議會的權力是國王給的！」他一說完這話，下院的議員集體笑翻在地上，馬上有議員拿出電腦，找到楊白勞寫的的世界史，讓詹姆士好好了解英國議會的起源。而從這事之後，英國議會發現新國王是個土鼈，於是，議員們更是欺負他沒商量，還讓他有了一個永垂千古的外號：「最聰明的笨蛋」。

其實詹姆士還是挺可憐的，上篇說過，伊麗莎白一世在中晚年的時候從輝煌墜落為平庸，對西班牙的戰事、愛爾蘭的叛亂加上農業歉收，詹姆士接班的時候，接受了英國王室近四十萬英鎊的外債。詹姆士前半生一直在嚴寒的蘇格蘭高地生活，蘇格蘭一直就不富裕，國王的生活也就是小康，絕對沒條件奢侈。一到倫敦花花世界，詹姆士找到暴發戶的感覺，天天吃肉包子沾白糖，吃一個還丟一個，過上了有錢人的生活，幾年之後，英王室的財務缺口幾乎翻了一倍，詹姆士沒認為這是什麼大事，身為一個國王，手頭沒錢那不是笑話嗎，國王創收的辦法很簡單，收稅啊。一六〇八年，詹姆士將一千多種商品的稅率從三十%漲到四十%，這可以直接讓王室增加近十萬英鎊的年收入。

詹姆士作為一個外地人，實在是太不了解英國的國情，英格蘭一直有一個優良的傳統，那就是「國王自理」，不管國家有多富裕，英王只能花自己那份錢。作為英王，除了常規的稅收外，就是自己領土上的收入，按道理說英王是英國最大的地主，收入不錯，可開銷也大啊，開PARTY，出門打獵，裝修寢宮之類的活動都不能拿到國庫報銷的，如果還要經常打賞寵臣，那就更加花錢如流水，所以歷史上，英王大部分都是窮鬼，伊麗莎白女王透過海盜搞錢絕對是自謀生路致富典型。詹姆士擅自透過加稅來搞錢，這個動作在英國就算是駭人聽聞了，議會氣壞了，連收稅這麼大的事，國王都敢自己說了算，懂不懂大英法律啊？下院於是想出各種辦法阻擾國王，人窮志短，鳥為食亡，這可是關乎經濟效益的大事，誰也不能給面子了，詹姆士一不做二不休，兩次將議會解散，不管反對的呼聲多高，強行收稅，這個鄉下來的新領導一時間把自己整得很難看。

且讓國王和議會繼續互相咬，我們先將注意力從英國的高層轉入英國的民間，詹姆士一朝，除了國王和議會的恩怨，還有一個巨大的問題就是宗教矛盾。略懂歷史的同學應該知道，此時的英國正到了一個關鍵的路口，即將掀起巨大的變革風暴，所有這個階段發生的矛盾，都是日後那些大事的根源，而宗教，是根源的根源，如果基督教的事不講清楚，後面的事就更不好解釋了。

原來說過，歐洲浩瀚的宗教改革。基督教被分割出一個叫新教的派系（在中國的習慣上，基督教指的就是新教），跟傳統天主教對立。而新教也在變革中分成幾個體系，一個是路德派，一個是加爾文派，還有一個就是英國此時的國教——安立甘教。

說到英國的國教曾經說過，英國最後確立這個國教，是新教和天主教的妥協，在新教的框架下，保留了一些天主教的東西，比如，英國還是有自己的教會和主教。宗教這件事，由不得搖擺不定，兩頭不著。騎牆派的整法，讓很多激進的新教徒不滿，他們提出英國應該深化宗教改革，最終的目的是要將英國國教中天主教的成分徹底剔除乾淨，在這個精神下，英國誕生了一個新的教派——清教。而清教徒從此就開始對國王的宗教政策嘰嘰歪歪。英國的國教是考慮了很多方面利益的平衡解決方法，清教徒的鼓噪讓國王非常煩惱，從伊麗莎白那一朝開始，就開始讓這些清教徒保持安靜，時不時還鎮壓他們一下子。大家都知道，改革派一般都有先進性，所以清教徒廣泛存在於當時英國新興的資本主義這個階層，到詹姆士這一輩，這些清教徒靠著自己強大的經濟實力，向政壇滲透，成為議會下院的重要力量。

其實，詹姆士國王來英國上班之前，英格蘭的清教徒還是對他有點期待的，為什麼呢，詹姆士本人是個加爾文派的新教徒，加爾文派在新教中比較激進（這個教派的特點是喜歡講道，大家去參觀教堂，如果發現教堂的講台在教堂的中軸線上，正前方的中間，就可以知道，這個教堂是加爾文派的），所有清教徒都期待這個激進的新教英王過來一舉滌清天主教留在英國的所有痕跡，最好能徹底取消教會和主教這些殘渣餘孽。

可是，出乎意料的是，詹姆士國王是個務實的信徒，他在權衡收益後，認為，一個由國王控制的教會對王室還是非常有利的，所以他選擇了維持現狀，尊重國教。面對這個情況，清教徒內部隨著出現分化，一部分比較隨和的教徒選擇還是留在英國的教會內，希望從內部推動改革，最後達到結束教會的目的；而另一些比較激進的清教徒則認為，掃帚不到，灰塵不會自己跑掉，堅決退出，跟英國的教會決裂。這部分激進分子，成立了一個新的教派，叫做分離派，跟教會作鬥爭。

教會是英王的教會，強硬抵制是沒有好處的，分離派成為詹姆士國王很不喜歡的一群人，好在此處不留人，自有留人處，這些人中的一部分不堪迫害，只好登上一條船，希望能到海外找到一方樂土，讓他們獲得他們理想中的宗教自由，一六二〇年，「五月花號」出海並在北美的普利茅斯港登陸，建立了後來信仰自由的美利堅合眾國。

天主教在英國沒有被趕盡殺絕，日子也並不好過，原來伊麗莎白就規定，留在英國的天主教徒必須老老實實參加英國教會的活動，如果不從，每個月交二十英鎊出來。英國此時已經是新教當道了，為什麼天主教徒在英國還可以這麼硬氣呢，很簡單，有後台啊，後台就是西班牙。這些死硬派的天主教徒知道，萬一英國人迫害自己，自己馬上可以找西班牙尋求庇護。不過這事天主教的算盤打錯了。十七世紀的歐洲，戰火繚繞，幾乎沒有不打架的君王，而詹姆士國王卻是個異類，是個著名的和平人士，最恨打仗，所以雖然伊麗莎白在位和西班牙打破頭，詹姆士一上台就與西班牙尋求和解，西班牙被打得心裡發虛，也不想跟英國人為敵，為了表達友善，宣布以後英國的天主教徒再想宗教避難，他們就不好大張旗鼓地接收了。這事讓英國的天主教徒感到了危機，看來他們不採取辦法自救是不行了。

歷史無數次證明，恐怖份子是沒有血統遺傳的，任何人逼急了都能做恐怖襲擊。英國的天主教徒竟然組織了大批火藥，埋在英國下院，預備發動連環爆炸，行動的目的是將英王和議會所有人統統炸上天。計畫是好的，執行力是很差的，剛一部署好，有內部人士想到下院中有幾個天主教徒，要提前通知他們，不能一鍋端掉了，這一通知可就熱鬧了，一傳十十傳百，一件驚天大陰謀就露餡了，天主教造反，那還不鎮壓嗎？這個事件就是著名的「火藥陰謀案」，這個事件發生在十一月五日，據說如果此事成功，國會一帶將炸成廢墟，英國人還是有幽默感，這一天後來成為英國的「焰火節」，每到這一天，英國人滿大街放焰火，火樹銀花，模擬爆炸現場。這個事也帶給英國天主教轉機，造反起義無門後，為了保留有生力量讓天主教在英國傳承下去，教徒們選擇了跟英王妥協，而詹姆士為了向西班牙表示友好，也沒有將天主教趕絕，這事，自然讓英國的清教徒更是不爽。

除了和議會不對盤，宗教問題亂麻麻，詹姆士這位老兄私生活也遭人非議。話說這傢伙喜歡帥哥，對歐洲的君王乃至全世界的君王，喜歡同性絕對算不得大事，雖然這是基督教不允許的。當然，他也不敢公開表達自己的性向，最多就是對某位愛卿特別關照罷了。那些面目姣好，服飾華麗，有明顯脂粉氣質的帥哥在詹姆士國王的宮廷內來回走動，他們都以最快的速度獲得這個國家的權力和爵位，其中做小白臉做得最成功的，要屬喬治・維利爾斯。

喬治出生於英國中部一個鄉紳的家庭，從小在法國學習音樂舞蹈，騎馬格鬥各種技能，成人後長得俊朗嫵媚，色藝雙絕。一六一四年，喬治與詹姆士初見，金風玉露一相逢，便務卻人間無數，在隨後的幾年裡，喬治從騎士如同直升機一般以最快的速度成為白金漢公爵，因為喬治不是出身貴族，一個平民出身的人成為公爵，對英國人來說還是夠驚人的，特別是，在詹姆士在位的後幾年，喬治幾乎完全把持了朝政，成為全英國最有權力的人。（白金漢公爵是歐洲歷史的鋒頭人物，在大仲馬的小說「三劍客」裡，他被描寫成法國國王路易十三的老婆——安娜的情夫，所有人都說大仲馬的小說一般都有些虛構的原型，不是完全瞎編，所以懷疑喬治在伺候英王的間歇還要關照法國王后，生活得異常充實。）

自從白金漢公爵主持國事，後面那些愚蠢丟臉的事就不能算在詹姆士頭上了。一六一八—一六四八年，是歐洲歷史上最混亂的三十年戰爭時期，整個歐洲大陸打得翻天覆地（為什麼打，到德國篇時再慢慢說），對於懸在海上的英國來說，雖然沒有直接捲入，但也不能置身事外。因為畢竟這場戰爭還是宗教改革導致的，不參與顯得沒有立場，尤其是，詹姆士的女婿，新教加爾文派的教徒——弗里德里克是當時波希米亞的國王，而西班牙竟然出兵佔領了他的土地，對詹姆士來說，怎麼解決這個問題，是一個巨大的考驗。

三十年戰爭分成兩大集團，一派是天主教代表集團，西班牙、奧地利還有此時歐洲勢力最牛的哈布斯堡家族（在德國篇時詳細介紹），另一派當然是新教，包括丹麥、荷蘭，俄國也站在這邊起鬨，而法國雖然是天主教國家，可他們從各方面利益考慮，也加入新教這邊找哈布斯堡家族的麻煩。英國顯然應該加入新教體團，向西班牙宣戰，替駙馬爺出頭，當時的英國下院摩拳擦掌，都預備投身歐洲熱火朝天的群架中去。

白金漢公爵深察聖意，他知道主子是最怕打架的，跟老牌勁旅西班牙剛剛緩和的關係又敵對了非常不好，最聰明的辦法就是跟西班牙聯姻，仇家變親家，凡事好商量，西班牙給面子從駙馬爺的領土上撤出去，英格蘭不費一兵一卒就可達到自己的目的；而另一個誘人的利益就是，西班牙公主嫁入英格蘭，肯定帶著巨大的嫁妝，正好可以緩解王室窘迫的財政危機。

計畫一確立，白金漢公爵就找出詹姆士的次子，現任太子查理，給他收拾乾淨，到西班牙求婚去了。鑑於英國和西班牙的宿怨，白金漢知道，這次聯姻不會得到英國人的祝福，所以喬裝易容，鬼鬼祟祟，渡海而去。

43

在前幾篇我們曾經說過，伊麗莎白女王繼位之初，西班牙國王腓力二世曾上門求婚，伊小姐為了自己的地位能被歐洲諸國承認，態度曖昧地調戲了西班牙國王一把，這個事我們大家應該記得，西班牙人更記得。

卻說白金漢公爵帶著查理偷偷摸摸來到西班牙。腓力二世的孫子先是訝異，隨後就偷笑了，接下來，英國人受到了腓力四世的殷勤接待，專門安排宮殿給他們居住，吃山珍海味，還經常給安排舞會之類的活動，中間還特意組織了宮廷巡遊，讓長公主胳膊上綁著藍色絲帶作為標識從查理眼前飄過，西班牙美女果然不是蓋的，風情豔冶，查理暗爽了好久。白金漢公爵見西班牙對自己的客氣態度，似乎有準駙馬的規格，心中也暗自竊喜，每晚兩人湊在一起討論這事，都覺得實在是一個妙計。

白金漢公爵和查理在西班牙好吃好喝住了幾個月，胖了好幾十斤後終於腦子清楚了，西班牙國王一邊像餵豬一樣招呼英國貴賓，一邊繼續在歐洲戰場打得如火如荼，非常high，一點也沒有從詹姆士的女婿土地上撤軍的意思，分明是故意拖延。白金漢公爵此時不得不承認，被西班牙人涮了。腓力四世終於替他爺爺腓力二世報了當年被耍之仇，伊麗莎白泉下有知，定是很鬱悶。

求親團灰溜溜地返回英國。聽說這兩個人求婚失敗的消息，整個英國都歡騰了，他們知道，既然巴結不上，就必須開戰了，英國下院早就想收拾西班牙人。

白金漢公爵和查理受此侮辱，更是惱羞成怒，本來是挺反戰的兩個人，現在成為堅定的主戰派，強烈要求狠揍西班牙一頓。

詹姆士國王作為一個和平人士，斷然不願看到打架鬥毆的事，於是在一六二五年，體弱多病的詹姆士一世駕崩，將王位傳給查理，使之成為查理一世，你要打自己打去吧，我反正是不想看了！詹姆士為斯圖加特王朝奠定了非常糟糕的開始，他想不到的是，他造成的所有惡果都被他兒子放大，最後終於不可收拾，甚至要用一個國王的鮮血來清洗。

無論詹姆士一世是多麼傻的國王，他任內有一件大事是不能不提的，那就是主持編撰了一部英文版「聖經」，這部大約只有八千個左右單詞的通俗易讀版聖經很快流傳到英國各階層，成為廣大群眾接近上帝的最好工具。這部被叫做「欽定版聖經」的書在世界文化史上地位非常超然，後世的聖經基本都是在這個基礎上編修，而現在的英文成為世界通用語言也和它有極大的關係，它被稱為是現代英語的基石！

二十五歲的查理一世登基，英格蘭議會發現，這傢伙比他爹更不講理。

雖然沒有證據證明查理一世跟他父王一樣對白金漢公爵懷有特殊感情，但是他的確像他父王一樣相信白金漢公爵，而白金漢公爵完全辜負了兩代英王的信任，出的主意，一個比一個臭。

向西班牙公主求婚失利，白金漢知道對西班牙一戰不可避免，所以要物色歐洲盟友啊，還是靠聯姻，況且查理一世年紀不小了，不能總要單身。環顧歐洲，最佳選擇應該是法國公主，當時法王路易十三有個妹子，正當年，白金漢公爵趕緊去求親。有了西班牙的教訓，這次求婚不能再丟臉了，為了保證求婚成功，白金漢不惜承諾出兵幫助法王鎮壓法國國內的新教徒，而後又不顧朝廷拮据，大操大辦，非常奢侈地舉辦大型婚禮，將法國王妹迎進英國王宮。這位王妹是天主教徒，帶著大量的天主教隨從，一過門，就在王宮裡搗鼓一些天主教儀式，讓英國朝野上下側目。

查理一世一上台，白金漢就開始對西班牙幹仗，第一次，預備在歐洲大陸上幫助詹姆士一世的女婿拿回失地，深入內地作戰，遠征荷蘭一帶，長途行軍，戰鬥補給跟不上，英軍最後因為饑餓和疫病兵敗而歸；第二次，白金漢想仿效伊麗莎白，佔領西班牙的加德斯港，以達到搶截西班牙各類運輸船隻的目的，誰知西班牙早就得知這個消息，繞道進入港口，讓英軍在海邊望穿了雙眼也沒找到任何西班牙船隻，避免了失足成為海盜劫匪。

這邊跟西班牙的事還沒有了結，白金漢為了鞏固自己的地位又去摻和法國人對新教徒鎮壓，出兵想解救法國被圍困的新教徒，結果再次損兵折將，鎩羽而歸。

英國國會看著白金漢公爵上躥下跳的折騰像個小丑，查理一世看他可像個大英雄，為了配合白金漢這些無聊戰事，查理一世不斷向議會要錢。議會很不痛快地批了十四萬的戰爭補助，但為了防止這個糊塗國王拿更多的錢供白金漢玩戰爭遊戲打水漂，又規定國王，以前可以終生享受的關稅不准收了，最多收一年，小小地補貼一下。

此時的查理和白金漢君臣二人已經是窮凶惡極了，不管什麼辦法，一定要搞到錢，怎麼辦，利用國王的地位強行借錢，那些不肯借錢給國王的貴族騎士等通通抓起來。從這時起，查理一世與議會的戰鬥就已經開始，而議會剛開始對查理還算客氣，一般都是針對白金漢公爵，查理一世上台的頭幾年，議會的主要內容就是彈劾他。好在一六二八年，一個不得志的英軍中尉在大街上刺殺了白金漢公爵，終於讓議會和國王之間的矛盾失去了緩衝地帶。

眼看著查理一世要錢的手段越來越不受控制，英國議會發揚「大憲章」時期的優良傳統，預備長篇大論地給國王上課，教教規矩。上下兩院很快提出了一個「權利情願書」，說是「請願書」，其實還是國王專用的紀律手冊，重申了：不經議會同意不許徵收新的稅種；沒審判不准隨意逮捕臣民；不可讓士兵強佔民房（因為之前預備啟航去歐洲作戰的英國士兵借住在老百姓家裡。）等等。

對當時的查理來說，這些規矩必須先收下，他需要議會透過他收稅並給他撥款，因為打仗，他真的已經是債台高築。誰知錢到手，稅收了一年後，查理一世就反悔了，拒絕接受這些條款。議會也氣瘋了，公然宣布，如果不遵守這些守則，將是國家的敵人，必定要被全國人民打倒！而查理一世更加發飆，「朕……朕……受命於天，豈……豈容爾等放……放肆！」（查理一世是個結巴，氣急了更是嚴重）。他即刻解散了議會，而且在後來的整整十一年裡，英國議會銷聲匿跡，查理一世實現了獨裁統治。

獨裁的經濟效益立竿見影，只要能弄到錢，查理一世什麼都幹，賣官鬻爵，明碼標價，最好笑的是強行封爵，隨便找幾個鄉紳出來，不管他們要不要，封個爵位給他們，他們要向國王繳納各種費用表示感謝；出售所有商品的專賣權，要知道，十七世紀的英國，資本主義經濟已經高速發展。除了傳統最發達的毛紡織業外，採煤、冶鐵以及錫、銅等冶煉方面也建立了不同規模的手工工廠。諸如肥皂、火藥、玻璃等高級東西也都有專業製造。海外殖民地以及外貿義務也蒸蒸日上，如果把上述商品劃為王家的專利，實行專賣。這極大損害了新興工商業者的利益，讓新興的資產階級非常怨恨；徵收砍樹的罰款，還在全國範圍內徵船稅（以前只是在沿海地區偶爾收取），總之是名目眾多，帝國萬稅。沒幾年，查理一世就成功地脫貧致富。

暴君一般都伴隨奸臣，查理一世為了透過宗教斂取更多的財富，任命了一個新的坎特伯雷大主教，威廉·勞德。這位勞德主教果然好身手，他一上位，就在英國教會內恢復了一些傳統天主教的繁文縟節，這讓新教的英國人很厭惡，大家都不願意去教堂作禮拜，不去不行啊，不去立即罰款，查理一世不明不白又搞了一筆錢。他甚至還幻想著，能夠恢復到宗教改革前教會的狀態，佔用很多土地，修道院裡有大把的金銀財寶，這些動作讓英國人隱約感覺到，是不是天主教要捲土重來了！

在英格蘭搞錢的辦法奏效，勞德主教受到表彰，更是熱情高漲。他突發奇想，要對蘇格蘭推廣英國的國教！

此時的蘇格蘭和英格蘭雖然共戴一王同是新教國家，但宗教信仰還是略有不同。蘇格蘭是加爾文派的國家，他們的國教是新教加爾文派的長老宗（暈吧），簡單地說，蘇格蘭現在的國教是宗教改革後的成熟成品，而英國的國教則是個兩頭不到岸的改革半成品，如果在蘇格蘭推廣英國國教，那就等於是倒退，蘇格蘭這麼多年的改革成果就徹底被糟蹋了，非常荒唐離譜，蘇格蘭人民絕對不能答應。

一六三九年，蘇格蘭軍隊進攻英格蘭，很快就攻入北部地方，戰爭爆發。

這下查理一世苦惱了，雖說他這幾年撈了不少錢，可那都是頂風作案。在所有臣民憤怒的目光中，賺點小錢心理壓力極大，而且因為他這樣做違反英國法律，所以有些人公然牴觸他，拒絕他勒索的，也最多只能關起來，因為沒有法律可以治人家的罪啊。他厚著臉皮強行搞錢，應付自己的收支還是沒問題的，可現在要打仗了，打仗就需要源源不斷的錢，憑自己這樣的強取豪奪肯定是不能滿足需要的，怎麼辦，還是要找議會啊。

萬般無奈之下，查理一世咬著牙重開了議會，議員們休息十一年了，現在精力旺盛著呢。本來查理一世開會是希望議會撥款給他鎮壓蘇格蘭起義，可會議一開，就由不得他了，這些議員們憋著一肚子火就是過來清算這十一年的辛酸的，七嘴八舌，跳到桌子上，控訴查理一世對議會的不公正待遇，以及聲討他解散議會的種種罪行，還要他保證，這種錯誤下次絕對不能再犯了。查理一世越聽越不對勁，這些人就是來出氣的，壓根也不想給我錢啊。奶奶的！議會這東西絕對不能讓它存在，再次解散！這次議會大約開了二十多天，歷史上有個好名字叫「短期議會」。

議會解散了，蘇格蘭的軍隊可沒解散，人家在英格蘭北部攻陷好幾個城池，查理一世硬著頭皮帶著些老兵殘將象徵性的抵抗了一下，根本不是高地人的對手，算了，求和吧。蘇格蘭人厚道啊，你既然求饒我就不打你了，可我打這一架可是又花精力又花錢的，你總要賠償我損失吧，蘇格蘭佔據的城池，查理一世必須花錢贖回去，現在沒錢贖啊，那行，那我就在這住下，你什麼時候有錢我什麼時候走人，當然，我大軍駐紮在這裡，吃喝拉撒所有的費用英格蘭還是要給補貼的！

查理一世真是被逼上絕路，他知道還是要找議會來救命，於是，當年年底，議會再次召開。這次議會堅持了十幾年，所以叫「長期議會」。雖然議會對國王意見很大，但畢竟還有個尊卑意識，一味赤裸裸地指責國王大不敬。國王沒有不好，主要是被佞臣所害，所以這次議會的中心議題是，將查理身邊的勞德主教和另一位親信斯特拉福伯爵拖出去砍頭，所有的過錯都算在他們身上。上下院都同意讓這兩人當國王的替罪羊，可死刑書還是要國王親手批，面對自己的左臂右膀，下不了手啊。就在國王猶豫的時候，倫敦老百姓聚眾請願了，圍住了國會，要求嚴懲奸臣。窗外的民眾吶喊山呼海嘯，查理一世知道，如果不簽，自身也危險，只好忍痛將這兩個愛卿送上了絞架，此時的他並不知道，自己也快將要追隨他二人而去。

處死了奸臣，議員們再次給國王上規矩，以皮姆為首的議會反對派拋出了「大抗議書」，再次強調，以後國王要老實一點，謙卑一點，千萬不要再惹事生非。

查理一世被議會制住，沒有自由，心裡憋屈得快瘋了，拿到「大抗議書」，盛怒之下，結合親兵，要到議會去把那幾個激進的反對派份子全部抓起來。誰知走漏了消息，皮姆等早就跑得無影無蹤，查理一世瘋了一樣地在倫敦搜捕這幾個逆臣，結果發現，全倫敦人都在保護他們，不僅保護他們，還組織起來抗議和阻撓國王的追捕，市民們在街上高喊「反獨裁」、「反特權」這些口號，查理一世當然知道，這些指責都是針對他的，現在，整個倫敦都是自己的敵人，這個地方太不安全了，不是久留之地。

一六四二年，不願意向議會低頭的查理一世帶著自己的親信北上，到了傳統貴族比較集中的地區，並在諾丁漢城建立了自己的根據地，開始招募軍隊，預備用武力讓議員們學習君臣禮儀。如此一來，英國的內戰拉開了大幕。根據馬克思的說法，這一場英國內戰被稱為英國資本主義革命，它最終導致了資本主義制度在英國的確立，而查理一世和議會拍桌子吵架預備翻臉的那一年，一六四〇年，也被歷史學家定位世界近代史的開端。

44

查理一世終於決定跟議會撕破臉，一六四二年的一月，他來到英格蘭北部的約克郡駐下，豎起王旗，正式宣布跟議會開戰，啟動了英格蘭的傳統恩怨，國王和議會反目成仇橫刀相向的戲碼再次上演。

雖然大部分的議會議員都認為國王不能無法無天，一定要遵守有關紀律，但真正要決裂，跟國王幹仗，有些議員卻是不願意的，在與國王長期拉鋸扯皮的過程中，議會也在分化。歷史書上，這一次英國內戰被稱為資本主義革命，大概是因為議會軍是以新興資產階級為主力的，其實這個分法也不科學，因為王軍裡也有不少屬於這個階層。如果一定要分析議會是以什麼分歧而造成分化的，應該還是宗教。

議會最後分成兩派，一派是支持現有國教的，他們也反對增加那些繁瑣的天主教儀式，但堅持保留英國教會，不贊成議會一定要強壓國王一頭，這一派議員堅持保持舊騎士的作派，戴個鬈毛的假髮，舉手投足頗有派頭，被稱為騎士黨；而另一派，則幾乎都是清教徒，他們要深化宗教改革，清洗天主教殘餘，提倡簡潔地生活，簡潔地信仰上帝，眾生平等，社會需要更多的自由和公平等等（清教徒的主要思想可參看五月花號公約），認為國王應該在議會的約束之下，這一派衣著樸素，完全放棄了英國的傳統假髮，剃小平頭，大背頭，反正是天然沒有修飾的腦袋，被稱為圓頭黨。

自從查理一世到了北方，英格蘭各界已經感覺到內戰將至，非常自動自覺地站隊，找自己的組織加入，騎士黨和一些老派貴族都籌集裝備人馬紛紛北上加入王軍的陣營，圓頭黨只好也跟著準備戰鬥。

八月，王軍正式南下討伐議會軍，查理一世的王旗下大約有兵馬八千，而南方預備迎戰的圓頭黨有大軍兩萬，背靠富裕繁盛的東南方，補給充沛，還有大量反對暴政的老百姓，為圓頭黨提供源源不斷的兵源，天時地利人和似乎都在圓頭黨這邊，可是一接火，圓頭黨就節節敗退，王軍步步向倫敦逼近，並將大本營推進到了牛津，議會軍縮在東南方，非常迷茫。

為什麼議會軍這麼大的優勢卻不是王軍的對手呢，最大的原因是戰鬥目的，精神力量不一樣。對查理一世來說，他要挽回自己王權，要收復倫敦，憋了一肚子氣，咬牙切齒；而圓頭黨呢，他們只是跟國王意見不合，沒預備打架啊，現在不過是國王要收拾他們，他們倉促應戰而已。當時的議會軍首領說過一句持刋洩氣的話：「司志們，我們跟老大幹仗老不合算了，我們打贏他九十九次，他還是我們老大，我們也不能把他怎麼樣，可如果他滅我們一次，那我們絕對被誅九族，死得老難看了！」就是這麼個指導思想，議會軍上了戰場心裡都發怯，只求國王能納諫，改正錯誤拋棄前嫌，不要打架。心裡沒底氣，打架也不太專業。議會軍都是些專業政客，除了往國會大廳丟鞋子也沒什麼戰鬥經驗，縱然口才好嗓門大，似乎也不太管用，那些經驗豐富的帶兵將領都在王軍那邊，圓頭黨投筆從戎後整得不倫不類的。眼看著王軍的前鋒已經逼近倫敦，近在咫尺。好在圓頭黨抓住時機跟蘇格蘭組成聯軍，兩面夾攻之下，終於和王軍勉強戰成平手，進入膠著狀態，但要取得勝利，還是要等待奇蹟。

奇蹟降臨在一六四四年的馬斯頓荒原，此時的議會軍因為蘇格蘭盟軍的幫助，已經不限於在英格蘭東南部被動挨打，他們開始繞到敵後直搗王軍大本營。直接向國王的戰時陪都——約克郡進攻，查理一世趕緊派出自己的外甥魯波特王子去支援解圍。看到王軍到來，議會軍退卻到郊外的馬斯頓荒原，面對魯波特王子的軍隊布下戰陣。因為之前的戰績，王軍對議會軍沒有任何心理障礙，裁判一聲令下，騎士們就撲向了對面的軍隊，根據經驗，隨便進攻兩下，議會軍就會潰敗而去。誰知這次進攻卻遭到了頑強的抵抗，防守堅實，對面的騎兵浴血奮戰，一步不退。王軍再三不得手，隨即氣竭，這時議會軍調整陣形開始反撲，卻是銳不可當。苦戰半日，王軍丟下四千多具屍體潰逃而去，議會軍還俘獲了一千五百多人，是內戰開打以來議會軍最大的一次勝利。這場戰役也是議會軍從失敗走向勝利的轉捩點。

這樣的著名戰役——馬斯頓荒原戰役，成就了一位大英雄就是奧立佛・克倫威爾！

仔細算起來，這位克倫威爾的確是幫助亨利八世離婚的那位克倫威爾的後裔，家庭成分應該是鄉紳。劍橋大學畢業，在校期間成為一個清教徒，因為和當時的議會首領有點親戚關係，所以畢業後進入政界，平步青雲混得極順溜。內戰爆發，他回到家鄉組建了自己的騎兵部隊，然後帶著這支武裝征戰東部。克倫威爾帶兵最大的特點就是重視思想建設，他的兵都是虔誠的信徒，都知道是為了捍衛信仰而戰，混不畏死。所以才有後來馬斯頓荒原一役，紅遍英倫。據說這一戰之後，他的對手魯波特王子給克倫威爾起了個外號叫「鐵人」，而他麾下的騎兵也就成為「鐵騎兵」。

克倫威爾的勝利，讓議會軍重新思考了軍隊建設的問題。當時英國沒有常備的正規軍，每次打仗都是貴族們自己拉壯丁，請鄉勇，烏合之眾一盤散沙。圓頭黨發現，既然自己專業做政治，就不要帶兵了，軍隊應該交給會帶的去帶。於是，圓頭黨發布了新規定，貴族和下院議員，如果還想摻和政治就必須放棄軍權，軍政必須分開。但有一個人例外，那就是克倫威爾，可以允許他在議會和軍隊兩頭兼職。然後抽選兩萬四千人，組成一支正規的軍隊，按照克倫威爾的模式建設訓練，克倫威爾做個副帥，這支真正屬於議會的軍隊被稱為「新模範軍」。

一六四五年六月，納斯比一戰，新模範君軍讓王軍真正見識了軍事改革的強大力量。這一戰，查理一世的主力幾乎全部被滅，徹底扭轉了戰爭形勢。查理一世東搖西擺地勉強支持了一年，牛津大本營被議會軍攻破，內戰的第一階段算是結束了。

眼看大勢已去，查理一世早就逃之夭夭，他逃去哪裡呢，化妝逃到了蘇格蘭，他的老家。高地人厚道啊，看見國王返鄉避難，趕緊以最快的速度把他扣起來，並向英格蘭叫賣，希望議會軍最好是出錢把國王贖回去。大家別忘了，查理一世也是蘇格蘭的國王，蘇格蘭人出售自己的國王，充分證明高地人有大義滅親的英雄氣概。

有蘇格蘭人看著國王，議會軍內部要解決一下派系問題了。仗打了四年，圓頭黨內部也開始結黨，共分出三個幫派來。第一派，長老派，這一派認為，既然國王知道錯了，就應該把他老人家接回來，以後將新教的加爾文派的長老宗定為國教，國王議會維持以前的關係，君主親親熱熱化干戈為玉帛。這一派是這次內戰收穫最大的，財富和權勢都被他們搶在手裡了。自己鼓足了腰包，卻不管其他人的死活，他們認為，既然仗打完了，以後跟國王關係恢復了，「新模範軍」就沒有存在的意義了，應該解散。這個要求直接侵害了另一派的利益，那就是「獨立派」，獨立派是什麼意思呢，長老派分化出來的，基本上全是軍隊的各級領導，內戰期間出力最多，還沒有獲得他們期望中的利益。他們認為國王可以回來重新上班，他們也願意效忠，但不同意長老宗作為國教，更不同意增加一個叫長老會的宗教領導機構，而對於長老派要解散軍隊，他們更是義憤填膺，「沒有天理了！仗是我們打的，血是我們流的，這會兒狡兔還沒死，你們就要烹走狗。況且，你們還欠我們錢呢！」於是，軍隊以欠餉為名拒絕解散。並開進倫敦駐下，國王也接回來扣在自己手裡，把議會那幾個嗓門太大的長老趕出國會去。軍隊和獨立派成為英格蘭最強的幫派。

除了上面兩幫，戰鬥中還誕生了一派，叫平等派，來自軍隊的中下層。這一派的思想那在當時就相當「潮」了，他們的觀點是「一切人生而平等」。既然一切人生而平等，那麼教會中便不該有主教、長老，國家中也不該有國王、貴族，所以應當直接推翻君主制與上院，下院全民普選成為國家最高行政機構。這些觀點我們現在聽起來都用力點頭，可是在十七世紀，這個提議還是會讓人發懵的，相當驚世駭俗，讓人懷疑平等派想玩行為藝術。這種平等的思想肯定是受到那些平民子弟的歡迎，所以一時間也發展得很快。

長老派當道的時候，平等派和獨立派還是挺團結的，就是在平等派的激進思想鼓勵下，獨立派才敢殺進倫敦，扣押國王，並驅逐死硬長老派。等到獨立派站穩腳跟，平等派就是敵人了，獨立派都是上層軍官，他們需要實際利益，民主和專制只限於在國王和上流社會之間調節，對於平等派廢除特權之類的天真想法，獨立派非常不以為然。我們獨立派浴血奮戰可不是為基層百姓謀福祉，打土豪分田地社會財富重新分配？你傻啊你！

獨立派和平等派一開始只是口水戰，都試圖說服對方修改思想，達成共識團結一致。辯論賽沒有結果，那就看哪邊的老大做事果斷了，獨立派的大佬克倫威爾實在不想再囉嗦了，親手鎮壓了平等派，還當場槍斃了一個激進頭領，終於把這場哲學、社會學、宗教學的爭論打住了。

就在獨立派和平等派開辯論會的時候，英格蘭的長老會和蘇格蘭的長老會結成一黨，反正最終目的是在英倫大地確立長老宗，查理一世只要肯在這件事上低頭，兩邊都願意扶持他拿回王位。獨立派光忙著跟平等派吵架，忘了國王是個活人，是會走的，他居然逃跑了，而且和蘇格蘭的長老宗達成協定，只要蘇格蘭幫忙拿回王位，他一定會將長老宗定為英格蘭國教。於是，蘇格蘭大軍揮師南下，幫助國王復位。

獨立派一看大敵來襲，沒有平等派幫手無力應戰啊，只好向平等派妥協，答應只要抓了國王，就審判這老傢伙不讓他繼續返崗上班；答應取消上院，讓那些老貴族下崗等平等派要求。面對共同的敵人，軍隊再次團結。

這是英格蘭內戰的第二階段，幾個月後，蘇格蘭軍隊兵敗而退，英軍撤回倫敦，清理門戶！

清理誰呢，當然是議會那些長老派，因為這一次蘇格蘭來襲，基本上就是這幫老傢伙挑唆的，一六四八年十二月，一支英軍開進議會，將議會中所有的長老派都趕出門，這樣一來，國會就只剩下院九十多名獨立派議員，史書上叫做「殘缺議會」，自然，獨立派幾乎已經大權獨攬。

根據事先的承諾，獨立派必須審判查理一世，在克倫威爾的主導下，查理一世被控五十九件各種罪名成立，其中有「暴君、殺人犯，還有我國善良人民的公敵」。一六四九年一月三十日，清寒的倫敦，熱鬧的廣場，查理一世保持著他從審判以來都沒有鬆懈的帝王派頭，從容而鎮定地走上了斷頭台，成為英國歷史上第一個好在也是最後一個被砍頭的國君。

查理一世就這樣走了，這一場亂糟糟的英國內戰也告一段落，英格蘭進入了共和國時代。這一段老楊寫得頭暈，「地主」看得也暈，可是這一段卻是英國歷史的重點，如果參加歷史考試，這些都是要背的呢。就算不歷史考試，這一場內戰不僅是憲政之爭，還是很多思想體系的爭奪和糾結，極大影響後來的歐洲歷史。

45

查理一世上了斷頭台。在對待要不要處決查理一世的問題上，當時的英國議會產生了意見分化，有一部分議員不同意砍國王的腦袋。不過，自從以克倫威爾為首的軍政府掌握大權，議會就不太敢得瑟。看著議會天天開會，總是達不到共識，丘八們特別悶燥，他們很快想到一個提高議會效率的辦法。一六四八年，克帥手下的普萊德上校拿著名單帶著軍隊闖進議會，所有名單上的，都是希望保住國王性命的，上校一邊叫名字，一邊找到當事人，揪著人家的耳朵，就把該議員丟出了議會大廳。將英國議會變成「殘缺議會」。雖然很殘缺，效率卻很高，三下五除二，查理一世非常順利地被幹掉了。

國王沒了，太子跑了，不列顛不需要老大了，共和國吧，上院取消，下院由人民選舉產生，政治權利屬於全體人民，這是人類進化歷史上第一次提到老百姓的政治權力，在人類發展史上有巨大的意義。不過，說是這麼說，這個殘缺議會代表的還是地主資本家的權益。

但這一場英國革命給老百姓很多遐想，而且他們還什麼都敢想。除了我們之前說過的那些思想派別，還有一派想得更遠，他們認為政治上的平等不夠，還要在財富上平等，應該廢除私有土地，大家共同工作共同收穫，吃大鍋飯。這個很傻很天真的理想我們不陌生，我們精確的稱呼叫「空想社會主義」。這些不列顛家的空想家們，因為人少沒勢力，不可能用槍桿子打土豪分田地，他們有他們的辦法，自說自話地跑到倫敦附近一個山上去開荒，並說這是上帝賜予的土地，屬於所有百姓。這些傢伙太可笑了，整個英國革命，沒有任何一個領導腦子裡想過要對貧下中農做善事，讓這些窮鬼擁有自己的土地啊。自給自足，不再受地主資本家的剝削，這種事，英國的管理階級想一想都覺得對不起自己。克倫威爾非常果決地派軍隊鎮壓了這些開荒者，歷史上，這次公社開荒的行為被稱為「掘地派運動」。說是運動，怎麼看怎麼像行為藝術，在當時的環境下，實在是太荒誕了。

雖然有整個議會管理國家，但真出了大事，還是要克倫威爾帶著軍隊解決。查理一世大小是個國王，跟歐洲其他國家有千絲萬縷的關係，還加上宗教問題，這樣一個人，豈能說殺就殺了，沒人尋仇嗎？

有啊，第一個就是宿仇愛爾蘭。我們以前說過，作為殖民地，愛爾蘭一直跟英格蘭進行不屈不撓的鬥爭，最要命的是，愛爾蘭是個虔誠透頂，完全沒有轉寰餘地的天主教國家。所以從英國宗教改革開始，兩家就經常動手，積怨頗深。克倫威爾的軍隊跟王黨開打的時候，查理一世因為許諾可以放寬愛爾蘭的天主教地位，於是愛爾蘭人非常堅定地站在王黨一邊，跟議會軍作對。查理一世死掉，王黨很多餘孽跑到愛爾蘭，並在那裡擁戴查理一世的兒子小查理，繼續跟英格蘭作對。

愛爾蘭鬧事，正中克倫威爾下懷。上篇不是說過，新模範軍因為是資本家贊助的，不算太寬裕，一邊借資本家的錢要還，一邊部隊裡還欠著軍餉，雖然愛爾蘭也不算富裕，破船也能買三斤釘，於是，打著平亂的旗號，克軍殺進了愛爾蘭。

這是愛爾蘭歷史上最慘烈的浩劫。阻攔克軍的第一個城池是德羅赫達，攻擊不下，步兵衝炮兵轟，步兵衝不下就炮兵轟，克倫威爾調來大量炮兵，預備將這個城市炸成齏粉。城破後，克倫威爾下令屠城，整整三天，連神父和僧侶都沒放過。殺得興起，上癮了，後來征途中，但凡破城，一定全境屠殺，絕不留情。克倫威爾在愛爾蘭打了三年，這裡原有人口一百五十萬，克帥活活地幫著消滅了五十萬人口，另外還不知道有多少，被發配到北美當奴隸。愛爾蘭島上原來綠草茵茵，森林蒼鬱，是個靜謐的祥和之地，這會兒幾十公里都很難看到活物，陰森森透著嚇人。

克倫威爾也怕人口驟減引發生態不平衡，趕緊把愛爾蘭的土地分封給手下士兵，這些士兵喜歡現錢，又把這些土地賣給英格蘭那些地主資本家，引發了一波英國有錢人向愛爾蘭的移民。

剛把愛爾蘭壓下去，蘇格蘭又開鬧了。小查理看到愛爾蘭沒指望，趕緊祕密偷渡到蘇格蘭，於是蘇格蘭像撿到寶貝一樣，趕緊扶持他做國王，跟克帥叫板。克倫威爾又以最快的速度調頭進入蘇格蘭。

對蘇格蘭這一仗，克帥自己心裡都沒底，因為一進入蘇格蘭境內，他就發現自己陷入了游擊戰的海洋，自己的補給線被切斷，還沒正面動手，軍隊就開始嚴重減員。克倫威爾實在是戰場老手，再不利的局面，他也能看清形勢，終於被他發現蘇軍的弱點，在鄧巴爾以少勝多，消滅了蘇軍主力。隨後又誘敵南下，將小查理和蘇格蘭最後的兵力引入自己的圈套，一舉蕩平了蘇格蘭的反叛。

小查理據說是躲在一棵樹上才得以逃脫，輾轉流亡歐洲。

克倫威爾照樣將土地分封給手下，將蘇格蘭長老會的勢力徹底剷除，並派自己的親信，大將蒙克駐守蘇格蘭，確保高地人老老實實不再啟釁。

鎮壓了蘇格蘭和愛爾蘭兩個不老實鄰居，克帥帶著常勝將軍的美名回到倫敦。克帥下得廚房，出得廳堂。對內要鎮壓叛亂，對外要爭奪商業利益。

西班牙被整廢，讓出了海上霸主的地位，英格蘭、法蘭西都想坐這個盟主之位。只是，呼聲最高的，不是這兩家人，而是當時歐洲的新興有錢人，年輕的資本主義國家——荷蘭。

這些人本來就是在窪地裡種種花，養養牛，怎麼突然發家的呢？卻說這一陣子，歐洲的海上貿易熱火朝天，海上貿易最重要的硬體就是船隻。因為海盜橫行，當時的商船都帶著武備、軍隊，英國造的商船更是裝配大炮，以保護貨物安全，這就使商船的造價非常高，不管是租用還是購買，花大錢了。富貴險中求，這時，荷蘭的前輩們為了獨闢蹊徑，爭取這部分市場，他們麻著膽子，將商船完全簡化，所有的軍事設施全部拆除，這種商船自然就便宜多了。而且，當時的進口生意是以商船甲板寬度來徵稅的，荷蘭人創造性發明了一種甲板很窄而船艙很大的大肚皮貨輪，深受客戶歡迎。

大家會問了，用這種商船運輸，貨主不怕被打劫嗎？怕啊，除了當時荷蘭的軍艦巨多，遊弋海上，為自家商船護航。荷蘭人還賭運氣，如果沒運氣，人家也認賠，信譽非常好。

有一個非常出名的故事，那時候荷蘭有個著名的航海家，叫威廉·巴倫支，他一生都致力於從北極繞到亞洲去。一五九六年，在北極圈附近，巴倫支的船隻被浮冰撞毀，不得不在北極的新地島過冬。大家可以想像，在當時的科技條件下，如何在北極圈熬過冬天。巴倫支和船員們靠燃燒擱淺船隻的甲板取暖，撲殺北極熊和海象充饑。第二年初夏才靠小救生船逃出這個冰雪的地獄，被俄羅斯人搭救。大多數船員因饑寒交迫死在北極，可是他們擱淺的船隻上，卻有大量的衣物和藥品這些貨物，唾手可得。因為那是客戶所託，巴倫支和他的船員寧死都沒有染指，完好無損地將貨物帶給貨主。

這件事讓荷蘭人在海洋市場上贏得了巨大的美譽，而荷蘭人的經商理念傳之後世，更成為守誠負責的經典，荷蘭的船隻成為海上貿易的首選。巴倫支在返航的路上死去，為了紀念他，就有了現在地圖上的巴倫支海。

因為荷蘭物流價廉物美服務好，客戶巨多，生意遍及全球，透過荷蘭轉口的商品也不計其數，阿姆斯特丹是當時最繁忙興盛的碼頭，所以這個鬱金香國度當時的外號叫：海上馬車夫。

英國的資產階級看著荷蘭日進斗金眼紅不已，慫恿克倫威爾趕緊想辦法，不能讓他一家把全地球的錢都賺了。克帥高效鐵腕，馬上頒布了「航海條例」，大意就是凡是跟英國有關的貨物，或是到達英國殖民地港口的貨物，只能用自己或是英國的商船，如果自家沒有船，就必須使用英國的，諸如此類。這個條例針對性太強了，荷蘭立即對英國宣戰。克帥繼續維持他無敵的戰績，不論是陸地還是海上，兩年後，荷蘭認輸，服軟，承認不列顛海上霸主的地位。

百戰不殆，克帥和軍隊在英格蘭更是威風八面。而克帥的手下，本來是為信仰而戰，現在純粹是為了財富，少不得有些騷擾百姓，強取豪奪的行為。時間長了，英國議會的責任心又被激發了，覺得有責任限制軍隊的品行。丘八們都是些粗狂漢子，最恨總有人在自己耳邊嘰嘰歪歪。不讓我們搶，那我們徵稅吧，軍爺們也有個固定的進項。徵稅也不行?!奶奶的，你們天天貓在議會裡，制訂這個政策那個條例往自己錢包裡摟錢，限制我們這麼來勁，這些人純粹找抽啊！

克帥不高興了，不就是議會嗎，收拾他們不跟玩似的嘛。帶上親兵，走進那個「殘缺議會」，老辦法，拎著議員的耳朵，一個個地丟到門外去！議會解散！

沒有議會，有克帥就夠了，當時議會的殘餘勢力曾想慫恿老克直接成為英格蘭國王，老克腦子清楚，只要一成為國王，按照英格蘭法律，他必須還要組建議會，並在議會約束下工作。老克不計較名號，他要實際，他要獨裁！於是，克倫威爾成為蘇格蘭、英格蘭、愛爾蘭三地的護國公，由他老人家全權管理各類行政事務！護國公是新鮮詞，法律裡自然也沒有約束條款，他的權力比以前的國王還大，也沒人能管。獨裁嘛，肯定是赤裸裸地軍事統治，說不清的官司全用槍來解決，軍人的政府，就是有效率。

這時「地主們」困惑了，我們記得當初英國革命的目的就是為了限制王權啊，就是怕國王權力太大疑似獨裁，現在老克明火執仗地獨裁，他這個革命的目的相當糾結啊！對啊，這就是英國大革命不上道不靠譜的地方。這麼稀裡糊塗的革命注定是要失敗的，所以下一篇，被推翻的斯圖加特王朝就死灰復燃了！

46

一六五八年秋天，一場惡性瘧疾頃刻間奪去了克倫威爾的生命。再強悍的人也鬥不過疾病。鑑於終生護國公這個頭銜是可以世襲的，老克的兒子理查接了這個跟皇位無異的大位。

老克在英格蘭、蘇格蘭、愛爾蘭威震三方，定海神針，那是因為他麾下強大的軍隊，和那些衷心為他死戰的將士。理查接班的時候三十二歲，文不能安邦，武沒有軍功，尤其現在是軍政府，丘八們誰也不服，只服跟自己共過戰壕的兄弟，所以理查接班，遭遇的全是各種鄙視。

理查沒什麼本事，但基本還算有眼色識時務，他知道強扭的瓜不甜，第二年，乖乖地辭職，提前退休養老。

護國公一走，群龍無首，三個島子都沒人管了！不！也可以說，想管的人太多了。軍隊裡面派系縱橫，高級將領此時都開始發揮自己的政治天賦，各拉勢力搶班奪權，一時間，英倫三島又進入混亂狀態。這時，稍微有點責任心的國民開始考慮國家的前途，總不能一直混亂下去吧，怎麼辦呢，收拾這一切，兩個選擇，讓高級軍官正式開打，最後打出另一個克倫威爾式的人物收拾山河；另一個辦法就是，迎立一個新國王，恢復帝制。

很顯然，後面這個選擇是對國家最好的，最安全。大家剛剛開始這麼想，就有人行動了。還記得克帥留在蘇格蘭的蒙克將軍嗎，這可是英倫版無間道了，這夥計居然是一個埋藏很深，潛伏很久的王黨份子！蒙克忍辱負重，在克帥身邊臥底並成為親信，就是為了熬到克帥翹了，他好恢復王政。

蒙克帶幾千精兵南下，雖然人不多，可都是能打的幹將，火速控制局勢，並組建新議會，這次議會中的主要成員都是被克帥趕走的那部分長老派和王黨分子，所以，他們很快達成共識，迎立查理一世的兒子小查理成為查理二世。

大半輩子東躲西藏，生活顛沛的小查理正龜縮在荷蘭等待自己的命運仲裁，發現自己復國有望，趕緊很配合地拋出三點宣言，第一，宗教自由不苛求；第二，當時反王黨份子不追究；第三，戰時分的土地不回收。大度而懂事，讓英國人相當滿意，於是，新模範軍的重要將領居然親自出面將查二接回來，忘記了當初如何追殺人家的。查二戴上王冠，斯圖加特王朝復辟，英國革命終點又回到起點。

根據查二的遭遇，他如果真能按他說的做到，其胸懷堪比聖人。登基伊始，他知道自己腳下不穩，不敢造次，小心謹慎地做一個稱職的好國王，算是給了英倫三島一陣休養生息。待他發現自己地位無虞，新仇舊恨開始浮上心頭，那些流浪逃亡的回憶壓得他透不過氣來。他開始報仇了，當年參與過對父王審判的人，參加過對王黨作戰的人，有一個算一個，活著的，當場整死，死了的，挫骨揚灰。而最大的仇家克倫威爾，從棺材裡掏出來，拖著屍體在整個倫敦遊街，後來在查理一世行刑的地方，砍下克倫威爾的腦袋，叉在一個長棍上，遊街，遊完了釘在威廉敏斯特教堂的牆上，一釘就是二十多年，後來因為日曬雨淋掉下來，被有心人收藏，很多年後，當古董到處展覽。

查二以帝王之尊報殺父之仇似乎也無可厚非，這口惡氣出了，查二可能就平靜了。其實不然，很快，英國人就發現，這個國王開始在最敏感的國家大事上闖禍了。

先是外交，查二在流亡期間深受法王路易十四少少關照（也沒有關照得很多啊，沒說讓查二去法國政治避難），一朝翻身，滴水之恩不敢有忘，對路易十四大哥說的事，一般都是順從的。路易十四介紹查二迎娶了葡萄牙公主，這公主陪嫁不少，但最重要的是，葡萄牙是天主教國家。查二的婚姻反映了他的宗教態度。為答謝路易十四的大媒，查二出手也大方，他將敦克爾克賣給了法國，收了二十萬英鎊（還有說是四十萬），揣進腰包。

敦克爾克大家都不陌生，因為第二次世界大戰時的敦克爾克撤退聞名天下。這裡是法國的第三大港口，法國東北部的比利時邊境上。西班牙稱雄海上時，佔領此地。克倫威爾作英國老大，為了英國的海上利益，出兵從西班牙手中強過這個重要據點，英軍佔據了敦克爾克這個有利的位置，對後來英軍戰勝荷蘭成為新的海洋霸主有巨大的意義。就是這樣一個不管是經商還是打仗的各國必爭之地，查二竟毫不吝惜地還給了法王，充分表示了查二對路易十四的親近之意。

隨後不久，江湖傳聞，查二私下跟路易十四簽了個祕密協定，這份協定的大意是：英王查理二世隨時會宣布自己恢復天主教徒的身分，而法王應該在將來查二恢復天主教時幫著鎮壓國內反叛。

英國革命雖然是失敗了，宗教改革卻是成功的，現在活躍在主流社會的，都是些新教份子，新興資本家很多都是在收拾天主教的過程中發家的，他們怎麼也不敢想像，如果天主教捲土重來，他們的命運將會是什麼。其實對查二來說，他倒也不是特別虔誠的宗教份子，更沒有滴水之恩報以湧泉的義氣，對他來說，宗教問題是他的外交籌碼，他可以用來跟法國交換利益，他需要的是，擺脫議會對他的種種限制，說到底，他也想擴大王權。

就在國內人心惶惶，猜測紛紜的時候，新教徒最害怕的事情還是發生了。查二突然宣布，英國國內所有的非國教徒信仰自由，也就是說，之前被壓制的天主教信仰也是可以接受的。好在議會反應快，而且查二當時想幫著路易十四打架，需要錢，於是議會許諾以大筆的軍費按壓了查二的天主教情結。

眼前的風波是過去了，長遠的危機還在，那就是，查二的葡萄牙皇后沒有子嗣。這不怪查二啊，他沒問題，他有各類公開的私生子十四個，可惜，私生子不能繼位。於是，眼看查二進入退休的年齡，他的繼承人成為很要緊的大事。沒有兒子，兄死弟及，天經地義，查二真有個弟弟，約克公爵詹姆士。詹姆士要繼位，舉國上下如臨大敵。為什麼呢？小詹同志是個虔誠的天主教徒，第一個老婆是新教徒，死了以後，第二個老婆是義大利公主，更虔誠的天主教徒。稍微有腦子的可以認定，只要詹姆士成為英王，他絕對恢復天主教的地位。

議會未雨綢繆，覺得這個事要提前準備，沒日沒夜地工作了幾天，搗鼓出一部「排斥法案」，聽名字就知道，該法案的中心思想就是將詹姆士排斥在王位繼承以外。法案是個大概意向，還需要議會投票透過，當時的議會因為這個法案分成了兩派，當然是同意的一派，反對的一派。認為王室正統比較重要，宗教信仰可以暫不考慮，應該讓詹姆士登基的成為所謂「托利黨」；堅決反對詹姆士繼位，反對所有天主教徒繼位的這夥，組成了「輝格黨」。當時可能是議會裡互相打架扯皮的幫派，後來一直傳承下來，就真有地位了，成為後來我們都知道的英國保守黨和自由黨，而英國的政黨政治，從這時起，就算起源了。

輝格黨和托利黨，那幫比較厲害？不知道，所以「排斥法案」遲遲不能通過，下院通過了，上院也不答應，大家都知道，英國上院一般都是跟國王站在一起。既然糾結上了，下院有殺手鐧啊，那就是，不給政府錢用。不過這一次，殺手鐧對查二已經沒用了了，因為他從大哥法國手裡搞錢，也能對付著讓政府運轉自如。不用看議會臉色，查二自然是不斷提升自己的能量，擴大自己的權利，並欺負輝格黨人毫不留手，一出世就在野的輝格黨遭受巨大的打擊。

一六八五年，查二突然就一病不起了，隨後他很滿意地死了，沒有遺憾。死前，他公開正式皈依天主教。他將王位傳給詹姆士的時候，整個英倫的大局，牢牢控制在國王手裡，議會多數也是國王的人，形勢一派大好。

托利黨支持的詹姆士上台，他是詹二。地主們會問了，那輝格黨人支持誰當國王呢？他們支持查二的一個私生子，叫蒙默思公爵。詹二上台不久，一小撮沒被整死的輝格黨人就簇擁著蒙默思打回來奪位。英國人分析事情還是很公道的，不論如何，蒙默思是私生子，要求王位名不正言不順，全國不太會支持他，所以詹二沒費什麼力氣就將這股叛亂平息。詹二這個夥計呢，雖然是個虔誠教徒，卻沒什麼仁愛憐憫之心，他處理叛臣的手法過於偏激了，該殺的幾乎都是酷刑處死，十大酷刑，花樣百出，沾邊的全部流放。這讓英國人民對詹二很反感，都是自己的臣民，既然已經平亂了，不用把事情做這麼絕嘛，能砍腦袋非要把別人按在水裡淹死，就顯得很不厚道。於是，輝格黨人因為這次犧牲，贏得了不少英國百姓的同情，詹二也開始往暴君的形象上發展。

鎮壓過叛亂，詹二自信心大增，他開始想一個困擾所有英王的問題，那就是，為什麼其他國家的國王那樣安逸，那樣獨裁，那樣說了算，而英王總是要看議會的眼色行事，究竟是什麼讓英王如此無力如此脆弱。根據克倫威爾的成功經驗，詹二很快找到了癥結所在，那就是手裡一定要有兵，一支完全聽國王調遣的軍隊。不久，曾經幫著鎮壓蒙默思叛亂的軍隊就被派駐在倫敦周圍，成為英王的常備部隊。

手裡有兵，詹二怕誰？他正式啟動了天主教復興的大業，包括，將天主教徒安插到軍隊政府的重要部門，在全國範圍內恢復天主教各種儀式。為了強行推廣他新的宗教政策，他甚至下令逮捕了英國國教的七位主教！

這是個昏招，犯了眾怒，詹二上台，多虧托利黨人的扶持，托利黨人雖然支持國王，可畢竟還是國教徒，跟天主教也是不共戴天的。我們扶持詹二上台，可不是要把英國帶回天主教去啊。於是，在反對天主教復辟這個問題上，輝格黨人和托利黨人團結起來了，所有新教徒，不論是不是信國教的，也都團結起來了。

就在這時，五十五歲的詹二的義大利老婆生了兒子。老年得子，詹二認為是上帝的恩典，對英國百姓卻感覺是災星下降。因為如果沒有這位王子，詹二前妻生的瑪麗公主絕對是未來的英王，瑪麗是清教徒，嫁的老公更是新教份子，不管現在詹二怎麼鬧騰，現在也是一把年紀，只要一蹬腿，瑪麗女王會將所有的宗教錯誤修正。可詹二生出兒子了，這個事就變了，兒子肯定是第一繼承人，而這位太子在詹二和他老婆的教育下，百分百是個天主教徒。他一繼位，天主教復活這件事就坐實，到那時，問題就嚴重了。這次，輝格黨人和托利黨人同仇敵愾意見一致，千萬別再互相拆台了，大家聯手，齊保瑪麗長公主登基，這位長公主王室正統，符合托利黨的要求，又是新教徒，符合輝格黨的要求，只有她上台，英國宗教政治才能走上順途。。

瑪麗的老公，是當時的荷蘭執政官。選擇這兩口子，除了宗教事務方面的考慮，還可以跟荷蘭聯手對付法國。威廉夫婦聽說，英國人哭著喊著請他們去做英王，兩口子像中了彩券在家高興了好幾天，趕緊收拾細軟，備好船隻，計畫著渡海上任的事了！

47

大家都知道，歐洲各國君主都有點親戚關係，外交模式也是隨時變化的，今天打得頭破血流，

隔天又結兒女親家喝喜酒，全看當時的實際需要。英國和荷蘭的關係就是如此，一方面，都是新教國家，荷蘭的獨立英國還是幫過忙的，所以在對付天主教國家這方面，應該是盟友，另一方面，雙方為爭奪海上的利益，又是敵人。

話說一六五一年克倫威爾打荷蘭那次，逼著荷蘭同意了「航海條例」，遏制了荷蘭成為海洋霸主的腳步，我們稱之為第一次英荷戰爭，後來這樣的架又打過兩次。

第二次是一六六四年，這次，英格蘭將目光投向了荷蘭那些富裕的海外殖民地，沒辦法啊，不是非要跟荷蘭人過不去，實在是肥得流油的好地方都被他家佔了啊。

先對北美下手，英格蘭出兵佔領了荷蘭在北美的黃金港口，荷蘭人當時也叫它「阿姆斯特丹」，英國人拿到手後，給換了個名字，大家都認識，叫「紐約」。隨後，又開始對非洲的荷蘭殖民地動念頭，因為那些象牙、黃金還有奴隸，都是些市場緊俏物資。這下荷蘭可不幹了，咬著牙跟英格蘭打了一場。這次老天爺站在荷蘭這邊，一六六五年，倫敦爆發鼠疫，三個月，人口少了十分之一，還沒處理完，一六六六年，又發了一場大火，一個小麵包鋪開始，將大半個倫敦燒為白地。現在我們看到的倫敦，是在這場大火後重建的，人沒死多少，卻燒死了很多老鼠，提前結束了英國的大規模疫症，禍福難料啊。首都多災多難的，打仗肯定不靈了，英國不得不與荷蘭議和，放棄對西非那些寶地的貪婪想法。

第三次，這就跟我們這篇的男主角有關了，上篇提到的詹二的荷蘭女婿威廉。別以為他是不小心娶了金枝玉葉一步登天的窮小子啊。他是奧倫治家族的子孫，這個家族對荷蘭的影響可是相當大的，奧倫治親王家族一手領導了荷蘭的獨立運動，是荷蘭獨立之父，於是這個家族世襲了荷蘭執政的位置。威廉是國父奧倫治親王的曾孫。身世雖然顯赫，不過八字卻不好，出生之前就死了爹，算是個遺腹子，遺腹子就容易被欺負，更何況他自己還患有肺結核哮喘之類疾病，是個多愁多病身。

威廉的爹死得快，威廉長得慢，以至於執政的位置出現空檔，當時的荷蘭國內也非常動蕩，眼看著威廉可能沒機會順利接手執政的職務。

好在時事造英雄，危機就是危險伴隨著機會，威廉二十二歲那年，荷蘭遭到歐洲兩條大鱷的左右夾擊，一邊是英格蘭，一邊是宿敵法蘭西。上篇我們講過，這時正是查二向路易十四獻媚密謀的時候，所以這兩個敵人其實是聯手的。國家有難，奧倫治家族的鐵血基因終於在威廉身上被喚醒，他果斷而堅決地領導了對英法的戰鬥，雖然這一仗之後，荷蘭再也無力跟英國人在海上爭名，卻是維持了荷蘭的國土安全，並將進犯的法國敵人趕出了荷蘭國土。以自己的實力和戰功非常體面地成為荷蘭執政，二十二歲的護國英雄。

同時被兩條大鱷撕咬是挺難受的，為避免再兩頭受氣，威廉權衡了一下，覺得還是跟英國和解比較好，主要考慮因素還是宗教信仰，於是迎娶了詹二的大閨女瑪麗，他當時絕對沒想到，瑪麗的陪嫁，竟然是整個英倫王國。

收到英國議會的議員代表發來的信，威廉喜不自勝，他不是一直跟法國打架嗎，如果自己成為英國國王，就可以集合兩個國家的力量同法國幹仗，瞌睡碰上枕頭，這頂王冠真是來得太好了。

威廉在家收拾了行囊，裝備了船隻，然後聲稱捍衛新教，偷偷摸摸地在英國登陸。威廉帶了一萬五千人來爭取王位，他膽子有點大，因為詹二最少有四萬軍隊等他過來雞蛋碰石頭。雞蛋是雞蛋，抗不住是有些石頭跑到雞蛋那邊去了，威廉也沒想到，他一個荷蘭人，還曾經跟英國人幹過仗，在英格蘭竟有這麼高的支持率。詹二的軍隊，左一群，右一些都過來投靠了威廉。先是海軍，然後是陸軍，各地起義武裝也紛紛過來入夥，最後詹二的二女兒安妮公主也逃出來，找到姐夫，說是自己跟老爸脫離關係，以後跟姐夫混！

詹二稀裡糊塗地眾叛親離，還不知道怎麼回事。好在他也是個識時務的，他爹查理一世被砍掉腦袋的事似乎就在昨天，詹二決定，還是不要跟這些叛臣賭性命，於是帶著老婆孩子，撒丫子溜了。

詹二的懂事讓威廉很滿意，如果殺掉詹二，怕激起他那些死忠的叛亂，如果不殺他，他還健在，自己登基就有點尷尬。索性威廉幫他一個忙，安排他逃亡法國，去找路易十四哭鼻子。倫敦這邊，既然是國王自己撂挑子不幹了，也怪不得威廉替岳父行天子之事了。

一六八九年，威廉三世和瑪麗二世共同成為英王，而威廉還兼任荷蘭執政一職，英國和荷蘭共用一個老大。瑪麗二世不太管事，威廉是實質上的英王。

威廉兩口子回娘家成為英王，威廉是上門女婿的性質，這種身分一般是謹慎低調，吃飯都不敢上桌的，而且像英國議會這種，一對自己的國王不滿意，要麼自己跟國王正面械鬥，打贏了還砍國王的腦袋，要麼勾結外人帶兵進來撬掉自己主子，如此大義滅情毫不留情的一些人，讓後來的英王一想就怕怕的。所以基本上威廉上台後，議會說什麼就是什麼。

國王明事理，議會自然就不客氣了，威廉和瑪麗登基伊始，議會就拋出早準備好的文件，這就是世界歷史上大名鼎鼎的《權利法案》，法案規定：從今往後，國王管理國家必須依照法律，必須尊重議會權利；議會不同意，不得徵收賦稅；臣民自由情願；議員自由提意見，議會要經常召開等等諸如此類。威廉和瑪麗只能接受了《權利法案》，從這時起，英國的君主立憲制原則才真正確立，他的核心內容就是：「議會高於王權」、「法律高於一切」。為防止再有天主教死灰復燃、借屍還魂的事，《權利法案》明確規定，天主教徒不得擔任英國國王，英國國王也不得與天主教徒結婚。

還覺得不保險，過幾年，議會又倒騰出一部《嗣位法》，明確規定瑪麗與威廉死後，由瑪麗之妹、國教徒安妮公主繼位；安妮死後，由斯圖亞特家族的遠親、信奉新教的德意志漢諾威選侯繼位。白字黑字徹底斷絕了詹二的後代想殺回來做英王的念頭。同時也表示了英國捍衛宗教改革成果的堅決。

威廉夫婦獲得英王位的整個行動，被稱為「光榮革命」，因為既沒打仗也沒流血，威廉渡海過來打瓶醬油就完成了政權轉移。威廉上台，《權利法案》成立，總算是終結了英國紛亂百年的憲政之爭，而議會也取得了最後的勝利，將英格蘭最高的權力控制在議會手裡，國王不再啟釁搞事，議會也不用時不時地給國王上課，糾結了這麼久，終於把國家政體確定下來了。根據馬克思的觀點，英國這一輪革命是世界近代史的開端。

英國革命復辟到國體確立的過程，給英國也帶來了巨大的變化，最明顯的改變是商業的發展，海外殖民地的增加，海上貿易的繁榮，都使英國的商業越來越繁榮興盛，商業發達必定會刺激製造業配套，所以不久就引發了讓英國一步登天的工業革命。

威廉上台後，為英國引進了一件新鮮事物，那就是「銀行」。一六九四年，英格蘭銀行成立。當時的英國資本家還比較小農，對「銀行」這種新鮮事物很不以為然。不過好在不久後知道人家的好處了，英格蘭銀行後來成為英國的中央銀行，倫敦成為世界金融中心後，英格蘭銀行成為全世界的中央銀行的祖宗，非常可愛的英鎊也是它印出來的。

議會人多，辦理國家大事容易效率低，國王一般會找些親信或是朝中勢力比較大的人組成一個小智囊團，關在皇宮的一個小房子裡探討治國方案，時間長了，幾乎所有的大小決定都是這個小房子裡出來的，這個小房子叫什麼呢，叫內閣。在小房子裡上班的人，自然就是內閣成員。有人幫著辦事，威廉非常滿意，因為他一輩子最上心的事就是跟法國人算新仇舊恨，路易十四是威廉最恨的敵人，只要議會支持他找法國打架，讓路易十四難受，什麼都可以同意。

話說威廉兩口子當國王也算及格，反正即使有錯也是內閣或者議會的問題，國王這個差事，越到後來越有空。就這麼輕鬆的職位，瑪麗女王還因為天花死掉了。瑪麗活著的時候，沒看出威廉對這個老婆有什麼特別情深義重的地方，他在英國和荷蘭都有不少情婦，還有些同性情人，可瑪麗死了後，他想起老婆的好了，哀傷不已，而且堅絕不另娶。沒幾年，他也死了。他臨死之前，西班牙出現了王位繼承權問題：法王的繼承人要成為西班牙國王，這樣法西兩國就有可能合併，如果這兩個老對頭二合一，威廉就永遠沒辦法找法蘭西家的麻煩了，為了防止這件事發生，威廉支持另一個繼位者，再次跟法國大打出手，打了好幾架之後，西歐霸主法蘭西被逐漸削弱，英格蘭越戰越強，成為搶劫犯中的戰鬥機。這一段，我們到西班牙篇再說。

威廉和瑪麗都駕崩了，根據議會的王位安排，王妹安妮公主要上崗了。安妮女王是個秉性柔軟的女子，遇事喜歡哭啼啼，為人優柔寡斷，經常一件事，內閣商量好了，議會一有異議，她又決定不幹了。因為內閣的意見經常和議會不能統一，於是很多國家大計都朝令夕改的，輝格黨和托利黨互相不服氣。好在英國人政治智商很高，很快就找到了解決辦法，那就是，內閣成員必須是議會的多數黨，這樣意見容易統一，不管什麼事，內閣和議會達成共識，再寫個報告交給女王，一般就很順利了。

安妮剛上台不久，安靜沒幾天的蘇格蘭又跳出來了。此時的蘇格蘭跟英格蘭共用國王，但政府班子，議會法律這些還是各自獨立的。高地人總想著徹底獨立，看著英國議會倒騰出一部「繼承法」，他們也整一部這樣的法律出來，重點就是，安妮女王駕崩後，蘇格蘭扶持自己的國王，以後不跟英國人玩了。

不過這時英國人不怕蘇格蘭得瑟，實際上，十七世紀波瀾壯闊的歐洲商業大發展，蘇格蘭是嚴重落後的，他家一沒市場，二沒特別有競爭力的產品，學別人家到海外找殖民地，別人都發了大財，他家是賠了夫人又折兵，家裡還糧食歉收，鬧饑荒。有錢的鄰居英格蘭以前看他是自己兄弟，時不時拉扯他一把，現在見他要死要活地想分家，冷冷一笑，宣布，對高地貿易禁運。手段包括：所有居住在英格蘭的蘇格蘭人被宣布為外國人，財產充公，禁止蘇格蘭的大宗物品進口，禁止向蘇格蘭出口武器，如果蘇格蘭跟法國做生意，英國的軍艦一律阻擾。這一傢伙，讓本來就不寬裕的蘇格蘭雪上加霜。

人窮志短，國民都快餓死了，民族獨立根本就是扯犢子（**不實際的事**）。高地人也不敢高傲了，算了，還是傍著英國大哥過吧，也別扭扭捏捏了，不表示態度，人家也不會真心待我們，正式合併，兩家變一家，親上加親。

一七〇七年，蘇格蘭人含著眼淚接受了英國的「合併法案」，從這時起，英格蘭的國名變成

「大不列顛聯合王國」，兩國的國旗中和一下，變成了現在的「米字旗」。蘇格蘭取消自己的議會，選舉議員到倫敦議會去上班。不過英格蘭允許蘇格蘭保持自己的長老教信仰，英國人也不對該鄰居實行文化清洗，還允許蘇格蘭保留自己的法律。所以合併後的蘇格蘭，享受了英格蘭巨大的市場和海外殖民地，隨著英國的崛起一起進入了發達國家之列，共同經歷了工業革命，創造了不小的經濟奇蹟。但是他人文方面獨特傳統也安全地傳承了下來，沒有被英國徹底同化。我們都認識的大思想家，經濟學的開山鼻祖，《國富論》的作者亞當・斯密就出生在十八世紀的蘇格蘭，伴隨著當地的經濟騰飛創立了全面系統的經濟學理論。很難想像，如果蘇格蘭還是個缺吃少穿的窮鄉下，亞當・斯密還有心思研究這些吃不飽用不上的東西。可以說，蘇格蘭併入英格蘭，雖然當時精神和心理上是痛苦了一點，實質上還是益大於弊。即便如此，當年一手促成合併的蘇格蘭政治家永遠背負賣國賊的罵名。一九九八年，因為蘇格蘭人又開始嘰嘰歪歪，剛剛交還了香港，心裡很脆弱的英國人怕引起其他的麻煩，同意他們恢復了自己的議會。

48

上篇說到，威廉三世死前，因為西班牙的王位之爭，西歐又打成一鍋滾粥。大家都知道，那地

方因為幾百年下來複雜的姻親聯絡，王室多半都有些血統關係，仔細排輩份，全都是七大姑八大姨，五服之內的近親。西班牙王位的繼承人中，呼聲最高的是當時的法王路易十四的孫子，而大家都知道，路易十四在法國歷史上也是算得上的狠角，他的孫子成為西班牙國王，他絕對會攛掇兩國合併，成為歐洲之霸。這是也想成為霸主的英國最怕的事，所以，他家趕緊出兵，想幫助另一個候選人獲得王位，打翻路易十四的如意算盤。

英國成為反法聯軍的頭領，威廉三世死後，統帥聯軍作戰的英國將領名叫約翰・邱吉爾。西班牙王位之戰打了整整十二年，邱吉爾的大軍壓得法軍透不過氣來，邱吉爾這個光榮的姓氏也因此成為浩瀚的歐洲戰爭史中耀眼的明星。榮光一直延續到二次世界大戰我們都認識的那個胖老頭，溫斯頓・邱吉爾（戴安娜王妃也屬於這個家族後裔）。

英軍在海外戰場順風順水，邱吉爾甚至計畫殺進巴黎當面給路易十四上規矩，可是，英國國內現在有兩個黨派，只要有兩個黨，不管什麼事想不扯皮幾乎是不可能的。

輝格黨為戰爭著迷，而托利黨根本不願意打仗，安妮女王私下也喜歡托利黨。長期戰爭，國內消耗也大，英國好不容易攢點家底，不能就這樣打光了吧。托利黨這次佔了上風，邱吉爾被罷免，停戰，議和。

戰場上的勝利讓英國人在談判桌非常有利，不久，「烏特勒支條約」簽訂。這個條約的成立宣告，整個西班牙王位之戰，將歐洲打翻天，不列顛依然是最大的贏家。條約規定，路易十四的孫子可以成為西班牙國王，但西法不能合併。英國得到大量的殖民地，包括北美、西印度等地，最要緊的是，獲得了地中海的咽喉——直布羅陀海峽（大家都知道，這個要命的位置是原本屬於西班牙的領地，就是在這個條約裡被割給了英國，西班牙人忙活了幾個世紀想要回去，可咱們香港都要回來了，他們這麼重要的地段就是拿不回去，而且看情形，以後也拿不回去了）。貿易方面，英國獲得西班牙佔有的北美殖民地黑奴的專賣權，此專賣權三十年有效，每年還可以向這個地區派出六百二十噸的商船。這個條約簽的，讓不列顛要面子有面子，要裡子有裡子，尤其是這場戰事，法國和荷蘭兩大對手嚴重受創，一時半會不能跟英國爭短長，而英國也因此建立並維持了歐洲最強大的海軍，開始放眼全球，預備大展宏圖。

一七一四年，安妮女王去世。這位女士不知道八字出了什麼問題，一輩子生了十七個孩子，最長壽的一個活到十歲。這種折磨，哪個女人也受不了，難得的是，安妮女王並沒有因此變成瘋子和變態，她在位時，名聲好像還不錯，就是喜歡酗酒。這段時期，英國的內閣更加成熟了，主要表現在，既然女王經常是喝醉的狀態，大小事就自己看著辦，不要總去麻煩聖上。

安妮有沒有子嗣問題都不大，反正這時候，英國的國王人選基本已經不用皇室操心了，能生出兒子來就努力生，實在生不出，內閣、議會自然會安排英王的人選。根據之前訂好的那部法律，安妮之後，英國王位應該輪到德國漢諾威一個小諸侯，喬治過來繼位。喬治的媽是詹姆士一世的外孫女，聽起來血統有點遠，這不重要，重要的是，喬治不是個天主教徒。喬治一世一上任，英國的斯圖加特王朝就算結束了，漢諾威王朝開始。

話說漢諾威在德國西北部，平原地貌，農耕小國。喬治一世是個土地主，早年間曾參加反法聯軍在邱吉爾麾下征戰，好像也走了不少地方，見過些世面，可他畢竟只是個鄉下侯爺，從漢諾威的原野進入倫敦的王宮，這個身分轉換有點猛，喬治一世頗不能適應。

喬治一世不能適應倫敦，倫敦也不適應他，這位新英王幾乎不會講英語，跟大臣們靠法語交流，法語也帶著德國鄉下口音，內閣開會，朝臣們看國王如同看鄉土風格的小品，國家大事什麼也商量不了。打扮土鼈、談吐就更不用說了，帶來的那些隨從，好像腳後跟還帶著稻田地裡的泥巴呢！那陣子倫敦市民茶飯後最大的樂子就是取笑國王並編派國王的逸事。

不過這個德國小地主還真有逸事，話說喬治一世剛當上國王不久，就被他親自抓到自己的老婆王后跟一個瑞典軍官在床上，喬治一世是個農民啊，農民處理這個事情總是很偏激的，這個瑞典軍官據說是被他剁成碎塊，埋在漢諾威王宮的地板下。王后則被監禁，而且一關就關了三十二年一直到死，不許她見孩子。

不知道是不是因為這件事，喬治一世對女人的品味受到極大影響，口味相當重。他情婦不少，而他最喜歡的的，是一個外號「大象堡」的德國女人，胖如肉山，傳說脖子上的肉垂在胸口，讓倫敦那些腰身如柳的貴婦看得目瞪口呆，大臣們私下笑得前仰後合。要知道，英國是個島國啊，這樣噸位的胖子踩在大地上，對國土安全非常不利，低窪的地區很快就有海水漫上來。

喬治當然知道英國人在背後議論自己，而且這種當國王還要看議會臉色的規矩也讓他很鬱悶，又沒力量反抗，他選擇了消極怠工，沒事就躲到漢諾威去繼續當地主，那裡的長工絕對不敢對自己說三道四，挽著胖女人漫步鄉間，空氣清新，漢諾威的人民見到自己都非常恭敬，感覺真好。

英國現在兩院兩黨還有個內閣，辦事的一多，大部分時間都用來爭執吵架了，以前國王在，還可以彈壓一下，平衡緩解各種關係，現在國王什麼都不管了，一加冕就自動退居二線，英國覺得還是需要選一個人，代理國王的職務，主管所有的事，最後拍板，群龍不能無首，這個主管是什麼呢？我們大家都猜到了，那就是內閣首相。

讓我們請出大不列顛第一位首相，羅伯特．沃爾波爾先生，輝格黨人。為什麼他會成為首相呢，首先是輝格黨人戰勝托利黨成為執政黨。

托利黨這些人吧，有點血統偏執，喬治一世都登基了，可他們想起這位英王的血統就不舒服。在他們心中，詹姆士二世的子孫才是天潢貴胄，所以幾個病得嚴重的托利黨人竟然去跟詹姆士二世的兒子談判，讓他們放棄自己天主教信仰，回來做英王。結果是人家被挑唆起萬丈雄心，不但不放棄信仰還要打回來爭奪王位。詹姆士二世的兒子鬧了一陣沒成功，孫子又鬧了一場，這兩次斯圖加特王朝的復辟都被鎮壓了，可托利黨就成了賣國賊了。當時的英國上下大多數都擁護光榮革命的結果，斯圖加特王朝的殘渣餘孽成為英國人心目中的反動派，而這幫反動派造反想破壞君主立憲制的新生活，居然是托利黨慫恿的，托利黨太混蛋了！

其實托利黨也冤枉，他們也是光榮革命的參與者，也積極擁護當時的革命成果，就是腦子一昏辦了傻事，後來也很後悔。政治鬥爭可等不到你檢點錯誤，輝格黨人抓到他們的把柄，處理政敵快刀亂麻，於是，托利黨被稀裡糊塗地趕出了中央政府，核心管理層，輝格黨一黨獨大，托利黨滿腹委屈成為在野黨。

鑑於這個政治背景，大不列顛的第一任首相是輝格黨人就不出奇了。時事造英雄，這時，英國出現了一起經濟事件，引發了一場政治動蕩。

話說十七－十八世紀，英國經濟快速發展，不少人發了財，民間財富急劇成長，暴發戶們抓了一把錢不知道幹什麼好。

英國和法國打仗，需要錢，當時英國政府成立了一個南海公司，大量購買政府債券，支持政府出門打架。仗打完了，債券要兌付啊，怎麼辦呢，政府總是有辦法的，他們決定，向公眾出售南海公司的股票。

人家英國人天生會玩這種遊戲，為了讓股票好賣，要給公司編故事啊，炒股票就是炒業績預期嘛。很快，英國上下兩院就通過一個法案，將南美洲的所有商業權力壟斷式地交給南海公司，這包括，販賣黑奴，開採南美洲的金銀礦藏。根據政府宣傳，南美洲的土層下，金銀滿地，南海公司隨便派幾個人過去挖幾勺子，就可以日進斗金。這是政府發了話的，新聞聯播裡說的，絕對不忽悠。頓時，全英國人瘋了，南海公司的股票被搶購，不少人砸鍋賣鐵也要去搶幾手。半年時間，南海公司的股價從每股一百二十八英鎊飆升到一千零五十英鎊（老楊只恨沒有生在當時當地）。社會各階層都投身其中，大科學家牛頓拿了家裡賣蘋果的錢也開始投資。

現在我們都知道，這種股票的過度投機造成的股價短期快速上漲就是所謂的泡沫，南海公司的事件，是世界上第一樁股票泡沫，也叫「南海泡泡」，並由此衍生出一個經濟學的名詞叫作「泡沫經濟」。

跟所有的泡沫一樣，南海泡泡後來也碎了，因為南海公司真的只是個空殼，唯一賺錢的生意就是買賣黑奴，那些金山銀礦一直沒開出來，而深知內情的英國政界高層，在跟著賺了大把錢後，開始拋售，股價如高山速降般回落，其下跌的速度還遠遠高於他當時那個瘋狂的上漲速度。這個情景我們們都不太陌生，結果就是大批散戶被套牢。而我們的牛頓大哥，也被套在半山腰上，一臉絕望：「我能計算出天體的運行軌跡，卻難以預料到人們如此瘋狂」（怪別人幹嘛，你自己不貪婪能碰上這事嗎?!)。

南海泡泡的破裂，讓英國的政府信用跌至谷底，尤其是聽說南海公司在發行股票過程中透過賄賂議員散布假消息，那些議員還從中中飽私囊，更是讓民情激憤。這個事件之後，英國有一百年不敢發行任何股票，因為股票這兩個字，已經成為英國上下心中一根硬刺了，而「熊市」這個詞也從此經常被提起(熊市說法來源於英國，英國有個諺語：還沒捕到熊就賣掉熊皮。用來譏諷投機商人，南海事件後，熊市有了現在我們理解的意思)。

英國當時內閣官員中，最中樞的就是財務大臣，因為管理一個國家最重要的就是調節經濟，會賺錢花錢。而那時財長卻在此次南海泡泡事件中獲利甚豐，發了大財，事情敗露後，他遭到了法律制裁，連帶著一串議員被清算，更多人被迫辭職。英國議會因為這次重創，風雨飄搖，不知道誰能出面收拾這個爛攤子。

輝格黨將托利黨趕下野，內部也分化為各派系。勢力比較大的，當然就是上面說的這位財務大臣那一派。而我們將說到的大英首位首相，正好是被排擠的那一派。政治鬥爭的成功，有的時候不靠你做了些什麼，而是取決於你什麼都沒做。沃爾波爾被排擠在主流政治圈之外，所以南海泡泡的好處沒有撈著，沒有收益也不受拖累，南海泡泡幹掉了許多政治大員，政府部門青黃不接，而沃爾波爾出名就是會理財，他以一個很清白的面孔接受財長之位，像消防員一樣為輝格黨救火，收拾政府殘敗的局面，很快，就取得了上下的支持和擁護，他不喜歡首相這個頭銜，認為聽上去似乎權力太大了，其實首席財政大臣已經管理著王國內幾乎所有的事務了，所以後來首相成為英國政府裡固定的職稱後，全稱還是叫：首相兼首席財政大臣。

股票交易最先出現在荷蘭的阿姆斯特丹。荷蘭作為最早的資本主義國家，商業資本運營活躍，有一陣子，阿姆斯特丹是歐洲的商貿中心。南海泡泡是世界上第一起股票泡沫，但不是第一次在經濟領域出現泡沫，第一起經濟泡泡也發生在荷蘭的阿姆斯特丹，那就是著名的「鬱金香泡沫」。

荷蘭因鬱金香聞名，而鬱金香的原產地並不在荷蘭，傳說是中國的西藏，不知道。荷蘭萊頓大學的一名植物學家在奧地利維也納的皇家花園做園丁，初見鬱金香，驚為天物。他後來帶著獲贈的鬱金香花種回到荷蘭，處心積慮廢寢忘食，終於讓鬱金香在荷蘭的土壤裡開放。當時的歐洲，奇花異草，園林別墅是貴族們喜歡評比的東西，鬱金香很快成為他們的新寵，可畢竟數量少，鬱金香的球莖價格連連攀升，價格越炒越離譜。最貴的時候，一個球莖可以兌換一幢豪宅。

這個鬱金香泡沫當然不久也碎了，而且破碎得神祕而突然，大約半個月不到，大部分的球莖變成了洋蔥的價格，而且正逐步接近馬鈴薯。這一趟也害死了不少人，不過荷蘭人不太吸取教訓，後來他們又炒洋水仙，又整出一場泡沫。

這家人也算風雅，這些花卉當期貨炒作，沒妙好的結果就是讓這次貌似貴重的花種得以普及，至少換得了一個鮮花滿地的美麗國度，比股票泡沫好多了，還帶著些清香……

49

先跟「地主們」報備一聲，接下來的漢諾威王朝的故事也很容易引發大家錯亂，因為該王朝前四任君主都叫喬治。真服了這些歐洲人了，想不出別的名字了嗎？

該誰了?!喬二出來！

喬二是喬一的兒子，喬一還沒死，他頂多是威爾斯親王。這對喬治父子出名的是關係惡劣。為什麼呢，因為喬媽。喬一將老婆監禁，不許兒子見面，喬二為了探望老媽，不惜以太子之尊泅過護城河想潛進喬媽被關的城堡。不過被逮住了，還遭到喬一的懲罰。太子對老爸不滿，除了爹死時拒絕披麻戴孝，還有更有效更狠毒的表達方式，喬二在上下兩院發展反對黨，處處跟老爸作對，他老爸乾脆宣布，喬二是不受歡迎的人，把喬二趕出王宮把孫子留下，我兒子對我不好，我要讓你兒子也對你不好！傳說那些讓倫敦百姓笑死的喬一笑話，很多都是喬二的顧問班子發表的。喬二天天詛咒喬一早死，只盼老頭一死，就可以恢復喬媽的自由，可惜，喬一還是掙扎著死在老婆之後，讓喬二留下終生的遺憾。

喬一突發腦溢血死在漢諾威，似乎大不列顛的同志們誰也沒有把國王的屍體接過來安葬的打算，喬一生是漢諾威人，死是漢諾威的死人，英倫的生涯，他不過是個過客。喬二雖說也有點小地主作派，但畢竟做過太子，度過了英王的適應期，還學會了英語，他上台，要比喬一從容大方多了。

喬二沒太鬧笑話，但他對囉嗦的英國國務也沒什麼太大的興趣，這個夥計天生好戰，從上台開始，天天心裡念叨的，就是找人幹仗。

喬二上台時，沃爾波爾已經在首相的位置上工作了十餘年，兢兢業業的，他是個謹慎人，覺得國家人民都需要休養生息，應該跟歐洲那些國家擱置爭端，互不騷擾，維持低稅率，發展經濟，建設和諧大英。這個想法顯然是好的，也使得這段時間，英倫三島祥和而平靜。但是這跟國王那戎馬歐洲的萬丈雄心就不搭配了，而且當時英國的商業利益很多都來自海外，海外市場就沒有太平，所有市場和利潤空間都是打出來的，誰比較霸道，誰就能搶到最大塊的蛋糕。對於沃爾波爾這種縮頭烏龜的治國方式，輝格黨內部許多年輕的鷹派也很有意見，而這些主戰的輝格黨新銳代表就有威廉・皮特，大家先記住這個名字。

喬二不喜歡老沃，一上台就想把老傢伙換掉。喬二是個武夫，辦事魯莽，好在找了個老婆有頭腦。喬二和他老婆卡洛琳王后可是歐洲歷史數得著的恩愛夫妻。喬二在英國上班，休假時就回到漢諾威鬼混，卡洛琳王后留在倫敦攝政，基本上，喬二對老婆的意見是非常尊重的。喬二在漢諾威老家養了大量情婦，這一點不影響他跟老婆的關係，因為他的很多情婦是王后親自挑選的，而喬二跟情婦廝混的所有細節，他也會如實向老婆稟告，兩口子維持著非常自由民主相互尊重互相體恤的新型前衛的夫妻關係。這個喬二也是個怪胎，他恨他老爸入骨，還笑話他爸的那些胖情婦，可輪到他自己找情婦，他也喜歡胖女人，非常神奇地繼承了喬一的奇特品味。

沃爾波爾知道喬二不喜歡自己，作為一個老幹部，老沃做人的本事肯定在做官之上，他敏感到卡洛琳王后對喬二的影響，所以將自己的效忠方向轉向後座，很快，卡洛琳就將老沃視為心腹，而且在喬二面前力保他繼續管事。喬二為給老婆面子，只好也表現出對老沃的賞識，還將唐寧爵士在威斯敏斯特宮附近蓋的一條紅磚房子送給他居住辦公，這個房子後來就成了固定的首相官邸，大家都知道的唐寧街十號。

喬二十年，卡洛琳王后去世，沒人幫老沃美言了，那些激進好戰的輝格黨年輕人開始炮轟老沃，預備跟他清算。

國內勢態嚴重，海外也不給老沃留機會。

自從哥倫布發現美洲，歐洲那幾個大佬就爭先恐過來搶佔殖民地。從佛羅里達到哈恩角被西班牙佔有，還將整個加勒比收入懷中。葡萄牙盤踞在巴西。英國、荷蘭、法國由南至北排隊佔據北美海岸。十七世紀末，英國擠掉荷蘭，把從喬治亞到麻塞諸塞那一條搶過來，又想覬覦西班牙擁有的殖民地。

大家還記得我們上篇說過的英法烏特勒支條約，英國每年可以向南美派出一艘六百二十噸的商船，六百二十噸的交易肯定不夠，所以英國商人就變著法子走私。為了打擊英國走私船，西班牙都快愁死了。而法國此時乘機表示願意幫忙，可以跟西班牙聯手行事。西班牙抓到英國走私船一般都是酷刑處罰，辣手報復，這讓英國內部要求開戰的呼聲很高，就在國會吵吵鬧鬧爭執不休時，一七三八年，一個叫詹金斯的走私船長舉著一個耳朵來到議會，並說他的船航行到加勒比海遭到西班牙人強行上船檢查，並因他涉嫌走私，而虐待他並割了他的耳朵，還把他吊在桅桿上。詹金斯表示，自己吃點虧可以忍耐，但他們對大不列顛的侮辱是絕對不能接受的！其實，這個夥計被西班牙人割耳朵是幾年前的事了，他也不知道是用什麼辦法讓自己的耳朵得以保鮮，可以拿到議會去表達憤慨。不管這事是不是有人幕後主使，詹金斯的耳朵被割掉這個事總是真的，西班牙不僅是割了一個走私犯的耳朵，更是切割了大英的尊嚴，稍有愛國之心的人豈能坐視！沃爾波爾的反戰思維顯然是跟主流牴觸了，所以第二年，迫於無奈的老沃終於決定向西班牙宣戰，這場戰爭所以被叫做「詹金斯耳朵之戰」。

開局打得倉促，況且老沃本來不願意打仗，心理發怯，一將無能累死三軍，所以戰局對英國不利，政敵們毫不客氣地將失利的責任全部推給老沃，可憐的老頭期期艾艾下了台。現在英國政壇的主持人都是主戰派了，不怕打不過，就怕沒仗打，好在歐洲局勢也很配合他們，不久，歐洲大陸那鍋粥又開始沸騰了。

這次的起因，是奧地利的王位爭奪戰：

這個戰爭的起因就複雜了，奧地利哈布斯堡家族的事，我們到德國篇再詳細說。簡單介紹一下，哈布斯堡家族絕嗣，他家預備讓大公主登基，公主成為奧地利大公，駙馬爺順勢成為神聖羅馬帝國皇帝。這個事讓法國、西班牙、普魯士等國家都不答應，因為神聖羅馬帝國的眾多諸侯國中，以普魯士和奧地利勢力最大，兩邊都想遏制對方，一統大德意志的江山。普魯士率先對奧地利宣戰，並出兵奧地利的家族屬地西里西亞，於是歐洲為了皇位繼承的傳統群架再次開打。

本來這個事，可以說跟英國沒什麼關係，可是因為法國和西班牙是支持普魯士的，這不剛跟西班牙打架吃了點小虧嘛，要趕緊找補回來，敵人支持的，我們一定要反對，於是英國非常堅定地站在奧地利一邊，聯合了荷蘭、匈牙利、俄國等哥們加入戰團。

除了報前仇，這場戰爭最上心最積極的還是喬二，除了他本身是個狂熱戰爭份子外，他還有一個擔心，那就是，普魯士在西里西亞摧枯拉朽的，搞不好就殺進漢諾威的領地了。喬治父子鄉土情結太堅定了，已經擁有英倫三島，可在感情上，還是感覺漢諾威才是自己的家，看到漢諾威在普魯士的兵鋒下可能會有危機，趕緊攛掇著英國人去收拾普魯士。

喬二當國王剛混及格，做戰場統帥卻是一條好漢。一七四三年六月，英國和奧地利還有些其他盟軍四萬人，由英王喬治二世帶領的一部分，在德廷根近郊與兩萬法軍遭遇。此時的喬二已經是六十歲老人家，因為中了埋伏，有一陣子英軍很失措，喬二的坐騎還跑掉了，喬二老兒硬是與士兵揮劍步戰，而且身先士卒，驍勇無比，激勵著聯軍終於讓法軍敗退。喬二因為這一仗，成為英國歷史上最後一位御駕親征的英王，此後的大英再沒有那種金戈鐵馬神勇的騎士之主，而喬二的英雄無畏也讓英國對來自漢諾威的土包子皇室改變了看法，喬二一時聲譽很高。

一七四八年，這場對英國來說莫名其妙的戰爭終於結束了，不管歐洲怎麼樣，反正英國就是出去打了一架，花了大筆冤枉銀子，沒收穫什麼實質上的利益。唯一產生的影響大約就是和法國的矛盾越來越深，利益衝突更加直接，尤其是北美和印度這兩個英國最敏感的殖民地發展，總是遭到來自法國的阻撓。英國人計算了一下，現在荷蘭廢了，西班牙軟了，能在全球跟英國人爭搶的就剩下法國了，如果能咬牙一戰，徹底將這個宿敵打殘，則英國就真正成為歐洲乃至世界霸主了。

這一仗可不是隨便打的，而且歐洲打架，從來不存在單挑的問題，每次都是打群架。但是群架也可以打得花樣百出，因為每次都要考慮結夥的問題，到底這次應該和誰結盟，一起上呢？

我們接下來要講的，就是我們都熟悉的英法七年戰爭。這是人類歷史上第一次真正意義上的世界大戰，幾乎整個歐洲都被捲進戰團，地球上大部分地區成為戰場。這是一場極端複雜混亂的戰爭，很難講得明白，既然英國是最後的大贏家，我們就從他家的角度來說說吧。

法國人比較早到現在北美的大湖區、俄亥俄、以及密西西比河，他們在這些地區建立了交易中心，做些獸皮之類的買賣。法國在今天美國賓夕凡尼亞州的匹茲堡地區建立了一個貿易點。英國人不幹了，說這個貿易點位於維吉尼亞，是英國的領地。維吉尼亞總督派遣一位二十一歲的年輕人去跟法國人交涉，讓他們趕緊搬家。年輕人講了一大篇道理，法國人完全不買帳。不能說這位年輕人不會辦事啊，這小子我們大家都認識，大名叫喬治・華盛頓！華盛頓吃了癟，決定訴諸武力，他率領一百多號人對一群法國人發動突襲，打死十來個，這下好了，七年戰爭的開幕大戰法印戰爭（英法打架，印第安人按照自己的喜愛分別加入兩邊幫忙）開打。可惜的是，一七五四—一七五五年，北美地區不管是民兵還是英國正規軍對法軍的攻擊都以失敗告終，逼得英國不敢掉以輕心，預備在歐洲找幫手，布置一場大戰，以達到收拾法國的目的。

放眼當時的歐洲，最互相看不順的一對仇家自然是英國和法國，另外還有一對，那就是普魯士和奧地利，剛結束不久的奧地利王位之爭其實就是這個矛盾的激化而已，王位戰的結果是，奧地利哈布斯堡家族的瑪麗如願成為奧地利女王，代價是，普魯士佔據了她家世襲的西里西亞領土。

奧地利當然不能忍受國土淪陷，也憋著勁要拿回來。王位之戰時，普魯士的幫手是法國，歐洲的鄰里關係跟小孩過家家一樣，今天跟你玩，明天不跟你玩，奧地利覺得，要對付普魯士，最釜底抽薪的辦法就是拉攏法國一起。法國知道跟英國絕對少不了一場大戰，這時候拉幫結派格外重要，於是就答應這個回合跟奧地利一邊。不用說了，法國倒向奧地利，英國自然是牽手普魯士，而且普魯士人還嚇唬英王，說是奧地利只要拿回西里西亞，絕對會打漢諾威的主意，喬二一聽，我老家和祖墳又危險了，別管真假，要防患於未然啊。這四家兩兩站好，預備雙打，慢點！選手沒到到齊呢，又冒出來一個強行要參加的，那就是俄國，這傢伙剛幹掉了瑞典，正預備西進，擁抱波羅的海，他遭遇的阻擋是東普魯士，於是自然成為普魯士的敵人，自動自覺地流竄到法國和奧地利那邊站好（「地主們」看得眼冒金星了吧？看地圖吧，一看地圖就明白了）。

不管多混亂，七年戰爭都是世界歷史不能迴避的重點，老楊含著人參爭取講清楚，「地主們」也找片人參含上！

50

七年戰爭的兩派站好位置，預備開球。不管歐洲大陸上的各國有什麼恩怨，不列顛家腦子是很清楚的，那就是合夥歸合夥，不列顛非常聰明地選擇在海外領土或是海上打擊對手，發揮自己無敵海軍的長處，絕對不派軍隊到歐洲大陸戰場找抽，因為敵對那一派人太多了。他家跟普魯士的聯合，很大程度上是經濟支持，可憐老普魯士為了幾個英鎊，咬著牙地幫著不列顛牽制著法軍的主力，讓法蘭西沒有精力在大陸以外的戰場跟英國角力。在這一篇裡，關於歐洲戰場那些亂七八糟的事，我們就不講述了。

其實戰爭伊始，不列顛局面相當難看。一開打，英國就丟掉了他家在地中海的戰略要衝梅諾卡島，接著北美五大湖區中的重要港口奧斯威戈也被法國人佔了，還沒結束呢，法軍在大陸上攻陷了英王的漢諾威屬地。

這下不列顛家炸鍋了，這樣打下去不是完犢子了嗎，喬二現在已經老得上炕都費勁了，更不能指望他統帥三軍了，可是仗打成這樣，總要有人出來負責任吧。老沃被整下台，現在英國主事的是紐卡斯爾公爵兄弟，他家首當其衝成了民怨的標靶。

現在的英國首相是總經理，國王是董事長，董事長不好隨便換，總經理還是可以換的。戰爭時期，那些激進而偏激的鷹派容易上位，這時，大家想起，議會裡還有一個狠角一直沒有啟用，他平時鬧騰得挺歡，現在把他拉出來，看這夥計到底是騾子還是馬。這位就是上篇提到的威廉・皮特，為了區別他那個更出名的同名兒子，我們就叫他老皮特。

老皮特這傢伙，大家都知道他有本事，他做下院議員期間，被稱為「偉大的議員」！這麼有本事的人，為什麼沒能進入英國內閣，而非要等到打輸了挽救頹勢才想到他呢？很簡單，因為喬二不喜歡他，為什麼不喜歡？遺傳！

還記得喬一將喬二趕出皇宮留下孫子嗎，這招很惡毒，產生的結果就是，喬二跟自己的大兒子弗雷德的關係就如同自己同喬一的關係一樣惡劣。喬二也將弗雷德一家趕出皇宮，讓他們在民間生活。而弗雷德也不跟老爸客氣，也組建反對黨，拉幫結派給自己老爸找茬，而且也學習了給老爸編故事抹黑這一招。弗雷德的幕僚班子中，最醒目耀眼的政治人物就是威廉・皮特，所以，不管老皮特在政壇有多高的聲譽，喬二就不給他入閣的機會。

現在沒辦法了，首相知道，如果繼續戰敗，自己的地位就岌岌可危了，此時必須啟用老皮特，於是威廉・皮特進入內閣，成為陸軍大臣，專管對外打仗。如果國家在戰爭狀態，一般舉國上下所有的事都是為戰爭服務，所以，老皮特雖然沒有得到首相的頭銜，但實際上，幾乎已經執掌了大英的政權，稱為實質上的總經理。

老皮特手握大權，馬上就證明自己不是浪得虛名，他將整個戰爭的重點放在北美，在海上襲擊法軍的運輸船，切斷他家的運輸線。在北美攻克法國軍隊在北美的總指揮部——魁北克，並接連拿下要塞蒙特利爾，將整個法屬加拿大控制在英國手裡；在南亞，由東印度公司指揮作戰，依靠雇傭軍一舉打下印度全境，成為南亞霸主；英國的海軍分別在大西洋和地中海幹掉了法軍的艦隊，從那時起，英國的海軍遊弋大洋是真正的海洋盟主。而在歐洲大陸，普魯士被好幾個國家圍著打，形勢很嚴峻，他也知道不能指望英國的艦隊上岸幫忙，好在上帝幫他，俄國換皇帝了，彼得三世上台了。大家還記得他吧，葉卡特琳娜的老公，喜歡普魯士不喜歡俄國的窩囊廢沙皇。他一輩子最崇拜的人就是當時的普魯士老大腓特烈大帝，最大的人生理想是加入普魯士軍隊為腓特烈作戰。所以他絕對不會夥同別人打普魯士，反而派軍隊倒轉槍口向自己的盟友奧地利開火。在俄國的幫助下，普魯士立即扭轉了戰局，加上英軍在海上對法軍的遏制，歐洲戰場也逐漸分出了勝負。

本來就為了各種利益開打，分出勝負了也就不用打落水狗，和談吧。一七六三年，「巴黎和約」簽訂（歷史上有很多個「巴黎和約」，巴黎那地方衣香鬢影，夜生活豐富，去談判的人晚上找到樂子，白天心情好，不容易吵架，特別適合簽條約），英國全取加拿大以及密西西比河以東地區，在印度還給法國五個據點，用哈瓦那交換西班牙的佛羅里達，作為補償，法國將路易斯安娜送給西班牙。收回法軍佔領的梅諾卡島，英國還獲得加勒比海眾多島嶼和非洲的塞內加爾。毋庸置疑，這一架的結果，不列顛是最大的贏家，而且，繼西班牙、荷蘭之後，法國也終於被不列顛踏在腳下，不敢叫板了。而從這個合約開始，不列顛家全球範圍內的大英帝國版圖開始形成，日不落帝國冉冉升起！

七年戰爭還沒打完，喬二就死掉了，因為他的戰場功績，死的時候，名聲非常好，而他晚年最大的遺憾就是，全世界打翻天了，他老人家卻不能參與其盛，自古名將如美女，最恨人間見白頭。不過有件事讓他死得很瞑目，那就是自己最恨的長子死在自己前面了，不用把王位傳給一個不孝的孽障。

弗雷德跟父王鬥了一輩子，以為自己肯定可以熬到喬二駕崩獲得最後的勝利，可惜，喬二先把他熬死了。最後繼位的是弗雷德的長子，喬二的長孫，喬治三世。

喬三跟前兩個喬治不一樣，他可是土生土長的英國人，標準倫敦腔，絕對不土鼈。他媽媽是喬二特地為弗雷德選擇的德意志小國的公主奧古斯塔。喬三是個早產兒，生下來大家都認為養不活，誰知病歪歪的卻是英國歷史上在位最久的國王之一。十二歲就死了爹，一直靠自己的老媽和家族至交布特伯爵教養。

喬三的老媽是個德意志小國的公主，在英國做了多年太子妃也沒看懂英國政治，她對兒子的教育就是：要做真正的國王！而布特伯爵是個蘇格蘭籍的托利黨人，對當時執政的輝格黨自然滿懷敵意，作為太子師，他成天向喬三灌輸對輝格黨不利的言論。而喬三因為從小生活在父親和祖父的爭鬥中，養成了點步步為營的性格，不管是做太子還是後來做國王，他認為世界只有兩個人信得過，一個是老媽，一個是老師。

一朝天子一朝臣，不出任何意外，威廉・皮特在成功地領導了英國的七年戰爭後免死狗烹，沒辦法，喬三要扶持自己的老師做首相啊。輝格黨一黨獨大多年，內部也腐敗分化得厲害，托利黨人和其他政敵感覺到，推翻他們的機會來了，布特周圍很快聚集了很多輝格黨的敵人們，七年戰爭讓英國百姓覺得很負擔，威廉・皮特自然是主要責任人，感覺到政治氣氛對自己不利，老皮特自動辭職了，伴隨著喬三登基，布特順理成章成為新首相。

漢諾威王朝的前兩個喬治在感情上對英國疏離，也無力主張王權，所以到喬三接手的時候，國王的權力又短了些。喬三跟上兩任不一樣，因為老師皮特不僅是教他不能相信輝格黨，還教育他，要恢復國王的尊嚴，拿回屬於國王的一切。布特作為一個蘇格蘭人，野心太大，做事太急進，容易樹敵，很快，布特發現，首相這事他幹不了，他還是躲到幕後給國王出主意。接替他成為英國首相的，是喬三從小一起玩的髮小諾斯勳爵，並以鞏固王權為目標吸收大批親信，成立了一個叫「國王之友」的派系，幾番政治運作後，「國王之友」成為國會內閣的領袖，組建了一屆完全聽從喬三個人統治的英國政府。

大家已經習慣英王生活以修身養性為主，王權越來越小才是正常的，突然冒出來一個有進取心，親自干預政治的英王，讓整個英倫大地都不舒服。很快有些個刺頭冒出來了。下野的輝格黨人辦了張叫「北不列顛人」的報紙，以攻擊當時的政府為主要精神。出了個記者約翰・威爾克斯，在該報撰文批評喬三的議會演講，認為他將王權凌駕於議會之上，是非常危險的。喬三火了，直接下令將威爾克斯抓起來。人是抓了，可麻煩隨即而來，人家威爾克斯是下院議員，一般的法院不能審他，他是享有豁免權的。喬三可不管這些，現在他完全可以操縱議會，按他的意思，議會直接將約翰．威爾克斯開除，變成平民就可以想怎麼收拾就怎麼收拾他了。英國人從來不慣國王的毛病，為這事，全國各地到處示威，迫於壓力，威爾克斯一會被捉一會被放，每次都引起全國局勢的動蕩，他本人當然成為政治明星，還是受迫害的那種悲情英雄。英國人為了替他出頭，竟然在大選時，投票讓他成為倫敦的市長，喬三再專制也不敢推翻民選的結果，不得不接受這個垂頭喪氣的失敗。

其實喬三是個不錯的人，性格也不殘暴粗魯，說話和氣，日常生活檢點自律，家庭和睦，不養情婦不亂搞男女關係，這樣一個國君放在咱家的歷史上，老百姓絕對把他供起來。可在不列顛，這樣一個國王就是跟一個小記者計較，還沒爭贏，硬是遭到了全體國民的反對，讓我們都替他冤。而英國人從這件事上發現，現有的政體，表面上議會大於國王，可如果國王真想獨裁專制，他還是有辦法操縱議會的，英國人認識到，現有的議會制度有漏洞，需要改革和進步。

全國人民示威反對，絕對不是喬三任內最大的悲哀，他對英國政務的滿腔熱情遭遇了不久之後的一場重大打擊，讓他彪炳史冊，那就是，自由而民主的美利堅合眾國誕生了。不列顛那樣辛苦征伐取得的殖民地，在喬三手裡說沒就沒了。

話說七年戰爭，英格蘭雖然是打贏了，銀子卻是花光了。戰爭期間借了不少外債，現在打完了，該還的錢不能賴著不還啊。英國政府一想，整個戰爭，最主要的戰場就是北美，如果不是為了保住這片土地，可能還花不了這麼多錢。所以，冤有頭債有主，北美洲花的錢，自然要從北美洲要回來，向殖民地收稅是最快的辦法。

英國人收稅需要議會通過，可殖民地的人是沒有資格進入議會參政的，所以碰上對殖民地不利的話題，整個議會沒人替他們說話，不收白不收。英國政府很快想出一個高明的辦法，就是收「印花稅」，所有北美的印刷品，報紙、雜誌、公文、小廣告必須購買印花稅票貼上才能流通生效，否則就如廢紙一般。不用想，這分明就是逼老百姓造反了，北美各地開始出現各種反英地下組織，示威、暴動，反正能幹什麼幹什麼，終於讓英政府不得不結束了這個缺德的稅條。但是反抗了一件又來一件，隔三差五，英政府就會想出一個新花樣來折騰北美人。過不了幾年，為了解決東印度公司的經營困難，又把倉庫裡那些賣不掉的茶葉拿去強行推銷。逼人太甚了，終於把北美人逼反了。

這種左一次右一次的示威、遊行、暴動甚至倒茶葉都是不能解決問題的，要從根本上防止此類事件發生，最徹底的辦法就是從英國的版圖上剝離，擁有自己獨立的主權，除了美國人誰也不能隨便收美國人的稅！接下來的事，我們都很熟悉了，經過一七七五—一七八二又一個七年戰爭的煎熬，在法國、西班牙的公開支持，和俄國等國的暗地支持下，美國人打贏了，以後英國人也不用越過大西洋操心了。

這麼大的失敗，整個英國幾乎是如喪考妣，照規矩要追究主要責任人。這次比較容易找麻煩，你喬三不是喜歡管事嗎，你不是嫌議會礙手礙腳嘛，你的諾斯內閣不是一天到晚嚷嚷著增加國王的權力嗎，如果不是你們胡鬧扯淡，不列顛能吃這麼大的虧丟這麼大的人嗎？那邊俄國的女沙皇還搖著扇子說風涼話：「這事要是給我遇上，我就開槍打爆自己的頭！」喬三沒有自殺的勇氣，甚至喪失了所有的勇氣，不僅不再要求王權擴張，有一度連王位都不想要了，他想過要辭職。董事長一般是不能辭的，總經理下崗就能緩解很多矛盾，於是諾斯內閣灰溜溜地離開了。

美國獨立後的喬三換了好幾個人組閣，走馬燈一樣換首相，都不能平復英國創傷感。喬三悲痛的心稍微恢復後，決定啟用一個二十四歲的年輕人，他覺得，這傢伙可能會比較容易控制，說不定自己還有機會發揮餘熱，能對國事說了算。不管出於什麼目的，喬三的這個選擇成為他屢遭失敗的治國生涯挽回了一點聲譽，因為他為英國選出了歷史上最優秀的首相，也就是我們前面說過的威廉・皮特的兒子，小威廉・皮特！

51

好久沒講花絮了，從花絮開始吧。二〇〇七年五月，咱們家那個風姿卓絕的女外交家傅瑩履新中國駐英國大使，帶給英國人一份讓他們很欣喜的禮物，就是總共十六冊的《欽藏英皇全景圖典》複製品，這套東西是我們上篇說到的喬治三世送給我們乾隆爺的。卻說喬治三世時代，英國人在家看了地圖，隱約感覺自己應該是個大國，雖然剛丟了美國，有點兒喪氣，但是自己日不落帝國的版圖不是唬人的，試看天下誰能敵啊？有人敵，還有個上邦雄居太平洋西岸，沒將不列顛這個小島子放在眼裡，自然是咱們大清帝國！

一七九三年，乾隆老爺子八十三歲的壽辰，喬治三世認為應該過來結交一下，當時不列顛已經和咱家貿易了，但是大清是閉關鎖國的，市場大，能讓不列顛賺大錢的機會卻不多，喬三打著算盤，看乾隆爺能不能在珠江一帶給不列顛一塊地，讓他家的商人能自由貿易，不受大清那些海關關員的盤剝，最好能定期在廣州一帶組織個廣交會什麼的，兩國還應該互設公使，經常交流。喬三自己也知道，跟當時的天朝上邦提這種造次的領土要求相當找抽，於是決定過來行賄，行賄管事的，管事答應，自由貿易區就給他了。大英的國王從來自謀財物，小家子氣的，不知道我們上邦天下之大，莫非王土，連老百姓廚房裡蟑螂所有權都屬於皇上，喬三還以為咱家的聖上也跟他一樣眼皮子淺，他選擇行賄的對象居然是乾隆爺！

喬三花公費不算小氣，他組織全家費了一年功夫給乾隆預備壽禮，後來發到中國的各種禮物有六百多箱，剛才說到那本全景反映當時英國社會風光形態的冊子就是其中之一，但是比起其他的東西，實用價值就差多了，其他禮物包括：蒸汽機、棉紡機、織布機、當時歐洲最精密的天體運行儀、世界各國位置、首都、山脈和河流的地球儀、英國最大的裝備一一〇門大口徑火炮的「君主」號戰艦的模型、榴彈炮、迫擊炮、卡賓槍、炮兵裝備，望遠鏡、碼錶、派克透鏡、熱氣球，車輛等。喬三遞交給乾隆爺的生日賀卡上，非常親切地稱呼乾隆兄弟和朋友。在乾隆爺看來，比起自己收到的和闐玉雕白菜、顧愷之的真跡，王羲之的字貼這些壽禮，英國人拿來的簡直就是破爛，居然還想用這些破爛來要求商業利益，喬三一個番邦小王，跟咱們的天子稱兄道弟，也顯得非常之缺乏禮數，沒有家教。乾隆爺連教都不稀罕教他們，好吃好喝之後，把英國人打發了，並且寫信告訴喬三：我大清，第一不會和你這等小野人太過親熱，第二也不想跟你家做生意，現在這種貿易格局，你要做就做，不做拉倒！我大清什麼都不缺，你那些破爛自己留著玩吧，千萬別往我這裡堆，亂丟垃圾觸犯大清法律。最後還說，你沒事最好順著朕的意思，朕可保你國家無恙。口氣還是比較霸道，符合我們天朝的身分，其實這也不算是一封信，因為開頭有「奉天承運，我皇昭英王曰」的字樣，所以，這根本就是頒給喬三的一道聖旨。

乾隆爺文科出身，估計跟老楊一樣，看到機械之類的東西就自然牴觸。對西洋這些機械物件，他老人家好像對鐘錶之類的更感興趣些，那些火槍大炮之類的凶器，非常不祥，沒事最好不玩，為了教育喬三今後不要隨便用不祥之物給人賀壽，聖上的回禮是玉如意，景泰藍花瓶等物，讓英國土賊狠狠地開了一次眼，開眼開大發了，英國人受教，知道翡翠瑪瑙古玩字畫是絕對的好東西，估計從那時起，就樹立了到中國搶劫的偉大理想。

幾十年後，英法的聯軍在圓明園的一個馬圈裡找到了喬三的禮物，大部分完好如初，甚至沒有拆封！而我們都知道，這一次他們過來，實現了所有想到甚至沒想到的目的，既不行賄也不陪小心，他們用乾隆爺看不上眼的那些東西打進了北京城！我們不能怪英國人後來仗著自己工業國家手裡傢伙硬欺負我們農耕國家，人家給過我們試題的答案！

喬三有誠意，他發過來的六百箱東西在他本人眼裡絕對是最好的東西，代表著當時英國乃至世界製造業的最高水準和最新科技，這些東西的誕生，是值得全世界敬畏的，歷史上被稱為工業革命！這一篇，我們就講講這個讓中華民族掉隊的東西。

所謂工業革命，就是指機器生產取代手工，可以說，工業革命是世界現代化的起源，為繁榮的資本主義經濟奠定強大的基礎。怎麼開始的？為什麼開始？為什麼在英國開始呢？

英國的「光榮革命」讓國王基本被教育老實了，國王不敢為自己的利益啟釁，更不敢搞壟斷，所以英國有錢是大家賺的，國王要脫貧也要自己經營。民主政治為經濟發展提供了一個很寬鬆的環境，最重要的是，這裡已經確立了私有財產要受到保護這個重要的意識，重商主義，鼓勵致富，大家各憑本事賺錢；又加上，此時的不列顛，英倫三島基本實現統一，有一個穩定而廣闊的內部市場，外部呢，更不用說了，廣袤的殖民地，海洋上那些往返如梭的大英商船，大半個地球是他家的市場。面對這麼大的市場，英國的商人們當然是卯足全力，生產東西。

其實工業改革的最初起源還是英國的農業革命，耕種方式的革命，科學種田，科學養畜，農產品產量大大增加。不列顛家不是一直有個痼疾——「圈地運動」嘛，那些大地主自從引進農業科技後，農家活就開始產業化，具體表現在，雇很少的長工就能幹出很多活來。農業效率越高越有收益，大地主就需要更多的土地擴大生產，越來越多的農民失去土地，經濟發展，社會平靜，人口自然暴增，農村找不到出路，只好進城打工，為工業革命提供了大量的人力和人才基礎。

英國一直比較流行家庭式的手工小作坊，比如紡紗織布之類的活計，那些經營紡織品的商人根據市場需要就對這些家庭作坊下單，為了提高效率，慢慢有些商人開始購買織布機，提供原料，用支付薪資的方式雇傭人過來集中紡布。有薪資發了，聰明的工人就會想辦法讓自己多勞多得了。一七三三年，有個傢伙發明了一種叫「飛梭」的東西，大大提高了織布的效率，織布速度快了，紡紗的速度跟不上，因為當時一部紡紗機一次只能轉一個線軸，紡一根線。

英國很早就確立了專利制度，隨便什麼人，發明了新東西還是基本會受到保護，所以有人願意動腦筋做發明創造，有個叫詹姆士‧哈格里夫的，忙活了三年，終於發明了一種可以同時轉動八個紡錠的紡紗機，他用自己的女兒名字將它命名為「珍妮紡紗機」。

珍妮紡紗機雖然高級，可還需要人力手搖，發明很多都來自偷懶的需要，不久，有個傢伙發明了用水力推動的紡紗機，紡紗速度又提高了，接著就有人將「珍妮紡紗機」和水力紡紗機的優勢結合在一起，發明了「騾機」，讓紡紗這個動作率先告別了人力。

原來說過，英國傳統的工業就是紡織業，市場大，配套好，所以工業革命最早在這個行業啟動就非常正常了。我們現在看這個產業進步的過程枯燥無比，相當沒勁，可是，我們想像一下，這些設備的每一次更新，都要帶給英倫大地多大的財富和驚喜。

透過水力的能量，紡紗的效率是高多了，這就要求，所有的紡織廠要集中在水流旁邊，還需要這些小河小溪有一定的落差。可是這種地方，大家知道，發展旅遊合適，作為工廠就存在運輸管理等一系列問題，更多的聰明人將眼光放在發現新的動力上，能不能找到一種辦法，不用讓這麼多人都擠在河邊忙活，不會游泳的都不容易找工作。下面，工業革命最牛最明星的人物來了，大家都認識，詹姆斯‧瓦特！

根據我們從小聽說的故事，瓦特從小好學，看到奶奶家的水燒開了衝頂壺蓋，悟到了蒸汽的能量等等。這樣的故事教育學齡前兒童是可以的，既然我們們成年了，就不能這麼容易受忽悠。最早想到使用蒸汽作動力的，是一個蘇格蘭鐵匠。而英國很早就出現了一中「紐卡門蒸汽機」的東西，用於採礦業，瓦特老兄不過是改良升級了這種蒸汽機，讓這東西連續運動持續工作。經過瓦特最後完善的蒸汽機被用於很多工業部門。大家都知道，動力是所有機械的基礎，解決了動力問題，就突破了工業革命最大的瓶頸，以後的很多機械都是在蒸汽動力的基礎上工作，比如，極大提高了織布效率的「動力織布機」。所以，瓦特蒸汽機被認為是工業革命的標誌，代表著生產力質的飛躍。

研究發明，申請專利，再成立配套的工廠讓新技術成為產業，很多人因此致富，於是，發明創造就成為潮流，這些發明不僅表現在工具、動力這些方面，還因此引發了一些材料上的革命。比如製造金屬需要鋼鐵，煉鐵就需要燒柴，英格蘭的林子眼看要砍光了。好在有人發現煤可以煉成焦炭，從此後，開始燒煤煉鐵等等。

工廠興起了，產品不斷出來，現在要解決的是，交通問題。除了修理原有那些泥濘的公路，還開始挖運河，十八世紀末，全英國所有的河流幾乎都連接成網。河道通了，船隻要跟上，既然有蒸汽機了，蒸汽輪船很快就出現了。以前英國的船隻是木質的，要保證船體輕便，否則搖船的水手會累死，現在好了，有蒸汽推動，不用划船了，鋼和鐵的品質也越來越好，自然就開始用鋼鐵造大船了，更結實，更耐用，更抗打。

運輸中最重要的是鐵路建設，還是蒸汽機讓一切變成可能。一八二五年，斯托克頓—達林頓鐵路建成，全長三十七英里，當時著名的火車專家喬治・史蒂芬用他發明的機車頭拖著一長列載滿乘客和貨物的列車，行駛在這世界第一條鐵軌上。雖然，這小小的一段路走了幾個小時，也就比牛拉車稍微快一點，但是，這絕對是人類交通上的革命啊，人和動物從此就從拉車這種不倫不類的活動中解放出來了！幾年之後，從曼徹斯特至利物浦的鐵路通車時，史蒂芬新設計的機車時速就快多了，快到大家可以接受的水準。鐵路運輸價格低，效率高的特點很快顯現出來，於是英國興起了大建鐵路的活動，十九世紀中葉，英國已經有鐵路八千多公里，基本形成了一張適用的鐵路網。

不用再講下去了，如果要給整個工業革命期間不列顛家的新技術列一張清單，那可是相當浩瀚的。被認為是人類歷史上最偉大發明的抽水馬桶，也是在這段時間得到充分完善，並取得專利。那些具體的經濟資料不用詳細提列，這時有一件事是公認的，那就是，工業革命之後，這個小島子的工業生產能力超過世界上其他國家的總和，絕對是當時世界上最富有最發達的國家。

寫工業革命很容易心情不好，因為枯燥無聊還有點鬱悶。這些新發明新技術雖然帶給我們的生活翻天覆地的變化，讓不列顛家發達得不出門欺負別人都過不下去，可我們說到此處，總歸有點酸溜溜的。這些發明，我統統認為是很聰明，很有才的，但同時我又想，根據我們讀過這麼久的英國歷史，他家真沒什麼特殊才能超越其他地球人啊，怎麼這會兒天才就紮堆了往他家去呢。其實原因大家都很清楚，亞當·斯密說的，經濟規律是「一隻看不見的手」，而這隻手應該是不受任何外力干涉的，它自發調節供求、價格等因素，讓參與其中的人利益最大化。而這隻看不見的手引導大家發財致富的重要規則是，不受干預，它需要一個自由寬鬆的政治和經營環境，不管這隻看不見的手現在是不是折斷了，但在當時，絕對是英國經濟成功地重要原因。我們不敢想，這樣的自由發生在大清帝國。

不妨空想一下，假如工業革命真的發生在中國會怎麼樣，以炎黃子孫的聰明才智，我們在如廁的時候會不會有更高級的東西。這些想法通常會讓大家很灰心，英國的工業革命刺激了歐洲乃至世界上其他很多國家的工業升級，帶動整個世界向工業資本主義過渡，只有中國是不受影響的，英國人如火如荼地研究如何能不用人力織出更多的布時，我們家認為西方最好的東西就是建築藝術，於是向西方學習，給自家蓋了個大園子。如果在當時，誰說蒸汽機比圓明園更有用，估計會被拖去殺頭，廣大中國同胞說你是腦殘。一步踏空就步步踩不上節奏，中國沉浸在自己的獨舞裡不管背景音樂已然變化，成為整個十八—十九世紀最孤獨最邊緣的舞者，當然，也終於為孤僻付出了慘痛的代價。

52

喬治三世在位六十年，正好統治大英帝國一個甲子，遭遇了不少事。他從上台開始就鼓勵英國探險家往外跑，不斷探清楚地形，怎麼爭取殖民地呢。大約一七七〇年，一個英格蘭的船長繞過好望角，穿過印度洋，在海上漂了好些日子，找到一個很大的島。這位船長繞這島轉了一圈，確認風景不錯，能住人，於是宣布，這個島子從此時起就歸大英所有，起名叫新南威爾斯。那可真是個無法無天的時代，這麼大一片地方，不列顛說佔就佔了，島上那些西印度群島過來的土著完全搞不清狀況。

大英的法律有流放之刑，他沒我們家這麼大的國土，從北京打發到廣東，就足夠該犯人淒涼了，不列顛家巴掌大的地方，流放了家屬還能隨便探親，搞不好該犯人在流放地還活得滋潤，根本起不到懲前毖後，治病救人的效果，所以，那時英國犯人如果被判流放之刑，一般都是一船打發到北美跟印第安人搶食去。

後來美國獨立了，你家的犯人憑什麼往我家流放啊，我家犯人往哪去啊？這陣子英國的流刑犯沒出安置，留在英國本土不倫不類的，很不好管理。這時有人出主意了，不是在太平洋上找到個島嗎，既然屬於英國的版圖，就要分擔國家的負擔啊，把犯人往那個新南威爾斯放吧，於是，十八世紀末開始，大量的英國犯人被流放到這個島，這裡成為名聲很不好的囚犯之地。

英國人喜歡往外溜達，聽說這個小島子，很多沒犯法的人也想過來看看，參觀旅遊後發現，該地區資源豐富，土壤肥沃，還有豐美的草原，當地土著脾氣也不算太頑劣，基本能商量。於是，很多人有眼光的英國佬開始在這裡養羊，並將羊毛返銷英國，這個囚犯之地逐漸發展成英國紡織業的羊毛供應地。一說到羊毛大家都知道了，沒錯，這裡當然就是澳大利亞。

澳大利亞的故事先放下，讓那裡的小綿羊安心長毛吧。回到倫敦，小皮特在大選中戰勝那些老政客，以二十四歲的年齡成為英國首相，龍生龍，鳳生鳳，英雄少年，讓人驚豔。

小皮特的政治生涯十分詭異，他本來是個輝格黨人，後來又加入托利黨，隨後又加入「國王之友」這個新進黨派，取得喬三的信任，順利上位。一取得執政的資格，他就露出對國王的真面目，直接剝奪了喬三那些個不該有的權力，再此讓國王準確定位，後來他又吵吵一陣子議會改革。花樣百出的，不過看得出，年紀雖輕，政治手腕很純熟。

美國獨立後，喬三軟弱了很多，雖然他發現小皮特並不好控制，但見他有條有理處理國務，打擊貪污，精簡機構，遏制走私，節省開支，所有的動作專業而流暢，絕對是天生的首相，民眾支持也節節上升，於是也逐漸將自己「做一個真正國王」的遠大理想放下了。不久後的一天，喬三淋了場大雨後，突然開始抽筋說胡話，後來就發展到口吐白沫，雙眼血紅，有一天吃飯，他突然跳起來抓住太子，按著他腦袋往牆上撞！根據當時的醫學知識，所有人認為，喬三瘋了。王后趕緊將他送到一個小鎮，一大批巫醫也是庸醫用各種奇特的辦法往死裡折磨瘋子，希望他恢復理智。其實喬三沒瘋，直到近代，醫學家們再次研究喬三的病例，他的所有症狀反映出，喬三得了一種引某種酶缺失引發的血液病，現代的叫法是：血噗啉病。

國王瘋了，國不可一日無君啊，內閣趕緊安排太子爺攝政，小皮特這麼年輕位極人臣，政敵是肯定有的，在威爾斯親王攝政及如何攝政的問題上，內閣的意見也無法統一，就在這時，歐洲大陸又出事了！

這次可是大事，歐洲大陸上老大，法蘭西家被造反了。農民軍攻陷了巴士底獄，路易十六帶著他那個奢侈的皇后逃之夭夭。話說法國革命剛開始的時候，英國上下還是很歡迎的，他們認為，法國人民是在學習英國建立一個君主立憲的國家，限制王權，很進步啊，況且，法國國內亂哄哄的，英國人總是很願意看到的。但隨著法國革命的發展，尤其是路易十六和他老婆被抓起來咔嚓後，英國和其他歐洲國家都發現一個危險的事，這家人革命過火了，他們不是要限制王權啊，他們要取消國王這個職位，建立共和國，而且還開始有人嚷嚷著眾生平等，天賦人權這些危險的事了。此時的英國，雖然國王不能獨斷，但基本上還是寡頭政治，國家大權掌握在那些貴族資本家手裡，法國革命刺激了中下等百姓考慮自己的權益，自己的社會地位，政治地位，這些窮鬼鄉巴佬開始向特權階級叫返了，英國民間出現了要議會改革，使之更民主，更代表國民呼聲的要求。

關於英國要不要插手法國革命，英國內部分成兩派開始爭論，因為這事，英國還湧現了不少政治明星，爭論歸爭論，掌權的英國貴族們覺得還是應該控制法國的事態，不要讓這幫革命黨鬧得太過分，於是，不列顛出錢，指使同樣憎恨法國革命的奧地利和普魯士找法國的麻煩。歐洲這些國家一會打一會合，相信法王跟這些國家都算不上朋友，可路易十六兩口子被殺，這些人還都表現出悲痛了，奧普的軍隊在法國邊境集結，隨時預備殺進去替法王報仇。剛完成革命的法國百姓帶著持續高漲的革命熱情，配合新興的法國議會立即組織了國民自衛軍，向奧、普宣戰，當然，也順便向不列顛宣戰，反正他們是一夥的，加上荷蘭、西班牙、撒丁王國之類的，這就是所謂的第一次反法同盟。

法國的革命黨相當兇悍，尤其是雅各賓派上台後，更是全民皆兵，極端激進，慫恿著全法國像打了雞血一樣亢奮。兩年時間不到，法軍就打退了第一次反法同盟的進攻，並佔領了奧屬尼德蘭的部分地區，這個地區後來的名字叫比利時。開始英國人只是在背後出錢，等見到法軍驍勇無比，尤其是他們佔領比利時後，感覺不妙了。因為一直以來，尼德蘭的低地被英國人當作自己在歐洲大陸的戰略屏障，敵人如果攻佔這一地區，下一步絕對是劍指不列顛本土。英國人不敢置身事外了，不得不親自上陣，跟小兄弟們共同進退。

話說反法同盟幫著法王出頭，法國內部的保皇黨自動自覺地裡應外合，開打沒多久，保皇黨就將地中海沿岸一個重要的港口城市拱手送給了聯軍，使之成為聯軍進攻法國的重要據點，這個港口就是土倫。為了永久佔據這裡，聯軍將土倫修得固若金湯，不過再堅固的城牆也沒抗住一個拚命三郎的狂轟亂炸，法軍後來還是攻陷了土倫，迫使聯軍倉皇撤出，那個喜歡亂炸的拚命三郎，這一戰的法軍指揮官是個科西嘉小個子，大家都熟悉的波拿巴・拿破崙。因為這經典一戰拿破崙二十四歲被提拔為炮兵准將，開始逐漸成為很多國家的噩夢。

法國軍隊打的是人民戰爭，全法國都願意支持軍隊對抗聯軍，反法同盟為了些自私狹隘的目的整合在一起，雖然軍隊訓練有素，但真打起來，還是抗不過法軍的士氣如虹。法軍在海上收服了荷蘭和西班牙的艦隊，讓這兩支艦隊掉頭為法軍作戰，與英國海軍遭遇。英國海軍是當時世界上最強大的，這絕對不是胡吹，這兩個叛變的艦隊很快就知道了老大的厲害，英國艦隊分別在聖文森特角和英吉利海峽取得海戰勝利，拿回海上優勢，也粉碎了法國想渡海到不列顛本土找麻煩的計畫。

整個法國革命戰爭，因為出現了拿破崙這種千年難遇的牛人，讓其他各路英雄都黯然失色，原來我說過，不管什麼樣的牛人，上帝一定會派來相應的對手，土倫戰役讓炮兵拿破崙名震天下，而英國這兩次海戰，也成就了英國歷史上一位曠世的英雄，那就是海軍名將霍雷肖・納爾遜，而他是拿破崙的噩夢之一。

納爾遜將軍出身平民，不過他的舅父是英國皇家海軍隊的艦長，納爾遜十二歲被他收養後，自然就沿著這條路發展人生。因為勤奮好學肯動腦，二十一歲時，他就已經是艦長。納爾遜的一生雖然是光榮的一生，但也是慘烈的一生。

拿破崙炮轟土倫時，他的艦隻就圍在土倫的港口，遭到拿破崙火炮的攻擊，年輕的納爾遜失去了右眼，成為獨眼龍，跟一個艦長的造型相當吻合，好在後來，他找拿破崙報了這一眼之仇。

在上面說的聖文森特角海戰中，英國艦隊組成編隊攔截西班牙艦隊，我們納哥發現西班牙艦隊可能會衝出包圍圈，二話不說也不管上峰的命令，全速脫離編隊，迎著西班牙的艦隊就頂了上去，隨後帶領士兵跳上西班牙旗艦跟對方肉搏，迫使西班牙旗艦投降，為英國艦隊完整地撲上來爭取了時間，成為此次海戰勝利的頭號功臣，晉升為海軍少將，加封勳爵。不久之後，在西班牙的加那利群島海戰中，他又身先士卒跳上敵軍的甲板，親自參與廝打鬥毆。這次比較凶險，如果不是他手下捨身擋在他前面，多少納哥都被剁成餡了，最後還是失去了一條右臂。少一隻眼、少一條胳膊，比楊過還慘，人送外號，殘疾將軍！

卻說拿破崙在法軍中步步高升，法國革命黨內部也開始矛盾重重，反正各國的規矩都一樣，造反成功，還沒坐穩江山，義軍們就開始互相傾軋。拿破崙橫掃義大利，歐洲大陸有些小報開始稱他為新出爐的凱撒，當時法國執政的督政府對這個小個子頗有猜妒，生怕他上升得太快，給法國政局帶來些不可知的變局，於是任命他為遠征軍司令，讓他遠征埃及。督政府這一招調虎離山似乎高明，拿破崙也欣然領命，率戰艦奔向埃及。拿破崙當然不傻，他也不是受人調擺，他出征埃及有他自己的想法。不管反法同盟七零八落有多少國家，真正的老大，法國最凶險的敵人還是不列顛，不列顛打服了，反法同盟也蹦躂不了幾天。當時英國的巨大財富很大一部分來自印度，拿破崙心想，只要切斷印度和英國的聯繫，對英軍絕對有釜底抽薪的作用，而埃及顯然是實現這一戰略目的的最好的戰術據點。

拿破崙是陸上雄獅，下了海，我們還真不好意思恭維他。埃及之戰，他遭遇了納哥。此時如果比外型，拿破崙再矮幾公分也比納哥獨臂獨眼受看，可是，真動起手來，殘疾將軍才是海上虎鯊。

聽說拿破崙殺向埃及，在地中海上散步的納哥趕緊過去找麻煩。可是納哥在海上的速度太快了，以至他的追截經常跑到敵人前面去，等他終於用那一隻獨眼親眼見到了法國的艦隊，拿破崙已經帶著陸軍安全踏上了埃及的土地，並在一天之內，拿下了亞歷山大港，凱撒一樣的效率。不過既然法國艦隊終於被納哥找到，以這位大哥不留活口的脾氣，肯定就要遭到屠殺了，這是納哥第一次單獨率領艦隊作戰，用拿破崙練手實在有點欺負外行，我們小拿同志還暈船呢。具體過程就不用講了，結果是，法國艦隊四百艘戰艦大約只有兩艘逃出了戰場，所以，雖然拿破崙在埃及大地無堅不摧，銳不可當，據說還打掉了獅身人面像的鼻子，可是因為失去了海上的補給，也不得不含恨撤回家去。遠征失敗的拿破崙有點氣急敗壞，所以回到法國第一件事就是發動霧月政變，成為法蘭西家的老大。

尼羅河口大敗法軍，納爾遜再次紅透英倫。這位大哥是真正的猛人，不管做到什麼職位，都是衝鋒在前，於是乎，幾乎每戰必傷。這一次戰役，他又被打破頭被安排到那不勒斯修養。英國駐那不勒斯的大使夫人艾瑪・漢彌爾頓為他安排了盛大的歡迎宴會，並親自端湯送藥，照顧納哥的傷勢。

艾瑪可不是個普通的家庭婦女，出身微末，甚至有些風塵經歷，後來成為歐洲著名的交際花，豔名遠播。三十歲時，嫁給六十歲的漢彌爾頓爵士，算是從了良。艾瑪初遇納爾遜，這位明媚的美人已經走過了自己的花季，只能說是風韻猶存，而獨臂獨眼的納爾遜也沒有西門慶那樣的英俊瀟灑了，但是奇特的愛情就這樣發生了。

納爾遜是戰鬥英雄，大英皇家海軍的楷模，尼羅河口戰役後，他的聲譽比黃金還耀眼。艾瑪就算是從了良，可那些英倫貴族卻是知道她底細的，如同某些明星年輕時曾經拍三級片一樣，是一生洗不淨的污點。跟這樣一個女人混，納哥顯然有點不顧身分，更何況納哥家裡還有個原配老婆呢。這份愛情飽受爭議，納哥跟楊過一樣，一邊卓然而成大家，一邊為情所困。納哥是個猛人啊，在戰場上，他總是決定對手的生死，現實生活裡，他也要掌握自己的命運。後來因為戰爭形勢，艾瑪和她老公回到了倫敦，不久，艾瑪生下一個女兒，不用DNA檢測，百分百是納爾遜的。納哥欣喜若狂，在眾人的白眼中，離開自己髮妻，跟艾瑪在一個農莊裡非法同居，這事不僅讓納爾遜的家族蒙羞，也成為政敵打擊他的重要籌碼。艾瑪也因為對老漢彌爾頓的背叛，在老傢伙死後，什麼也沒得到，窮困潦倒依附納哥生活。

拿破崙上台後，歐洲各國又組織了第二次反法同盟。這次的同盟更脆弱，在歐洲大陸上，誰是拿破崙的對手呢？好在納爾遜帶領的英國海軍還是穩穩控制著英國的海上優勢，一時間，英法兩國都拿對方沒辦法。

拿破崙有辦法收拾英國人。這時英國工業革命如火如荼的，工業產品大量生產，歐洲是主要市場。拿破崙在大陸上他所有可以控制的區域內，封鎖英國商品，這可是英國人的弱點，英倫立刻感覺到了沉重的壓力，情急之下，趕緊向法國宣戰，並夥同俄國、奧地利組織了第三次反法同盟，

一八〇四年，拿破崙從終生執政變成了法蘭西皇帝，登基後的第一件事，就是預備親自過海，「成為倫敦、英國議會、英格蘭銀行的主人」！拿破崙可不是不知死活的愣頭青，他知道英國海軍的厲害，也知道自己在海上只能犯暈，他制訂的戰略是，法國和西班牙的海軍在地中海牽制大英艦隊，他自己率陸軍登陸不列顛本土，他知道，只要他的腳踏上英倫三島的土地，那些討厭的英國佬末日就到了。

小拿的這個戰術聽上去不錯，如同老鼠們商量如何給貓掛個鈴鐺，且不管他登陸後能不能所向披靡，他憑什麼認為屢戰屢敗，長期「恐英症」的法國海軍能夠在海上牽制英國海軍呢。法國海軍採取的戰法是調戲英國艦隊，勾引人家在海上亂跑，這個動作對付一個實力遠遠高於自己的對手太危險了，這場世界戰爭史上著名的海戰發生在西班牙附近的特拉法加，省略過程，單看結果吧，法西聯合艦隊死亡四千三百九十五人（法國三千三百七十三人，西班牙一千零二十二人），受傷兩千五百三十八人（法國一千五十五人，西班牙一千三百八十三人），被俘約七千人，戰艦被俘十五艘、損毀八艘，而英國呢，死亡四百四十九人，傷一千兩百一十四人，軍艦無一損失！這一戰的結果是，法國海軍精銳盡失，拿破崙皇帝也終於沒有等到登陸英格蘭的偉大一天，從此之後，只能隔著大海仇視對方了。

特立法加海戰徹底打服了法國，這下子，不列顛說它自己是海上的老大，大哥大，東方不敗，再沒人有意見了。

但，這次戰鬥英國最大的損失是：納爾遜戰死！

按說，這樣優勢的勝利，指揮官是很難遭到危險的，可這夥計太爆脾氣了，他非要往前湊啊。無論如何，納哥是真正的猛人，海上戰神，他發明的用不同顏色和符號的旗幟在各艦船之間傳遞消息，開闢了海上游擊戰法，現在這組「國際信號旗」還在海上通用著。而納爾遜留給英國海軍的戰鬥精神，一直鼓舞著英軍凶悍無比地縱橫海上，他死之後，英軍海戰稍遇挫折，指揮官用旗語打出「記住納爾遜」這句話，立即可以讓英國海軍進入剽悍無比的博命狀態。納爾遜被稱為「英國海軍之魂」，其實他不僅是英國海軍之魂，也為全世界的海軍提供了一個膜拜的偶像，全世界不少海軍將領也喜歡用納爾遜的標誌旗鼓舞士氣。納爾遜臨終，剪下自己的一縷頭髮和訂婚戒指，托人轉交艾瑪，在生命的最後一刻給這個可憐的女人一個名分，可惜，納爾遜的家人沒有滿足他臨終的要求，拒絕承認艾瑪的，艾瑪最後在窘迫潦倒中死去，她的芳名，跟納爾遜將軍的情婦這個稱號一起留在英國歷史上。

拿破崙是個大牛人，可不列顛專出他的剋星，納爾遜當然是其中的一個，還沒走遠呢，又來了一個！

先交代個事件。法國革命對歐洲各國的影響巨大，搖醒了底層百姓某些騷動不安的思想。英國國內的聲音可以壓服和平息，周邊那兩個屬國就不容易安分，現在蘇格蘭已經合併進來了，愛爾蘭還在外晃悠，時不時整些動靜讓大英帝國睡不好覺。法國革命熱鬧的時候，愛爾蘭趕緊發郵件過去套近乎，希望藉助法國的力量，讓愛爾蘭脫離不列顛的魔掌。估計跟法國提這種幫忙要求的小國太多了，人家安排不過人手，況且，對法蘭西來說，跨海打架，還越過英國的海域，這個事難度極高。愛爾蘭人心眼實誠，沒等到幫手自己就先動手造反，可惜，被不列顛拿蒼蠅拍就給拍死了。

首相小皮特覺得，這種週期性的發病太折磨人了，要一勞永逸根治愛爾蘭的毛病，太散漫的地方就是要管，不能讓他們太自由，直接拉進來，跟不列顛合併，正式成為一個國家。被不列顛完整吃掉，愛爾蘭人當然不願意，可人家小皮特有操作手段，愛爾蘭的議會也沒表現出玉碎瓦全的愛國情操，竟然就同意了不列顛的合併辦法。一八〇一年，愛爾蘭的部分貴族和平民到倫敦議會上班，英國的國名更改為：大不列顛和愛爾蘭聯合王國，國旗也改成現在我們看到的「米字旗」模樣，一統江山了。統是統了，愛爾蘭歸入大英的版圖可不是蘇格蘭那種萬不得已的選擇，尤其是他們家大部分人是天主教徒，拿了大英的身分證，一點社會地位也得不到，見天受迫害，所以年年月月，世世代代，愛爾蘭人都想脫離英國人的轄制，爭取回到那個屬於愛爾蘭人自己的自由國度，讓愛爾蘭問題成為困擾不列顛的長期夢魘。

上篇說到，英國海軍之魂納爾遜戰死特拉法加，為了紀念這位偉大的將領，倫敦市中心建起了特拉法加廣場，廣場中心是納爾遜的銅像。這個廣場人氣很高，尤其是耶誕節，據說挪威的王室每年都會送一顆高大完美的聖誕樹矗立在這裡，讓該廣場成為英國人過年趕廟會最喜歡的所在。

海軍被打廢，拿破崙同事再牛也只能望洋興嘆。好在他在海上的鬱悶之情都抒發在大陸上了，第三次反法同盟的同黨俄國、普魯士、奧地利被拿破崙收拾得沒處躲藏，這第三次結夥再次宣布失敗。不列顛家不服氣啊，加上這陣子首相小皮特死了，新首相新官上任，又忽悠歐洲那些小弟並肩上，屢敗屢戰。這第四次反法同盟更慘了，拿破崙擊敗歐洲大陸最精銳的普魯士軍隊，直接打進了柏林，普魯士、奧地利、俄國先後投降，簽訂條約，向皇帝陛下俯首稱臣，整個西歐大陸匍匐在拿破崙的腳下。

現在對英法兩國來說是個僵局，都想要對方的命，可都拿對方沒辦法。打架動武是低級競爭啊，拿破崙完全能想出兵不血刃的辦法，他知道，對工業蓬勃發展的英國來說，最要命的就是海外市場，拿破崙預備玩經濟武器。就在柏林，在被他征服的國家，他發布了著名的「大陸封鎖令」，這個條令很簡單清晰，中心內容是：所有歐洲大陸法國治下國家不得與英國通商！

這個封鎖令真正卡住了英國的喉嚨，歐洲大陸等於是向英國關閉了大門，可如今的英國是封不死的，除了歐洲市場，英國還有美洲和南亞的市場，雖然有損失，想困死並不容易。加上英國很快就發布了一個反封鎖令，大意就是，歐洲那些不跟英國玩的國家，只要他們的商船給英國人發現，英國可以當場繳獲。拿破崙同學玩炮厲害，玩經濟武器顯然很嫩，經濟制裁這東西，絕對是雙刃劍，能整死不列顛的法子，他自己肯定也會深受其害。整個歐洲大陸，這幾年都指望著英國製造的工業產品過活，有些生活必需品如茶、咖啡之類的，也牢牢控制在不列顛手裡，拿破崙光知道封鎖，又造不出同類產品滿足市場需要，肯定被動啊。於是，在封鎖令下，英國和大陸的商人們變著法子的走私，為了打擊走私，法國人累死了。而英國作為農產品進口大國，是俄國、普魯士那些馬鈴薯玉米的重要市場，這會兒封鎖了，你拿破崙又不願意包銷別人的馬鈴薯，這些國家當然也不願意跟你混。

最早決定不搭理拿破崙的是葡萄牙和西班牙，這裡的港口不受控制，跟英國的走私非常猖獗，為了保證自己的封鎖令真正讓英國窒息，拿破崙揮師伊比利半島，親自監督禁令的執行。這事引起了葡萄牙和西班牙人民的極大不滿，尤其是西班牙，發動了一場浩大的人民戰爭跟法軍死磕，大量法軍被牽制在半島，久戰不勝。西班牙的戰事更讓拿破崙陷在一個巨大的泥潭裡不能拔足，大家都知道，這片西班牙泥沼是勒死拿破崙的第一根繩索。

這事跟不列顛有什麼關係呢？有啊，法軍在西班牙這麼狼狽，以不列顛的脾氣肯定不光是看看熱鬧就算了，怎麼也要過來騷擾一下，火上澆油、雪上加霜。英國派了個三萬人的軍隊進入葡萄牙，配合西葡軍隊跟拿破崙作戰，帶兵的將領名字叫做亞瑟．威爾斯利。

威爾斯利來到歐洲，他的最初目的可能僅僅是在拿破崙屁股上踢兩腳過把癮，絕對沒想過可以要這位皇帝的命。

西班牙的戰爭嚴重影響拿破崙的形象，歐洲大陸其他國家發現，原來這廝並不是不可戰勝的，那些被拿破崙揍過很多次的國家萌發了新的希望，反應最過激的就是俄國佬。亞歷山大一世被拿破崙封鎖得都快瘋了，家裡本來就不富裕，哪能抗住這麼折騰。於是俄國率先開始開放港口，把英國貨物放進來，拿到英國貨，轉手還向歐洲其他國家倒賣，著實賺了一筆小錢。就是這種挑釁，讓小拿氣得失去理智了，他知道必須先從西班牙抽身出來，北上收拾俄國人。剩下的事我們都知道了，小拿被俄國人侮辱了。隨後，俄、普、奧這幾個神勇追窮寇，一直殺進巴黎，讓小拿退位，成為一個小島的島主，每年還能拿到不少的退休金，待遇相當不錯。可小拿不甘心退休生活，居然偷偷離開他的小島子，跑回法國復辟了他的王朝。

這一段又跟英國人有什麼關係呢？有啊！卻說英國將領威爾斯利因為在半島騷擾拖累拿破崙，戰績彪炳，所以一直留在歐洲大陸出差，拿破崙戰敗，他回到英國受封，他的封號可是如雷貫耳啊，現在，我們要叫他威靈頓公爵！

拿破崙退位，終於打了勝仗的第六次反法同盟忙著分贓，這些人在對付拿破崙的問題上耐性非常驚人，聽說這傢伙又殺回來了，趕緊集結為第七次反法同盟。

歷史的鏡頭定格在比利時南部的滑鐵盧，新出爐的英國公爵威靈頓率領著英、荷等國的聯軍六萬多人在一個小山頭上等待拿破崙。拿破崙帶著對威靈頓公爵的藐視，指揮他七萬軍隊為自己打通了地獄的坦途。威靈頓公爵以巨大的心理能量，頂住了拿破崙山呼海嘯般的一次次衝鋒，眼看就不行了，幸虧普魯士援兵及時趕到，成就了威靈頓公爵這一場驚世駭俗的大功勞，這一仗的新聞性和轟動性堪比令狐沖與東方不敗一戰！

這段時間，上帝肯定是站在英國人身後的，雖然對法國的戰爭艱苦卓絕，畢竟最後還是贏了，整個歐洲最讓英國討厭，也是最沒辦法的敵人終於老實了，處理對法戰爭的善後，英國人當然以老大自居，按他家的利益繪製世界政治地圖，英國因此獲得了南非開普頓、亞洲的錫蘭、西印度群島的特立尼達、地中海的馬爾他島、印度洋上的塞舌耳群島和毛里求斯島等等大量戰略要地。這時的不列顛有點寂寞啊，他衝著全地球大聲詢問：還有誰?!……

敵人總是有的，此時能戰勝英格蘭的，只有英格蘭自己一手培養的對手，老山姆。對法戰爭期間百忙之中，不列顛還抽空跟自己的兄弟老山姆幹了一仗。起因也是拿破崙的「大陸封鎖令」，新型老山姆家不願意因為歐洲的狗咬狗讓自己在貿易上受損失，加上不列顛家總存了把美國收復回來的想法，於是一有摩擦，就發展為戰爭。不過，那些曖昧的血緣關係，讓這兩個國家總有些說不清楚的莫名情愫，很難想像他們能撕破臉打得血肉橫飛，最後雙方戰平，大家維持現狀吧，美國的獨立國家地位再次確定，歷史上，這是美國的「第二次獨立戰爭」。

英格蘭連年征戰，雖然沒在自己的國土上打，戰爭損失可一點不小。國家打仗，直接受損失的就是老百姓，苛捐雜稅的，民不聊生。喬三本來是個形象很好的國王，統治後期，因為老百姓對戰爭的厭惡，當然首先遷怒於大當家，經常有人要刺殺國王。這時候刺殺喬三是很沒有愛心的行為，因為喬三已經是個公開的間歇性精神病人了，國王生涯的後期，喬三一會犯病一會清醒，而為了治療國王這個說不出來由的疾病，當時的大英御醫都快被折騰瘋了。

漢諾威王朝有個非常明顯的遺傳基因就是父子不和。喬一看不上喬二，喬二憎惡喬三，為了尊重血統，喬三能和喬四父子和睦就見鬼了。喬三與長子關係不好，完全是性格不合。喬三沒瘋之前是個道德君子，為人正統，勤懇自律，這樣的人不出意外，肯定是一位嚴父，類似紅樓夢中的賈政。沒有賈政那種高壓教育，也不會出賈寶玉那樣的逆子，人在成長中對教育的逆反力量是不能小覷的。

喬三的長子就是被種歪的樹苗，做太子的時候就是花花大少，最出名的愛好有以下幾種：酒、美食、豪賭、女人，看到沒，吃喝嫖賭，全部俱全。所以喬四模樣不醜，可成年後就開始發福，是英國歷史上最肥的國王，當時的報紙對他的評價是：食言無信、荒淫無度、到處欠債，絕對是教育失敗的典型。

一七八四年，太子爺喬四做了一件讓所有人掉眼珠子的事，他看上了一位比自己大五歲的寡婦，而且買通一個破落牧師，偷偷結婚了！太子爺偷著結婚肯定不合規矩，但也不至於太驚天動地，可他娶的，是一位天主教徒！我們之前說過，不列顛家此時已經立法，規定王室不能與天主教徒通婚了，威爾斯親王娶了天主教的女人，根據法律，當然是婚姻無效，從這事我們可以看出，喬四無法無天到什麼地步了。

英國議會怕太子爺再鬧出其他事端，決定趕緊安排他大婚，找個人看著他，根據太子的個人條件，給他物色了遠方堂妹卡洛琳為妻。喬治雖然不痛快，但還是答應了，這傢伙欠一屁股債，一時肯定還不清，英國議會說了，只要太子迎娶卡洛琳，債務可以一筆勾銷。喬治心想，不就是關了燈閉著眼睛上床嗎，咬咬牙堅持一下，這麼大筆債務就免了，這生意可以做。喬治自己是個紅臉胖子，對女人還很有審美原則，話說卡洛琳進門，新婚之夜，喬治連咬牙的勇氣都沒有了，卡洛琳堂妹比喬治瘦不了多少，而且也是說話粗魯，為人邋遢，整個一個女版的喬治，顯然太子爺看到自己也是噁心的，當晚，他把自己灌得爛醉，被抬進寢宮，逃過一劫，如果我是喬四，我肯定疑心英國議會故意玩我！

喬三犯病，最高興的就是太子，江湖上傳聞的喬三發瘋等種種情形，後來證實都是太子傳出去的，為什麼傳自己父親的閒話呢，遺傳嘛，漢諾威家族不都這麼幹嘛。當然最重要的，還是要達到自己早日上位管事的目的。太子爺就是太子爺，作風不好也不能開除公職，喬三病中，太子爺該攝政還是要攝政的，所以，雖然喬四一八二〇年才正式登基，但之前已經做了好幾年實質上的國王。

卻說喬四登基儀式盛大而熱鬧，國王一改醉鬼的舊模樣，頗有章法，風度翩翩地完成各種儀式，要知道，沒喝酒的時候，喬四是個博學且深有藝術造詣的人，尤其是建築設計方面，很有天賦。但是這個人大多數時候是不著調的，登基大典也有問題，那就是，老婆卡洛琳趕著馬車過來參加加冕禮，喬四將她拒之門外，堅絕不同意讓這個胖女人成為王后。可卡洛琳的確是合法原配啊，而且還給喬四生了個女兒夏洛特公主。好在卡洛琳在喬四登基的第二年就死了，否則兩個胖子天天幹仗，也有失王室體面，算是給了喬四一個眼前清靜。後來的日子，喬四也沒再娶，他的情婦多得用不完，而且他自己也知道，以自己的歲數和能力，就算再迎立王后，也生不出兒子了。

喬四的獨生女兒夏洛特公主自然成為王儲，為了保證繼承人的安全，英國議會早早就為公主物色了後來的比利時國王為夫，希望他們早日為英國王室誕下後代。夏洛特公主不負眾望，很快就懷孕了，隨後流產，接著又懷孕。這是世界產科發展歷史上的重要案例，夏洛特公主懷孕四十二周後開始長達五十小時的分娩，這個艱苦的過程沒有迎來大家希望的結果，一個九磅的男嬰生下來就是死胎，三個鐘頭後，公主自己也因為產後出血死在產床上，一天之內，英國失去了兩個王位繼承人。

喬四沒有別的孩子了，眼看他也堅持不了幾天了，他的弟弟們忙死了，這些王爺們各個年過半百，都沒正經兒子，為了漢諾威王室的傳承，也為了自己獲得喬四死後的繼位資本，這些老頭還是發了瘋地到歐洲各國物色公主，老爺們夜夜做新郎。要知道這一通忙碌結果如何，下篇分解！

55

從光榮革命到工業革命，英國人風風火火地奔走，全世界看著他們眼熱。按說這一百多年英國也發生了翻天覆地的變化了，江湖地位也不斷上升，國家形象越來越牛，國家在進步，英國人在進步，可他家有一個最重要最根本的問題卻從沒變化過，一直保持在舊社會的水準，那就是議會制度。

對歐洲其他國家來說，在保留了王室的基礎上，由議會說了算，這已經是非常先進非常前衛的社會制度了，夠好多國家學好一陣子。可對英國本身來說，相對於經濟上的突飛猛進，社會制度顯然就跟不上形勢了，如同一個邁著大步走的人，穿了一雙不合腳的鞋，或者是發育期的孩子，沒給買新衣服。

到底此時的英國議會制度有多落後，多不配套呢？原來我們說過，英國的議會其實就是貴族寡頭的俱樂部，上下兩院，上院自然都是貴族，不用選，下院貌似民主選舉著，實際下院議員也是貴族們或者王室操作出來的，所以上下兩院其實都被王室、貴族、大土地主、金融寡頭控制住。

進入十九世紀，英國的議會選舉就非常好笑了，英國人選議員，有兩個來路，一個是鄉下，一個是城裡。農村人，如果有一塊年收入超過四十先令的土地，就成為選民，可以摻和國家大事。雖然這四十先令的門檻不高，可經過這麼多年的圈地運動，手裡有土地的農民已經不多了，就算有，為了讓自己日子好過一點，周邊的地主和貴族在選舉時找他幫忙，他也不敢有異議。況且，十八、九世紀的英國農民，吃飽比摻和政治來得現實，手裡的選舉權絕對可以隨時出售變現，換成麵包之類的更有用。所以，大地主要控制農村選區是相當容易的。

城鎮選區就是選邑，這個東西更離譜，因為這些選邑的位置是中世紀就劃定的，幾百年過去了，滄海桑田人事翻新，英國人就在這些選邑上極不嚴肅地產生政府班子。

以前的英國，國家的中心在南部和東南部，城市發達，人口稠密，可隨著工業革命，大家都跑到西北一帶創業去了，現在那裡是中心啊。人口的來回流竄，造成很多選邑有議員的名額，可是已經荒蕪了，比如有些選邑已經沉入大海了，可選舉的時候，選民們要划個船過去完成任務；還有些變成了農田，選民只好走到田裡去投票，有些地方可能只有兩個選民，好傢伙，可有兩個議員資格，阿貓阿狗，只要會喘氣，都能當選。跟這些衰敗選區相比，那些新興的工業城市，比如我們如雷貫耳的曼徹斯特、伯明罕，到處工廠林立，興旺繁榮，可人家是一個議員名額都沒有，有的小城幾百號人，幾十個議員資格，有的城市幾十萬人，沒有一個指標。因為這麼一個稀裡糊塗的選邑安排，英國的選民稀裡糊塗地越來越少，到十八世紀，選民大約佔人口不超過三%，根據當時一份調查報告，英格蘭四百多個議席，超過一半的數量是一萬一千多個選民選出來的，也就是說，只要控制著萬多人，你就控制了議會，進而控制了大英政府。

工業革命之後，貴族、地主、金融寡頭已經不是英國社會最牛的階級了。那些新型工業資本家，有工廠養了大批工人的企業老闆，口袋裡英鎊越來越多，腰桿越來越硬，以前沒想過的事現在都敢想了。這些人發達後明白了一件事，那就是自己可以更發達，但如果政府裡那幫子不替自己說話，好多事還是不方便，書面說法叫：嚴重制約資本主義經濟更快速地發展。求人不如求己啊，行賄議員肯定比不上議會裡有自己人參政議政更方便，雖然當時的英國下院，幾乎所有的議員都是營私舞弊或者行賄受賄選上並工作的。除了資產階級的企業家要求參政議政的權利，法國革命，讓英國中下層人士也很開竅，自由和民主這兩件事，如果你一輩子不知道也能活著，可一旦有人告訴你這兩個事了，你活著就有更高的精神追求了！

從十八世紀開始，英國社會就開始出現議會改革的呼聲，不過當時執政的是小皮特帶領的托利黨，他們是鄉紳的代表，對他們來說，土地主說了算這件事是沒有商量的，也永遠不會變的，固執而保守，所以後來，他們就變成了英國保守黨。而他們的對頭輝格黨，好長時間不能掌權，在野急得夠嗆，他們當然天天吵著改革，於是就成為自由黨了。

改革這種事，從萌生念頭到付諸行動，通常需要一個很長的過程，而這中間，大小事件都會產生催化作用，在這段要求議會改革的時間裡，英國除了跟法國人打仗，家裡還是出了不少事情。

這時候不是流行進城了打工了嗎，農民和手工業者變成工人了，也很好的。不過這時候的英國工廠可沒什麼勞保福利啊，也沒工傷保險之類的，工人們生產條件非常差，連天加班，累得賊死，賺點小錢。苦歸苦，工作人民嘛，不怕吃苦，可是很快他們就發現，沒有保障，因為如果以前種地，無論如何，只要有土地，馬鈴薯蘿蔔總能長出口吃的，工人不一樣了，會被炒魷魚啊，一旦被炒，就是所謂的手停口停，會沒飯吃的。而且工廠的每一次技術升級，機器更新，都會導致大量工人失業，尤其是拿破崙的大陸封鎖令發布，市場驟然收縮，工廠肯定跟著裁員。

經濟危機總是伴隨社會動蕩，眼看要餓死了，工人們也會造反，那個時候沒人告訴英國工人，剝削壓迫他們的，是萬惡的制度，「資本從誕生的那一天起，每一個毛孔都滴著血和骯髒的東西」，這道理當時沒人知道，因為說這句名言的人還在他媽媽肚子裡，不過快出來了。因為沒有明白人講解，工人們大概一分析，就得到一個結論，自己的日子這麼苦，就是因為機器，這些東西搶奪了自己的飯碗。找到罪魁禍首，事情就好辦了。工人們迅速組織起來，結成團夥，開始跟機器較勁，能砸爛的一律砸爛，砸不爛的，也想辦法讓它報廢。這個有組織有規模地破壞公物的運動就是「盧德運動」。托利黨政府下令鎮壓了這次運動，議會甚至快速透過法律，制訂了一個刑罰甚重的砸機罪，好歹把這場運動頂過去了。

不久，對法戰爭結束，國家不打仗了，負擔總歸小一點吧，沒有，大量士兵復員，他們要工作啊。經過戰爭重創的歐洲，市場也沒有迅速恢復，工廠開工不足，閒人多，工作少，日子更苦。戰爭時期，糧價飛漲，種地有利潤啊，那些大地主大量開墾荒地，擴大種糧規模，戰爭一結束，糧價應聲而落，在戰爭中開了不少荒地的地主更是血本無歸了。其實這時候，英國是一個糧食進口國，如果限制進口，國內的糧食價格還是可以保住的。這些大地主大農場主不是控制議會嗎，他們馬上啟動了英國一項古老的法律，叫「穀物法」，與時俱進，根據現狀，英國議會很快就公布了新的「穀物法」，規定：當國內糧食價格沒達到每夸特（一夸特＝十二．七公斤）八十先令時，不准進口糧食。

這招毒，這時候英國人已經知道什麼是市場經濟和自由貿易了，沒想到政府還能出這種招哄抬物價，結果當然是糧價暴漲。糧食漲價，各種生活成本都要跟著漲，緊緊跟隨的，就是工人的薪資要跟著上浮，這下工業資產階級當然是首先受損失，而廣大老百姓也是受害者。於是從這個缺德法頒布開始，資本家和工人就團結在一起，上街、集會、遊行，結夥反對大地主大農場主，當然也反對讓這些人說了算的議會制度。

一八一九年，八萬多人在曼徹斯特的聖彼得集會，向政府示威，活動正熱鬧呢，突然廣場衝進來一隊全副武裝的英國騎兵，高舉馬刀，見人就砍，手起刀落，威風無比。大家很快認出，來得這票人馬，主力就是在滑鐵盧幹掉拿破崙的騎兵。顯然他們對同胞百姓下手，一點也沒有比對法國人下手客氣，當場四百多人死傷，為了諷刺英國騎兵殺自己人毫不留情的行為，大家稱這次事件為「彼得盧慘案」。這次事件後，托利黨索性一不做二不休，我管你民怨如何，我還就保守了，從今以後，英國人不准隨便結社、集會、出版物嚴格審查，亂說話的一律抓起來，改革派比較冒進的那幾個人統統拘留。

經過光榮革命以非暴力的形式達到妥協，英國人越來越紳士了，覺得能商量的事，最好還是不要撕破臉，動不動自己人打自己人難看，既然政府反應這麼激烈，改革派就稍微緩和一下吧。這段時間喧囂的改革呼聲歸於平靜，當然也沒有消亡，大家換了辦法，轉入地下，各種各樣的組織門派應運而生，不管名目有多少種，反正目的都是直指議會改革。這時的英國首相就是我們的大英雄威靈頓公爵，滑鐵盧的不世戰功當然讓他仕途平坦。威靈頓是個極其保守的托利黨人，所有關於改革的提議，到他那裡一律被拍回來，而且他還公開表示，他杵在這個位置上，就是為了保證，一切都不要變，而且還以不變應萬變。

威靈頓公爵顯然是個說話算數的鐵腕形象，但是很快，他就掌了自己的嘴。話說隨著英格蘭鬧事的潮流，愛爾蘭也想反。愛爾蘭人不是天主教嘛，而擠兌天主教幾乎是英國的國策，跟一個中國政策一樣，沒得商量！愛爾蘭被強行拉進不列顛的院牆，心裡憋屈鬱悶，於是就成立了天主教組織，向倫敦那幫人要求權力。愛爾蘭的天主教徒只能做選民，不能做議員，這個事讓他們不能忍受。於是，愛爾蘭的天主教徒不當紳士，他們預備大鬧一場，眼看著一場內戰就要開打。威靈頓自然不怕打仗，可做首相和做統帥考慮的層面不一樣，以英國現在的狀況，一開打，還不知道便宜了誰呢，所以這位鐵漢打掉門牙和血吞，居然就頒布了「天主教解放法」，給與了那些一直被排擠的天主教徒平等的權利，當然包括參選和當選。

愛爾蘭事件是平息了，可這個事不光讓輝格黨嚇一跳，連托利黨內部都地震了！這可是件驚人的大事，你威靈頓怎麼膽子這麼大呢，連國策你都敢動！好了，連這樣無法無天的議案都能通過，議會都昏庸到什麼程度了，看來真是要改革了。而既然國策都可以改，那就沒什麼事不能改了。原來改革的事只是輝格黨說說，現在托利黨有一部分也認為要改革了，威靈頓處理不了這個內外交困的局面，只好下台，而改革派的輝格黨代表格雷上台組閣，開啟了英國歷史上第一次議會改革的大幕。

格雷一上台就拋出了輝格黨早就準備好的改革方案，當然是增加選民人數，擴大選舉範圍，不過輝格黨肯定還是代表有產者說話的，無產階級的時代還沒有來臨。

這套改革方案，可以讓一部分先富裕起來的中產階級進入政府班子。托利黨雖然也同意改革，但不是這種改革辦法，他們也不願意讓那些工業暴發戶進入議會參政議政，分割自己的權利，所以改革議案雖然在下院勉強通過，上院那些老貴族抵死不幹。上院的強硬態度再次引發民眾的不滿，暴動之類的活動又開始了。格雷首相想了一堆辦法都無效後，他也生氣了，老子不幹了，有本事上院你們就強到底！於是，格雷辭職。

當時的國王是酒鬼喬治四世的三弟，威廉四世，剛戴上王冠沒多久，碰上這麼個亂麻麻的局面基本發懵，咋辦啊？要找熟手回來收拾大局啊，就威靈頓吧，他下台沒多久，有豐富的工作經驗。威靈頓再次組閣的消息傳出，所有人都翻臉了。本來格雷辭職就是個策略，我賭口氣，國王你一求我，就要想法讓改革議案通過，現在你不但不求我，還把老頑固請回來了，那就是說，改革永無希望了！

在威靈頓即將回去上班的前一晚，倫敦突然出現了很多標語，或者說是通告，大約就是告訴民眾「取黃金、阻公爵」，意思是號召那些個有錢的改革派都去銀行提兌黃金，這些傢伙現在很有錢，他們一響應號召，英格蘭銀行的黃金儲備就開始瀉肚子一樣銳減。這充分展現出了，得罪誰也不能得罪有錢人的普世真理。有錢人威脅國家的金融安全，工人老百姓走上街頭威脅社會安全，這樣一折騰，威靈頓也不敢再蹚這渾水，只好拒絕了組閣這個燙手的山芋，沒辦法，威廉四世只好把格雷再請回來，好言相勸，讓他把想做的事繼續做完。

就這樣上面鬧下面亂，轟轟烈烈地折騰了一年有餘，改革的議案終於獲得通過，取消了很多衰敗的選邑，議員名額重新分配，選民增加了近一倍。工業資產階級開始在議會獲得一個門口的小板凳，不過，離他們說了算還早呢。這是一八三二年，英國的第一次議會改革，這次改革後，選舉這碼事，從原來的身分象徵轉變為財富象徵了，有錢才能有權這個真理開始在英國社會確立了。

但是這中間有個問題，那就是，整個議會改革的鬥爭中，長期衝鋒在前，又當槍使又做炮灰的工人階級，他們忙活一陣得到了什麼呢？什麼也沒得到，改革不徹底，工人兄弟不服氣！好在這一輪的運動，工人階級已經讓所有人見識了他們的能量，待時機成熟，他們自然會再次為自己的權益而戰，我們期待著！

56

我們終於要說到維多利亞女王了，這位女士最出名的外號叫「歐洲祖母」，現在歐洲的幾乎所有的王室，諸如挪威、西班牙、丹麥等等都是她的後代，後裔遍及歐洲上流社會。大英在她治下，除了英倫本土，還擁有加拿大、澳大利亞、紐西蘭、印度、巴基斯坦、緬甸、馬來西亞、南非和拉丁美洲的一些小國，跨越五大洲，而大洋上，屬於英國的島嶼更是數不勝數，這是真正的「日不落帝國」，而這位女士當之無愧是第一帝國的第一女王。我們寫英國歷史，立場應該放在英倫三島，如果跟咱們本身的利益沒什麼關係。可進入維多利亞時代，我們就不能置身事外了，不論這位「祖母」對英國乃至歐洲多麼重要，多麼地位尊崇，我們記得的是，她是向大清宣戰的人，她是用大炮和鴉片打開了中國大門的人，最可悲的，配合她的，是另外一個女人，大清的慈禧太后，十九世紀中葉，我們苦難的家邦就是被這兩個女人內外荼毒。

每一個寫歷史的人都要站穩立場，在這個基礎上，我們還是要尊重史實，維多利亞是個優秀的女王，我們要感謝她是優秀的，因為如果咱們是被一個窩囊廢欺負了，則更加丟人，讓我們把維多利亞的故事，從頭說起。

維多利亞哪來的？她媽生的唄？她媽誰啊？還記得我們的五毒俱全的喬四國王嗎？他的獨生女兒跟自己新生的孩子一起死去。沒有子嗣，兄死弟及，喬四的兄弟們都趕著臨時找女人生孩子，希望幫著排憂解難。這一輪忙碌中，最有成效的是四爺，喬四的四弟肯特公爵，他以最快的速度跟自己那些不著調的情婦分手，迎娶了德國一個諸侯國的公主——維多托里，運氣不錯，十個月後，維多托里公主大著肚子從德國長途跋涉來到倫敦，終於讓維多利亞在萬眾矚目中出生在倫敦，成為合格的王位繼承人。

肯特公爵忙著生孩子，顯然是給自己賺一份接班的資歷，畢竟在王室即將絕嗣的情況下，最先有後代的王子肯定是太子的人選，不過肯特公爵的歷史重任在生下維多利亞後就完成了，維多利亞還不會叫爸爸呢，肯特伯爵翹辮子了。維多利亞的成長一直蒙她舅舅的教育和扶持，這位後來的比利時國王，一直耐心地給予維多利亞一位國王的教育。維多利亞的童年沒嘗到什麼榮華富貴，生活水準跟她的準王儲身分也不太吻合，他父親死後，留下不少債務，孤兒寡母生活並不寬裕。好在，再窮沒窮了教育，維多利亞所受的教化，一直比較正統，而後來成為女王，依然生活比較簡單樸素，跟幼年的經歷也很有關係。

爸爸沒了，應該和寡母相依為命了。可維多利亞對自己的母親似乎沒那麼依戀。維多利亞的媽媽雖然守寡，並不孤獨，她身邊一直有一位愛爾蘭的男祕書康羅伊，祕書這個職務，只要是異性，總歸有些曖昧。康羅伊除了當祕書，顯然還承擔了別的責任，以至於整個維多利亞的童年和少年，她媽媽都按康羅伊的幕後策劃安排她的生活，甚至，這位祕書先生還想過，一旦維多利亞登基，他可以整個攝政王之類的職務幹幹。

最近關於維多利亞的身世有很多揣測，幾個英國的歷史學家聲稱找到證據，維多利亞根本就不是肯特公爵的親生，而是康羅伊的私生女。如果這事成立，那就麻煩了，私生子不能繼位，從維多利亞以後所有的英王都不合法，而我們的查爾斯太子估計也沒機會做國王了。

維多利亞從懂事起，對她母親和這個愛爾蘭人的關係就深惡痛絕。一八三七年六月二十日早晨，剛剛睡醒睜開眼的維多利亞聽到自己的伯父威廉四世駕崩，而自己從這一天開始，就是英倫三島之主了！

新女王終於可以為自己決定所有的事，終於自由了，傳說二十八號登基那天，十八歲的女王緊張得顫抖，一直問自己的侍女，應該做些什麼，去加冕的路上，有黑天鵝飛躍而過，當時有人斷言，這個丫頭王位坐不長久的，顯然，封建迷信是靠不住的。

戴上王冠，維多利亞馬上將康羅伊趕出王宮，讓他陪伴王太后攝政的夢想徹底破碎。其實，就算維多利亞不是個有個性的女孩，康羅伊也達不到目的，有驍悍的大英議會呢，此時的英國首相，是頗有經驗的輝格黨老傢伙墨爾本。

很耳熟的名字對吧，沒錯，就是澳大利亞的墨爾本，這個澳洲第二大城市就是用墨爾本子爵的名字命名的。雖然擁有如此的榮耀，墨爾本的生活經歷並不幸福，一個男人的不幸，經常源於他娶錯了老婆。

墨爾本的老婆是倫敦著名的交際花，卡洛琳，這個任性冶豔的女人，在倫敦刻板保守的上流社會，開得如一朵野花般的放肆張揚。年輕時的墨爾本就是被這樣一個女人吸引，雖然所有人都告訴他，這女人不適合做老婆，可墨爾本不服氣啊，他終於得手，他的家族都為他們的關係捏一把汗。不管墨爾本後來的政治地位如何，變成丈夫後，要滿足卡洛琳這樣的小姐還是比較困難的，而像卡洛琳這樣熱情無處宣洩的女人，她愛上別人應該也是遲早的事。

不久，卡洛琳認識了宿命中的男人，皮膚白皙，棕色的鬈髮，有一雙聰慧而清澈的眼睛。唯一遺憾的，這個男子是個瘸子。雖然是殘障人士，卡洛琳這位倫敦著名的妖女偏偏搞不定，因為這位帥哥的粉絲太多了，這位美男子，大名叫拜倫！對，這是拜倫的時代。

他出生在一個沒落的貴族家庭，有一個揮霍的父親和暴躁的母親。從小殘疾的孩子很難有開放的性格，所以躲在屋裡讀書就是唯一娛樂了。西方的學者喜歡遊學，拜倫後來遊歷東方，寫成了長詩《恰爾德・哈洛爾德遊記》，轟動了倫敦。而他的作品塑造了一些很帥很倜儻的騎士形象，自然吸引了廣大女性讀者。倫敦的貴婦無聊的私生活找到了新的亮點，那時的倫敦貴婦如果床頭沒有一本拜倫的詩集，容易遭人鄙視。

成名前拜倫，因為生活落魄，愛情道路上並不成功，成名之後，心理上多少有點病態，具體表現是，對於那些貴婦的追求，他更多的是當作遊戲，娛樂，享受過程，不投入真情。而大家沒想到的是，卡洛琳這個長期玩別人的妖女，自己也淪為玩物。她使出了渾身解數，風情萬種，神仙都失魂，可對拜倫偏偏沒用。兩個人以征服對方為目的而角力，戀愛談得五痨七傷的。而卡洛琳顯然是輸家，這個得不到真愛的美人終於為愛癡狂。

當她聽說拜倫愛上另一個貴婦的女兒，並預備跟對方求婚時，卡洛琳崩潰了，她學了林黛玉的法子，將拜倫的書信和詩全部燒掉，還用草紮了個拜倫的模型一併燒成灰，然後，操著把刀子，去找拜倫了斷。

後來的故事說明，你去找一個詩人的麻煩是很難的，尤其是拜倫這樣的才華，兩三句話就能要人命。看著卡洛琳眼中的瘋狂和她手上的小刀，拜倫平靜地說：「請對準你自己的胸膛吧，我的心早就被你毀掉了！」這句瓊瑤式的台詞有魔咒的效果，卡洛琳尖叫著衝出了屋子，隨後發現，她倒在血泊中，而那把刀子，她真的就插進了自己的胸膛！

拜倫最後也沒得到好結果，他後來娶回家的老婆完全不懂這個男人，並在結婚不久離開他。拜倫除了是個詩人，還是個革命者。他一直支持那些底層的革命解放運動，讓英國的上層認為此人是危險份子。他老婆的出走，更加讓政敵有了把柄，圍攻他。最後，他不得不離開英國。生命的最後幾年，他投入希臘反對土耳其統治的解放運動，成為一名將領，最後死在希臘。他的死，讓希臘全國舉喪三天，可遺骸運回倫敦，英國卻拒絕這位偉大的詩人葬入威斯敏斯特教堂，那是英國名人的國葬地，而拜倫顯然是個大名鼎鼎的英國人。

扯得太遠了，從本篇的立場上，拜倫就是那個害死墨爾本老婆的壞男人。卡洛琳因為拜倫而死，死得頗不體面，墨爾本家族自然跟著蒙羞。但我還是相信，墨爾本一直是深愛卡洛琳的，因為喪妻後，他就一直沒有再娶，孤獨終老。不久，他和卡洛琳唯一的兒子也病死了，這個無牽無掛的老傢伙只能寄情於工作了。

這時，維多利亞登基，五十八歲的墨爾本迎來了十八歲的女王。這是一段怎樣的關係呢，維多利亞幼年喪父，最尊敬崇拜的人是自己的舅舅，對老男人應該有種自然的依戀感；墨爾本情感空白，世界上能讓他操心的人都不在了，只有這份工作是實在的，幫助這個小女孩治理這個世界上最大的國家，而這個小女孩，就代表著自己全部的生活。很快，維多利亞和墨爾本就建立了一種像父女，又像師生的關係，一個立憲制的國王，有很多禁忌，有些事可以做，有些事絕對不能多嘴，這些，墨爾本從一個睿智老成的政治家角度，一點點教給維多利亞，而其他的時間裡，墨爾本不是陪她騎馬，就是陪她聊天，讓她快速適應了自己的身分，習慣了宮廷的生活。

君主立憲制國家的君主說起來沒大用，其實還很忙，國家大的方針政策，由議會通過，最後要國王簽署。雖然她僅僅只是簽個字，可這項工作絕對是個體力活，因為文件太多了，就算不用腦子，幹一天也相當於背了幾袋水泥的工作量。除了簽字，就是協調關係，現在英國兩個政黨都成了氣候，有自己的領袖章程地方組織，執政的組閣，落選的在野，漸漸形成了輪流執政。既然有兩個黨，就肯定有矛盾，此時國王就是個調解員的角色，主要工作是勸大家好好說話，開會不要打架，吵嘴不要說髒話，不要在國會開會問候政敵的長輩，注意團結，諸如此類。既然是這個功能，國王就必須遵守一個非常重要的規矩，那就是，對這兩個政黨，一定要保持不偏不倚，一碗水端平。雖然幾乎每個國王都有自己對某個政黨的偏好，但絕對不能明白地表示出來，尤其是那些公開的動作上。

剛上班的維多利亞並不知道這個很重要，因為對墨爾本的依賴，導致她對輝格黨當然地偏好，她宮中的侍女，清一色的輝格黨人。原來我們說過，大英王室的侍女，並不是打打扇子倒倒馬桶那麼簡單，她們更重要的是，產生一個陪伴的作用，既然是陪伴，就有語言思想上的交流，而如果女王身邊全是輝格黨的喉舌，托利黨肯定是不答應的。

一個首相，光受到國王的喜愛是不夠的，除了反對黨，全國人民也都監督你呢。墨爾本的問題在於，他不是個體恤下情的人，對社會底層的老百姓，他考慮得不是太多，加上這段時間，因為議會改革前後的社會動蕩，墨爾本碰上這些苗頭一般是鎮壓無誤，無論如何，這時的首相是很難當的。於是一八三九年的英國大選，輝格黨落敗，墨爾本只好下課，托利黨的皮爾上台組閣。

皮爾組閣有個要求，他認為女王應該把身邊的侍女換掉，有托利黨指派人選。墨爾本下崗，本來就對維多利亞打擊挺大的，現在還要換掉墨爾本親手為自己選來的侍女，情感上不能接受，於是她拒絕了皮爾的要求，皮爾還以顏色，拒絕組閣，維多利亞這次發了狠，你不組閣拉倒，讓墨爾本繼續回來上班，如此一來，國王和議會的關係陷入一個危險的僵持局面，這就是英國歷史上著名的「寢宮危機」，也是維多利亞成為女王的第一次大考。

一八三九年對維多利亞來說是個重要年份，墨爾本倒台，她失去了依靠，好在很快，上帝又給她安排了另一副臂膀，那就是她的丈夫，亞伯特親王。

這是她的表弟，一樣來自她母系的家邦——德國的薩克森堡，亞伯特英俊瀟灑，頗有學識，最重要的是，他愛維多利亞，對她體貼照顧，幫她解決所有的問題。剛成為王夫，亞伯特就勸女王妥協，跟議會恢復關係。在亞伯特斡旋安排下，女王身邊的侍女換掉一半，由托利黨人指定，寢宮危機得以妥善解決，維多利亞因此受到教訓，後來很少在這種小事上找麻煩。而從這時起，亞伯特就算真正主宰了維多利亞的政治生活，雖然王冠還戴在女王的腦袋上，實質上的英王是亞伯特。娶了全歐洲乃至全世界最有權勢的女人而一步登天，這讓英國很多人很嫉妒，議會在商討如何給王夫這個職位發放年薪時，也諸多刁難，他們說亞伯特就是個叫花子，到英國來行乞的。

先到這裡吧，下一篇繼續維多利亞時代的內政外交。

I saw thee weep 我見過你哭（拜倫）

I saw thee weep
我見過你哭
The big bright tear
晶瑩的淚珠
Came over that eye of blue
從藍眼睛滑落
And then me thought it did appear

像一朵夢中出現的紫羅蘭
A violet dropping dew
滴下清透的露珠
I saw thee smile
我見過你笑
the sapphire's blaze
連藍寶石的光芒
Beside thee's ceased to shine
也因你而失色
It could not match the living rays
它怎能比得上在你凝視的眼神中
That filld that glance of thine
閃現的靈活光彩
As clouds from yonder sun receive
就如同夕陽為遠方的雲朵
A deep and mellow dye
染上絢爛的色彩
Which scarce the shade of coming eve

緩緩而來的暮色也不能
Can banish from the sky
將霞光逐出天外
Those smiles unto the moodiest mind
你的笑容讓沉悶的心靈
Their own pure joy impart
分享純真的歡樂
Their sunshine leaves a glow behind
這陽光留下了一道光芒
That lightens over the heart
照亮了心靈上空

附上拜倫最著名的詩句，看到這樣的句子，我們理解了為他而死的女人……

57

還是從花絮開始。找張地圖啊，浩瀚的太平洋，散布著大小很多島嶼，根據分布情況，大致可以圈出三個島群，高中地理學過吧，必須會背的內容哦，中部的密克羅尼西亞，西部的美拉尼西亞，東部的波利尼西亞。其中波利尼西亞群島，就包括我們知道的夏威夷一帶。這地方早年間可沒有草裙美女，也不是什麼度假天堂，波利尼西亞人還駕著小船往外面跑。這些人比魚還適應大海，沒有指南針，靠星辰和潮汐，在太平洋上晃悠。大陸人亂竄發現新的大陸，島人亂竄發現新的島嶼。

大約西元八〇〇年，有個波利尼西亞浪蕩子，愛上一個同村人的老婆，這哥們做事比較果斷，直接幹掉別人的老公，想取而代之。別以為上古的島民沒有法治啊，這種事放在原始社會也不可能不受懲罰。怕遭報仇，這個波利尼利亞人只好划著獨木舟往海上逃跑。也不知道過了多久，這位老兄看到一片島嶼籠罩在白雲中，上島後，發現在這裡風景美麗，土地肥沃，還有些友好的珍禽異獸。他趕緊跑回去，告訴大家他發現新大陸了，於是，他同鄉暫時忘記他殺人奪妻的事，被他忽悠著到這個島上去探險。探險的結果是，越來越多的波利尼西亞人向島上遷徙。人多了，抱團形成各種部落，擁戴各自的酋長，日子過得其樂融融。

熟悉的故事又發生了，幾個白皮膚的歐洲人，駕著古怪的大船，開始在港口窺探。最先來的是荷蘭人，他們跟島上的波利尼西亞人發生衝突，還打不過人家，這些人出名的強悍善戰，還喜歡吃人肉，對了，他們現在的名字叫：毛利人。而荷蘭為這個島嶼命名：紐西蘭。

荷蘭人沒搞定，但很多歐洲人已經知道這個地方了，他們有意識地向這裡移民。不服氣不行，在嚮往外面的世界這一點上，炎黃子孫沒有歐洲人那樣的熱情。毛利人知道，這些白人過來也是個趨勢，雖然他們打完仗吃死人，可也不願意總打仗，毛利的酋長商量了一下，如果一定要在歐洲拜一個老大，當然是進最厲害的那個山門。這時十九世紀中葉，毛利人不用看報紙新聞電視廣播也知道，英國人最不好惹，於是，幾百個酋長聯名簽署條約，同意維多利亞女王成為紐西蘭之主，紐西蘭島併入大英帝國。酋長們同意英國人向他們購買土地，後來毛利人很快發現，歐洲人像蝗蟲一樣鋪天蓋地而來，擠壓他們的生存空間。漸漸地，毛利人不願意出讓土地了，已經簽了條約，由不得你不賣，於是毛利人開始跟英國人幹仗。打了快十年，部落聯盟基本被瓦解，毛利人驅趕到部分地區居住，而英國人總算控制了大部分地區。沒有被滅絕的毛利人也將奇特瑰麗的毛利文化傳承下來，是非常棒的文化遺產。

毛利土族願意歸化大英這一年是西元一八四〇年，這是個很多故事的年份，除了維多利亞大婚，英國人還發行了世界上第一枚黑便士郵票。對中國人來說，這一年是中國近代史的起點，也是炎黃子孫其後一百年屈辱和戰亂的開端。

我們的歷史書上常說，是英國人將用鴉片摧毀了我們人民的體質，然後又用槍炮蹂躪我們的民族。出了事推諉別人不知道是不是中國人一貫的處世態度。英國人的確向中國輸入了鴉片，英國人重商主義，他們是商人啊，產品銷售取決於市場需求，英國人不過是滿足消費者需要罷了。讓我們用英國人的角度，理性而客觀地分析一下，那兩場苦難深重的鴉片戰爭吧。

維多利亞上台後，滿世界都是英國的殖民地。面對這麼大的版圖，英國人也頭痛，不好管理啊，漸漸，英國內部形成了一個很開明的思路，就是所謂的「自由帝國主義」。這種思路的精髓就是，不用執拗於版圖上的控制，殖民地就是殖民地，不需要像英國本土那樣事無巨細地什麼都過問。殖民地的重要作用還是來自商業價值，英國本土大量的工業產品可以擁有巨大的海外市場和原料產地。保護航道就比保護那些殖民地的疆域重要多了，控制海洋進而控制全世界的市場，保障英國的自由貿易，全世界的黃金白銀和各種資源都向英國流動，這才是征服世界的最高境界。最贊成這個方案的是當時的英國外務大臣，我們的歷史書上叫做巴麥尊，這傢伙是個出名的鷹派人物，大家記住這個名字。

思路確定，滿載貨物的英國商船開始上門推銷產品，遇上不開門的，商船退後，戰船上前，兩炮轟開大門，強買強賣。可以想像，以當年英國的海軍實力，用這種方法肯定是生意興隆通四海。小門小戶的兩炮可以轟開大門，萬一有高門大院，門牆巍峨的，一時間炮艦也不知道從何下手。

當時的街坊，要說門牆之高，庭院雄偉，自然是大清帝國。中英貿易一直也進行著，問題是，中國是個農業國，英國人造的那些個古怪機器用不上啊，而中國的茶葉、絲綢、瓷器之類的，進入英國都是好東西，搶手，供不應求。我的東西你少不了，你的產品我不需要，如此一來，貿易上，英國對中國就形成了巨大的逆差。

英國商人不信邪，難道這家人真的什麼都不缺，什麼都不需要嗎？英國人繞著大清的院子轉了兩圈，很快就發現了巨大的空白市場。有需求啊，什麼需求？精神需求！後來很多人會問，為什麼單單在中國，鴉片形成潮流，活活地將炎黃子孫折磨成東亞病夫，日本人、韓國人、甚至鴉片原產地的印度人怎麼不這樣大規模吸鴉片呢？因為中國有高人啊，有個叫莊子的聖人告訴我們，清靜無為，回歸自然。還有個叫陶淵明的說，萬一世道不好，大家可以找個「桃花源」之類的地方躲躲。總之一句話，現實是改變不了的，也別想自己做不到的事，如果實在是亂，就裝作看不到，聽不見，日子總是能過的。所謂「生於憂患，死於安樂」，每到末世，整個社會氣氛都展現出一種糜爛的享樂意識，還逃避現實，而放縱自我麻木的最高級形式，大約就是吸毒吧。

十九世紀初的大清，跟中國歷史上所有進入晚年的王朝一樣，人口激增伴隨著土地減少，官僚腐敗，風氣惡劣。八旗上層放浪靡廢，下層百姓艱難貧瘠，四川白蓮教已經鬧了一場了。上層需要放縱，下層需要逃避，這兩個功能，似乎毒品都能實現。

鴉片這東西，大約唐代就進入中國人，來自波斯，被當作很好的藥物，作用於頭痛、目眩、咳嗽等病症，尤其是止痢疾。明朝中期，鴉片被開發出另一種功能，那就是壯陽，可以當作春藥，我們的萬曆皇帝就是個公開的癮君子。十七世紀初，荷蘭人發現東南亞一帶有些天才用鴉片混合煙草也可以抽得飄飄欲仙的，於是通過台灣，將南美的煙草運進了大明，很快，煙草就在中華大地流行起來，不過混合鴉片一起吸，實在是很奢侈的享受，只有少數有錢人家才能消費，所以鴉片暫時沒有形成潮流。明末最盡職的皇帝崇禎同志本來就被內外交困折磨得神經質，聽說突然開始流行「吃煙」了，很生氣啊，北京就是「燕」，「吃煙」不就是「吃燕」，太不吉利了，於是開始大規模禁煙。煙草是禁了，可癮戒不掉，有些富人很快發現，其實不用煙草，純吸鴉片，更high。漸漸地，有些中國人知道，吸純鴉片是一種很高檔的生活狀態。

鑑於鴉片一直以來的進口高檔藥物形象，普通老百姓就算心理渴望，也沒地方買，沒地方吸，尤其是，中國人的智慧，為吸食鴉片設計出精美的煙具和排場，更不是一般人消費得起的。英國人發現這個市場了，又加上他們佔領印度，孟加拉那一帶，盛產鴉片。有了市場，有了產品，現在就差推廣了。中國人可能不怕死，但都想長壽，那些偏方古法的養生方子從來不缺擁躉。早知道鴉片是好東西，也知道吃多了會死人，可那些什麼都懂的洋鬼子說了，這東西如果吃得得當，有延年益壽的功能啊，長精神，有力氣，一口氣爬五樓，腰不酸腿不痛的。所以這東西在中國人的心目中是「福壽膏」。

於是，按照麥當勞和肯德基的擴張規模，一邊不斷輸入鴉片，一邊在全國各地開辦配套的鴉片館，而林則徐的大老闆，道光皇帝原來也是個鴉片愛好者，還經常跟王公大臣們分享吸食後的心得，我們的慈禧大嬸當然也眾所周知地好這口。英國人造福百姓啊，只有皇室貴冑才能享受的東西，現在居然送到老百姓門口了，打電話還有人送外賣，怎麼也要試試啊。兩口大煙抽下去，毛孔舒張，經絡通暢，快活似神仙，亂七八糟的生活瑣事都不用想不用愁了。

鴉片在中國的流行，除了生理心理上的需求，還有一種是家庭教育的需要。當時社會動蕩，有某些思潮暗流湧動，正是個一不小心就時勢造英雄的時代，而這些個時勢英雄，有個共同特點就是革命性，沒事出去瞎跑，不按主流標準成才，讓家長很犯愁。自從有了鴉片，家長們高興了，「哎呦我的小祖宗唉，別出去給我惹禍啊，來，媽媽給你福壽膏吃，吃完了你就不胡思亂想了啊！」於是，很多小太歲就老實在家吸毒了，頃刻間瘦骨嶙峋，所有的雄心壯志化成對大煙膏子的渴望，如同當時的大清國一樣，快速走向衰敗，蒼老……

鴉片氾濫，這中間跟中英兩國的正常貿易沒什麼關係，中國人再傻，也不會讓一種「藥物」這樣肆無忌憚地進口，更何況國庫的銀子正以一個拉痢疾的速度消失。嘉慶帝開始，就禁過鴉片，但是英國人是走私專家，大清的海關關員不用檢舉揭發了吧，如果說清末的官員是清廉的，全中國的貪官都白死了。根據當時的記錄，英國一箱鴉片從印度運到中國，大約可獲得一千個銀元的毛利，一個銀元相當於零點七二兩銀子，大家可以計算一下這其中的暴利。這樣的生意，要想讓各類官員低頭為英國人服務，為走私保駕護航，似乎太容易。根據歷史記載，廣東水師、福建水師和浙江水師簡直就以幫著英國人進口鴉片為主營業務了，當然，根據中國人做官的傳統，這幾個水師得了走私銀子，自然也要大大地孝敬在京的官員，在對待鴉片問題上，很快就上下一心了。

抽鴉片真花錢啊，等道光帝發現國庫的銀子都變成鴉片的時候，他的國民大部分都是大煙鬼了。害人還花錢，這種事再蠢也知道不對了。道光下令，鴉片必須禁絕！林則徐領命而去，英國的駐華商務總監督義律乖乖地交出了兩萬箱鴉片，讓林則徐在虎門很過癮地放了一把火，隨著那一陣煙霞名留青史！

他的工作完成得了嗎？這一把火放完，燒掉很多英國商人的全部家產，他們可以善罷甘休嗎？他難道沒有想過，可能會招致戰火嗎？尤其是我們道光帝絕對不是個喜歡打仗的人。林則徐不是僅僅放了一把火這麼簡單，作為中國「第一個開眼看世界的人」，他深知「知己知彼」的道理，話說老林進入廣東後，就找了四個翻譯，用各種文獻解構分析不列顛。

當時大英的戰艦有兩艘已經逼近虎門，林則徐以一個上邦重臣的心態認為，這是不列顛嚇唬人呢，根據林則徐分析的結果，一個小島國，全國總動員也翻不了天，而且對方在千里之外，要想勞師以遠過來打架，大清肯定是以逸待勞地將他們按在海裡。除了打架，中國還有個收拾英國的法寶，那就是貿易戰，只要中止和英國的貿易，中國最多是不抽鴉片了，可英國人也買不到茶葉了，他們會比我們更慘，更鬱悶。而大英國內有不少聲音反對鴉片生意，維多利亞女王作為一個女人、母親和教徒，當然在公開場合也指責販毒的行為。老林天真地認為，鴉片商人是些英國散商，不代表英國政府的立場。林則徐基本可以同意英國人海軍厲害，但究竟怎麼厲害，他也不知道，但他知道一件事，那就是，這些英國人只會在海上打仗，因為在海上站久了，不能登陸，一上岸，因為腿不能打彎，會摔跤的。綜合這些因素，老林基本認定，不管在鴉片這件事上，大清有多強硬的態度，不必擔心英國狗急跳牆，進來砸場子的事。

廣東禁煙手法重，英國的鴉片販子只好流竄到澳門，老林燒了鴉片並沒有燒掉市場，澳門很快成為另一個走私中心。老林大怒，將澳門的英國人全部趕走。這幫英國人只好到香港棲身，又因為英國水兵打死九龍的村民引發矛盾，最後終於導致，老林要求停止跟英國人的所有貿易！英國人感覺到，老林咄咄逼人，東方不好混了啊！

對此時的英國來說，全世界都是他的賭場和樂園，沒有哪裡是不好混的。不錯，作為一個有信仰的國家，並不是所有的英國人都支持販毒，可鴉片貿易不僅滲透了中國上下，也滲透了大英上下，中間還涉及到其他產業的利益，如果因此失去了中國市場，英國人就更不幹了。一八四〇年四月七日，英國議院就對華戰爭軍費案和廣東鴉片商人賠償案開始辯論，三天的激烈爭論，以兩百七十一票對兩百六十二票的微弱多數，通過了內閣的提議，向中國出兵！大家注意，打與不打，只是九票之差，這一場戰爭，他家自己心裡也發虛，要知道，說到底，不過是貿易糾紛而已。

維多利亞女王非常光榮而自豪地簽署了對這個最大的東方帝國的戰書，接下來是我們再熟悉不過的兩次鴉片戰爭，兩次遠征的結果讓大英帝國完成了一個真正世界帝國的修練，而維多利亞女王的這張戰書也讓其他的歐洲人徹底洗掉了漢唐繁華帶給他們的豔羨，蒙古鐵騎帶給他們的心膽俱裂，跟著不列顛，你有我有大家有，到中國搶劫分贓去者！

現在對於林則徐究竟是英雄還是罪人的討論很多，倒林派普遍認為，如果老林處理上稍微平和一點，多少考慮一下英國商人的利益，不要趕絕，戰爭也許不會發生，至少不會這麼快發生。這顯然是天真的想法，我也承認在林則徐在處理鴉片問題上，少了些外交智慧，如果他真是個外交專家，戰爭就能避免了嗎？不是鴉片打垮了我們，是不求上進閉關自大的意識讓我們落後了，落後就要挨打，哪裡有道理可講，更何況這麼大的一片土地，物華天寶，資源豐盛，沒有自保的能力，靠外交上的小花招陪小心，能安全多久?!無論如何，回顧中國的近代史，越過我們那些東亞病夫的祖先們空洞的目光，虎門那一把火，讓我相信，中華民族心底總有一股熱血不滅！

58

回到本土，維多利亞繼承大英王位，可她家傳統的漢諾威領地，就繼承不了啦，因為人家德國

人不接受女人當家。於是維多利亞將漢諾威的傳給她的叔叔，英倫再次失去了他們在歐洲大陸上的領土。

上篇說到，亞伯特親王作為一個倒插門女婿，不招英國人重視。不管英國人待見不待見，亞伯特是個風度翩翩的正人君子，有思想有學識，特別是跟女王的確是伉儷情深，他能左右女王的很多決定。其實一結婚後，女王也沒什麼時間過問政事，她大部分時間都用來生孩子。一連生了九個，任何女人生這麼多孩子，你就真不能指望她還有空幹別的了。亞伯特親王照顧老婆啊，既然不能替她生孩子，就只好替她上班了，於是，不管別人怎麼看，他也不拿自己當外人，開始在皇宮當家作主。維多利亞的前幾位英王個人操守一般，上樑不正下樑歪，很多英國貴族也吃喝嫖賭，過著糜爛墮落的生活。亞伯特帶頭從王室開始整飭紀律，肅清風氣，開展了一場如火如荼的宮廷精神文明建設活動。亞伯特依靠自己節儉自律的形象漸漸被英國人接受認可。

亞伯特在宮廷提倡精神文明建設，還非常關心民間的疾苦。辦了不少學校、養老院，經常過問碼頭工人的生活福利，很快又在民間建立了一個親善形象。不過這個德國女婿來到英國後，最長見識的就是英國那一日千里的工業科技，讓他歎為觀止，而正好，這位英國的「第一先生」還就喜歡搗鼓這些個新鮮玩意。

英國的新奇工業品絡繹問世，為了同業交流，產業合作，英倫三島範圍內，開始經常組織一些工業品的博覽會。亞伯特倒插門過來後，辦博覽會成了他主要的工作之一，這活越練癮越大，開始有新想法。亞伯特親王出發點不一樣，看事情喜歡放眼全球，他認為，這些工業和技術不應該僅限於英國國內交流，而是應該整個世界範圍內互通有無，所以他提議，開一個世界性的博覽會！

這時候亞伯特就是維多利亞的主心骨，他隨便出個主意，女王都高聲叫好。亞伯特的主意對英國議會是沒什麼權威影響的，辦個國際性的博覽會倒沒什麼，可時間緊啊，女王有這個想法是一八四九年，她希望，一八五一年這個事就能實現。別的不說，世界性的展覽，首先要巨大的展廳，當時的計畫是在倫敦的海德公園建展館。海德公園是英國最著名的公園，原來是皇家獵鹿場，成了公園後，幾乎是倫敦遊覽的標誌景觀之一了。在海德公園自然清新的環境裡拔地而起一座巨大的石頭房子，冷硬醜陋，這讓很多英國人不能接受，而且，以當時的生產能力，蓋這個大房子的建材一時也很難湊齊，眼看著，這個宏偉的世博計畫要泡湯了。

好在，哪個時代都不缺天才。當時的歐洲不是盛產探險家嗎，這些人滿世界獵奇，總能找到好東西帶回英國。有個英國探險家在南美洲北部一個叫圭亞那的地方，發現一種神奇的植物，是一種蓮花，有巨大如盤的荷葉。這位探險家將這種神奇植物的種子帶回倫敦，交給了一個園藝師叫帕克斯頓。這個花匠厲害，放一浴缸的溫水，竟然將這種南半球的作物種活了，翠綠的荷葉如一個碧玉盤靜靜地水面上搖動，還開出了嬌媚的花朵。榮耀屬於女王，花匠會拍馬屁啊，不僅用維多利亞的名字命名了這種蓮花，還特地當禮物送到宮裡。這種蓮花就是我們都知道的王蓮。因為這送花之誼，花匠和亞伯特親王成了好朋友。

花匠家裡有個七歲大的女兒，這個爸爸百無聊賴之餘就拿女兒當玩具玩，他想試試王蓮那巨大的葉片到底能承受多大的重量，居然把自己女兒放上去了。小女孩沒淹死，花匠發現了王蓮葉片的祕密，葉片背後那些縱橫的經絡穩穩托住了巨大的重量。花匠是個聰明人，受到啟發後，他很快用著類似的原理蓋起了一座玻璃溫室，發現不會倒，花花草草沐浴在陽光裡，長勢喜人。這下花匠發現自己還有這種天賦，於是預備往建築業發展，毛遂自薦地要求幫忙解決海德公園的世博會展廳建設問題。

一幢透明的大房子，這個設計太誘人了，招投標這些個瑣碎都免了，僅僅六個月，這棟被英國人稱為水晶宮的大房子就出現在海德公園，佔地十九畝，輝煌壯麗，玻璃頂在陽光下閃耀著金光！滿心歡喜的英女王親手發出了對各國的邀請函，一八五一年五月一日後的二十三周時間裡，十個國家的十萬件產品在水晶宮參展，讓六百多萬人歎為觀止，流連忘返。這是當時世界上工業和藝術的頂級展現，也是第一次全世界的產品不通過打架和互相劫掠得到交流和溝通。當時搖搖欲墜的大清也派了代表參加，雖然那些絲綢、茶葉、漆器、瓷器還是讓歐洲人一臉豔羨，但是比起那些實用的工業科技，就顯出一點衰敗而頹廢的奢靡。整個展會，最讓人驚歎的是美國，這個年輕的國家以他們的工業產品讓所有人見識到他們的發展活力。不過，不論世博會裡的展品多麼出色，讓世界上第一次博覽會大獲成功而名聲大振的最重要的原因，還是這展廳本身，也就是水晶宮的設計。戰後水晶宮被拆除，搬到另一個地方重建，可惜二十世紀中葉毀於一場大火，讓我們無緣再見這座帶著不列顛盛世榮光的標誌物。

第一屆世博會要風光有風光，要名聲有名聲，最後一核算，英國政府還賺了好大一筆英鎊。這活練得漂亮，亞伯特親王因為這件事，終於在英國站住了腳，獲得英國人的尊重，也准他偶爾摻和一下國家大事了。

世博會都開完了，全世界其樂融融地開展覽，能有什麼大事啊？不要被世博會的表面繁榮迷惑，要知道，這時歐洲剛剛走過一八四八年，這個對歐洲來說，非常神祕非常躁動的年份。工業發展，讓資產階級翅膀硬了，可歐洲大陸那根系深厚的封建勢力不給人家讓路啊，於是，如同一場大型疫症蔓延，起義、造反、革命成為該年度歐洲大陸的關鍵字。先是法國革命，建立了共和國，拿破崙的侄子，路易・拿破崙稱為共和國總統，不過這個家族的人對共和的事天然牴觸，都有獨裁的嗜好，於是不久，這傢伙復辟，成為法國皇帝，等於是法國革命失敗。接著德意志聯邦革命，隨後失敗；奧地利革命，失敗；義大利和匈牙利的革命行動，統統失敗。整個一八四八年，激情和悲情交加，歐洲沒有勝利者，就剩了一片烏煙瘴氣的混亂。大家仔細一算，發現歐洲所有的大佬家都家宅不寧的，只有一位彷佛置身其外啊，隱約，我們還看到了他撫著大鬍子在一邊躲著偷笑！

這個大鬍子當然就是俄國，作為一個根深柢固的老封建，俄國家開化得晚，他家那些小資本主義還沒到造反的境界，所以面對全歐洲遍地開花的造反忤逆，當時的沙皇尼古拉一世是非常憤恨的。話說歐洲這幾家聯手幹掉拿破崙後，生怕法國大革命那種惡性事件發生，於是組成一個叫神聖同盟的團夥，專事鎮壓各路起義革命。所以這次歐洲大亂，俄國有責任有義務幫著打架，他自動自覺出兵幫著鎮壓了奧地利的革命活動。

俄國鎮壓起義一派大義凜然，其實對於歐洲亂哄哄的狀況，他心裡是挺高興的，因為他可以趁亂佔小便宜啊，不，不是小便宜，他想的是控制黑海，最好是把黑海變成自己的內湖，然後利用有利的位置，再到地中海去爭取利益。他的戰略思路很不錯，最要緊的是，他必須幹掉扼在這條道路上的勁敵，奧斯曼土耳其帝國。

當然，這個時期的奧斯曼帝國也沒有往日的崢嶸了，一八五三年，俄國出兵佔領了現在羅馬尼亞這個位置，藉口保護東正教徒，土耳其被迫宣戰。俄國打土耳其，牽動了兩家的神經，一個是法蘭西，一個是不列顛。俄國是東正教國家，雖然現在土耳其大部分是伊斯蘭教的天下，但是俄國還是經常考慮著擴大東正教的影響，甚至還想延伸到耶路撒冷去。這事法國不幹，因為法國想在這個地區推廣天主教，法俄兩國是宗教之爭；而對英國來說呢，土耳其達達尼爾海峽這條通道，是他家控制印度的黃金航道，豈能讓俄國染指，尤其是，地球人都知道，俄國南擴，兵鋒自然也是指向東方——印度。

英法難得有同病相憐的時候，什麼也別說了，哥倆並肩子上吧。這一場就是著名的克里木戰爭。而這時的英國國內，維多利亞女王兩口子正和當時的外交大臣巴麥尊鬧不和，因為對歐洲革命的看法不同，這位在英國歷史上可以和邱吉爾齊名的強悍人物剛被整下台。克里木戰爭爆發幫了這位老兄的大忙，因為他是強硬的主戰派，所以戰爭一開始，民眾就建議他復出，領導戰爭，讓他再次回到權力之巔，為維多利亞時代的外交打造了非常大國非常強勢的風格，這其中，當然也包括對中國下手！

戰爭慘烈膠著，很快兩邊都發現佔不到便宜，消耗慘重，而俄國佬發現他實在不可能實現最初的戰略理想了，這樣的戰鬥，唯一的結局就是：和。

這場戰役造成五十萬人喪生，大部分都是病死的。打個仗病死這麼多人，不是因為醫護人員不負責任，這場戰役最出名的就是護士了，讓我們認識一位英國的戰地護士，她的名字叫南丁格爾！

克里木戰爭一開打，她就帶著三十個個護士進入戰區，巡視護理傷患，她的出現，極大地降低了聯軍的戰士死亡率。而她提著油燈巡查軍營檢查傷兵的經典形象，被留在很多藝術作品上。戰後回到英國，南丁格爾被奉為民族英雄，她用政府獎勵的四千英鎊，創立了世界上第一個專業的護理學校，她死後，她的生日五月十二日成為國際護士節，她帶給全世界的護士一個經典的天使形象。

克里木戰爭英國不能說是完勝，但至少是達到了遏制俄國佬的目的，也算是贏了，隨後的兩年，印度民族起義，也被成功鎮壓，又贏了一局。大不列顛的國運行走得如此坦途，這時的維多利亞已經是個成功的女王了，如果說她還是個成功的妻子，相信亞伯特親王也沒意見，雖然孩子有些不如人意的地方，但是畢竟生了九個，也算是偉大的母親，這樣成功幸福的女人，上帝都會嫉妒的，於是，一八六一年，亞伯特親王因為傷寒去世，提前結束了維多利亞的幸福人生。

王夫的早逝，給予女王巨大的打擊，彷彿抽掉了她的精神支架，她驟然垮塌了。換上寡婦的服裝，維多利亞開始了一種封閉自己的寡居生活，她搬到蘇格蘭高地的別墅隱居，女王夫婦曾經在那裡度過非常美好的一段光陰。

英國的歷史，維多利亞一段是很重要的，所有的歷史書，關於這一段都長篇累牘，事情太多，也太雜，不好整理，最要命的是，沉悶，沒什麼特別了不得吸引眼球的大事。好在，寡居的維多利亞遭遇了生命中另一個男人，這個男人讓她完美的形象大受打擊！

上回說到，維多利亞女王成了寡婦。俗話說的好：寡婦門前是非多。世界上最大帝國的女王守寡，則更加遭人聯想。地球發展史上，男女的地位一直不對等，話說男人做了九五之尊，除了找個正式老婆外，還可以養後宮三千，或者情婦無數，只要不過分，不變態，最多搞壞身體，不容易搞壞名聲。女王就不一樣了，如果在老公之外養小白臉，估計就容易遭人非議，所以歷史上的女王，還是獨身的多，當然，她們登基多半是剋死或者害死老公接班的。

帝王於我們，其權勢和奢華當然是不能想像的，他們唯一會跟我們一樣的，就是七情六欲，於是乎，我們更關心他們的私生活，生怕他們在公務之外不注意後宮生活的調劑。

不列顛家君主立憲之後，國王的生活已經很不好玩了，就算日不落帝國現在縱橫江湖，所向披靡，日進斗金，我們也不會把這些榮耀歸於維多利亞，因為這位大姐沒親自操作這些事啊。好在她突然守寡了，私生活有發展空間了，我們才算有故事看了。

亞伯特親王去世，維多利亞傷心難抑，不理朝政，把自己關在蘇格蘭的一棟別墅裡哀悼，這一住就是好幾年。古今中外，各朝各代，可能沒有忠臣或者奸臣，但是一定會有投機者。所謂投機，關鍵是投得準確。這時的女王，空虛寂寞，她需要有人陪伴，忘記上一段愛情的最好辦法是開始一段新的戀情，這時，一個叫約翰．布朗的貼身侍衛出現在女王的生命裡。

大約是守寡後的五、六年後，維多利亞女王和約翰・布朗的緋聞就開始風傳英倫三島，說是侍衛，不過是個下人，奴才，維多利亞女王身邊的下人多了，憑什麼可以這麼快上位至龍塌呢？因為他跟別的下人不一樣啊，別的人看見女王都畢恭畢敬的，加上人家喪夫，與她交談溝通都要注意態度。約翰・布朗可不管這套，這是個放蕩不羈的高地人，抽菸、喝酒，而且在女王面前從不收斂，大聲說話，高聲談笑，比起溫文爾雅的亞伯特親王，這顯然是另一種風味，對女王來說，這種放肆的風情她很難見到，於是馬上就被吸引了。除了在蘇格蘭的行宮裡跟他打得火熱，還將他帶回倫敦，對外宣稱，這是她的伴聊男寵。伴聊這件事也沒個標準，也沒說不許在床上聊天，不過英國官方是拒絕承認這個醜聞的，直到後來約翰・布朗死後，維多利亞的一封信被公開，在這封信裡，女王悲傷地說，她第二次守了活寡！根據小道消息，女王的兒女們在背後稱布朗為「媽媽的情人」。

跟所有的女人一樣，女王也有更年期，她的特點表現在，突然開始對權力有無限渴望，這種渴望也許不是那種指點江山的宏大理想，更多的，是一種虛榮，她突然很想當皇帝！她看到普魯士和俄國的國君都自稱皇帝，心裡頭也長草，自己統治者世界上最強的國家，自己難道不能做個女皇帝嗎。英國的女皇，這個稱謂她想都不敢想，她知道，在對付想獨裁的國王方面，英國的議會經驗太豐富了，他們幾百號人呢，自己孤兒寡婦肯定不是對手。她想來又想去，覺得自己完全可以做印度的女皇過把癮啊！

瞌睡碰上枕頭，聽牌就碰上放炮的，這次幫女皇胡牌的人來了，新當選的首相迪斯雷利。他可是深諳聖意的著名馬屁精，女王的想法，他一般都是予以滿足，不過幫助女王成為女皇，則成為他職業生涯最大的挑戰。雖然朝野上下尤其是自由黨對此事極力反對，但在迪斯雷利的全力運作下，最後還是成功了，一八七六年，維多利亞加冕成為印度女皇，這時，老太太的職稱全名應該是：大不列顛和愛爾蘭聯合王國女王和印度女皇！聽起來就相當霸權，光這個頭銜，維多利亞就可以笑傲世界女王榜。

維多利亞時代，是英國國運運行至頂的時代，在亞洲，除了對中國的兩次鴉片戰爭，把一條東方巨龍打成毛毛蟲，還透過印度，控制了阿富汗和緬甸，勢力進入伊朗。哦，那邊還有一片遼闊的非洲大陸呢，他家是不會放過的。

話說一八六九年，埃及政府開鑿蘇伊士運河。這麼大的工程，埃及沒錢辦啊，只好跟法國人借錢。修完後，面對沉重的法國債務，埃及政府就建議法蘭西，乾脆收購運河一半的股份，這樣埃及政府的債務就少了很多了，法國人效率比較低，估計要開會研究，英國人已經反應過來了。迪斯雷利首相以最快的速度，說服英國的銀行家出錢收購了蘇伊士運河的五十％的股份，沒辦法，英格蘭的經濟實力強，做事的效率高，這種事，當然是誰的錢先到位，就賣給誰，法蘭西眼睜睜地失去了蘇伊士運河的控制權。而控制了運河，等於就是控制了埃及，同時，不列顛又為自己家爭取了一條去往印度的近路。後來因為英法在埃及的動作過猛，幾乎是挾持了埃及政府，終於引發了埃及人的起義，唉，要不怎麼說，人要走運，狗屎都變黃金呢，不列顛笑瞇瞇地幫著埃及政府鎮壓了起義，從那時起，基本上埃及的事就是不列顛說了算，一九一五年正式宣布英國是埃及的保護國，埃及進入大英帝國的殖民序列。

蘇丹是埃及的屬國，既然英國人可以在埃及做大哥，在蘇丹則是大大哥，當然說話聲音比較大。不久，因為不滿英國對本國事物的指手畫腳，蘇丹本地人也造反了。他們對付的是埃及的佔領軍。最開始英國政府不想動干戈，於是派了個倒楣鬼過去看熱鬧，一邊隨時掌握態勢和動向。這個傢伙是我們熟人啊，他就是著名的戈登將軍，火燒圓明園的主要凶手之一，當然他的其他戰績還包括鎮壓太平天國，那陣子，不列顛滿世界幫著各國鎮壓起義，相當之敬業辛苦。

戈登在中國做大爺做習慣了，中國人懂禮數，不跟他叫板。可人家蘇丹人不信邪，對洋人也沒有大清子民那樣的敬畏，戈登一到蘇丹擺譜，直接被光榮的蘇丹起義軍砍掉腦袋，掛在牆頭展覽。戈登之死讓當時的英國執政黨自由黨非常被動，因為他們是不主戰的，現在朝廷的大員慘死，首相肯定下台背責任，這就使保守黨上台，當家了好長一段時間。為給戈登報仇，英國下狠手一定要拿下蘇丹，於是，蘇丹又成了不列顛的了。征服埃及和蘇丹，英國等於已經控制了整個尼羅河流域。

在蘇伊士運河開鑿之前，英國去往印度的黃金路線是繞道好望角，所以南非的戰略位置就相當重要了。十九世紀中葉，有人在南非的一條河邊揀到塊透明石頭，當時有歐洲人鑑定後發現，這居然是顆鑽石！神奇的土地啊，隨手能揀到鑽石的地方！英國人的財富神經馬上被刺激了，一個叫羅德斯的英國人趕緊過來開鑽石公司，壟斷了南非的鑽石產銷，不久，這個地區又發現金礦，羅德斯毫不客氣又成立礦業公司開始採黃金。隨著財富的增加，這小子的政治野心開始膨脹，他在家想出一個計畫，那就是將開羅和開普敦打通，為不列顛建立一個大非洲殖民帝國，這個計畫就是著名的「雙開計畫」。

英國在埃及蘇丹練得順手，在南非卻沒有這樣的順利，除了英國人，這裡還有一批歐洲人，那就是一些荷蘭人和他們的後裔，他們很早就來到南非討生活，變成本地人後被稱為布林人。南非這樣肥得冒油的豬頭肉，誰都想獨佔，不列顛的擴張，肯定會跟布林人的地盤衝突，最後發展為戰爭。這場「英布戰爭」是很詭異的，戰爭雙方，一個是地球上最強大的帝國，一個不過是個小小的少數民族，大家都認為這布林人是螞蟻撼大樹，誰知，這一場仗竟然一打就快三年，英國以兩億多英鎊，死傷幾萬人的代價，才最終讓布林人屈服，終於將南非這塊土地鞏固住，讓「雙開計畫」最終得以實現。到二十世紀初，英國在非洲佔有了八百多平方公里的殖民地，雖然這中間法蘭西和德意志兩家經常冒出來嘰嘰歪歪，但在搶地盤這件事上，不列顛家的實力顯然強大多了。

到現在為止，日不落帝國的擴張基本完成了，二十四個時區，每個時區都有英國的土地，米字旗飄揚在世界每個角落，這樣一個小島國，就這樣統治了大部分的地球。

以維多利亞這樣的帝王功績放在中國，皇帝就要張羅著到泰山去封禪了。反正是強國盛世，沒有幾件重大的慶典肯定是不行的，要做出那種繁花似錦烈火烹油的熱鬧來。於是一八八七年，在當時的首相要求下，英國舉辦了一個叫做「金色慶典」的活動，以慶祝女王即位五十周年，這次活動辦得不錯，全體市民上街狂歡了一次，女王出現在街頭，受到呼嘯般的歡迎，老太太的虛榮心得到滿足，覺得這種活動，經常還是可以辦辦，因此，英國總算出現了國家節日這種東西。英國人古板，但人是不會拒絕熱鬧的，「金色慶典」人流還沒散，一八九七年，倫敦又搗鼓了一場「鑽石慶典」，這時，女王登基已經六十年了。這次慶典則是世界歷史上慶典的經典之作了，也是日不落帝國強勢擴張力量的最佳亮相。當時的倫敦大街上，舉行了一場盛大的遊行，遊行的隊伍五花八門，基本是個各殖民地軍隊的閱兵式，騎兵方陣就包括：來自澳大利亞的騎兵，來自加拿大的輕騎兵，蘇格蘭的龍騎兵衛隊，來自沙漠的駱駝騎兵，印度人比較有誠意，派出了印度王公出身的員警部隊軍官，還有我們的香港員警編隊，當然還有非洲的各種方陣，光膚色就有好幾種，模樣和造型更是光怪陸離。這些五花八門的怪隊伍都屬於大英戰旗下的武裝，如果說第一屆世博會所有人看到了大英的經濟和科技實力，這一次的「鑽石慶典」則實實在在讓大家了解了不列顛的軍事能量。女王在六英里長的夾道歡迎人群中雍容地穿過，這種榮耀的確是至高無上的。聖心大悅，自然會感謝活動的操辦者，一手組織了「鑽石慶典」的人物是當時的內務大臣——張伯倫，從此，他像明星冉冉升起在世界政壇。

一九〇一年一月二十二日，老祖母終於堅持到了最後，她穿上白色的長裙，在她和亞伯特親王最鍾愛的維特島上駕崩，在她臨終的塌前，左邊站著太子，右邊站著太孫，看到王位可以順利地延續，維多利亞絕對可以瞑目了，大家可以回憶一下，她之前的幾代英王，即位的事都是頗為坎坷的。

維多利亞作為世界上最光彩耀眼的女人活了八十二歲，在位六十四年，是所有的英王中時間最長的，這樣一個女人，她居然還得以高壽之年自然而終，如果沒有亞伯特親王的早逝，維多利亞簡直可以算是一個讓上帝都嫉妒的女人。不過她的日子好過了，霉運留給了後人。維多利亞和亞伯特血緣太近，他們生出來的孩子都攜帶著天生的血液疾病，也就是「血友病」。如果在歐洲，你是個「血友病」患者，所有人都高看你一眼，因為這個病實在是太尊貴了，維多利亞的後代子孫基本都與歐洲各王室聯姻，這種大英皇家病就蔓延到整個歐洲的皇統，按當時的幸福家庭標準，就應該有一群孩子，要想富，多生孩子少養豬，維多利亞的九個孩子，一直被英國人當做英雄母親來稱誦的。事實證明，女王太愚昧了，太應該讓我們家的計劃生育幹部來教育她了，不僅近親繁殖，還超生游擊隊！

大英帝國最強大的年代被稱為維多利亞時代，而世界上許多城市都有維多利亞的名字命名的建築，東方明珠香港最漂亮的地方叫「維多利亞灣」。雖然維多利亞似乎沒有為大英的輝煌做出實際上的貢獻，但是，很多人都認為，維多利亞時代之所以成為維多利亞時代，就是因為女王定位準確，也就是說，她最大的成功不在於工作辛苦，而是她什麼都不做，充分保障了議會的正常運作，當然也保證了政局的平穩。在她的任內，看起來王權是進一步衰退了，可因為她和亞伯特親王樹立的親善誠懇自律的英王形象，讓英國人大為受用，讓他們都覺得有這樣一個道德典範供在王宮裡也是不錯的，所以歐洲大陸到處吵吵著推翻國王的時候，英國人並沒有感覺到英王帶給他們的困擾，以至於英國的王室得以延續至今。

60

其實對英國來說，雖然十九世紀是他的黃金歲月，頂峰時代，發生過的露臉神氣的事非常之多，可是究其根源，十九世紀，英倫大地最重要的事件還是三次偉大的議會改革，因為這三次對民

主政體的不斷修飾和完善，讓英國擁有當時世界上最健康、最有活力、最與時俱進的政治基礎，導致了國家其他各方面的成功。十九世紀英國的成功，說到底，就是議會改革的成功。

（之前第一次議會改革，沉悶透頂，想起這樣的改革還要寫兩次，老楊更是鬱悶不已，尤其是，還有我最不喜歡的工人運動之類的內容。老楊又要吃人參了。「地主們」用牙籤撐住眼皮，不要看著睡著了。）

一八三二年，第一次議會改革，剛發達的英國資本家們獲得了一定得政治地位，少部分汗流浹背地擠進了議會，雖然當時的成果並沒有達到這些人的終極目的，但畢竟英國堅實的貴族政治被打開了缺口，新興資本主義開始不動聲色地逐漸削奪老牌貴族們的政治權利，他們希望中的，由他們主導的政治表演正在慢慢拉開大幕。

資產階級有錢人們擠進了議會，在這場艱苦的爭權鬥爭中，給這些人做了排頭兵和馬前卒，喊啞了嗓子，鬧丟了性命的，當然是那些底層的工人階級。資本家一進入議會，就關閉了大門，把那些工人兄弟關在門外，工人兄弟們拍打了一陣，發現人家完全沒有開門的意思，馬上反應過來，被這幫暴發戶耍了！

我們們工人有力量啊，一發現事情不對，馬上就團結起來了，經過一些集會討論，整理出著名的「人民憲章」，包含六點要求：①二十一歲以上男子有普選權；②選區大小人數平等；③選舉應該匿名進行；④取消參選財產限制；⑤議員應該按月領薪資；⑥每年應該選一次。

這六條第一次遞到英國下院，那些議員們幾乎看都沒看就丟出來了。這下把工人兄弟惹毛了，熟門熟路的，他們馬上就開始組織暴動，過激的行動肯定會發生衝突，工人領袖被捕，外面的革命同志為了救他們出來，繼續暴動，惡性循環。一八四二年的時候，憲章運動發起了一個全國性的情願運動，徵集了三百二十五萬人的簽名，相當於當時全國男人的一半，這個長卷據說有九公里長，幾個革命黨浩浩蕩蕩在眾人的歡呼中送到國會。簽名而已，沒有殺傷力啊，下院再一次關上大門，把請願書丟出來。

一次次地打擊，英國的工人被整得有些氣餒，好在，那個神祕的年份來了。就是上篇說過的一八四八年，這一年全歐洲都在喧囂，突然這樣的集體衝動，難道是因為天氣或者風水嗎？當然不是，能夠將散亂在歐洲的各種力量引導至一處，肯定是需要一種可以控制這些人的思想意識，一八四八年，到底出現了什麼東西讓歐洲幾乎翻天覆地呢？

先給大家介紹一位來自英國的思想家，歐文。這夥計絕對不會踢足球，他會幹什麼，他空想，他希望消滅私有制，所有人財產公有，權利平等、共同工作，這個事大家一聽就明白了，又是一個想建烏托邦的，空想社會主義又來了。這位歐文同志，他就是歷史上最著名的空想社會主義者之一，組建了英國第一個全國性的工會。他已經發現資本主義制度是萬惡之源，是所有工作人民生活苦難的根本原因，他也認為應該推翻資本主義的專制制度。可是他天真啊，他不認為要鬥爭要暴力，最好資本家自己良心發現了，知道順應潮流順應歷史，不會坐等到全球經濟危機就會主動交出財產，早晚跟窮人們同工同酬，工人兄弟們耐心等待，千萬不要打打鬧鬧引發社會動蕩不安。

不管歐文的想法有多天真多單純，他畢竟已經發現了癥結所在，只是他想不出好的解決辦法。一八四八年，有兩個人幫他想出了更好的實現這個理想社會的方法，這兩個人，就是我們熟得不能再熟的馬克思和恩格斯，他們在倫敦發表了「共產黨宣言」，告訴所有人，資產階級必將滅亡，社會主義一定會勝利，而廣大的無產階級正是資產階級的掘墓人，既然是掘墓人，就要捨得動手，不能太斯文，要使用革命的暴力。

這是世界上最偉大的綱領性文件，後來幾次壯麗的國家革命已經驗證了他的正確性。而在一八四八年的歐洲，當那些生活貧困毫無希望的底層工人們突然看到這個燈塔，照亮他們的生活方向，那是一份多大的喜悅和希望，所以歐洲爆發那一場顛覆式的風暴就不難理解了。

「共產黨宣言」在倫敦發表，讓稍微沉寂的憲章運動又看到了希望。於是，憲章協會的兄弟們又開始組織集會遊行了。此時的英國正是國運的急劇上升期，統治階層的根基深厚，實力強悍，老百姓也並沒有被逼上絕地，所以，雖然又鬧騰了好一陣，甚至還包了四輛豪華馬車再次將憲章送到國會，整得像作秀，可議會還是沒賣帳，還做好準備武力鎮壓，隨後又解散了憲章協會這類團夥組織，憲章運動也就這樣失敗了，英國的工人們算是鍛鍊了一場。

第一次議會改革之後，保守黨（托利黨）認為改革到位，很給面子了，不能再改了；可代表著廣大資產階級的自由黨（輝格黨）當然認為程度不夠，還要繼續改。憲章運動這一鬧，讓議會內部也知道，如果不再整點變化，民眾情緒不容易壓制。一八六七年，執政的保守黨為了穩定局勢，不得不拋出了一份改革方案，經過自由黨潤色修改後，通過，算是完成了第二次議會改革。這次改革結束後，工業資產階級在議會基本算是把持了大局，取得了英國的主宰地位。而這次選舉權的擴大也奠定了資產階級民主政治的基礎。選民的人數增加了，想靠行賄買選票當選就基本不可能了，只好老老實實，至少是貌似誠懇地拉攏選民，所以啊，各政黨開始有意識地建設自己的形象，不太敢隨便得罪老百姓了，政黨政治逐漸成熟。而終於向自由黨低頭，主導了這次改革的保守黨政治家大名叫迪斯雷利，不認識他不要緊啊，他說了一句名言，你一定要知道：沒有永遠的朋友，也沒有永遠的敵人，只有永遠的利益。

改革就像一輛快車，一旦啟動，不到目的地不容易停。保守黨主導改革，大約就是審時度勢，點到即止，畢竟他家背後，還有些頑固的封建土地主和傳統貴族呢，所以總是不能達到自由黨人想要的效果。那就自由黨人出來改吧。

這不是兩黨輪替了嘛，為了競選勝出，總要巴結一下底層選民吧，於是競選時，自由黨就老百姓進一步擴大選舉權的問題做了一些承諾，如願上台後，兌現前言，便啟動了第三次議會改革。這一次改革之後，農業工人獲得了選舉權力，重新規定了選民財產資格，每年只要有十英鎊價值的任何土地或住房的人即有選舉權。選區也重新分配，接近於憲章運動提出的平等選區的要求。很快，英國人就發現，雖然憲章運動失敗了，但是憲章運動提出的要求，從十九世紀末到二十世紀初，隨著英國議會的不斷改革，都逐步地實現了。而就是從這第三次議會改革開始，英國的小朋友們實現了義務教育。

在這兩次議會改革期間，隨著工人運動的持續開展，工人兄弟們覺得應該成立自己的政黨，以一種更正式更體面的方式要求權利，這樣，「工黨」就誕生了，他們的目標是，實現社會主義，不過這個理想有點遠，成立之初，他們想實現的，不過是八小時工作，以及工人同志們可以進入議會。

總算講完了英國歷史上最枯燥又最重要的內容，眼看著第一次世界大戰就要開打，我們大致了解一下維多利亞時代的文化吧。

經濟這樣發展，科技和人文的發展是不會脫節的，這是個光榮的時代，當然是名人輩出的。先請出那個時代最著名的牛人，牛頓之後另一個耀眼的英國科學家，達爾文。

達爾文是個醫生的兒子，從小不務正業的。因為他喜歡往野地裡跑，研究些貓貓狗狗花花草草的事，怎麼看都不像能有出息的樣子。他爹給他安排了前程，先是送進醫學院，隨後又把他送進了神學院。大家記住達爾文這個神學院的經歷，因為這使他後來的研究頗為諷刺。後來英國政府組織了一艘考察船，環球科普考察，研究貓狗微有成就的達爾文以博物學家和虔誠的基督徒的身分上了船，開始對全世界的生靈進行另一種思考。

大家都知道，關於物種如何起源，地球上這億萬生靈到底由何而來，一直不是個太艱深的問題，上帝造的唄，他老人家創造萬物，然後單獨把人類挑出來成為主宰。達爾文不是第一個懷疑這種說法的人，在他之前，已經有不少科學家認定，生物發源於同一物種，而後不斷進化而來，達爾文經過對全世界大量物種的研究分析，以權威的證據證明了這個理論：大約三十億年前，在一定條件下，形成原始生命，這些個生命個體各自進化，修行有高下，最後變成了不同的物種，而人類也不得不低下高貴的頭，跟猴子們攀上親戚。一八五九年十一月二十四日，「物種起源」一書在倫敦出版，全世界都被震驚了，最震動的，當然是宗教的世界。

現在對達爾文的一些爭論來自，他在臨終前是否重新皈依了基督教。很多野史說，他在臨終沉痛懺悔了自己的歪理學說，希望收回自己的著作，以一個基督徒的身分回到主的身邊，具體證明是，他死後被隆重地安葬在威斯敏斯特大教堂。其實是沒有的，達爾文拋出進化論是做過最徹底的神學思考的，像他這種等級的科學家，即使老得牙都掉光，理性還是不會完全喪失。他並沒有回到上帝的家園，他堅持自己的研究成果而終。將他迎進威斯敏斯特大教堂安葬，展現了英國教會開放的胸襟，他們認為，達爾文的科學研究和教徒們堅持自己的傳統信仰並沒有什麼衝突，達爾文的學術貢獻和他一生的研究精神，讓他無愧於威斯敏斯特這個專為偉大的英國人準備的陵寢。

除了天王巨星達爾文，英國此時還有一批被當作數據單位的科學家，第一位是約翰・道爾頓，他是原子理論學說的奠基人，也是原子量的單位，這夥計是個色盲，不過在他之前沒人把這當回事，他把這個事嚴重起來，所以色盲也叫「道爾頓症」。而道爾頓有個學生，也是個單位，他叫焦耳，詹姆斯・焦耳，他是能量和功的單位，其成就不用細說了（其實老楊沒辦法細說，老焦說的東西我到現在也不太懂）。還有一個老楊不懂的大知識份子叫麥可克爾・法拉第，他發現了電磁感應，並製造了世界上第一部電動機。這些牛人們，我寫歷史的時候對他們滿懷崇敬，可是求學期間，卻非常不願意看到他們，他們研究出來的東西，比議會改革還讓老楊鬱悶。

文化方面，最出名的傢伙就是狄更斯。反正是寫社會的陰暗面，所謂批判現實主義作家，就是最怕讀者讀完小說心情愉快，他的著作大家都熟，不用介紹了。而老楊的超級偶像，柯南・道爾也生活在這個年代，他的福爾摩斯讓人神往，影響了老楊一生喜歡研究殺人犯法的事情。另外還有三個讓人愉悅的作家，就是勃朗特家的三個才女姊妹花，不要弄混她們的作品，夏綠蒂・勃朗特寫的是《簡愛》，艾蜜莉・勃朗特的作品是《咆嘯山莊》而安妮・勃朗特寫了《阿格尼絲・格雷》。這家子的風水好，毫不落空地出才女，而且據說，這三位小姐姿容秀麗。美貌和智慧並重，上帝是公平的，所以她們三個都在三十多歲死於疾病。其實仔細閱讀上面的三本小說，你會發現，這三姐妹的生活好像也並不幸福。

61

先說點王室的花邊。維多利亞去世到第一次世界大戰期間，不列顛家經歷了截然不同的兩個英王，愛德華七世和喬治五世。

愛德華七世的時代被稱為英國的「美女時代」，這是因為愛七同學一生，美女無數，這夥計一輩子犯桃花，經常緋聞纏身。他是維多利亞的大兒子，而他有個大姐，英國的長公主薇琪，她是所有母親夢想中的女兒，秀外慧中，性格開朗，熱愛學習，頗有天賦。這位曼妙的公主後來嫁入德國成為皇后，生下的孩子就是後來一次世界大戰的主角——德皇威廉二世。

愛德華從生下來就是跟姐姐做對比的，除了淘氣頑劣，還有明顯的學習障礙，從小就看不出能有什麼大出息。長大後也是吊兒郎當，讓父母操心。快二十歲的時候，這小子覺得自己大小是日不落帝國的未來掌門人，總是這麼不著調也不行啊，於是開始裝模作樣讀書，他是太子嘛，走走後門就可以進名校，牛津劍橋什麼的，都給他去混一下，算鍍金吧。除了英國讀書，當然還要去歐洲遊學，遊學回來，再到軍營去歷練一下，全套的太子課程吧。

大家都以為太子爺轉性，浪子回頭，結果軍營一考驗，就露出真面目了。一個出身低微，舉止風騷的女演員被發現經常出現在太子的軍官宿舍，這貌似太子爺的初戀，他是很認真的。你是太子啊，這事不能認真啊，女王和王夫風聞後，氣壞了，雖然對這個大兒子的闖禍有思想準備，可你這個做得也太過分了吧。茲事體大，亞伯特親王親自到劍橋，找到兒子做正面批評，不知道有沒有關上門揍一頓，反正是讓親王傷筋動骨，回到倫敦，親王就突發傷寒高燒不退，不久就去世了。所以，在維多利亞悲痛欲絕之時，最大的怨懟就是兒子，她感覺正是這個不孝的兒子直接害死了自己的老公。

一個國王要懲罰太子有很多辦法，最狠的就是遲遲不讓他登基，所以自己拚命地活著，愛七可憐兮兮登上大位的時候，已經是個六十歲的胖老頭了。六十歲上位，絕對不能指望人家大展拳腳了，但是，這個胖老頭卻在這樣的晚年帝王生涯裡，為自己樹立了非常好的形象。

他是個愛玩的人，也希望周圍的人一起玩，他在位的時代，是英國王室歷史上最熱鬧開放的時代。他甚至打開了白金漢宮，組織大型派對，還邀請許多普通的市民進入王宮，參加王室的各種活動。愛七喜歡打扮，衣冠楚楚風度翩翩，還為人親切坦誠，心胸開闊，性格開朗，加上他對政治沒什麼大想法，從不胡亂指手畫腳，是個太平安樂富貴王的形象，跟當時英國富裕強盛的國家形象非常配合。雖然他生活奢侈，私生活也比較糜爛，但是英國上下都覺得，國王如果小氣寒酸，不會享受花錢，會讓大英帝國人很沒面子，因此英國老百姓都很喜歡他。

愛七最出名的，就是那些經常變換的情婦。各種演員、貴婦之類的就不細說了，其中有兩位女士應該提出來該錄一下。第一位叫珍妮・傑羅姆，她是「紐約時報」股東的女兒，這可是一位出名的美女，即使生完孩子，依然豔名遠播。她跟愛七實質上發生了什麼不知道，但關係曖昧是肯定的。而珍妮可以留在我們這個故事裡的原因，不是因為她的美貌，而是她老公，她嫁的是魯道夫·邱吉爾爵士，生了兩個兒子，其中一個大名叫溫斯頓·邱吉爾！

另一個出名的情婦，則是一直陪伴愛七登上大位的女人，紅顏知己，愛麗絲·可佩爾，一位英軍上校的太太。她一直在愛七的背後默默支持他，她與愛七的關係甚至得到了王后的認可。愛七對於愛麗絲只能做自己的情婦，可能會有終生的遺憾，好在，愛麗絲的曾孫女幫她彌補了這個缺憾，她的曾孫女，大名叫卡蜜拉·山德！一個相貌平平的女人從世界上最美的女人手裡搶來英國太子做老公，不得不歸結於這個家族的血緣遺傳力量，估計是她的曾祖母在天上保佑。巧的是，查爾斯王子眼看著又是一個高齡登基的國王。

愛七長得一臉福相，看上去就生活舒坦，但是絕對不能說是個昏君啊。他不問政治，一輩子就做了一件與政治有關比較重要的事，而這件事，就可以讓他的成就比大多數的英王都高，因為他辦成了一件英國人一直都不敢想的事。

一九〇四年，愛七出訪法國，法國人本來就對英國人有宿敵感，加上他們認為英國在南非對布林人的戰爭很不厚道，最重要的是，此時的法國人，最恨君主制，連帶著也不喜歡國王這種東西。愛七剛到巴黎，所到之處，都是喝倒采的，當時是不興丟皮鞋，否則愛七也能收穫一車鞋子，還是法國名牌。愛七從容淡定地發表演說，他竟然在最短的時間以他的誠懇和親切征服了法國人，並與法國簽訂了一個「友好協定」，讓這兩個宿世仇家握手言和。而正是這個協定，讓英法兩國在兩次大戰中都以盟軍的姿態抱團在一起。

上的神祕風格。

愛七死後是喬五，一個不喜歡派對，喜歡玩快艇的國王。跟愛七相反，喬五性格比較嚴肅，維持傳統帝王的威嚴。他一上台，就將他父親開放參觀的那些宮殿關上，恢復了英王的古老的高高在上的神祕風格。

喬五是愛七的第二個兒子，長子維克多是個腦子不算太好的人，差一點就是智障了，愛七為他操了不少心。愛七自己在劍橋修行過，覺得那地方有助身心發育，於是就把太子送去改造，結果太子爺隨老子，在哪都學不好，最離譜的是，他居然玩同性戀！好在腦子不好身體也不好，剛預備給他物色個太子妃讓他端正性取向，他就肺炎死掉了。喬五趕緊接手成為太子，不僅接受了太子之位，還接受了沒過門的嫂子——瑪麗。

喬五在位時，對英王的地位是個挑戰，風靡歐洲的民主運動，使國王這個頭銜成為腐朽沒落不開化的代名詞，英國人當然也會考慮一下，到底要不要一年花不少錢養一個王室擺著玩呢？

既然現在英王還在上班，就說明喬五在關鍵時刻表現得不錯，對，喬五不是個很喜歡高調熱鬧的人，但是他對於所有對外的形象展示非常看重，比如，他專門帶著王后到了印度，在首都德里加冕成為印度的皇帝和皇后。這是一場著名的慶典，喬五帶著沉重的王冠，站在印度的土地上接受那些印度王公的歡呼擁戴，這個畫面讓所有的英國人有自豪感，英國人感覺到，英國是一個多麼強大的國家，而英王是多麼尊貴至高無上的君主。

除了是民主運動正興時的國王，也是大戰時期的英王，可以想像的是，如果喬五在戰爭中稍有表現不佳，英國人恐怕也容不得王室的繼續存在。究竟喬五在戰爭中表現如何呢？讓我們先進入第一次世界大戰。

不管多大的大戰，一般都是多點的地區衝突，然後連成片。到底此時的歐洲，有哪幾個點冒出火星，最後引發大火呢。

第一個衝突點，也是最猛的，德國和法國幹仗，也就是著名的普法戰爭。十九世紀末，德意志聯邦的諸侯國中，最兇悍的就是普魯士，他家的鐵血宰相俾斯麥上台，幹掉另兩個比較強的諸侯國丹麥和奧地利，預備一統德意志的江山。當時德意志的工業發展迅速，甚至已經超過了英國，國運虎虎生風。法國知道，德意志統一，絕對是歐洲霸主。法國一定不能讓這隻大金剛順利合體變形，所以幫著德意志南部那些諸侯國對抗普魯士。後來，俾斯麥用計讓法國先對普魯士宣戰，自衛戰爭讓德意志諸聯邦頓時團結在一起，最後自衛戰爭轉變成侵略戰爭，不僅普魯士統一了德意志，將法國人趕出家門，還打進了法國本土，逼得法國最後割讓自家的兩塊土地才結束了這場浩劫。賠了夫人又折兵，法國人丟臉丟到家了，自然從此恨德國人入骨。

另一個衝突點，就是奧匈帝國。原來奧地利也是屬於德意志聯邦的諸侯，而且奧地利的哈布斯堡家族還擁有神聖羅馬帝國的皇帝名號，管理著中歐遼闊的國土和種族民族繁多的人口。普魯士和奧地利都想一統大德意志的江山，打了一架後，奧地利輸了，雖然是輸了，普魯士也吃不下奧地利這頭大牛，於是俾斯麥採取一個「小德意志」的方案，將奧地利剔除在德意志之外統一。禍不單行啊，歐洲如火如荼的民主運動，奧地利鬧得最熱鬧，為什麼呢，他轄區內族群混雜，民主運動還刺激了民族運動的神經，於是原來挺歸順的小國，爭先恐後地要獨立。奧地利分析了一下，其中匈牙利是一定要爭取回來的，為了安撫匈牙利人的情緒，奧地利用了一個新思路，那就是，匈牙利還是承認奧地利的國王為自家的君主，外交軍事等方面也有奧地利的政府出面代表，但是對內，議會和政府則享有獨立，匈牙利是獨立的主權國家，和奧地利一起並稱為奧匈帝國。奧地利在十九世紀後期連連吃癟，屬於歐洲幾個大哥中最沒落的，一腔鬱悶之氣總要找地方發洩啊。恰好，巴爾幹半島自從土耳其人之後沒有老大，好像比較容易霸佔，奧匈帝國決定，向巴爾幹半島發展勢力。

巴爾幹半島並不是那麼容易霸佔的，因為堵在路上的就有南斯拉夫人為主的塞爾維亞，這些斯拉夫人一直在奧斯曼帝國的統治下，後來靠俄國幫忙才算擺脫了異族的壓迫獲得獨立，但是北部還有不少地區在奧匈帝國轄下，哭著喊著要鬧獨立，奧匈帝國當然絕對不答應。奧匈帝國欺負斯拉夫人，斯拉夫人有自已的老大啊，那就是俄國，所以這三路人馬開始互相虎視眈眈。

歐洲矛盾重重，好像跟不列顛沒關係，有啊，這時英格蘭和德意志也有仇。大家都知道，像日耳曼人這樣嚴謹自律的種族，如果發展工業，絕對是一日千里的。十九世紀中期，不列顛其實已經落後了，有兩個國家在工業發展已經追上並超過他了，一個是美國，一個是德國。

進入二十世紀，德國的工業總產值甚至已經超過了英國。工業上超過英國，德國人就想了，英國佬為什麼有錢呢，因為他家的殖民地多，市場大，為什麼殖民地多呢，他家的海軍厲害，可以滿世界橫行，所以，如果要跟英國爭奪殖民地，最重要的必經之路是，大力發展海軍，壓制英國成為大洋霸主。德國花大錢發展海軍，英國著急了，鬥富是吧，好啊，以後你德國人造一艘軍艦，我們英國就必須造兩艘，反正就是要比你多，一九〇五年，英國造出了「無畏艦」，全重型火炮，高功率蒸汽機動力，成為海上最兇悍的武器。德國人毫不示弱，馬上就跟著造出來一艘一樣的，讓英國人急出一身冷汗。跟德國的軍備競賽沒佔到什麼便宜，加上南非跟布林人作戰時，英國人打得很不順手，於是想到：自己的軍隊是不是不行了，自己這個武林盟主的地位有點懸啊。算了，識時務者為俊傑，千萬不要等到衰老後孤立被打，還是趁有資本，拉幾個同夥，一起混，安全點。

原來就說過，歐洲人自古以來就不喜歡單挑，能拉到幫手，絕對不做孤膽英雄。眼看著歐洲局勢越來越火爆，其他國家跟英國一樣，都動了結夥的念頭。根據上面的分析，我們大概已經可以明白派系的結構了：已知，法國和德國肯定有仇，德國和英國有仇，那麼法國和英國肯定是一夥，之前愛七訪問法國，兩國還簽了友好協議呢；奧匈帝國跟塞爾維亞有仇，塞爾維亞是俄國罩的，所以俄國和奧匈帝國等於結仇。因為法國和俄國之前有盟友關係，所以英法結盟自然就帶上了俄國，雖然俄國和英國也有矛盾，但是為了對付德國，他們之間的矛盾也就不算什麼。英法俄聯手訂約，成為了一個叫協約國的大團夥，德國當然也不孤立，他馬上表示跟奧匈帝國站在一起。歐洲還有一個國家，那就是義大利，因為普魯士的一串戰爭，讓義大利也恢復了統一，教皇被趕到梵蒂岡，不再是義大利之主。這個剛成立的義大利帝國也不省心，腳跟沒站穩，就想殖民擴張。於是跟在德國和奧匈後面，三個人組織了一個叫同盟國的團夥。

好了，組團工作完成了，因為大家都有幫手，都不是單打獨鬥，底氣都很足，也不怕幹仗，加上達爾文不是說了自然界弱肉強食，適者生存嗎，這個原理放在國際社會也適用，誰強誰存在，不行的就等著被分吃掉。每個人都存了吃掉別人的念頭，每個人都有些無名之火，二十世紀初的歐洲，空氣特別燥熱，人心特別浮躁，不僅巴爾幹半島，甚至整個歐洲都是個火藥庫，此時，只需要小小的一根煙頭，就能引炸一切，讓我們等待這根小小的煙頭吧……

62

十九—二十世紀的歐洲，協約國和同盟國兩大幫派在家磨好了刀子，餵飽了戰馬，蠢蠢欲動，每個人都知道馬上要開打一場群架，但是打架也要有由頭啊，都是文明人，哪能說打就打呢，現在就看，哪朵雲彩會帶來暴雨。

雨雲來了，出現在不讓人省心的奧匈帝國哈布斯堡家族。奧匈帝國成立後，他們共同的皇帝就是弗蘭茲．約瑟夫，大家都認識，我們都喜歡的茜茜公主的老公，根據我們看過的電影，這夥計是個溫柔多情的帥哥。茜茜公主嫁給弗蘭茲，生了三個女兒一個兒子。這個金貴的兒子就是魯道夫太子，他在歐洲歷史上，最有名的事蹟就是，跟自己的情婦雙雙自殺，殉情而死。這讓他媽媽——茜茜公主幾乎崩潰，後來這位絕代皇后就變成一個遊魂，在歐洲各地閒逛，以寄託哀思，以致最終被人暗殺（這篇故事，我們在德國篇詳細說）。兒子死了，弗蘭茨皇帝只好讓自己的侄子繼承大統，也就是弗蘭茲．斐迪南公爵。

話說奧匈帝國向巴爾幹半島推進，佔領了波士尼亞和黑塞哥維納，這兩個國家是塞爾維亞的近鄰，因為都是斯拉夫人，這兩家人都想擺脫奧匈帝國，而自從掙脫土耳其的魔掌，塞爾維亞就成了斯拉夫人的主心骨，周圍的國家都想讓他主導南部斯拉夫人統一，成立一個「大塞爾維亞國」。當然，塞爾維亞也覺得自己責無旁貸。

新上任的奧匈帝國太子爺斐迪南可不是個省油的燈，這夥計是徹頭徹尾的軍國主義者，生怕世界和平。眼看著塞爾維亞方向的民族活動越來越熱呼，斐迪南覺得有必要讓他們了解一下奧匈帝國的軍威，跑到波士尼亞去檢閱大規模軍事演習，而且，假想敵設定為塞爾維亞。軍事演習就夠挑釁的了，他還專門選了個招人恨的日子，也就是六月二十八日。選這個日子到塞爾維亞邊境去軍演，猶如當眾扇了斯拉夫人一個耳光，為什麼呢，因為這一天，是塞爾維亞的「聖維多夫丹節」，而在一三八九年的這一天，土耳其人征服了塞爾維亞，對塞爾維亞人來說，這是一個國恥日，王國淪陷，基督徒被逼迫改信伊斯蘭教。

斐迪南王儲選好了日子，大搖大擺地進入了波士尼亞的首府薩拉熱窩。這一趟出來，除了炫耀軍威，嚇唬斯拉夫人，太子爺還有個私人心願想了。王儲出差，帶來了自己的老婆，索菲女公爵。這位太子妃出身微薄，早先給太子的堂姐當侍女的時候吸引了太子，斐迪南頂住弗蘭茲皇帝和哈布斯堡家族的重重反對，終於有情人終成眷屬。皇帝對這件事很牴觸，為了讓王室面子好看，給予她一個索菲女公爵的頭銜，但是她的後代沒有繼承權，也沒有太子家屬應該有的地位。據說太子妃在奧地利出巡是不能跟太子一輛馬車的，她進出宮廷，大門也只開一半，處處提醒這個飛上枝頭的麻雀，別拿自己當鳳凰。

自己的老婆一直沒有收到應得的禮遇，斐迪南心裡自然是很不平的，在奧地利他不敢翻天，這次到波士尼亞閱兵，正是個拋頭露面的機會，讓索菲女公爵可以與自己同車，享受那些被征服土地上的民眾歡呼，他自己以為，應該還有擁戴。

這是一個陽光明亮的星期天上午十點，檢閱完軍隊的王儲車隊進入薩拉熱窩市區，居民們圍在道路兩旁，雖然對這位佔領了自己國家的太子沒什麼太多好感，但是因為街上人多，好像還很熱鬧。車隊的目的是去到市府大廳，經過一個碼頭時，王儲車隊遭遇了一枚炸彈，這東西在太子專車的車篷上跳了一下，落到後面，炸了，太子爺安然無恙。斐迪南作為哈布斯堡的太子，此時是絕對不能失態的，他雖然表面一派鎮定，但說他心裡不怕也不可能，所以他要求先到醫院去探望一個隨從。目的其實就是減少在街上溜達的時間，防止另一個炸彈不知道從什麼地方丟過來。車隊太長了，王儲的新指令沒有傳到到頭車，車隊還是按原計劃的路線行進，在街道轉角，一位年輕人突然衝出來，向太子夫婦開了七槍，其中一槍一個打在太子頸部，一槍打在太子妃腹部，都切斷了動脈，太子噴出一口鮮血倒在太子妃懷裡，兩口子算是不求同生但求同死了。

整個刺殺活動共有七人，分散在太子車隊的沿途，伺機而動。他們是來自一個叫「青年波士尼亞」的組織，成員來自波士尼亞本地，但是他們的上層組織，卻是塞爾維亞的黑手黨。這個不是義大利西西里島那個犯罪組織，而是塞爾維亞一個要求統一的斯拉夫人極端組織，激進而好戰，主張用恐怖行動促使南部斯拉夫人的統一，所以在塞爾維亞國內，也不太合法。不過當時波士尼亞人加入這個組織或者希望加入這個組織的很多，而刺殺斐迪南王儲的行動，就是有這些年輕的波士尼亞人完成的。最後刺殺成功的槍手大名叫普林西普，十九歲，還是個中學生。

其實整個刺殺活動跟塞爾維亞政府真沒什麼關係，據說塞爾維亞聽說有針對斐迪南的行動，還給奧匈帝國發過警告信。但是既然王儲死了，就一定要死得有價值，不能白死。奧匈帝國不管事件真相如何，就是讓塞爾維亞賠，最好是割讓土地賠償帝國的損失。這種無理要求誰會答應呢，奧匈本來就不指望塞爾維亞答應，於是，接下來的事情就順理成章，一個月後，奧匈帝國向塞爾維亞宣戰，並炮轟首都貝爾格萊德。

聽到奧匈的王儲又死了，不管協約國是不是在家裡躲著笑，表面上肯定是要表示哀悼的。英國俄國都宣布全國致哀，致哀不耽誤其他事，俄國一直偷偷看著奧匈帝國的動作呢。果然動手了，你以為斯拉夫人這麼好欺負啊。七月三十日，俄國對奧匈宣戰。

斐迪南的死，真有人傷心呢，就是德皇威廉二世，私下裡，他跟斐迪南關係不錯，估計有點一起泡妞搓澡打麻將的交情，他在家懷念了幾天好友，聽說那邊已經開動了，八月二日，跟著奧匈對俄國宣戰，八月三日，想到自己的主要仇人還是法蘭西，一隻羊是趕，一群羊也是趕，順帶對法國宣戰。

在英格蘭隔海相望的荷蘭和法國之間，夾著一個小國，就是比利時。拿破崙時代，它隸屬法國，拿破崙之後，併入荷蘭，一八三〇年，比利時人鬧獨立成功，成為一個主權國家。知道自己地理位置尷尬，又小門小戶的，對周圍那些個大哥，最好是敬而遠之，不結夥，不翻臉，保持中立。中立這事自己說是靠不住的，如果碰上脾氣不好也不管江湖規矩的大哥，死得更難看。德意志就是這種黑社會，一對法國宣戰，不，確切地說，還沒正式宣戰，他就跟比利時發了個短信，大概意思就是，他要借道去法蘭西家裡揍人，讓比利時把道路清掃一下。

比利時收到這種沒禮貌的串門要求，知道安寧的日子到頭了，不結盟不行，趕緊找幫手啊。法國已經跟德國幹上了，荷蘭指望不上，鄰居裡稍有實力的就是不列顛了，臨時拜入山門，認下這個大哥吧。

歐洲大陸，法俄和德奧已經啟動，不列顛有點著急啊，沒人向自己宣戰啊，自己上趕著打到歐洲去，又花錢又出力，英國人民恐怕不會答應啊。比利時求救，藉口來了。想想，比利時什麼位置啊，隔著海峽打個噴嚏，口水能噴英國人一臉，這德國對英國一直賊心不死，想奪日不落帝國武林盟主之位，說是借道，保不齊就留下不走，待他們打下法國，整個英吉利海峽向德國人敞開懷抱，他們還不一頭紮過來動手動腳的。

八月四日，英國向德國宣戰，理由當然是維護正義，保護中立國安全之類的。英格蘭的小弟多啊，他一宣戰，印度，南非、加拿大、澳大利亞、紐西蘭等全部跟上，英法俄是桃園三結義，這幾個小弟就湊成個五虎上將來配合。不久，日本因為覬覦德意志在咱們山東的利益，也加入協約國，跟著搗亂，渾水摸魚佔領了青島。而咱家當時的段祺瑞政府也跟著湊熱鬧，敲邊鼓，加入協約國作戰，賺了個好名聲，自己國內還一團亂麻呢，哪裡有空管別人的閒事，沒派兵，派了些勞工去法國做外勞，幫著挖戰壕之類的。

這些個歐洲大佬都有自己的殖民地，小弟之類的，這一發動，全世界都亢奮起來，所以叫世界大戰。同盟國也有桃園三結義啊，奧德都已經發動，義大利在幹什麼呢，他家最聰明，觀望，因為義大利和奧匈帝國有些領土糾葛沒解決，義大利決定還是先爬在牆頭，哪邊有利往哪邊倒。好在同盟國也不缺幫手，很快有人補上了義大利的缺。之前說過塞爾維亞脫離土耳其很得俄國之力，俄國和土耳其也算是世仇，因為巴爾幹、高加索、克里米亞半島之類的糾紛，這兩家前後廝殺了兩百多年，簡直是恨對方入骨了，所以俄國一參戰，土耳其當然也就加入同盟國找俄國報仇。戰局比較混亂，但本篇的主角是英格蘭，所以我們只說他參與的戰役。

一宣戰，英軍就派出遠征軍進入法國作戰，也就是我們常說的西線，東線是德國對俄國。這是滑鐵盧之後，英軍第一次踏上歐洲大陸打架，英國海軍大家都見識過了，英國的陸軍到底怎麼樣，還需要拉出來溜溜。本土的軍隊進入西線，跟法蘭西協同作戰，印度遠征軍則在中東登陸，對抗土耳其，其他的小弟則在德國的各殖民地作戰。

第一戰，加里波利半島戰役。大家看地圖啊，土耳其在歐洲這邊的土地，有一小條向西南延伸的部分，就是加里波利半島。這個半島資源沒什麼，一片荒蕪的，但是它的地理位置很重要，他控制著達達尼爾海峽。這時的英國海軍大臣就是我們認識的邱吉爾老頭，他腆著大肚子，目光清晰地看到了達達尼爾海峽的重要戰略意義。如果佔領這個海峽，則切斷了土耳其和德奧聯軍的聯繫，英法的作戰物質也可以透過這裡進入俄國的戰區。最重要的是，把住這個位置，英格蘭可以攻擊並佔領君士坦丁堡，以後對東方的貿易就更加順手。於是，英法聯軍預備強行登陸作戰。這是世界戰爭史上第一次水陸兩棲登陸作戰，不管後來的盟軍如何將這種打法用得出神入化，第一次練這麼大的活，成功率還是很低的。

英國聯軍的戰艦在海角遭遇土耳其密集的水雷，不能靠近，英格蘭調來了英軍中比較精銳的澳新兵團，也就是澳大利亞和紐西蘭的大兵，利用一些運輸船只改裝成登陸艦。海灘強行登陸，一般就是給守軍當靶子打，況且達達尼爾海峽其地勢本來就是易守難攻，英國人所以拿澳洲人來送死。戰役的細節就不講了，這場戰役最搞笑的部分就是，不列顛家的指揮官在書店買了本地圖，地圖上明確告訴他，他預備登陸那個位置，有一英里的海灘，足夠他的人馬擁上去，並建立一個灘頭陣地。待澳新兵團的大兵帶著行李輜重衝上指定地點，發現那個海灘大約就是四分之三英里左右，不到一百英尺寬，兩邊都是懸崖。先期登陸的人都站不下，比高峰時的地鐵站還擁擠。尤其是，土耳其人這時除了哈哈大笑，還開火了。因為諸如此類的很多原因，雖然英法聯軍血戰海灘，但還是傷亡慘重，迫使不列顛家不得不非常識時務地撤出該地區，雖然撤退比登陸漂亮，死傷不多，但是之前死的人已經夠驚人的了，這個小小的海峽上，打了十一個月，協約國部隊死傷超過三十萬，土耳其也有超過二十五萬的死傷，達達尼爾海峽附近，海水都被染紅。

這是一九一五年，第一次世界大戰最大的一次登陸作戰宣告失敗。主謀，英格蘭家的邱吉爾老爺引咎辭職，承擔了全部責任。老丘很冤啊，因為當時英法聯軍在比利時是處於跟德國也是誰也佔不到便宜的僵持狀態，到周邊想辦法突破，絕對是很高明的戰法。而不管從哪個戰略角度分析，加里波利半島登陸戰都是智慧的，正確的，遺憾的是，老丘是個蓋世的聰明人，他手下跟他差距太大，執行力太差，造成了這麼完美一個戰略決策的慘敗。

登陸戰吃癟，大英帝國的面子不好看，陸地上一時佔不到便宜，還是到自己擅長的大海上去找回尊嚴。這幾年，德國的海軍突飛猛進，加上跟英國的軍備競賽，周邊看熱鬧的，最希望看到第一次世界大戰的好戲，就是英國和德國在海上廝殺，這是真正的巔峰對決，觀眾等得好著急，估計周邊賭博的盤口都已經開出來了。

好在英格蘭和德意志這樣的大腕比較有藝德，一般不辜負觀眾的期待。一九一六年五月三十一日，天雷地火，兩強終於在白德蘭半島附近遭遇！這是第一次世界大戰最大規模的海上戰鬥，這場大戰也是一個烏龍事件。德國的海軍司令是個狂人，從開戰以來就憋屈著想找英國海軍正面打一架。於是他制訂了一個派小股艦隊騷擾英國海域，將對方的艦隊引出來，合圍消滅的辦法。第一次世界大戰時的情報工作還不太健全，早在兩年之前，俄國就在擊沉的德國軍艦上找到了對方的密碼本，於是，很輕易破解了德軍的誘餌計畫。不列顛將計就計，也制訂了一個一模一樣的戰法，派一小股艦隊跟對方的誘餌接觸，佯敗，將德國艦隊引進英國艦隊的包圍圈。

這下熱鬧了，兩邊都是誘餌出戰，身後跟著主力艦隊預備包圍，這是一場亂戰，兩邊的都順利將對方引進了包圍圈。但是英國的艦隊畢竟在數量和實力上都佔優勢，遭受重創後，還是纏住德國艦隊不放，最後德國人拼了老命殺出包圍圈，回到自己的海港。

這場戰役到底誰勝誰敗呢，兩邊都說自家贏了，看看進球數和技術統計啊：此戰，英國艦隊共損失三艘戰列巡洋艦，三艘輕巡洋艦和八艘驅逐艦，戰鬥噸位達十一點五萬噸，傷亡六千九百四十五人；德國艦隊共損失了一艘老式戰列艦、一艘戰列巡洋艦、四艘輕巡洋艦和五艘驅逐艦，戰鬥噸位達六點一萬噸，傷亡三千零五十八人。英德雙方損失比近二比一。這個數字，德國得一分。而德軍作為海戰的後期之秀，主動向盟主挑戰，精神可嘉，再得一分。被英國艦隊幾乎合圍，最後保住自己的有生力量順利撤退，再給德國人加一分吧。德國三比零，德國人贏了！

德國人一點不高興，英國艦隊一邊吹著海風，喝著威士忌，一邊大度地說：「給日耳曼家一次加一百分吧！他贏了有用嗎，他的艦隊還能再出來嗎？」對啊，德國出擊的目的是為了打開英軍的海上封鎖，讓德國的艦隊不用總是龜縮在港口賦閒。這次雖然是打了漂亮仗，可還是被英國困在港口裡不能出來了。這一站，最精闢的分析來自老山姆家的《紐約時報》：「德國艦隊攻擊了它的牢獄看守，但是仍然被關在牢中。」

德國的艦隊不能金戈鐵馬遊弋海洋，不敢向英國的軍艦叫板，但是他家有個東西厲害，就是大名鼎鼎的U型潛艇，沉在水底襲擊商船。隨後他家整出個「無限制潛艇戰」的東西，絕對氣急敗壞，他家說了，以後開往英國海域的商船，不打招呼，不通知，給德國人看見，一律用潛艇打沉。

上帝讓其滅亡，必先讓其瘋狂，德意志打瘋了，終於給自己樹了一個不該得罪的新敵人。

63

戰爭空隙，先說點輕鬆的事。大家還記得北京奧運會閉幕式上的倫敦八分鐘演出吧，除了中年帥哥貝克漢，英國的暢銷女歌手里歐娜・露易絲，還有一位白髮蒼蒼很有派頭的老同志。不要小看這老人家啊，他叫吉米・佩吉，他是七〇年代最轟動的重金屬搖滾樂隊齊柏林飛船的主音吉他手，對全世界的樂迷來說，齊柏林飛船是神級的人物，他們是重金屬的代名詞，是重金屬的象徵。

不過，一個英國的樂隊叫齊柏林飛船，有點讓人迷惑，因為齊柏林飛船這幾個字，實在是不會讓上一代的英國人愉快。齊柏林是個德國公司，整個第一次世界大戰，相當露臉，因為他們造出了線條流暢，裝彈豐富的鋁骨大型飛船，用於對敵對國家的轟炸，而英國，也首次遭到了來自歐洲大陸的空中打擊。英國人那時在天上看到飛船漂亮地飛過，可不敢駐足，趕緊找地方隱蔽。最狠的是，齊柏林飛船趁著夜色無聲無息地進入英國上空，丟下一堆炸彈後，又無聲無息地飛走，而夜間那些亮燈的窗戶，就是他們最好的座標。有一陣子，英國人提到齊柏林飛船，半夜都不敢起來開燈上廁所。

後來英國人發明了一種高爆子彈和一種白磷燃燒彈，先用高爆子彈打穿飛船那個氫氣氣囊，待氫氣與空氣混合後，一發燃燒彈打上去，「轟」的一聲，整個英倫天空比放禮花還絢爛。

整個第一次世界大戰，讓地球人知道了什麼是現代戰爭，海陸空的各種玩具都出現在戰場上。除了飛船，還有早期的戰鬥機，也就是最早的雙翼飛機加上幾挺機槍，在天上互相打。水裡，除了魚雷之類的，還有德國人很得意的U型潛艇，最缺德的是，他家還整出毒氣彈了，用得很過癮。沒辦法，德國人要動這種腦筋，一般的人不是他家的對手。

回到戰場，上篇我們講過了第一次世界大戰最大的登陸戰，最大的海戰，這一篇，我們講最大的陣地戰，也就是索姆河戰役。大家看地圖，索姆河在法國西北。當時的情況是，德軍大兵壓境撲向法國東北部的凡爾登，法軍調集了全部優勢兵力在這一帶頑強抵抗。頑強是沒用的，法國人和德國人正面對打，高下優劣大家心裡都有數。為了緩解這個位置的壓力，法軍的總司令霞飛（上海的霞飛路就是因他而來）覺得應該在另一個位置向德軍反撲，逼德軍分兵過來，這樣凡爾登的壓力可以驟減，而且如果突破成功，就等於把德國防線撕開一個缺口，這樣對峙的膠著狀態可以改變，英法聯軍可以轉入運動戰，不用老蹲在戰壕後面據守。於是，英法兩邊商定，在索姆河附近向德軍全面進攻。

計畫不錯，位置錯了，德國人不好安逸，索姆河一帶雖然之前沒有很大的戰事，可是德國人硬是毫不偷懶地把這個陣地修得固若金湯。一九一六年六月二十四日，英法開始炮火準備，不斷向德軍的陣地炮擊，眼看著第一道防線即將被打垮，七月一日，聯軍，主要是英軍跳出戰壕向德軍方向衝鋒。這一天也被世界戰爭史血淋淋地記錄在冊，因為這一天的衝鋒，就有六萬英國士兵死在德國的機槍和火炮之下。

好的開始是成功的一半，第一天就預示了整個戰局的發展，那就是一寸陣地一寸血，兩邊開始拼人命，用幾十萬的性命換取中間那幾公里的土地，那些鮮血染紅的土壤不斷易主。德國固然損失慘重，英法也沒佔到便宜，反正就是眼看著士兵的人數越來越少。

進入九月，戰局有些細微的改變，因為某一天，德軍突然發現，對面的陣地上轟鳴著開來一些龐然大物，像個大拖拉機，笨重而跌跌撞撞地開過泥濘，向德軍的陣地逼近，德軍那些輕重機槍之類的都不能阻擋它，眼看著，這個大怪物碾過德軍的戰壕。

德國人不認識，我們都認識，這就是坦克。最早一位英軍的戰地記者提出這個構想，但是英國人都不放在眼裡，全靠邱吉爾同志力排眾議，讓國會撥款給予研究。為了保密，對外就說撥款給他們研究新型水缸，所以這個鋼鐵怪物就有個「TANK」這樣稀奇的名字。但是坦克的面世太早了，在索姆河戰場，只是產生了威嚇德軍的作用，畢竟這麼長的戰線，派去的十幾輛坦克解決不了問題（十公里十八輛坦克），而且早期的坦克行動遲緩，笨重，很快德軍就消除了對它的恐懼，拉鋸戰又回到原點。

進入十一月，連日陰雨，道路泥濘，這樣長時間沒有任何效果的人員傷亡，讓兩邊都士氣受創，而英法也感覺到，死磕下去，充其量是死更多的人，只不過，把德國那邊的人耗死絕了，自己這邊的人估計也不剩幾個了。算了，認栽吧，索姆河戰役宣布失敗，兩邊清點損失，各自分開吧。

這真是一場鏖戰，也是整個第一次世界大戰最大的戰役，英軍動用五十四個師，法軍三十二個師，步兵衝炮兵轟，使了吃奶的力氣，向前推進了十二公里，為這個十二公里的，英、法聯軍付出七十九萬四千人的性命；德軍啟動了六十七個師，死掉五十三萬八千人，看起來失去了不少壕溝陣地，但是畢竟是沒有讓英法最初的戰略計畫實現。

開戰以來，英法這邊好像沒佔到什麼大便宜，挨打的時候比較多，不過，德國人也耗不起，他兩線作戰，一個人單挑一群，血也快流乾了。

大家納悶了，怎麼就他一個人了，他的幫手呢，奧匈帝國哪去了，沒辦法啊，奧匈帝國被自己的盟軍纏上了。義大利終於選擇了方向，跳到協約國的圈子裡來了。義大利統一後，一直有一部分土地還在奧匈帝國手裡，天天想著拿回來。第一次世界大戰開打，義大利遲遲不動手，德國人已經意識到，這家人預備耍兩面派，他如果臨陣倒戈，對同盟國將是支巨大的「暗箭」，所以德國人就建議奧匈帝國，你把人家的土地還給人家，讓他家趕緊加入開打。奧匈帝國已經是個老朽了，老朽的重要特點就是守財兼摳門，他家想啊，我家為什麼打這一架，不就是領土問題，想恢復哈布斯堡家族往日的榮光嗎，如果割讓土地給義大利，還打個屁啊，讓那些斯拉夫人獨立不就完了嘛！

奧匈帝國雖然嘴硬，身子骨也不抗打，在東線，他家被俄國咬得渾身是傷。義大利人審時度勢，看著奧匈帝國蹦躂不了幾天了，心想，奧匈一旦被打廢，協約國肯定分他家的地，讓那些想獨立的地方獨立，自家如果不趕緊加入，裝模作樣打幾場，將來怎麼好意思要求協約國給自己分贓呢。趕緊的！義大利從圍牆上一頭栽進協約國的陣營，開始纏住奧匈帝國廝打。

義大利加入，協約國力量大增，戰局慢慢向協約國方向轉移。之前不是德國人做出個無限制潛艇戰嗎，專打進入英國海域的商船，整個第一次世界大戰期間，每天還忙著跟英國做生意，爭取發戰爭財的就是美國，他家的商船進出英國海域是非常頻密的，於是成了德國潛艇的靶子了。商船被打沉，美國人很生氣，但是派兵遠涉重洋到歐洲打群架，這個決定還是有點難下，不久，英國人幫他們下決心了。

美國駐英國的大使某天收到一封電報，說是英國的情報公司破獲的，德國的外交祕書發給駐墨西哥大使的一封電報，大概意思就是，如果墨西哥向美國宣戰，德國可以幫助他們拿回被美國佔去的新墨西哥州、亞利桑那州、德克薩斯州的土地。這可是戳到美國的脊樑骨了，德國佬，我沒招你沒惹你，你在我背後捅刀子，絕對不放過德國人了，宣戰！

美國雖然宣戰，但是他家向歐洲大陸派兵卻是個艱難的過程，裝備先過去，人員遲遲沒到。而這時，東線崩潰了，是俄國人不戰自潰，十月革命爆發，他家退出了第一次世界大戰。東線壓力一消失，德軍就集中優勢兵力砸向西線。時間安排得剛剛好，一九一七年，所有的事情一環環嚴絲合縫。德軍一壓過來，美國大兵也到了，一個月三十萬人，補充在協約國軍隊的陣地上。德軍在一九一八年年連續發動了五次大規模進攻，沒有佔到便宜，只好沉寂了。

近五年的戰爭消耗，讓本來就老邁的奧匈帝國更加不堪重負，國內原本就緊張的民族主義革命更加乘勢重來。奧匈帝國打不動了，跟他一起的土耳其和後來加入的保加利亞也打不動了。德國呢？更慘，那個一手發動了大戰的德皇威廉二世，這幾年為戰爭累得半死，德國人沒感激他，大量戰場上下來的德軍身心俱疲，社會治安很差，而德國內部的不少人看到奧匈帝國和其他幾個幫手的頹勢，也知道德國是無法力挽狂瀾了。於是，他家也革命了，推翻皇帝，走向共和，成立了一個非常短命的魏瑪共和國。

一九一八年年十一月十一日，同盟國投降，第一次世界大戰結束。三十三個國家十五億人口捲進這場災難，三千多萬人死傷，各交戰國的經濟損失大約兩千七百億美元。我們的主角英國在這一場戰爭中獻出三百多萬條人命，戰費花了一百億英鎊，損失的商船之類的更是天文數字，這一仗徹底打壞了英國的經濟結構，讓英國在不久之後陷入嚴重的危機。

64

原來說過，第一次世界大戰前後，是歐洲各國人民對各自王室的清算高峰，都想把國王放倒，人民當家作主。這樣如火如荼地打倒國王活動，為什麼沒有波及到英倫三島，而讓英國王室得以維持和延續呢？

這要感謝該時的英王喬治五世，他很好地履行了英王的職責，既沒有不作為，也不多事。開戰之前，他每次出現在公共場合都維持著英王富貴尊崇的形象，開戰後，他立即降低了生活品質，放棄了所有奢華的享受。大戰期間，王宮沒有舉辦過大型宴會或者慶典活動，甚至下令，封掉了王宮的酒窖，王室在大戰期間禁止喝酒（至少不准公開喝）。那些從戰場回來的立功軍人，喬五一定會親自為他們授勳，整個大戰，他不知道為多少英國戰士戴上勳章，讓英軍非常明確地知道，自己為誰而戰。他甚至親臨前線視察軍隊，訪問兵工廠，探視傷患，安撫士兵，鼓舞士氣。自一七四三年喬二以來，喬五還是第一位御駕親征的英國君主。雖然他不再騎著馬衝鋒，也不再具有英國傳統國王那種鐵血騎士的剽悍風度，最多就是到陣地上去溜達了一圈。據說英國士兵在陣地上看到國王，興奮莫名，歡呼雷動，直接驚了英王的御馬，讓這個畜牲大不敬地把國王陛下掀下馬來，受了點傷。也算是戰場掛彩，為國流血，又讓廣大英國人民感動了一把。

不管是真心還是作秀，喬五有大把時間建設自己的戰時國王形象，因為不管怎麼打翻天，他也不用操心，這不是他該操心的事啊。跟他形成鮮明對比的，就是德國的國王威廉二世。算起輩分來，威廉二世是維多利亞的外孫，喬五是維多利亞的孫子，兩個人姑表兄弟，是實在親戚。整個第一次世界大戰，喬五最多是配角，威廉二世卻是絕對主角，整日裡忙著調兵遣將，逼自己的戰士去送死，把歐洲鄰居得罪光，他哪有時間做秀安撫臣民啊，他要的是勝利，以至於威二的戰時形象窮凶極惡，非常反派，映襯著喬五分外親切愛民。

喬五在戰時得到英國人民的愛戴，但是也遭遇了一個危機。

第一次世界大戰開始，英國人還以為這是一場歐洲傳統的鬥毆，打幾個月就結束了，德國和英國還是親戚，說不定打完過幾天又聯盟了。隨著戰爭形勢越來越惡化，那些年輕颯爽的英國兒郎一批批死在德國人手裡，英國社會爆發了對德國人的深切仇恨。越發展越激烈，甚至英國國內那些有德國血統的人都遭鄰居鄙視，德國移民更是經常無端被毆打，有德國血統的議員直接罷官，德國過來打工的驅逐出境，對德國物品實行禁運，抵制德貨，連英國人最喜歡的德國小獵犬也不准養了。

同仇敵愾忙了一陣，到大戰中期時，英國人發現，英倫境內唯一還公開活動的德國人後裔就是英王一家！還記得吧，喬五這一溜英王來自德國的漢諾威領地，有非常明顯的德國血統。這下麻煩了，一方面，英國人認為喬五算是土生土長的英國人，另一方面，又不能接受他家的德國祖宗，怎麼辦呢？喬五當然知道，這事處理不好，自己之前打造的謹慎小心的英王形象就玩完了了。最後，王室的幕僚們想出一個解決辦法，就是將英王的姓氏改變，換一個純英倫的，不帶任何德國色彩的家族姓氏，形式上給自己列祖列宗按英國風格重新包裝。

用什麼名字好呢？喬五想到了溫莎堡，當年征服者威廉進入不列顛，為鞏固倫敦防禦修建的城堡群。後來經過幾代英王的改造，龐大壯美，是王室的小金庫，藏滿金銀財寶，所有英王都喜歡的行宮，而「溫莎」這個名字，則非常有英倫風情的感覺，就像咱家的翠花、春梅、建國之類的名字。於是，喬五決定，將自己的姓氏改為溫莎，從此時起，英國進入溫莎王朝。隨著英王改名，依附於他所有的德國親戚都跟著換名字改戶口，按道理，威廉二世也是親戚，但估計他不會跟著改。

一九一八年年十一月十一日，雖然是個光棍節，英王可一點不光棍，上午十一點，喬五在倫敦的凍雨裡宣布英國戰勝，大戰結束，英國人長舒一口氣後，歡呼雷動。沒什麼事誰家喜歡打仗啊，終於不用成片地死人了，所有人心情好，不在乎天氣，看喬五王上，越看越帥，聖上果然是福澤深厚啊，連德國那麼強悍的對手都幹掉了。

歐洲人此時比我們都知道什麼是成王敗寇，跟喬五如日中天的支持率相對應的是，歐洲大陸那些戰敗國國王的悲慘人生，絕對比光棍還淒涼。德皇下台，奧地利國王主動退位，保加利亞國王直接流亡海外，其他那些德國小諸侯國的王都鳥獸散，四周跑，讓國王逃難成為當年的歐洲潮流。

喬五高興了，打開王室的酒窖，大家好好喝一頓。這是狂歡啊！戰爭是勝利了，可有的時候，戰勝也不見得就萬事如意。這一場大戰，每個國家都傷筋動骨，英倫三島上，肯定也會有一些變化。

最大最積極的就是：戰後的英國，婦女獲得選舉權了。這不是個溫和的過程，二十世紀初，英國的女人突然變潑辣了。在多次要求選舉權不果後，她們往恐怖組織發展，除了砸商店櫥窗，切斷電話之類的小型活動，還發展到燒教堂和放炸彈。最激烈的一次，有一位叫艾米麗・大衛森的女賽馬騎師，在參加一次賽馬活動時，衝到喬治五世的賽馬前面，被王上的御馬直接撞飛，當場慘死。這是賽馬歷史上比較罕見的惡性事件，女騎師胳膊上綁著女權主義的標誌，讓她的死脫離了一般體育比賽事故的範疇，有點殉道的感覺了。戰爭期間，英國隨時在徵兵，拉壯丁，男人都當兵了，工廠招不到工人，怎麼辦，女人上，沒有相應的權利卻要承擔一樣的責任，經過出外工作的洗禮，更多的英國婦女有了自己的想法和追求。戰爭結束後，婦女的地位隱約提高了不少，而且英國政府也感覺到，婦女運動是不容小覷的力量，人家俄國老百姓都造反了，說明中下階層如果真被逼急了，那是相當危險的，於是，戰後的英國國會透過了給與三十歲以上的婦女選舉權。

好，打贏就是打贏了，贏了沒有彩頭，誰打啊。老規矩，大家到巴黎開會，每家都派代表，一邊喝法國紅酒，一邊談談如何把德意志等幾個輸家往死裡整。

輸的等人宰割，贏的各有鬼胎，來的人還真不少，一共二十七個國家過來公費旅遊，官方叫法是「巴黎和會」。我們讀過歷史都知道，這種性質的會議，根本沒有公平和平可言。雖然來了很多國家，但真正主導會議的就是四大家族，戰場主力，英格蘭，法蘭西，美利堅和義大利。可以想像，這四家絕對都有自己的利益考慮。

我們的主角英格蘭想爭取什麼利益呢，第一，當然是德國巨大的海外殖民地，第二，最好是德國快速恢復市場，畢竟，他家是英國非常重要的貿易夥伴。從這兩條考慮，英國人不贊成把德國整成殘廢。法蘭西不這麼想啊，他家苦大仇深，好多帳要清算，不能讓德國好過，讓他家賠錢，最好賠得傾家蕩產，法德戰爭德國人佔去的土地拿回來；最好讓德國萊茵河一帶獨立幾個小國，讓德國分裂，永世不得翻身。美國比較柔和，當時他家也不太願意摻和歐洲的事，所以擺出一副民主先鋒的嘴臉，希望殖民地自決歸屬。義大利呢，不用說，肯定是想得到原來奧匈的土地。而俄國家因為造反變質，從這時起就被排除在歐洲主流之外，不給他家參加會議的資格，不僅不給他家參加，而且是從這次會議開始，就組團密謀對付蘇俄，遏制其發展。

「巴黎和會」吵了幾個月，從冬天開到初夏，幾位大哥終於在吵得筋疲力盡後簽訂了「凡爾賽和約」，整個和約就英格蘭這方面來說，基本是滿意的，因為德意志家的海外殖民地被瓜分，英格蘭家分到了大頭，殖民地這東西，有多少英國都嫌不夠，如果他家能瓜分太陽系，肯定把其他那七大行星都當殖民地用。所以從表面看，法國人只是大仇得報，拿回了自己的東西，而英國卻是獲得了巨大的額外利益。不過，當時作為英國的首席財政代表參加巴黎和會的，就是我們都認識的大名鼎鼎的經濟學家凱恩斯，當時他認為，對德國要求巨額賠款是不合適的，德國要賠款，國庫就要有錢，哪來的錢啊，增加出口取得外匯啊，這等於要向歐洲這幾個大債主維持貿易順差，那麼其他國家對他自然逆差了，這對協約國沒有什麼好處嘛。同時，和約對德國的沉重打擊，使德國的經濟難以復甦，德國是歐洲大國，戰前的發展又使他在整個歐洲經濟中佔重要地位，把他整廢了，整個歐洲的經濟也難以恢復啊。經過後來歷史發展的印證，凱恩斯老師的想法顯然是正確的。

凱恩斯的話當時沒人聽，畢竟戰勝國打這一仗花錢花海了，家裡也沒餘糧了，不管以後會發生什麼問題，眼下全國百姓目送他們出來開會，不拿錢回去怎麼交差呢。凱恩斯老師發現這些人冥頑不靈，不聽他話，於是辭了公職。反正他也不缺錢，這夥計一直理論聯繫實際，除了寫經濟理論書，還炒外匯玩。他最有名的著作就是《就業、利息與貨幣通論》，引發了經濟學界的革命，是每個學經濟的必讀的書，不過投機市場沒有神仙，他也虧本破產過，好在經濟學家不同於普通投資者，散戶死就死了，經濟學家錢賠光了，還是可以寫一堆經濟理論書賺錢。

巴黎和會讓英法兩位大哥滿意了，最初的目的基本達到。那些跟著敲邊鼓，佔小便宜的小弟，則有得有失了。義大利，自以為工作突出，表現突出，差點累得腰間盤突出了，可誰家也沒拿他當回事，他想的那些好事沒有如願，沒得到任何實際利益，還落下一個背叛同盟的惡名聲，心裡積存了不少怨氣，我們都知道，他家早晚要爆發的。

另一個敲邊鼓的卻發了大財，就是日本人。根據他家參戰的目的，德國戰敗，撤出咱家的山東，日本就希望巴黎和會能直接裁判他接受山東的地盤。當時的中國代表據理力爭，咱家的談判代表顧維鈞口才出眾，告訴所有人，中國的聖人是孔子，山東是孔子的家鄉，山東對於中國人，如同基督教和伊斯蘭教的耶路撒冷。他的發言是獲得了全體鼓掌，可惜，巴黎和會本來就不是演講比賽，這是一場國家實力的角力，加上之前，我們已經跟日本簽訂了二十一條，於是，巴黎和會中，作為戰勝國的中國，也落入被瓜分的命運，這個事引發了後來的「五四運動」，我們自家的倒楣事，就別在最大的贏家不列顛門口說了。

65

上篇說到，第一次世界大戰這事，不論對贏家和輸家都是一場浩劫，都別指望能全身而退（老山姆家特殊），英國的政局，在戰爭前後也發生了很多變化，而其中最大的變化，就是工人階級的政黨——英國工黨進入了執政核心，不但崛起做了執政黨，還導致了自由黨的失勢淪落。

話說整個第一次世界大戰，英國死了不少人，沉了好多船，軍費開支超過一百億，國民財富都燒在戰場上了。不僅國庫的錢燒沒了，還欠了一屁股債，債權國淪落為債務國，而他家的債主，就是老山姆。老山姆放債成功，參戰有功，國際地位迅速上升。本來在工業總產值方面就已經超過英國，現在國際金融、船運、軍事等又將大英帝國甩在身後，所謂世界霸主——日不落帝國顯然已經來到了黃昏。

老山姆家的產品不斷向英國輸入，英國貿易逆差，經濟嚴重衰退，自然而然就是工人大量失業，就算沒失業，也是大幅度減薪，生活水準越來越差。大家都知道，工人老大哥是不好惹的，他們要是不爽，一定會表達出來的，沒有工作的上街，有工作的罷工也上街，加上工會組織，勢力越來越大。他們表達的意思非常明確，老百姓生活艱難，就說明政府無能啊，政府是資本家的代表，不管工人的死活，如果政府是工人階級的，工人的生活自然就好了。

老百姓也不傻，工人階級上兩次街就讓他們當家了？不會！但是人家工黨拋出了政見啊，最低薪資保障，四十八小時工作周，高收入者多繳稅，國家辦教育等等，反正是讓底層百姓聽著心裡賊舒服的甜言蜜語。

除了工黨自己表現良好，自由黨也非常配合地送他們上位。卻說大戰期間，兩黨覺得茲事體大，於是組成聯合政府執政，誰也不服誰啊，後來自由黨在要不要跟保守黨組成聯合政府的問題上，分成兩派，鬧得激烈了，很多人退黨，政治人物沒有黨派就如同街上的混混沒有幫派一樣，絕對不好過，於是有的人加入了保守黨，有些死活看不慣保守黨的，沒得選擇，自然就加入了工黨，工黨吸收這些老政客老油條的力量，玩政治的手段也從稚嫩走向成熟。自由黨沒落，英國一定要保持兩個政黨，怎麼辦，把工黨拉上來湊數，而戰後的英國，問題太多了，七災八難的，自由黨自由了，保守黨還要保守責任，焦頭爛額之餘，王室和保守黨都覺得，讓工黨來試試吧，他們不是總批評政府辦事不利嗎，讓他們上來，看看這個當家的位置，好不好做，在這種情況下，工黨被推到了執政的幕前。

大家可以想像，不是萬不得已，怎麼會政黨大輪替，除了內部的經濟問題，還有什麼解決不了的麻煩呢？太多了，最鬧心的是，殖民地紛紛要求獨立，不跟不列顛在一條船上晃悠了！

有幾家是比較心平氣和地跟不列顛坐下商量。比如加拿大、澳大利亞、紐西蘭。第一次世界大戰之前，他們就已經表示態度，這種小老婆的日子不能過了，有老山姆家的前車之鑑，這三片這個麼遠的地方，還是給他們自由吧，估計就算英國人不想給，他們三個為了獨立自治也有其他辦法。所以，這三片地區先獲得了自治權。老當家的好說話，這三位小妾也不好意思徹底翻臉，於是好言好語安慰老頭子，就當我們是長大了吧，自己的事自己處理啊，但是英帝國這個大家庭我們還是不會拋棄的，英國國王還是我們的最高元首，我們依然效忠，但是我們自家那些個雞毛蒜皮的事就自己選個總理出來對付著辦啊，以後不麻煩您老了。於是，殖民地變成自治領地，大英帝國成了英聯邦。隨後，南非也走了這條路子。英國治下的白人殖民地紛紛取得了自治權，在英聯邦的大旗下，誕生了一批新的國家。

這個離婚的過程也不都好說好散，不少也幹了仗，搞了好幾回家庭暴力才解決的。

第一個頭痛就是愛爾蘭，英格蘭同愛爾蘭合併，在很多人心目中就是愛爾蘭被英格蘭吞併，愛爾蘭人無時不想到脫離不列顛的魔掌。英格蘭家不厚道，你強行佔有人家，就要對別人好一點，經常安撫。可不列顛人不當愛爾蘭人是同胞啊。比如愛爾蘭受了蟲災，馬鈴薯都死了，馬鈴薯都吃不上了，多大的事啊！可英國人沒有任何實際上的救濟動作，讓愛爾蘭人寒透了心。積怨多了，就有人出來組織了。有個叫查爾斯·帕內爾的人橫空出世，開始領導愛爾蘭的自治運動。大家注意，他們只是要求自治，並沒有要求獨立。在帕內爾的斡旋努力下，英國國會幾乎已經同意了愛爾蘭自治的事，只要帕內爾再使一把勁，愛爾蘭就能有自己的議會了，可惜啊，帕內爾身背這麼大的責任，生活卻不檢點，這位老夥計跟自己手下的老婆傳緋聞，被揭破後，愛爾蘭人忙著處理這事去了，自治事業只好先放一陣，就這麼拖了好一陣，等到英國國會最後終於通過「自治法」時，第一次世界大戰爆發了，不管多大的事都要給戰爭讓路，愛爾蘭人只好低眉順眼，滿腹委屈跟著大英的戰旗出征。

愛爾蘭人老實巴交的，雖說不痛快，打仗時也不搞分裂，就這樣上了戰場。原來我們說過，愛爾蘭本來是天主教的死忠，英國統治這麼長時間，在英格蘭蘇格蘭兩頭影響下，新教徒也非常多，大約的分布就是，北方新教徒佔多數，而南部，基本都是天主教徒。愛爾蘭人加入英國軍隊，宗教問題就分出了等級。英國人已經養成嫌棄天主教的自然反應了，所以，天主教的士兵都不准抱團，結夥，將他們打散分到各連隊，還找人監視他們。英國人時時處處讓愛爾蘭天主教徒感覺到受歧視受排擠，他們再次認定，如果不完全脫離英國，這種二等公民的身分就沒有改變了。在這種情況下，愛爾蘭改變想法了，英王不是天主教的英王，他不會愛愛爾蘭的天主教子民，自治沒用的，一定要獨立，建立完全屬於天主教人的國家。

懷了這種想法，有些過激的動作也就自然了。卻說一九一六年，有個叫「愛爾蘭共和兄弟會」的組織，跟德國人要了一批軍火，在都柏林發動起義。還沒成事，就被英國人一舉抓獲。這是一起沒發生的禍事，愛爾蘭人本身對於這種求德國幫忙對付英格蘭的做法也不滿意。但畢竟沒有發生，沒有造成實際上的犯罪，所以愛爾蘭人認為還是放起義領導一馬，判得輕點。當時國際上為這些人求情的也比較多，可英格蘭不這麼想，他家看著德國運來的軍火，嚇出一身冷汗，這事要不是在源頭被熄滅，真要動起手來，前面在歐洲打德軍，背後還被愛爾蘭人騷擾，多大的麻煩啊。不行，堅絕不能饒。最後，被捕的起義領導人幾乎都被處死。本來只是一場小暴動，起義人士也不算什麼大革命家，這一死，死昇華了，極大激發了愛爾蘭人的獨立運動的熱情，都懷著對英國人的仇恨要為這幾個民族英雄報仇，也就是這個事件，讓愛爾蘭人鐵了心，要從英國的版圖上割離，不管付出多大的代價。

戰後，南部天主教人成立了後來名動江湖的愛爾蘭共和軍，開始用武力和暴力向英國人要求主權。愛爾蘭共和軍的鬧事能力我們都了解啊，到一九二二年年的時候，英國人再也不堪其擾了，因為愛爾蘭幾乎就是個戰場了。英國人越想越沒勁，癡情的腳步永遠追不上變心的翅膀，就算留下愛爾蘭的土地，也收不回愛爾蘭人的心了，算了，放他們走吧。英國人期期艾艾地同意了愛爾蘭部分地區的自治，算是先分居，在愛爾蘭人潑辣地堅持下，一九三二年，愛爾蘭獲得了獨立國家的地位，留在英聯邦內，一九四九年，改名為愛爾蘭共和國，脫離了聯邦，徹底跟不列顛斷絕了所有關係。

南部愛爾蘭是獨立的國家了，北部愛爾蘭情況就複雜了。北部新教徒人數多了，他們心想，如果加入南方的愛爾蘭天主教國家，那原來的地位就逆轉了，原來是新教徒欺負天主教徒，現在天主教當家，還不變著法子反攻倒算，所以北方的六個郡，堅決不跟南方人同流，他們要求繼續做英國人。但是北方還是有不少愛爾蘭傳統天主教徒，他們哭著喊著要南北合併，因為鬥不過當地的新教，於是他們就與愛爾蘭共和軍聯盟，在北愛爾蘭和英國本土搞恐怖，一直鬧到現在都沒扯清楚。這就是不列顛家頭痛了快一個世紀的北愛爾蘭問題，像根魚刺扎在英國人的咽喉，雖然不傷性命，吐不出又嚥不下，痛苦無比。

除了愛爾蘭還有印度，英國人最傷心的拋棄和背叛，那個穿著粗布麻衣的乾瘦老頭，讓英國人的心拔涼拔涼地。這篇故事我們在印度篇中詳細說過，這裡就不再提一次讓英國人傷心了。

靠不斷地暴力暴動從不列顛版圖隔離的，還有埃及。這一撥的獨立風潮，讓不列顛已經很憂愁了，隨後的第二次世界大戰，更加催化了這些獨立情緒，大英帝國就這樣眼含熱淚，從世界之巔，踉蹌地滑下……

戰後經濟不景氣，稍微恢復一點就遭遇一九二九年世界性經濟危機，外交上的問題，民生的問題，英格蘭立國以來從沒這樣焦頭爛額過，這一切還沒徹底解決好，王室又出問題了，這回，還出了大問題！

在大戰中備受愛戴的國王喬五進入了暮年，一九三六年，在王室所有成員的同意下，對喬五實行了安樂死，一針嗎啡後，身心憔悴的國王安靜地辭世。大明星愛德華八世成為了新的英國國王。

愛八成名很早，二十世紀早期，隨著電視的發明，報紙廣播媒體的快速發展，英國王室的許多私密生活也隨著進入老百姓的視線。愛八是標準的嚴苛教育下的反叛，喬五一本正經，嚴肅謹慎地打造王室作風，可太子爺卻發展的隨性放浪，不受羈絆。不過，愛八做太子，形象是不錯的，喬五的愛民，很大程度上是從一個國王的角度出發的，意思是說：我是你們的國王，我不能不愛你們，我也無奈啊！而愛八，則更願意跟普通百姓打成一片，他出訪南非，甚至用布林人的語言向當地人打招呼，讓在場所有的人大驚，並為太子的魅力折服。愛八喜歡繞著地球跑，反正都是他家的領地，經常看看也應該，親善，時尚，帥氣，愛八很快成為王室的明星人物。

對於自己培養出一位明星國王，喬五沒覺得自豪，他臨死都鬱悶必須將王位傳給這個孽子。據說，為了表達自己的不滿，喬五雖然傳給愛八英王之位，可王室的財產卻沒有給他，讓愛八非常生氣。為什麼喬五不喜歡這個人見人愛花見花開的太子爺呢？理由很簡單，他太討人喜歡了，除了老百姓喜歡，更有大把女人喜歡。

王室的緋聞成為報紙頭條，進入百姓餐桌，大約就是從愛八開始的。從太子時代開始，愛八就有一個非常鮮明的泡妞特點，就是喜歡有婦之夫。根據史料記載，太子爺的性啟蒙是在他二十二歲的時候，估計是開竅得晚了，一上手，就很上癮，開始了在花叢穿梭的忙碌生活。他第一個愛上的女人就比他大十二歲，是位子爵夫人，後來就延續這種嗜好，身邊不斷更換別人的老婆。

愛八是個太子，他給別人綠帽子戴，人家也不敢找他拚命，可作為父王的喬五跟著丟人啊，所以一直勸他安心找個老婆，堂堂大英太子，模樣又不醜，想找什麼樣的找不到啊，幹嘛老喜歡二手貨呢。愛八在這一點上堅絕不與老父苟同，依然興致高昂地找別人的老婆下手。

卻說愛八三十五歲那一年，他遭遇了一位二十四歲的年輕小姐，叫澤瑪。大家不要以為太子爺轉性了啊，澤瑪雖然年輕，可已經結了兩次婚了！愛八身邊走過很多有夫之婦，澤瑪是比較出名高調的，傳說愛八跟澤瑪兩口子去非洲旅行，野營的時候，澤瑪的帳篷挨著太子，澤瑪的老公被安排在遠遠的地方。後來鬧得沸沸揚揚太難聽了，為了專心跟愛八混，澤瑪離了婚。愛八是個情種，段正淳式的人物，雖然生命中女人往來如梭，但是對每一段戀情，他都還是挺認真專一的，比如一九三〇—一九三四這一段，澤瑪是愛八最愛的女人。

倫敦的上流圈子就是喜歡聚會，這些人不管外面的環境怎麼變化，都維持著自己奢靡熱鬧的生活氛圍，派對，狩獵之類的活動照常進行。稍微低層一點的人透過這些聚會活動認識高層的人士，並加入他們的圈子，提高自己的身分。而有太子爺蒞臨的聚會，顯然就是極高等級了，很多人削尖了腦袋想鑽進來，進來後就找熟人看能不能介紹太子爺給自己認識，這樣的投機者，除了男人，更多的是女人。

一九三一年的某天，在某個聚會上，澤瑪向愛八介紹了自己表妹剛認識的一個朋友，一個美國女人，離了婚，改嫁給一個美國的船舶經紀人，這位經紀人是個英國佬，有點貴族血統，於是，將自己的新婚老婆帶入了倫敦的上流社會。這兩位就是辛普森先生和辛普森夫人。

愛八認識辛普森夫婦，自己並沒有放在心上，這兩口子沒什麼特別吸引人的地方，愛八一天認識一打多這種人，實在很難留下印象。愛八忘了辛普森，辛普森可不敢忘了愛八，尤其是辛普森夫人，這個叫做華里絲的女人。出於某些我們可以想像的目的，華麗斯開始有意圖地接近澤瑪，華里絲個性隨和，是一種兼有英國女人的優雅和美國女人的開朗那種性格，很快就成了澤瑪的閨蜜。而辛普森家因為這種關係，也獲得了愛八的關注，愛八偶爾開始光臨辛普森的家宴，跟這兩口子，當然尤其是華里絲混得熟了。

熟歸熟，其他想法是沒有的，這時愛八的最愛還是澤瑪。機會總是垂青有準備的人，華里絲等到了她的機會。卻說澤瑪突然要去美國辦些私事，太子爺當然不方便隨行。可愛八一直就像個孩子，身邊不能沒有異性陪伴，澤瑪臨走，將太子隆重交給華里絲，希望辛普森夫人在自己走後經常陪陪太子，照顧他。

這是個經典的引狼入室的故事，結果大家都知道，辛普森夫人很快取代澤瑪成為愛八的最愛。這段關係雖然不久就曝光了，英國人再次譁然於太子爺又賣出一頂綠帽。可對大部分英國人來說，太子爺的緋聞如九月的雲彩一樣變化迅疾，這位辛普森夫人模樣一般，各方面都很平庸普通，看不出有什麼本事能讓愛八死心塌地，現在英國人業餘時間賭的是，王子的新歡什麼時候出現！

沒有出現，這個女人奇蹟般地讓這個浪子專寵於自己，甚至為他捨棄了地球上最尊貴的一個王位。一九三六年一月十一日，愛八登基成為英王，同年五月，坊間開始流傳愛八要迎娶辛普森夫人的傳言，十月的某天，辛普森夫人的丈夫辛普森先生，非常離奇地被人抓住在某旅館跟人通姦。辛普森先生明明不是什麼大人物，可他帶人在賓館開房的消息，頃刻間就布滿英國的大小報紙，當然還有美國的報紙。隨後，自然是遭到背叛的辛普森夫人滿腔憂憤地跟老公離婚，恢復自由身。而辛普森先生此舉，被很多人認為是對國王忠誠的愛國行為，他犧牲自己的名譽，給國王騰地方。當年十二月，愛八和首相多次會晤協商無果後，決定退位，衝冠一怒為紅顏，大不了老子不做這勞什子英國國王了，老子要結婚！要給華里絲一個名分！

英國王已經沒有實權，華里絲就算有野心，她成為王后也不會對英國的政治有什麼毀滅式的影響和打擊，而她本人既不是愛八的近親，也不是天主教徒，為什麼英國首相和國會這樣反對她，而究竟是什麼樣的愛情，值得一個男人用帝國的王位來交換呢。

其實愛八的退位故事，還有些跟愛情無關。

66

英國人，看著老實巴交，刻板守舊，其實十分八卦。他家研究王室祕聞就跟我們家研究紅樓夢一樣，已經形成獨立的學科體系了。縱觀他們歷年的研究成果，大家會發現，英國人編排王室，比劉心武揭祕紅樓夢雷人多了。像愛德華八世這樣出眾的英王，又出現在近代，可以想像，英國這些福爾摩斯們挖掘出多少關於他的故事，我相信，對於他們來說，愛八第一次和辛普森夫人上床的若干細節，都絕對不是祕密。

這些人什麼都能扒出來，那麼，一個很讓我們困擾的問題解答一下吧，究竟為什麼愛八喜歡跟有夫之婦鬼混呢？清純乾淨風華正茂的妙齡女人為何就入不了愛八的青眼呢？有答案啊，據祕史說，愛八有生理疾病！

根據記載，愛八十六歲時得了腮腺炎，這個毛病不大，但如果發生在一個男孩子的發育期，則可能造成荷爾蒙低下，導致發育遲緩或者停止。愛八最出名的就是看起來很年輕，一直保養的像個花季少年，大約就是這個原因。至於到底發育受到什麼樣的影響，我們就找不到細節了，但是，愛八沒有生育能力肯定是真的，他沒有讓任何女人懷孕的紀錄。於是大家猜測，他明知自己不能生育，找個正當的王后繁衍後代基本是不可能，所以就乾脆不結婚。跟有家室的女人鬼混比較安全，大家露水姻緣，沒有其他的糾纏和麻煩。而已婚的女人比較有經驗，估計能包容或者幫助愛八在床第間的力不從心。根據一些野史，辛普森夫人跟愛八勾搭上不久，就經常跟別人吹噓，說是愛八有點疑似陽痿，只有她有辦法讓他一展雄風。聽起來，這個理由彷彿真能科學合理地解釋愛八對這個表面平庸女人的一往情深。

一九三六年底，愛八宣布辭去英王的位置，這是世界上最轟動的辭職事件，也是英國歷史上所有的宮廷混亂中最驚人的一件，這個雷炸得所有人發懵。愛八摘下王冠，走下王位，深情牽著華里絲的手，走向自由的天地，這個畫面定格為世界愛情的經典，永遠留在所有人美好的想像裡。愛八成為世界歷史上地位最高的幾位情種之一，給英國王室爭光了。但是顯然，英國的八卦探祕家們，不願意讓這個形象保持得太好，後來，關於愛八辭職的事，有了新的說法。

據說，當時的英國首相以內閣集體辭職威脅愛八，愛八不得不退位的，那麼究竟什麼原因，讓當時的首相鮑德溫同志這樣的不能通融呢，真的僅僅是英國人自己說的，華里絲是個美國人，而且是個離婚的美國女人嗎？

關於愛八的退位內幕，要從愛八和華里絲的政治傾向說起。愛八和華麗斯在床幃之間怎麼樣和諧我們是不知道了，但是這兩人在某些理念上非常合拍，這一點是公認的。比如，第一次世界大戰之後，因為巴黎和會的協定，把當時的德國整得非常慘，歐洲人都是教徒，他們的同情心有的時候很古怪，一邊把人家往死裡整，花著人家的賠款不知道多爽，一邊又開始同情弱者了。第一次世界大戰後不久，歐洲出現了不少同情德國遭遇的人，而我們的英王愛八和華里絲就是這一派的。卻說一九三四年，德國總統病逝，當時的德國總理當仁不讓地接替了總統位，並將總統總理兩個職位二合一，他一個人幹，黨政軍，所有工作他一個人全包了，給自己一個稱號叫「元首」，是的，大名如雷貫耳的希特勒登基了！

希特勒橫空出世，連帶著德國的形象也變得猙獰了，大家都模糊感覺這夥計應該是個狂人，但肯定沒想到，是古往今來最狂的狂人。自從他初露頭角，就一直叫囂著要為德國復仇，要讓「凡爾賽和約」的締結者付出代價。德國的軍隊帶上「卍」字徽標，並舉起右手宣布向希特勒效忠開始，那幾個結夥欺負過德國的就開始緊張了，第一個當然是法國，他家下手最狠，好像希特勒也最恨他家，所以法國趕緊拉了美國、英國組成同盟，防止德國人的報仇雪恨。

希特勒是當時的明星，是很多人的偶像，他其中一個非常狂熱的粉絲就是我們的女主角，華里絲！華里絲對德國人有特殊好感，當時的德國駐英國大使里賓特洛甫就很入華里絲的青眼。據可靠消息，華里絲在龍船伺候愛八期間，還兼職跟德國大使交流情感，據說德國大使每天送給華里絲十七朵粉色康乃馨，用來紀念他們共渡的十七個春宵。

本來，所有人認為粉色的康乃馨不過是一段粉紅色回憶吧了，大不了是另一段王室醜聞。可是很快英國情報機關就發現不對了，而且這時候，美國的情報調查機關剛剛改了一個我們都喜歡的名字，叫「FBI」，絕對是身手不凡。英美兩國都察覺到，英國內閣的機密消息很容易洩露，上午唐寧街開會說的私房話，下午德國大使館燒鍋爐的都知道了，咋回事，有內奸?!這事也容易查，很快，兩國的情報機構基本可以認定，臥底的就是國王本人啊。內閣的消息不能瞞著他吧，他不瞞著華里絲，華里絲也沒告訴別人，只不過是有人給她送花，她為了表示感謝，將自己知道的事隨便傳達一點過去罷了。

話說一九三六年，希特勒大軍已經開進了之前擬定的不許駐軍的萊茵非軍事區，法國、英國、美國都已經心提到嗓子眼，知道另一場大戰不可避免了，德國顯然是敵人，而這時，英國的國王和準王后居然通敵?!這個事太嚴重了，英國的首相、內閣、王室、議會全傻眼了，而且，這事讓英國人如何面對自己的盟友法國和美國呢。首相鮑德溫多次和國王交涉不果後，只好拋出了最後的決定辦法，要麼國王辭職，要麼內閣全體辭職！這不是個難選的題目，愛八絕對不敢讓內閣辭職，要知道，英王有權力，有兵馬的時候，都幹不過議會，更何況是現在一個空架子的英王。萬般無奈之下，愛八讓出了王位，他的弟弟約克公爵接班，成為喬治六世。

愛八讓出王位，保留了貴族的頭銜，他獲得了溫莎公爵的封號，趕緊跑到法國，跟華里絲結婚，有情人終成眷屬，辛普森夫人現在是溫莎公爵夫人了。這兩口子好像求仁得仁啊，形象不錯，他們真的甘心嗎？讓我們清算一下，下崗後的愛八，做了些什麼。

退位第二年，愛八就帶著老婆拜訪了偶像希特勒，那真是粉絲見偶像，兩眼淚汪汪啊。溫莎公爵高度評價了元首在德國的所有政策，高度讚揚元首的獨裁統治，高度支持元首即將對東歐的所有行動。這是表面知道的內容，私底下，溫莎公爵兩口子和希特勒聊了些什麼就不知道了。

兩年後，希特勒的德國大軍閃電攻入波蘭，第二次世界大戰開打。戰爭照顧就業啊，溫莎公爵兩口子本來就在法國流浪，沒處安生，日子挺淒涼的。不過他倆可不缺錢，傳說，溫莎離開倫敦前，他的弟弟，也就是新的英王曾問他可有困難，他可憐兮兮地對弟弟說，他欠了大筆的外債，日子極其拮据。喬六意外登基，對這個哥哥多少也有點同情，於是答應每年給溫莎數目很大的退休金，幫助他還債。後來此事穿幫，所謂還債的錢都被溫莎兩口子用來揮霍了。這個事讓喬六很鄙視自己的哥哥，而另一個對溫莎公爵改變看法的，就是邱吉爾。愛八和華里絲鬧得沸沸揚揚的時候，愛八最忠誠的支持者就是邱吉爾，他堅持認為，國王有錯可以改，讓人家下課不合適。後來看到愛八的種種不上道行徑，也對他頗為失望。

第二次世界大戰開始，溫莎公爵得到一份工作，出任英軍駐法軍總部聯絡團特派員，少將軍銜。給溫莎這樣一份工作，實在是說明了英國人的婦人之仁，他們可能是認為，就算溫莎公爵對希特勒有點古怪崇拜，但既然已經正式敵對開打，溫莎公爵還是應該拎得清事情的輕重；另外一個原因是，盟軍之間也互相防備，溫莎在法國，經常可以把法國的一些不讓英國人知道的事傳播回來。

英國人想錯了，溫莎公爵用實際行動告訴我們，沒有人會隨便放棄王位的，如果能拿回來，他不介意再次戴上王冠。已經被英國人拋棄的英王，怎樣才能重新獲得失去的一切呢，溫莎選擇了支持希特勒，希望透過他的努力，戰後讓自己拿回王座。

溫莎的職位很有利，經常可以接觸到盟軍的作戰計畫，而他本人還可以進出大部分的法軍要塞，有做間諜的最好條件。而他的老婆則是個優秀的聯絡員，因為她的康乃馨情人此時已經是希特勒的外交大臣了。華里絲願意跟愛八混，自然是對英國的王后之位懷著幻想，如今美夢破滅，老公還被趕下台，華里絲恨英國議會入骨，肯定是幫助德軍不遺餘力，更何況，她也堅信，德軍戰勝，一定會主持正義，讓老公回倫敦重新上崗，她還有機會成為大英王后。盟軍計畫─溫莎─溫莎老婆─德國外交部─希特勒，就形成了一條非常高端而且流暢的情報傳遞鏈條，根據後來揭祕的資料，溫莎公爵甚至還建議德軍對英國實行持續的轟炸，以迫使英國投降求和。

剛才說過，邱吉爾本來還是站在溫莎公爵這邊的。看他實在扶不上牆，也就寒了心。後來臨危受命成為英國首相的邱吉爾知道了溫莎兩口子在法國的行為，驚出一身的冷汗，趕緊把這雌雄雙煞兩個雙面間諜遠遠打發到西印度群島最北部的巴哈馬島國擔任總督，讓他們遠離歐洲大陸，省得在盟軍跟前丟人。傳說，被流放巴哈馬島的溫莎公爵還是經常跟自己友人說，他有信心一定會重登王位。不過他的間諜身分顯然已經是被很多盟軍高層知曉了，一九四一年，溫莎夫婦去美國的佛羅里達度假，全程都被FBI以一級戒備監視，防止這兩口子來美國搞情報，估計華里絲換泳裝都在FBI的監視器下，只是他們自己並不知情罷了。

跟那些桃色緋聞相比，出賣國家給德國人做間諜顯然是太難看了。英國人也覺得，自己家攤上這麼個國王，哪怕只有一年，也丟不起這麼大的人。所以，溫莎的這些事，英國人雖然查得清清楚楚，但是卻捂得嚴嚴實實，堅決否認。而最後披露出來的，都是FBI，美國人喜歡看英國人的熱鬧，因為從美國獨立到第二次世界大戰這段時間裡，英國人打心眼裡瞧不上美國，認為他們低等粗俗，是夥鄉巴佬。而他家堅持，不同意辛普森夫人上位的原因，就是因為她的婚史，以及不尊貴的美國人身分。大家可以想像，FBI拋出溫莎公爵的這些醜事，懷著的肯定不是太善良的目的。

67

該進入第二次世界大戰了，讓我們說說英格蘭在第二次世界大戰的表現。那是所有人都應該佩服的，大家算一下啊，同盟國的幾個大佬，法國很早就降了，美蘇是後來才參戰的，從頭到尾跟希特勒死磕的，就是英格蘭這一家，相當剽悍。我們現在是可以高度讚揚他家的反侵略精神，可在第二次世界大戰開打前，這家人也慫了一陣子。

希特勒上台，法英美都知道人家要報仇，也都在造型上做好應戰的準備，可實際上，心裡真發虛。一九二九年經濟危機，讓這幾大國幾乎假死了一次，三〇年代中期，經濟稍有好轉，好日子來之不易，誰願意打架啊。法國是沒辦法，他家絕對是希特勒第一個要捏死的仇家，法蘭西不找人結盟是不行的，可英美就不這麼想。美國人不願意摻和歐洲的事，而且在歐洲幾個世家眼中，老山姆就算發成豬頭，也不過是個暴發戶，再有錢也不想給他們臉，所以老山姆也不願意到歐洲去混。而不列顛呢，全民懼戰啊！第一次世界大戰那種血腥還沒完全洗乾淨呢，沒事不能好好過嗎，不打架不行嗎？讓歐洲打翻天，我們在島上躲著不行嗎？三〇年中晚期的英國，上下都瀰漫這種氣氛。不過對這三家來說，最要命的是希特勒大哥的氣場嚇人，都知道跟他硬碰沒什麼好處，能躲大家盡量躲。

希特勒大哥自己不知道別人到底有多怕他，所以他預備試試，先是不顧「凡爾賽和約」對他家軍隊的限制，開始徵兵擴充軍備，英法雖然有點憂心忡忡但也沒說什麼；接著，希特勒就在「凡爾賽和約」規定的非軍事區——萊茵部署軍隊，這個動作讓法國嚇壞了，他家趕緊找英國拿主意，英格蘭抬頭看了一眼，很冷靜地告訴法蘭西：「那是人家的後院，人家要駐軍還是開 party 都是人家的自由，淡定，淡定啊！」這事又不了了之了。希特勒高興了，既然幾個老大這麼給臉，我就再要求進步一點吧。

大家知道，歷史上德國和奧地利就是一家，都是日耳曼人，所以對希特勒來說，統一這兩個地區幾乎是他自以為的神聖職責，於是他開始插手奧地利的事。看奧地利好像不太痛快，希特勒更不痛快了，二話不說，大軍開進了奧地利的國土，兵不血刃，讓兩個日耳曼國家重新統一了（雖然吞併了奧地利，奧地利人沒覺得委屈，好像還很享受被希特勒罩著的光景）。這麼大的事，英法還是伸著脖子看熱鬧，不干涉。希特勒閒不住啊，統一了奧地利和德國，還有一個德語地區在版圖之外呢，要拉回來啊，那就是捷克斯洛伐克的蘇台德地區。

捷克斯洛伐克這個國家原來是沒有的，第一次世界大戰後，奧匈帝國瓦解，他境內的土地經過各自整合，變成了三個獨立國家，奧地利、匈牙利和捷克斯洛伐克，而捷克取得獨立後，第二次世界大戰前幾年經濟發展得相當不錯。他家院子裡也是品種流雜，靠近德國的這部分，居民都使用德語，這個地區就是蘇台德區。

三〇年底中晚期，捷克已經出現了不少納粹組織，叫囂讓蘇台德自治，納粹態度不好，當然不會跟捷克人好好商量，主要的言論就是，不讓該地區自治，德軍就打過來幫它自治等等。德國威脅捷克，這就有點過分了，捷克是第一次世界大戰後獨立的國家，德國如果再把他佔領了，第一次世界大戰就白打了，英法在歐洲設定的次序就是白扯了。而法國人這時已經很明白，只要德國人對捷克動手，自家不管肯定是不行的。法國人想管，他一個人也不敢到希特勒跟前去叫板啊，他還是要找個幫手，然後再看那個幫手是個什麼態度。這時，英國歷史上的一個大功臣出現了，這個夥計，就是英國的當朝首相張伯倫。

保守黨領袖張伯倫可是英國的政治大拿，歷任衛生大臣、郵政大臣，一九三七年以保守黨領袖的身分出任英國首相，這一年，老爺六十八歲。對這樣一個歲數的老人家來說，在這麼亂的時代成為一國之主，真不算晚年幸福。老人家嘛，都是息事寧人的，講究清心養性，無欲則剛的，有人打架，老人家肯定是上去勸和，當然有的時候，他還在旁邊看熱鬧，毫無正義感，比如，當時日本對咱家的入侵，張伯倫大爺可就是乾看熱鬧不出聲的。

蘇台德危殆了，法國急眼了，張伯倫只好以近七十的高齡第一次坐飛機到歐洲，希望以一個老人的冷靜安撫希特勒狂躁的心。拜訪了三次，好話說了一籮筐，最後張伯倫沒有說服希特勒，希特勒說服了張伯倫。一九三八年九月二十九日，英國首相張伯倫、法國總理達拉第，德國的希特勒，義大利的墨索里尼，這個四位大佬終於達成了協定，簽署了著名的「慕尼黑協定」，該協定絕對是英國歷史上比較丟人的文書之一，這篇東西詳盡反應了張伯倫老頭的歐洲斡旋結果，那就是，將蘇台德地區直接割讓給德國！大家注意看，與會四位大佬，沒有捷克家的人。也就是說，這四個大哥沒經人同意，就把一個街坊的自留地給分了！

張伯倫回到英國，受到了舉國上下的歡迎，頓時成了大英雄。所有的英國人都認為，這個老爺子的辛苦換來了英倫三島甚至是歐洲的寧靜和平，這下再不用擔心那個小鬍子的德國人打仗打到家門口了，英國的年輕子弟該上學上學，該上班上班，該談戀愛多談戀愛，反正不用去歐洲送死了！當時的國王喬治六世更是高度讚揚張伯倫的功勳，按道理，英王是不能表現出明顯的政治態度和傾向的，可這次，喬治六世毫不掩飾地支持張伯倫。

張伯倫這套犧牲別人，妄圖保全自己家的逃跑主義行動後來被叫做「綏靖政策」，聽起來就膽小怕事的。而當時的英國上下，只有少數人是認為：對德國一再忍讓是不行的，唯一的辦法就是整頓軍備，預備血戰。這派人被全英國牴觸，而吵得最激烈最激進的那個，大家都叫他「戰爭販子」，說他就看不得老百姓日子好過，死乞白賴地想讓同胞成炮灰，而這個「戰爭販子」就是大肚子的邱吉爾！

對於「綏靖」的這段歷史，英國人恨不得推倒重寫，話說第二次世界大戰開打後，當年支持張伯倫的人抵死不認，包括喬六，都說自己從一開始就感覺張伯倫的路線是錯誤的，而且當時自己都是邱吉爾的追隨者，好在歷史是人寫的，這麼丟人的歷史，我們同意英國人重新寫一遍吧。

希特勒冷笑著拿到了「慕尼黑協定」，他所有的測試都已經結束了，最後結論是，英法就是兩頭狗熊，而且還是取了熊膽的，自己連兩頭無膽狗熊還對付不了嗎。

一九三九年六月，車隆隆，馬嘶嘶，希特勒的大軍開進了蘇台德。不過他的目標現在已經不是蘇台德了，他順手全取了捷克！全世界都震驚了，等清醒過來時，世界輿論找到了宣洩，那就是找英法算帳，看看你們兩家造得什麼孽啊！而且大家也都知道，是時候所有人團結起來，抵制希特勒這個狂人對善良世界的步步緊逼了，於是，歐洲各地的反法西斯聯盟紛紛成立了。

英法出賣了街坊，自己落下罵名，現在知道，戰爭是不可避免了。這時，找人幫忙就非常重要了。美國人現在指望不上，他家賣軍火忙著呢，最好是拉住蘇聯啊，再次讓德國兩線作戰，才是牽制希特勒的辦法。

話說三〇年代早期的時候，史達林找英法商量過結盟遏制德國的事，大家可以想像，當時的英法躲蘇聯猶如躲瘟疫，在他們眼裡，希特勒絕對比史達林可愛，而且那時辰他們兩家不是「綏靖」嗎，如果跟蘇聯結盟，把德國圍在中間，會讓希特勒感覺到鄰居不友好，說不定會讓這個狂人犯病啊，狂人犯病會打人的。待到狂人真發狂了，英法這次主動找蘇聯結夥的時候，輪到史達林端著了：「我找你們玩，你們不跟我玩，現在我只好找小希玩了，他雖然偶爾犯病，可對我的胃口，我也願意跟他一樣犯病。」於是，史達林就找小希玩了。

要說當時的歐洲，要給希特勒大哥找一個知音，那絕對是史達林，這二位雖然主義不同，主意卻一樣。希特勒想到把波蘭吃掉，再控制東歐，史達林當然也喜歡波蘭。而佔領波蘭，歸結到底是蘇德兩邊的互相防備，因為波蘭的地理位置決定了他是蘇德之間最好的戰略緩衝帶，誰家先佔領，誰家先得利，所以他們兩家爭先恐後地往波蘭擠。關於史達林和希特勒在第二次世界大戰開打前到底有什麼樣的思路博弈，我們這兩家串門時再慢慢說，反正在英法的眼巴巴之下，蘇聯和德國簽了個互不侵犯條約，粉碎了英法找蘇聯入夥幫手打架的天真想法。

蘇聯不插手，德國心定了，一九三九年九月一日，希特勒發動大軍，閃電般攻入波蘭，一天時間就進入了波蘭腹地，希特勒大軍在波蘭秋風掃落葉般的挺進，史達林也毫不客氣地從另一邊進入波蘭，大家還記得，歷史上波蘭就隸屬沙俄，所以史達林聲稱是恢復俄國的領土。一個月時間，蘇德兩國就把波蘭解體了，我們要表彰波蘭人民，面對這樣兩條大白鯊的蠶食，他們一直英勇抵抗，不屈不饒。

希特勒攻擊波蘭，兩天後，英國首相張伯倫沉痛宣告，他的「綏靖政策」徹底破產，當天上午十一點，英國人帶著萬般的無奈向德國宣戰；下午五點，在家哭了好幾場的法國人也擦乾眼淚，向德國宣戰。之前，因為義大利的狂人墨索里尼上台，已經跟希特勒結成同黨，而亞洲的日本因為對咱家的垂涎，也覺得加入黑社會就可以更加無法無天，於是德、義、日三國結成一黨，開始跟全世界的正義為敵。柏林和羅馬在同一條經度線上，像一條軸線，因而這個黑幫團夥，江湖人稱軸心國。正派反派都出場了，第二次世界大戰就這樣全面爆發了。

宣戰是宣戰了，到底怎麼打，英法還是沒數。英國人磨磨蹭蹭在家整飭軍備，想的是能拖一天是一天。法國人覺得，還是以防守為主，避免跟德軍正面接觸。於是各忙各的，法國人在戰前就構建了一條堪比萬里長城的防線，也就是大名鼎鼎的「馬其諾防線」，由北往南，依山傍河，長達二百多公里，南起地中海沿岸法義邊境、北至北海之濱的法比邊境，堡壘，工事密集，設施完備，這麼說吧，絕對可以做一個「固若金湯」四個字的金匾掛在馬其諾防線的城牆上。英國人繼續磨蹭，法國人守在馬其諾防線後面百無聊賴，法國政府還是愛護軍人的，怕他們在馬其諾防線無聊，還在附近建了不少的電影院，派劇團下戰地演出，心連心，同一首歌，還發了萬個足球，讓戰士們發展體育運動，大戰不忘健身，打完了還可以踢世界盃。就這樣混掉了八個月，與西邊古怪的風平浪靜對應的，是中東歐如滾油般的戰爭形勢！

英法兩國無所事事，德軍卻絕不鬆懈，法軍守在馬其諾防線背後，英軍正在渡過海峽，德軍以另一個漂亮的閃電戰佔領荷蘭和比利時。因為德國陸軍出名的就是坦克部隊，所以法國人認定德軍進攻一定要找大路走，所以在馬其諾嚴陣以待，等德國人撞上金湯來送死。可是德國人打仗，從來就不按教科書的，他家硬是從森林密布崇山峻嶺的阿登山區繞過馬其諾防線，以英法都不敢相信的速度進逼巴黎城下。不到二十天，巴黎投降，稱霸歐洲大陸多年的法國人，曾經號稱大陸第一的法國軍隊就這樣稀裡糊塗地慘敗，這個歷史上最輝煌的歐洲大佬輕易淪陷。而那固若金湯的馬其諾防線呢，它還是依然固若金湯，尤其是駐守在那裡的法國軍隊，正一臉期盼地等待德國軍隊正面來攻，不知道背後的巴黎已經被德國人踏在腳下！就這樣，馬其諾防線成為世界戰爭史上一個著名笑話。

法國戰敗投降，英法聯軍也只能敗退，沒有什麼上規模上檔次的戰鬥，反正一陣混亂後，英法大軍四十萬主力就潰敗到法國東北部的一個港口城市，敦克爾克。前面是德軍三路人馬，兇悍威猛的裝甲部隊從三個方向包抄，背後是濁浪排空的英吉利海峽，如果不出意外，沒有奇蹟，這四十萬大軍立時便化為齏粉，而這已經是英法兩國的精銳了，一旦被消滅，希特勒再成功衝上英倫三島，則除了童子軍無人可以防守，不列顛也就跟法國命運一樣了。

這是英法聯軍生死存亡的關鍵時刻，雖然法國已經投降，但是，法軍的有生力量還在，只要保存這支軍隊，總有反攻大陸的那一天，至少是有希望！這時，德國部隊最先頭的那輛坦克，最近的，離敦克爾克不到十里。

英國國內已經開始緊張了，法國投降了，英國在歐洲大陸的低地門戶荷蘭、比利時都沒了，英國怎麼辦?!找首相啊，張伯倫啊！切！這老匹夫，如果不是他貪生怕死，膽小怯戰，英國早就做好戰鬥準備，不會像現在這樣被動。張伯倫趕緊下課，邱吉爾！老丘！國家需要你，人民需要你，你趕緊來上班啊！

老丘腆著肚子，抽著雪茄上崗了。到底是腦子清楚的人，他上任第一件事，就是不惜一切代價，讓敦克爾克的英法聯軍撤回英國本土！

敦克爾克的事，絕對是世界歷史上最吊詭的事件之一了。德軍的坦克帶著低沉的悶響向敦克爾克開進，也許還有兩三天，或者五六天，德軍將迎來輝煌的大勝。行軍道路上最讓德國軍官頭痛的，就是如何處理那即將而來的四十多萬戰俘或者屍體的事，這事還真是挺愁人的。這個詭異的日子就是一九四〇年五月二十四日，正向敦克爾克挺進的德國裝甲兵團收到了希特勒的命令：「停止前進，原地待命」。德軍上下一頭霧水？難道元首突然信佛了，想放這四十萬人一條生路？可是德國空軍還在往敦克爾克窮凶極惡地丟炸彈啊。裝甲兵團不敢不服從聖旨，只好停下車馬，唉聲嘆氣，揣度聖意。

邱吉爾沒時間分析希特勒的用意，四十萬大軍的撤退，不是個小事啊。敦克爾克港水淺，英國的大型船隻不能靠近，於是英國全國總動員，漁船、舢板、遊艇、不管是軍用還是民用，那怕是木盆木桶，能用的全用上，齊聚敦克爾克港，晝夜不停瘋狂地運送英法軍隊。為了掩護這場人類歷史上最大規模的軍事撤退，英國空軍也進入了瘋狂的狀態，跟德國空軍在天上玩命，掩護大軍撤離，所有的飛行員都是疲勞作戰，除了加油，不敢休息，不敢停下。

等到敦克爾克的撤退已經形成潮水，一批批盟軍將士非常流暢有序地向英國大陸轉移，五月二十六日，德國的裝甲兵團又收到進攻的命令了！可這時的敦克爾克已經不一樣了，之前是迷茫不知道方向，如今英法兩國已經明確，最大的目的是保證主力撤離，所以掩護的掩護，牽制的牽制。而光榮的法國兵團此時帶著亡國之恨，煥發了高盧人久違的鐵血英勇，明知道自己可能沒機會撤出戰場，還是勇敢地跟德軍糾纏在一起，阻擋了他們的進攻腳步。一個星期的時間，三十四萬人撤出了歐洲大陸，安全地回到了英國休整，創造了世界戰爭史上一個驚人的奇蹟，而就是這三十四萬人，裡面包括英法兩國那些久經沙場的老兵和最有價值的戰鬥將領，這些人我們在不久的將來會看到他們再次出現在英吉利海峽，那時，他們參加的行動是諾曼第登陸！

說到奇蹟般的敦克爾克大撤退，對不列顛來說，雖然是敗逃，依然是偉大的勝利，絕對是新首相邱吉爾的高明決策，所有政治決策中的神來之筆。可對希特勒來說，犯這種混，我們就不能原諒他了，作為整個世界歷史最大的反派之一，這個動作讓他的形象很模糊啊，一個極端的人突然婦人之仁嚴重影響名聲。到底什麼原因促使希老大關鍵時刻轉了性，以致放虎歸山呢？

其實希特勒下達停止攻擊的命令不全是昏招，他是考慮了全局許多因素的結果，有一部分的原因跟當時的德國政治有關，我們到德意志家再詳細說，還有一部分，或者說更大一部分原因，是希特勒想挾持敦克爾克海灘上這四十多萬條性命跟英國人談判，逼英國人投降。

希特勒人種潔癖，猶太人自然是要全整死，可英國人是盎格魯－薩克森人啊，說起來是他日耳曼人的遠親，希特勒雖然喜歡殺人，親戚還是可以手下留情。所以，他希望最好是英格蘭像法蘭西一樣，自動投降，他省事又省力，節約不少工夫。可惜啊，英格蘭本來是狗熊，現在長出熊膽了，還是很胖的一個熊膽，也就是我們絕不屈服的邱吉爾首相。希特勒敢冒風險，停止攻擊跟英國人談判，他是認定了這四十萬幾乎已經是甕中之鱉，下了鍋的鴨子、砧板上的魚，除了等死沒有其他前途。待他發現海灘上的英國佬越來越少，趕緊重新啟動進攻，已經失去了最好的戰機。

敦克爾克大撤退的整個計畫被稱為「發電機」，除了英國人萬眾一心的搏命精神，最關鍵的，還是依靠強大的英國海軍。希特勒上台，雖然德國陸軍突飛猛進，但因為英國的壓制，海軍並沒有發展到最好的水準，海上還是英格蘭的地盤。眼看著敦克爾克跑掉了英法主力，希特勒火大了，自然是恨不得追上去將這三十萬人淹死在海裡，然後縱馬英倫三島，讓英國人屈服。但他知道，要想在英國艦隊的縫隙裡穿越英吉利海峽，這個動作難度係數太高了。如今歐洲就剩下英國還在抵抗，希特勒必須要拿下這最後的堡壘，於是他開始在家裡分析了。

敦克爾克大撤退，雖然人跑出去了，但所有重裝備和車輛就不可能帶著一起跑了，幾乎損失乾淨，而英國本土剩下火炮坦克也寥寥無幾，而空軍為了掩護撤離，損失了約一千架飛機，四百多名經驗豐富的飛行員；而德國就不一樣了，他家一路勢如破竹地把鄰居吃掉，繳獲的武器輜重不計其數，陸軍裝備大增，空軍不能落後，也跟著花了不少錢，規模擴大。尤其是，空軍司令是納粹的二號人物戈林元帥，空軍在德國三軍中佔有一個很超然的位置。此時的德國戰機都已經部署在海岸沿線，隨時預備起飛幹壞事。根據這個客觀情況，希特勒決定，先以空軍發起空戰，消滅英國空軍，奪取制空權，再以空軍掩護海軍奪取制海權，最後實施登陸，這個完美的計畫，希特勒起名叫「海獅」。

真是個好計畫，戈林元帥親自組織並發動了對英國的空襲，一九四〇年八月十三日，戈林稱為「鷹日」，德國的戰鷹騰空而起，光臨英國南部，要炸毀英國人部署在那裡的軍艦、海軍基地、機場。這一天德軍乘興而來，並沒有達到目的，德國空軍在英國南部晦暗的天氣中，遭遇了英國空軍的頑強抵抗。此後的日子裡，德國空軍升空得很積極，卻沒有佔到什麼便宜，之前的戰略目的沒有達到。為什麼英國空軍這樣神勇呢？因為一種祕密武器——雷達。

很早就有人研究雷達了，但是研究出用於軍事的雷達的，還是英國人。就是因為這些雷達，讓英國人可以提前探知德國飛機的動向，掌握了主動。但是畢竟德國的戰機數量佔優，疲勞戰打了幾天，英國空軍眼看就扛不住了，最要命的是，德軍幾乎炸毀了南部英國空軍的指揮中心，只要德國人再堅持幾天，他們的空襲的目的就基本達到了。可是就在禁區前面，德國人突然轉移了方向。不射門了！大約是英國的空軍過於神勇了，雖然已經是強弩之末，但是表現出來還是龍精虎猛的。這讓德國人很困惑，到底英國空軍什麼實力啊，怎麼總消滅不完呢。這時，一個意外的事件讓德國人改變了策略。

話說有一個德國空軍的小分隊，在大霧中迷航，稀裡糊塗地飛到倫敦上空，在市中心丟下一堆炸彈。雖然德國飛行員在天上不斷道歉，告訴英國人，炸錯了，不是故意的，可碰上邱吉爾這個暴脾氣，絕對不原諒人家的疏忽，他馬上下令，以牙還牙，英國空軍，給我飛到柏林去炸他娘的。

德軍氣盛，開戰以來，德國人的日子一直很愜意，天天看自己的軍隊攻城拔寨，哪裡知道那些戰爭中的百姓之苦。現在他們有感覺了，英國的炸彈也找市中心丟。自從跟了大佬希特勒，德國人哪裡吃過這種虧啊，氣昏了頭的德國空軍忘記了最初的空襲計畫，不炸那些軍用設施了，他們開始找平民算帳，專找英國的大城市，揀人多的地方下黑手。

這一輪轟炸，最悲壯的要數對英國的航空基地考文垂。為什麼說悲壯呢，當然是因為炸得太狠了，一個工業重鎮被夷為平地。德國空軍趁夜色而來，將考文垂炸成火海離去，自以為偷襲的非常成功。真是偷襲嗎？不是，這次空襲考文垂的計畫，被我們的藝術家大哥希特勒起名為「月光奏鳴曲」，重要的就是靜謐啊，不能讓英國空軍知道德國人的攻擊企圖。可是，邱吉爾也是音樂愛好者，這個絕密的「月光奏鳴曲」樂譜，他很早就獲得了。

話說第二次世界大戰開打後，德國人發明了一種密碼機，叫做「英尼格瑪」，這種密碼機能隨意組合字母，無限度加密，一天一換，在德國人看來，這個密碼是絕對不可能被破解的。英國人不信邪，傳說是組織了近萬人，廢寢忘食研究了幾個月，破譯了這部當時世界上最牛的密碼機。而就是透過破譯的密碼，邱吉爾第一時間知道了德國空軍對考文垂的轟炸計畫。實際上，因為之前英軍積極的反應動作，德國人已經懷疑是不是自己的密碼系統出了問題，這個「月光奏鳴曲」的計畫，除了是完成戰略轟炸，還有一個目的就是測試英國是否破譯了密碼。

這可能是邱吉爾一生最艱難的決定了，他知道，保全考文垂，德軍知道密碼洩露，必然會改變情報密碼，則自己就被動了；而如果犧牲考文垂，自家還能在情報戰上保持優勢地位，這些絕密的德軍情報早晚肯定會給英國帶來更大的勝利。於是，邱吉爾幾乎是含著淚下令，不做任何防備，將考文垂送到德軍的屠刀之下。

這份大禮，德國人真沒客氣，十個小時的狂轟，德國人一點沒省炸彈，整個城市變成火海，近五萬人的住房被炸成廢墟，街上到處是炸得血肉橫飛的死人，傷者。考文垂整個城市停水斷電三十五天，損失無法估計。

所有的大城市幾乎都被炸了一輪，倫敦更是被炸了好幾回，連白金漢宮也沒有躲過，德國人以為只要屠殺平民就可以打擊英國空軍的鬥志，誰知，英國百姓卻依然保持著樂觀和堅強的心，德軍一炸完走人，英國人爬出防空洞生活照舊，有些小店舖被炸成廢墟，幽默的英國人在廢墟上貼上巨大的標語，上面寫著「繼續營業」的字樣。英王喬治六世走出被炸的白金漢宮，一臉的泰然自若，從容不迫，並且帶王后親自深入被轟炸的重災區慰問難民。這樣從上到下的萬眾一心，讓英國的空軍竟然越戰越勇，雖然戰機數量遠遠落後，有經驗的飛行員也越來越少，可越打氣勢越盛。終於有一天，德國人清算損失，發現自家損失了近一千八百架戰機，戰死和被俘的飛行員大約有六千人，而英國呢，損失戰機九百多架，飛行員大約少了四百來個。

這個帳本讓希特勒的心拔涼拔涼的了，本來這個海獅計畫，第一個要點就是極短的時間消滅英國的空軍，轉眼看從夏天炸到冬天又炸到春天，炸彈固然是越來越少，自家的飛機也越來越少，而對方的士氣越來越高，英國上下抗擊德國的心越來越鐵。再加上，老希已經計畫好一九四一年中的時候，要對蘇俄動手，這樣不死不活地被纏在英倫，很被動啊，算了，「海獅計畫」無限制擱置吧，收拾了蘇俄以後，有空再找不列顛算帳，邱吉爾，你給我等著！

這就是第二次世界大戰持續時間最長，規模最大的空戰——不列顛空戰，英國取得了勝利。雖然死傷無數，建築物大量被毀，但畢竟是贏了，在歐洲大部分地區淪陷，英國孤軍作戰的情況下，抵抗了德國這樣霸道的攻勢，沒有亡國，而且，也讓全歐洲的人看到，希特勒不是神仙，他也有做不到的事情。

整個一九四〇年，除了抵抗德軍潮水般的空襲，海軍的壓力也驟然增加。根據戰前的安排，英國海軍防守大西洋，而地中海的盟軍護航任務，主要由法國人負責。法國人投降了，法國的海軍自然也不能用了。盟軍不能用，德國人能用啊。希特勒如果突然指揮法國海軍對英國作戰，這種可能性是絕對存在的。於是英國艦隊出手，將法國奧蘭港的艦隊團團圍住，要求法國艦隊要麼參與自己一方作戰，要麼自己繳械，退出戰爭。法國人已經亡了國，還有點最後的驕傲，拒絕了英國人的要求，於是，英國艦隊只好對自己的盟友開火，解除了地中海區域的法國艦隊威脅。雖然英國人這種做法好像沒錯，但是在交火中一千兩百多名法國海軍慘死，卻讓兩家埋下了仇恨，以至於後來的聯盟作戰中，這一千兩百多條人命，成為英法之間一個難解的心結。

對盟友下手沒有猶豫，對敵人更不用留情了。孤軍作戰，英國面對巨大的海域非常吃力了，尤其是德國那些潛艇不依不饒，神出鬼沒的。為了緩解自家的海上壓力，英國艦隊決定，一次性解決地中海上所有的威脅。地中海上誰是敵人呢，當然是義大利人。而義大利海軍最精銳的部分都在塔蘭托港。大家看地圖，如果義大利的版圖真是個靴子，塔蘭托就是足弓到足跟這個部分。

整個二次大戰，盟軍最喜歡的是義大利人，這樣殘酷的戰鬥中，義大利軍隊不斷地貢獻笑料。這家人最出名的就是嗓門大水準低，不論墨索里尼多喜歡給自己打造另一個世界狂人的形象，可他的義大利軍團真沒給他掙來任何臉面。面對威風凜凜的英國皇家海軍，塔蘭托的義大利艦隊一般是不太出門的，除非是非要護航不可的任務，否則，能躲著堅決躲著。

皇家海軍雖然沒把義大利艦隊放在眼裡，可畢竟人家也有一港的戰艦在港口擺著，萬一哪天他家想出來 high 一把，英國艦隊不也要應戰嗎，鑑於這個不可預知的作戰前景，一貫做事果決的邱吉爾決定，提前出手，你不是不出來嗎，我就關門打狗，先把義大利軍艦出海找茬的可能性打成零。

一九四〇年十一月十一日，之前做了大量假動作的英國艦隊航行五晝夜後，抵達了義大利的塔蘭托港，這次行動的主角，英國艦隊的核心就是「卓越號」航空母艦。怎麼突然冒出來航空母艦了?!對啊，這東西早就有了，最早，美國人就提出，應該讓戰機從軍艦上起飛，海空一體施行空襲任務。這個理想後來被英國人實現了，一九一七年，英國人將一艘巡洋艦改裝成世界上第一艘航母，「暴怒號」，雖然號稱是航母，不過是個山寨貨，很多技術理想都沒有實現。不過有家人更山寨，根據英國人的思路，他家真正造出了我們可以認可的正牌航空母艦，並讓它服役，這艘真正意義上的世界第一艘航空母艦，就是日本的「鳳翔號」。到了第二次世界大戰，航空母艦成為海洋戰場上升最快的明星。

英國的航母艦隊在離塔蘭托三百多公里的地方停駐，母艦上的戰機起飛開始對義大利軍港內的戰艦實施轟炸。這一戰在軍事史上被稱為「奇襲塔蘭托」。義大利海軍發著懵，接受了英國戰機暴雨般的襲擊。義大利自己的空軍哪裡去了呢？人家忙啊，人家加入德國空軍去空襲倫敦了！英國戰機的攻擊大約持續了一個小時，港口內的艦隊被擊毀大半，義大利海軍力量消失了一半。完成這麼大的工作，英國花費的代價是十一枚魚雷和兩架戰機。人在家中躲，禍從天上來，義大利海軍真是想哭哭不出來啊，收拾一下塔蘭托港口剩下的艦隊，趕緊轉移吧，不要留在英國海軍的視線裡了，這家人太欺負人了。於是，義大利剩下的戰艦四散逃命到其他港口，地中海又剩一家獨大，英國海軍在一九四〇年的十一月，再次確認了對該海域的控制權。

這一戰說起來很輕鬆，估計英國人自己都覺得沒什麼得意的，可它對整個世界戰爭史的影響是巨大的，第一，讓全世界知道了航空母艦的威力。奇襲塔蘭托被認為是航母的成名戰，確立了它後來的海上霸主地位，開啟了世界戰爭史的航母時代；第二，又被別人抄襲了。日本人對這一仗拍案叫絕，蒐集了大量資料，就想著要學著玩一次，後來，他家就真的翻版了一次，他家玩的是奇襲珍珠港。只不過，英國這一戰，幹掉了地中海上一條小鯨魚，日本人翻版那一次，給整個軸心國引來了一頭大白鯊！

開始說到義大利人癮大水準低，跟在德國人身後狐假虎威，到處撿漏，不過大部分時間也揀不到。法國投降了，義大利雖然覬覦人家的地盤，也佔不到便宜，尤其是，他家出動二十多個師的大軍進攻法國南部，被亡國的法國軍隊六個師給趕回家了。但是義大利人不怕丟人，在軸心國三家裡，雖然是個小弟，總是當自己是骨幹，而且還什麼都敢想，看著軸心國火燒雲般的輝煌勝利，墨索里尼理想又擴大了，他想恢復古羅馬帝國的榮光！

這個理想誰聽了不倒抽一口冷氣啊。當然，羅馬帝國在西歐這個方向上的版圖，義大利人是不敢想的，他願意想，希特勒也不幹，這樣一來，古羅馬的版圖還有兩個部分可以想像，一個是南歐，希臘，一個是北非，埃及那一帶，只要佔據這兩個位置，義大利就再次將地中海變成內湖。

到底義大利在南歐和北非兩個戰場忙了些什麼，我們等到他家的時候再詳細介紹，簡單來說就是一個賤兮兮的小流氓出去惹是生非，等別人動了手才知道不是對手，趕緊回家找老大幫忙，好在他老大是個狠角，出來幫他找回面子。

義大利進攻希臘失敗，還被對方反揍了一頓，德軍出兵幫忙，希臘和南斯拉夫被迫投降，英國派駐這個戰場的軍隊幾乎覆沒。而北非戰場，義大利軍隊對英軍的人數裝備比例大約是五：一，英軍神奇般地節節推進，次次以少勝多，最後竟然俘虜了十三萬義大利軍隊！仗打得這樣離譜，英格蘭自己都不敢自詡高手，實在是因為義大利軍隊太慫了。到底怎麼個慫法，簡單舉個例子吧，都說義大利軍隊是整個第二次世界大戰的開心果，製造了不少喜劇效果，北非戰場上最離奇的事件就是：一九四〇年六月三十日，義大利軍隊北非的指揮官戰機被擊中，他家在北非最大的幹部巴爾博元帥當場身亡。根據義大利自己說的，是死於跟不列顛的激烈空戰。高射炮打飛機，這樣精確地幹掉對方的老大，如此巨大的一個戰功，英格蘭不客氣，笑呵呵地收下了。巴爾博元帥死不瞑目，以為有人把他的行蹤透露給英軍，以至於他被偷襲。元帥死得冤啊，人家英格蘭的高炮真沒這麼好的準頭，一舉幹下這架專機的，是義大利駐北非的高射炮團！話說巴爾博元帥預備回羅馬述職兼休假，專機飛掠自家駐地的上空，自然是飛得又低又慢，順便從空中視察一下高炮團的守備。高炮團可沒讓長官失望啊，盡忠職守的炮手看到一架飛機從自己的上空飛過，心想，這架英國飛機難道是來自殺的？於是毫不猶豫一炮上去，成全了對方的求死之心。天才啊，要知道，在這之前，這門高炮一架英國戰機都沒擊中過，炮手還以為自己開胡了，歡呼雀躍的。後來比較陰損的戰地記者們，形容這次義大利軍團幹掉自己長官的工作，絕對可以媲美美國空軍獵殺日本的山本五十六那一戰！

攤上這麼個窩囊廢小弟，希特勒在家恨不得撞牆。不幫忙不行了，控制埃及切斷蘇伊士運河當然是對英國人最沉重的戰略打擊，所以，德國人也不敢由著義大利就這樣損兵折將死在北非戰場上，德國人組建了非洲軍團。為了顯得希特勒對北非戰場的重視，他為非洲軍團配置的軍長就是讓所有第二次世界大戰迷無限敬仰的著名將領——隆美爾！作為德軍裝甲第七師的師長，隆美爾一直是德軍在在西歐大部分著名戰役的前鋒，而他帶領的裝甲七師，江湖人稱「魔鬼之師」！

隆美爾進入北非，面對義大利軍隊的一敗塗地，來救援的老隆得出了一個著名的結論：「最好的防禦就是進攻」。戰爭形勢隨著德軍的主動出擊頓時逆轉，不論英軍之前對義大利的勝利如何得意，此時面對德軍都化為烏有。隆美爾和他的坦克部隊伴隨著沙漠風暴向英軍推進，猶如一把熱刀切進牛油，一九四二年初，英軍不僅失去了之前收復的地盤，德軍更是挺進到了離開羅兩百公里，離亞歷山大港不到一百公里的地區，英國軍隊被壓縮在埃及境內的阿拉曼地區，眼看著，埃及就要失去，蘇伊士運河也跟著落入德國人手中。而此時的隆美爾，因為戰場的銳不可當，獲得了「沙漠之狐」的大號，被希特勒直接提升為元帥，成為當時納粹最年輕的元帥。

埃及對於英國的重要作用是不言而喻的，雖然當時英國國內被炸的滿目瘡痍，邱吉爾還是親臨開羅，安排對北非戰場的增兵，並調換了當時北非戰場的英軍指揮官，新上任的這位英軍長官，就是上天為隆美爾降下的死敵，英國名將——蒙哥馬利。

69

時間走到了一九四二年，隆美爾統帥德義兵團，將英國在北非的第八集團軍壓制在埃及。北非重鎮托不魯克失陷，倫敦上下一片哀傷，都張羅著讓邱吉爾這個辦事不利的下台！

老天對隆美爾這個夥計太不公平了，以他一九四二年上半年在北非的戰場形勢，他的坦克再踩一腳油門就可以完勝北非，從此他老人家不僅是沙漠之狐，還是沙漠之主！可惜啊，就是這一腳油門踩不下去，為什麼呢，因為坦克沒油了！

咋混得這麼慘？世界局勢變化，敵我形勢不一樣了！

要說此時的世界局勢，首先要請出該時段世界政壇的絕對主角，那就是邱吉爾首相。這位老夥計在一九四一年間可是相當忙，忙什麼呢，根據我們家的軍事教科書，書面說法就是「合眾」，老丘是歐美著名的「縱橫家」，淺顯的說法就是，找幫手打群架，老丘是個專拉別人下水的。當時的歐洲大陸幾乎找不出手腳齊全的幫手了，老丘第一個想到的就是老山姆家。

老山姆家從建國開始就奉行一種叫「孤立主義」的東西，大意就是，我們在街角住著，兩邊都是水泡子，有個仙人掌鄰居不足為懼，只要海對面的人不找麻煩，咱們沒什麼事也最好不要跨海啟釁，尤其是對歐洲，做生意賺點錢是最實在，千萬別摻和那一鍋亂燉，容易把自家燉進去。要知道，美國從建國時就把人權放在第一位，什麼叫人權啊，人命最貴，就是能不死最好別死，「子曰成仁，孟曰取義」這種事，對老山姆家簡直就是神經有毛病了，孔孟兩個老頭在美國肯定是混不下去的。既然怕死，那第一件嚇人的事就是戰爭，第二次世界大戰剛開打那陣，美國人拿歐洲的戰局當飯後談資，大有隔岸觀火的架勢，當然也不忘隨時警告政府，不管那邊打得多熱鬧，美國人絕對不加入，反正看熱鬧不花錢，雖然是大炮一響，黃金萬兩，但把自己送到炮口上就不好玩了。

不過老山姆家的當家腦子清醒多了，羅斯福總統對希特勒虎狼之勢是心懷憂慮的，他也知道，真讓希特勒在歐洲得手，北美怎麼可能置身事外。可他說服不了國會，說服不了美國國民，乾著急沒辦法。看著自己的老兄弟邱吉爾煙越抽越多，腦袋上的頭髮越來越少，他也只能報以同情而已。話說英軍在北非失利時，邱吉爾正在美國遊說，聽說重鎮失陷，老丘幾乎是如雷轟頂，而倫敦那邊的輿論讓老丘對失敗負責，正是老丘政治生涯最危險的時刻。羅斯福看到老夥計日益蒼白的胖臉，馬上答應了提供一批新型坦克的請求，當然，這也是應該的，仔細推算血緣，這哥倆真是遠親呢，可僅此而已，讓美國直接派兵參戰，就真沒辦法了。

老羅沒辦法，老丘有辦法。一九四一年十月的一天，在美國海軍節的午餐會上，羅斯福突然展示了一張地圖，據說這張地圖是德國人繪製的，整個南北美的疆界和位置被重新劃定。看到這個東西，美國人氣壞了，這說明什麼，說明德國人要染指美洲，要到老山姆地盤上搞事！美國人一商量，可不能等德國人打上門，趕緊和不列顛親戚聯手，一起收拾德國佬。正好，一個月之後，日本人又非常配合地襲擊了珍珠港，老山姆就這樣一頭栽進第二次世界大戰的戰場。

而關於這份神祕的地圖，就很懸疑了，最熱門的說法，這份把美國人氣瘋的東西是邱吉爾安排偽造的！是真是假就不得而知，但是那段時間，邱吉爾在美國上蹦下跳，舌燦蓮花相當辛苦，最後想出讓自己更省事的辦法，也是可以理解的。無論如何，他的目的達到了！

而在歐洲部分呢，一九四一年六月，德國大軍天上地下聲勢浩大地撕開了蘇聯的防線，開進了俄國遼闊的大院。這就是希特勒幾乎相思成疾的「巴巴羅薩」計畫，我們都知道，這個計畫如果不讓希特勒玩一次，他老人家絕對憋出毛病來。

邱吉爾是個著名的反共分子，如果讓他在全世界選個朋友，我估計他寧可選希特勒也絕對不選史達林。可他畢竟是個政治家，政治家最重要的特質就是說話不用太算數，立場不用太執著。他知道，此時對於大英帝國，最大的威脅來自德軍，來自那個小鬍子狂人，而大鬍子狂人史達林雖然討厭，可卻是一個能牽制德國的重要力量。所以，一九四一年六月二十二日夜裡，也就是希特勒對蘇聯動手的當天，老丘發表講話，大意是，老夫以前恨大鬍子恨得要死，現在還恨他，但是跟眼下的形勢比較，愛恨都不要緊了，反正，誰跟德國戰鬥，誰就是老夫的朋友，誰跟德國一夥，誰就是老夫的仇家！並承諾，援助蘇聯抗德。

六月結交了史達林，十一月搞定了羅斯福，老丘的這一通忙碌，應該說是奠定了盟軍最後勝利的重要基礎，所以，老丘是整個第二次世界大戰的大英雄！

回到北非，不管隆美爾怎麼勸說他老大北非戰場非常重要，希特勒此時的全副神經都押在蘇聯戰場，小鬍子大鬍子的這一場死磕，實在是又花精力又花錢，希特勒希望隆美爾能懂事點，有困難自己解決，不要麻煩德軍總部，於是乎，北非軍團陷入了非常嚴重的給養缺乏，加上地中海英國的戰艦密布遊弋，來自義大利的補給船也根本靠不上岸。打仗這東西，是個系統工程，大部分時候，後勤保障比前線的絕世高手更決定勝負。而絕世高手隆美爾賴以成名的殺手鐧就是坦克進攻戰，如今汽油都沒有，怎麼進攻呢？

隆美爾窮得沒地方申請救濟，英軍卻發達了。且不說美國加急趕製的各種坦克大炮，光軍隊就補充了不少，最重要的是，調整了組織機構，更換了有關領導，第八集團軍一派新氣象。

上篇說過，第八集團軍迎來了大名鼎鼎的蒙哥馬利，這夥計在北非功成名就，絕對上天眷顧他這一場大功勞，為什麼，因為最開始，英軍在埃及吃癟，邱吉爾親臨北非考察，為第八集團軍做的第一選擇，並不是蒙哥馬利，而是另一員猛將——戈特！

戈特誰啊，不認識，對啊，沒機會認識他，他接到任命，坐一架運輸機從英國飛到北非上班，還沒報到，在空中就被德國人幹掉了！蒙哥馬利優哉遊哉正做著與美軍聯合登陸的準備，冷不防被打發到沙漠，成了第八集團軍的新掌門。

來到北非的蒙哥馬利做了哪些戰前動員我們就不詳細說了，總之是，他老人家從此就有一個風靡世界的新形象，那就是歪戴貝雷帽，帽上有兩枚徽章。這兩枚徽章，一枚當然就是英國將軍的徽章，而另一枚，則是普通裝甲士兵的徽章，老蒙這個造型就是詮釋一個成語，叫身先士卒！第八集團軍學習成語之餘，當然也順帶成長了士氣。

一九四二年秋天的北非，戰場形勢是這樣的，原來的進攻方德義聯軍，現有軍隊人數約十萬，五百多輛坦克，油料奇缺，一千多門火炮，炮彈也不多，三百多架飛機，當然也等著加油；而英軍呢，軍隊人數二十三萬，坦克和飛機超過一千，火炮超過兩千門，反正都超過德軍一倍以上，而且他們什麼也不缺。除了財大氣粗，老蒙還佔據情報優勢，大家還記得德軍那個得意萬分的超級密碼機嗎？邱吉爾寧可葬送整個考文垂都要保全的祕密，如今產生了巨大的作用，德國總部對北非的戰場大部分計畫和指令，老蒙幾乎都比德國人先知道，而他當然更知道，那個絕世高手隆美爾，因為身體不好，回國養病去了！

這是扭轉了整個北非戰局的阿拉曼戰役的開場，如此偉大的戰役，這樣實力懸殊地對陣，實在對不起觀眾，所以即使是贏了，我們也不用大事替老蒙鼓吹。一九四二年十月二十三日，英軍發動總攻，雖然是明顯劣勢，德軍還是頑強抵抗了十二天，最後，以德義聯軍損失六萬人，英軍傷亡八千人的戰果結束，隨後，英美聯軍在沿海登陸，從東西兩面夾攻非洲軍團，第二年在突尼斯境內大會師，十萬德義聯軍投降，北非戰場贏來巨大的勝利，這也是盟軍第二次世界大戰中第一個完勝的戰場！

北非結束，剩下就是大家都知道的大事年表了，一九四三年七月，英美聯軍在義大利的西西里島登陸，不久，義大利投降，而且很快調轉槍口對德軍作戰。前面說過，義大利軍隊對德國軍隊的最大貢獻是從這時才開始的，基本上，義大利軍隊是無間道性質的，誰跟他家一夥，誰家就很倒楣，反而是做他家的敵人比較有利。相同的時間內，美軍在太平洋戰場節節推進，而蘇聯在經過艱苦卓絕的抵抗後，轉入反攻！

看到戰場的大好形勢，所有的賭盤都確定盟軍會取得最後的勝利，但作為一個卓越的政治家，我們的男主角邱吉爾看問題至少要比一般人超前二十至五十年，他叼著煙斗，開始憂慮大英的未來了。他一手拉攏蘇聯、美國成為反法西斯同盟，這兩家人可不是傻小子，尤其是大鬍子，他家此時承擔著德國主力最兇猛的正面進攻，以史達林的脾氣，老子付出這麼大的代價，就一定要獲取相應的收益，美國本土沒有受到衝擊，美國人除了賺到大把錢，還憑空給自己鍍了一層反法西斯先鋒的金身，江湖地位越來越高，邱吉爾確信，他如果不在此時採取辦法遏制這兩條大鱷的生長發育，將來大英帝國在街坊估計連居委會幹部都輪不上了。

一九四三年底，盟軍商議開闢第二戰場。其實史達林早就發過話，現在德國鬼子守著我一個人打，你們趕緊找個地方把德國人吸引過去啊，不要忙的忙死閒的閒死。可是英美兩國當然是拖延敷衍，陷蘇聯於水深火熱之中。

關於在哪裡開闢第二戰場是個敏感問題，史達林的意思是從歐洲大陸的西部，也就是英吉利海峽跨海登陸，將法國開闢為第二戰場而後蘇軍從東向西打，英美聯軍，當然還加上法國的殘兵遊勇，從西向東打，兩頭夾擊歐洲大陸的德軍，這種打法聽起來不錯，但邱吉爾不幹啊，這種打法的格局，最後的結果就是蘇聯和英美聯軍平分歐洲。對邱吉爾來說，共產主義是傳染病，比甲型流感嚇人多了，如果不能根治，就只好隔離，所以一定要把他們隔絕在東歐，不能讓他們西進。他自己提出了一個主張，在地中海開闢第二戰場，他當時發表了一個最著名的言論，說德國如果是條大鱷，地中海這個位置就是它柔軟的下腹部，盟軍應該一刀切進德國人的小肚子裡。從地中海向北，這個戰場向北延伸，等於是給蘇聯和西歐、中歐間劃了一條防火牆，共產主義過不來，而英國還可以乘機佔領他們一直覬覦的巴爾幹島和南歐的部分地區。

一九四三年底，英美蘇三巨頭終於在伊朗首都德黑蘭見了面，尤其是邱吉爾和史達林這對怨偶，雖然之前兩人書信不斷，保持亦敵亦友的曖昧關係，可真見了面，果然話不投機，而他們爭論的主要內容，就是在哪裡開闢第二戰場。為這事，兩個人幾乎當面翻臉，這中間多虧羅斯福左右斡旋，羅斯福考慮自家的利益，這次沒幫親戚，他站在史達林那邊，贊成在法國開打。既然是三巨頭，兩票對一票的結果，邱吉爾只好含怨簽了字，放棄了自己的主張，而由這一刻，我們也不得不沉痛地告訴老丘同事，這兩家人的崛起已經勢不可擋了！。

一九四四年六月六日，英美法聯軍在風雨中度過英吉利海峽，登陸諾曼第，一個月前後，一百多萬的軍隊重新殺回了歐洲戰場，解放法國，隨後勢如破竹向德國境內推進，第二年，蘇聯紅軍攻佔柏林，德國投降，日本投降，人類歷史上最聲勢浩大的戰爭，最慘烈的浩劫在歷時六年後，終於結束！

這六年的煎熬，可以說在所有參戰各國中，傷得最重的是英格蘭家，為什麼呢，這家人從開頭打到最後，一天也沒休息，本土被炸得稀爛，而整個國家儲備，黃金，英鎊全送到美國去買軍火，為了保護商隊，大英帝國最驕傲的艦隊幾乎損失大半。為了換取美國的援助，英國將紐芬蘭、百慕達、巴哈馬、牙買加幾個軍事要地租借給美國，眼看著小弟老山姆，又得了錢，又得了名聲，還得到戰略利益；東南亞，香港、馬來西亞、新加坡、緬甸相繼落入日本人手裡，印度岌岌可危，最離譜的是新加坡，英格蘭在新加坡南部沿海布下「比聖誕布丁裡的葡萄還要多的大炮」，將新加坡打造為東方第一堅城，結果日本騎自行車從馬來西亞叢林南下，由北部殺進新加坡，新加坡的十萬守軍向三萬日軍繳械，並列隊歡迎日本人入城。新加坡的淪陷，英國人稱為大英軍事史上最大的恥辱。因為英軍在東南亞和印度的抵抗無力，讓這些殖民地國家看清了老大的懦弱本質，所以第二次世界大戰後，紛紛劈腿，脫離大英的門牆。與英國的無力保護相對應的，恰恰是美國人的孔武善戰，太平洋上的幾次勝利，奠定了東南亞各國解放的基礎，也多虧美國的艦隊，英國人總算保全了最心痛的印度，所以美國人的形象在戰後的亞洲自然異常高大完美。

而蘇俄呢，本來他家遭所有街坊不待見，可人家正面抗擊納粹最猛烈的襲擊，驍勇頑強，鐵血真漢子，從來人類崇拜英雄是跟主義無關的，蘇聯這一戰，為自家打造了很好的形象，也為自己打出了意想不到的國際地位。

老大總是少數，新人躥紅，肯定舊人就哭泣了，美蘇的大國崛起，英法顯然就悄然沒落，如果不是戰後那個非常人道慈善的「馬歇爾計畫」，歷史上的世界首富不列顛只怕就窮倒閉了。英國人委屈了，法國人活該啊，他們投降了，可不列顛，仗沒少打，人沒少死，血沒少流，錢沒少花，怎麼忙到最後成配角了？冤啊！冤嗎？這是國運啊，我們陪伴不列顛走過了一百多年的輝煌，烈火烹油，鮮花著錦之盛，再炙熱的太陽也有下山的那一天。我們都還記得，日不落這枚豔陽冉冉上升時，不列顛家的當家是一位精彩的女王——維多利亞，現在，不列顛走向垂暮時，大英的王權又落到一位女當家手裡，現在看來，這也算是一位精彩的女王。

70

第二次世界大戰打了六年，盟軍的三位老大自然要經常聚會增進感情，保障合作關係。英美蘇三巨頭在第二次世界大戰期間的碰頭會共有三次，相比他們第二次世界大戰前後的關係，這三次碰頭，基本還是氣氛良好，但是別指望這個三個老頭態度好啊，且不說會議中經常吵紅臉，但說開會前開會地點和開會時間都是他們要爭執的內容。

第一次，一九四三年的德黑蘭會議，重點討論第第二次世界大戰場的問題，為什麼在伊朗德黑蘭呢，因為史達林說了，我出來開會，家裡的事不能不管吧，我要電話遙控呢！是啊，他家是抗德主力，大鬍子是總司令，不能讓他藉開會之名怠工對吧。當時的科技，從莫斯科拉電話線或者是電報線，最遠到德黑蘭，所以就選擇這裡了。

第二次，一九四五年二月雅爾達會議，雅爾達在蘇聯的克里米亞半島上，顯然又是史達林選的地方。為什麼又是他，他嗓門大啊，我現在打德國佬忙死了，哪有工夫跟你們去旅遊景點開會啊，就擱我們家開了，別囉嗦，忙著呢！這次會議當然是確定了德國人必須投降之類的事，最可憐的是羅斯福老爺，此時的他比秋風中的樹葉還要虛弱，從美洲山長水遠來到雅爾達，吃盡了苦頭，這次會議開完不到兩個月，老爺就仙逝在第四任總統任內，搞不好就是這一路折騰的。

第三次，一九四五年中，德國已經投降，小日本還在苟延殘喘。又張羅開會的事了，邱吉爾怕了史達林的大嗓門，杜魯門剛上班，也覺得大鬍子挺凶悍的，算了，你說在哪開就在哪開好了，於是史達林很得意地選擇了德國西南的波茲坦。這次開會地點不吵架，開會的時間又扯皮了。為什麼呢，英國七月份大選，老丘的意思，能不能六月份把會開了，七月份他好回去競選連任，雖然對大選他沒什麼心理壓力，而且信心滿滿自己會以抗戰英雄的身分再次成為內閣首腦，但是大選這東西，還是適當重視比較好。杜魯門不幹了，他要求七月中旬開會，他又是什麼事呢？老山姆家的事比大選嚴重多了，他家計畫在七月十六日引炸原子彈！杜魯門第一次見史達林，心裡沒底氣，自己如果成功引爆原子彈，談判的時候腰桿自然硬氣點。大鬍子講道理，既然開會地點是蘇聯訂的，開會時間就杜魯門說了算吧，後來的事我們也知道，杜魯門以為放出原子彈的新聞會嚇得史達林跳起來，結果史達林臉上什麼反應也沒有，整得美國人特別沒勁，比講了個冷笑話還尷尬，好在後來原子彈在日本家發揮了巨大的威力，否則真沒面子。

大家注意啊，回顧這三次會議，老丘能說了算的事幾乎沒有，最後連杜魯門這種新丁的地位都趕不上了，這說明什麼？說明不列顛家真的顛不起來了，國家牛不起來了，個人再牛也白搭了。雖然名義上還號稱三巨頭，老丘怎麼看，都像是列席會議的，最多是座位比較靠前而已，老爺在參加雅爾達會議的時候，是這樣描述自己的處境的：「我的一邊坐著巨大的北極熊，另一邊坐著巨大的北美野牛。中間坐著的是一頭可憐的英國小毛驢。」

回到英國，雖然老丘很胖，在國際上保持一副豐衣足食的模樣，可其實英國真是赤貧了，窮到什麼程度呢，據說王室一家每天就是吃點兔肉，國王嫁女兒，女婿連件新衣服都沒有，美國政要造訪英王，最受歡迎的禮物就是食品！戰爭期間，英國君民上下一心，勒緊褲帶，全力支持前線打德國，要不然會亡國啊。全世界的老百姓都有這個善良，國家存亡面前，個人的利益都可以放下，英國的百姓也一樣，在抗擊德軍，保衛家園這個信念下，挨餓受凍毫無怨言，絕對不會找政府麻煩。隨著戰爭結果越來越明朗，老百姓開始擔憂了，仗打完了，生活會有所改善嗎？能找到工作嗎？多久能恢復正常的生活呢？英國人質疑這些事的焦點，當然就是質疑邱吉爾。他是戰鬥英雄沒錯，他帶領英國頑強的戰勝了敵人也沒錯，可他的「戰爭販子」形象太深入人心了，幾乎所有的英國人都認為，這個老夥計在戰時幾乎是上帝，可進入和平時代，跟著他沒什麼好日子過。

一九四五年七月二十六日，英國戰後第一次議會大選揭曉，老丘自己都目瞪口呆，他代表的保守黨取得了議會兩百一十三個席位，而工黨卻獲得了三百九十三個席位，工黨獲得了組閣的權利，老丘作為保守黨領袖自然要辭職給對方騰地方。新首相艾德禮上任第一件事就是奔赴波茲坦，繼續老丘沒有完成的元首碰頭會。史達林笑眯眯地看著英美開個會輪番換人，心裡為自己的獨裁統治萬分得意，而作為三巨頭中最老資格的巨頭，他嗓門自然更大了！

說到第二次世界大戰後英國的國內狀況，稍有同情心的人都要掬一捧熱淚啊。為什麼呢，又窮又亂，最糟的是，政府也彷徨，不知道何去何從。要說解決經濟問題，不列顛家還真不缺人手，大家還記得吧，歷史上最耀眼的那幾個經濟學家都出在他家。

第一位宗師級的，約翰．亞當斯，他提出了那個讓英國快步進入自由資本主義的自由理論，第二位教父級的應該是凱恩斯。這個夥計我們之前介紹過，當然是個牛人，牛到什麼程度，傳說他去阿爾及利亞旅遊，當地小孩給他擦皮鞋，他同行的人看小孩子可憐，都不吝嗇地多給些錢，只有凱恩斯出手極小氣，到底給了多少錢不知道，反正後來擦皮鞋的小孩拿石頭丟他。別人責怪他摳門，他說：「我不會貶抑貨幣的價值！」他給全世界的同行帶了個好頭，後來華爾街的精英都以他為榜樣，貪婪無愛心，還振振有詞滿嘴歪理。

凱恩斯最牛的著作就是那本《就業、利息與貨幣通論》，這本書提出的理論和亞當．斯密相反，他認為政府應該干預經濟，刺激消費，增加就業。他還有另一個故事解釋他的觀點，他去美國旅行，住酒店時，他發現他的朋友很謹慎地擺放毛巾，怕使用時弄混了，凱恩斯走過去，一把把所有的毛巾丟在地上，說：「毛巾亂了，自然需要人來收拾，這樣可以增加就業！」他的想法就是，政府應該經常出來把毛巾搞亂。凱恩斯自然不是浪得虛名，第二次世界大戰中的英國，物品匱乏，於是實行了國家配給制，生產生活資料都有政府統一調度，憑票供應。在這個政策下，第二次世界大戰期間，雖然英國人生活得很不好，但是物價穩定，薪資還略有成長，最要緊的是，這樣困難的情況下，居然沒有出現饑荒！於是，凱恩斯的這本巨著，自然成了英國人的聖經了。

保守黨在第二次世界大戰中表現卓越，工黨想從他們手中搶權，殊為不易，所以大選前，工黨開始給老百姓開支票。大概內容就是承諾給英國人一個福利國家，什麼福利？失業津貼，住房，醫療。對老百姓來說，有工作，有地方住，看病不花錢，這樣的國度就已經完美了。就是這個福利承諾，讓工黨勝利站上權力巔峰。

開了支票要兌現，先把醫院收歸國有，國家的醫院看病不要錢；接著民航、鐵路、煤炭、鋼鐵、電力等公司全部收歸國有，國家好統一調配。「地主們」這時大笑起來，工黨玩社會主義啊！對，工黨的確是玩社會主義，大家同情一下吧，如果不是逼入絕境了，人家豈能出此下策啊，史達林玩社會主義遭到他們多少鄙視啊！

社會主義好啊，社會主義才能救中國，可惜，救不到英國。從實行社會主義開始，工黨內部也嚴重分化，一個資本主義國家向社會主義國家過渡，肯定會遭遇激進派和保守派兩種勢力，所以福利國家還沒整出個態勢，工黨內訌，保守黨趁著對方內亂，一舉奪回失地，七十七歲的邱吉爾再次當選英國首相！一九四五—一九五一年這六年，老丘雖然在家待崗，但我們知道老爺沒閒著，一直活躍在國際政壇上，一九四六年還發表了著名的鐵幕演說，一手拉開了東西方冷戰的大幕。

保守黨再次上台完全是工黨的內耗，政見上並沒有什麼新內容，工黨的福利國家政策既然得到老百姓的認可，保守黨接著幹。於是英國捧著凱恩斯的書，一步步照著教父指點的路子，希望盡快走出戰後的低迷。走著走著，越來越不對，越走越低迷了，低迷出毛病了，還是個奇怪的沒見過的病，所以大家給起個名字叫「英國病」。

英國病什麼症狀？專業名詞叫「滯漲」，聽上去像消化不良，就是指禍不單行。一面物價飛漲，一面還發展停滯。這是個很古怪的現象，因為根據最基本的原理，經濟蕭條，工廠倒閉，工人失業，沒錢買東西，物價應該下跌啊，怎麼沒人買還飛漲呢？凱恩斯的書解決不了這個問題，後來人們發現，導致這些問題的，還就是凱恩斯那個擴大消費的概念。

國家要刺激消費，當然就要增加公共支出，公共廁所收費，首先要有公共廁所吧。加上現在是福利國家，老百姓吃喝拉撒都要錢，失業了還要給失業津貼，這筆錢哪裡來呢？收稅啊，提高稅率，企業稅交多了，成本自然提高，生產出來的產品價格當然也就居高不下，就這樣，終於衍生出英國病這個怪胎。

疑難雜症，誰知道怎麼治啊，老百姓有病找醫院，國家經濟有病，只求上帝能安排個腦子清楚手腕俐落的當家人下來，改正所有的錯，讓英國人重新來過吧！上帝聽見了英國人的祈禱，只是，這個當家這時候還年輕呢，英國人再遭幾年罪吧，讓這個救星長大點再天降大任給她。

戰後的近四十年，病中的英國在大海中飄搖，也不是一點高興事沒有，大家也要找樂子啊，讓貧寒的日子增加點亮色，給陰冷的倫敦帶來一道暖陽！這一道暖陽來自白金漢宮，公主大婚了！

戰時英王喬治六世算不上一個很有魅力的英王，比起他的哥哥溫莎公爵，還真不具備特別的個人魅力，還有點口吃。不過越是這樣不花哨的人越適合共患難。白金漢宮遭到轟炸，第二天，他就站在廢墟中向倫敦人民致意。白金漢宮在戰時過著比老百姓強不了多少的日子，而當時很多英國貴族都將兒女送到加拿大躲避戰禍，喬治六世一直將兩個女兒留在倫敦，遇到轟炸一起鑽防空洞，公主跟倫敦人民一起挨餓受凍。他的表現感動了英國上下，喬治六世也獲得了巨大的民眾支持和愛戴，而那兩個在戰爭中吃盡苦頭的公主，也成為英國人最心疼的寶貝，其中最受人關注的，自然是長公主，伊麗莎白。

伊麗莎白生於一九二六年的四月二十一日，這個日子是實際生日，而英女王有個官方的生日，曾經是公共假期，則是在六月中旬，這樣是因為倫敦的天氣六月比四月溫暖晴朗，利於慶典或者放假。雖然她父親喬治六世當時不知道自己會接哥哥的位置成為英王，但因為溫莎公爵走馬燈似的風流韻事居然沒有弄大別人肚子的紀錄，所以英國人已知也生不出後代了，伊麗莎白很小的時候，就已經被當作假定王位繼承人看待。第二次世界大戰開始後，公主那清秀的，蒼白的小臉經常出現在倫敦的各種報刊上，被當作王室與百姓共進退的代言人，小公主幾乎是在所有英國人的憐愛中長大。不過，這可不是個嬌滴滴的小丫頭，還未成年，就參加了各種戰爭後勤工作，十四歲那年，她用稚嫩的聲音向全歐洲演講，告訴大家，所有的困難都會過去，她願意跟所有人一樣承擔戰爭的殘酷。說到做到，十六歲的公主成為近衛軍團一團的榮譽團長，一九四五年，十九歲的公主更是參加了後勤保障車隊，成為一名卡車司機，軍銜少尉。第二次世界大戰結束那天，倫敦狂歡，伊麗莎白帶著妹妹混在人群中，歡呼跳躍，她就是個普通的小姑娘。

普通的小姑娘到時間會戀愛的，伊麗莎白初見當時的希臘王子菲力浦只有十三歲，一見鍾情就這樣開始了。雖然菲力浦家世一般，四個姐姐有三個加入了納粹，可不妨礙這對遠房表兄妹之間的異地愛情，此時的王室對繼承人的婚事已然比較開放，經過溫莎公爵的事，英國人也知道，國王也是人，不能逼太狠，當然我們也遺憾地看到，英王室的婚姻尺度一放開，就一瀉千里，緋聞不斷，還有愈演愈烈的趨勢。

一九四七年十一月二十日，公主大婚，雖然以當時英國的經濟條件，王室不敢鋪張浪費，甚至連新郎的禮服看上去都是舊的，相比後來查爾斯王子的世紀婚禮，伊麗莎白公主的婚姻顯得頗為寒酸，而結婚前，為了公主的禮服要去法國訂購絲綢的事，王室還遭受了一場輿論譴責。但是，無論如何，這是大戰結束後英國人的第一次慶典，雖然天氣不好，失業率還在不斷增加，可狂歡的心是誰也擋不住的。整個英國為公主的婚事歡騰了整整一個星期，多少滌清了些戰後的淒風慘雨。而這場婚禮首次被拍成紀錄片全球轉播，也開闢了讓英王室家的紅白喜事成為地球人飯後談資的先河。

駙馬爺是現役軍人，當然還是要外派基地上班，婚後的伊麗莎白很快生下查爾斯王子和安妮公主，跟許多夫妻分居兩地的夫婦一樣，公主將孩子丟給公婆，自己沒事就到基地去找老公。一九五一年，喬治六世被發現肺癌，伊麗莎白不得不接下了替父親外訪的任務。一九五二年二月六日，伊麗莎白公主和菲力浦駙馬造訪非洲肯亞，他們選擇住在「樹頂飯店」，也就是住在一棵大樹上，從樹上看下去，非洲蒼茫的原野上，大象、犀牛、羚羊快樂地奔跑，伊麗莎白和菲力浦帶著最輕鬆的心情坐在樹上迎接這片神奇大地的日出，這恐怕是她人生中最後一個自由而愜意的夜晚，因為伴隨太陽升起的，是她身分的變化，日出時，她不再是伊麗莎白公主，而是伊麗莎白女王！

71

伊麗莎白二世登上王位了，我們終於說完了從諾曼第的威廉登陸不列顛島後，英倫大地上起起落落的四十三任英王，而伊麗莎白是第七位女王。

第二次世界大戰後英國雖然沒落了，但是大戶人家就是大戶人家，虎死，架子不倒。要知道，這時候，地球上至少還有四分之一的人口是這個年輕女子的臣民。好在此時的英王是這個世界上頭銜和實質最不相符的職位，基本不用帶腦子上班，只要保持一個親善友好的笑容就行了，相當於形象代言人的角色，英國議會經過幾百年的鬥爭，已經把國王訓化得非常得體，一些缺德的歷史學家說，就算議會通過了將英女王斬首的決議，女王也只能含著笑在這張決議上簽字，什麼意見也不能有。所以啊，這樣的一個職務，年輕女孩子反而容易勝任，只要首相靠譜基本能相安無事還相得益彰。

上篇說到，邱吉爾再次政壇崛起成為首相，與伊麗莎白女王組合成英國政壇經典君臣搭配，我們還可以回憶起，維多利亞女王剛上班時，她碰上的首相也是個老爺，老爺對小姑娘總是很耐心的，而且老人家的的智慧和經驗可以幫助一個年輕女王快速適應自己的新身分。不過，根據我們之前的介紹，此時的大英帝國，大勢已去，神仙也救不了。除了內部經濟的衰敗和國家的貧窮，第二次世界大戰後英國遭遇得最傷心的問題，還是海外小弟的瘋了一樣鬧分家，那些大英治下的殖民地，彷彿是開會商量好了一樣，挨著個的組團造反，不跟大英混了！

下面，讓我們陪著伊麗莎白老奶奶一起，含著熱淚，歷數這些不肖的傢伙，如何掙扎出大英的版圖：

最讓英國人哭得傷心的，當然是印度，南亞大陸獨立成印度、巴基斯坦和孟加拉三個國家，不過這三家人還是頗為厚道，覺得這樣做讓老領導太難堪，人家把自己當皇冠上明珠的顯擺了三百多年，沒有功勞也有苦勞，多少還是留點面子好，於是，這三家願意留在英聯邦內與大英平起平坐。英聯邦雖然人數不少，聽起來也聲勢浩大，但基本不算街道上比較有勢力或者破壞力的幫派，加入英聯邦不過是告訴英格蘭家，現在雖然我們分家單幹了，也不會完全不理你，至少沒什麼大事不與你為敵，碰上街坊打群架罵街什麼的，多少還能組個啦啦隊幫著喊喊加油什麼的。

這是很有效率的解決問題的思路，給了好面子的英國人一個退步的地方，所以，好多小弟就照先後都按這個模式獨立。而英國人也給自己定了個模式，但凡殖民地想獨立，就利用各種矛盾阻擾破壞，很多地方，不列顛發現局勢已經不能控制，就撒丫子走人，留下一個爛攤子，誰愛接誰接，比如巴勒斯坦（參看巴以恩仇篇）。歷史走到今天，大半個世紀過去了，巴勒斯坦地區毋庸置疑是地球上最脆弱最危險的地方之一，而印巴地區也從不消停，這些個街坊不安定因素，幾乎都可以將部分或者大部分責任推到不列顛身上，此時的他也只能聳聳肩表示遺憾，現在他家更不可能對這些地球大事負責了。

不過，不列顛也不全是安靜撤退，五〇年代，英國政府還是摩拳擦掌預備對造反的小弟殺無赦的，只要有獨立的苗頭，他家就派兵血腥鎮壓，以彰顯帝國天威。

在東南亞，第二次世界大戰期間，新加坡的英軍創下了震驚全球的離奇的投降紀錄，而日軍縱橫馬來西亞，英軍自然也沒有還手之力。馬來西亞共產黨領導幾千人的游擊隊在叢林中跟日軍死磕，留下了悲壯而偉大的戰績。可是日軍投降後，英國人沒有任何不好意思地跑回來，再次宣布馬來西亞還是他家的小弟。有人欺負自己，老大不能幫自己出頭，這樣不講義氣的老大有個鬼用啊，所以馬共當然是拒絕再跟英國人玩。打日本人不行，打馬共那千幾號人，英國人還是自信的，於是，二十五萬英軍進入馬來西亞，跟馬共一萬人不到的游擊隊一口氣打了七年，人家英軍是有誠意的，因為這二十五萬的軍隊，幾乎是當時英國常備軍隊的三分之一了，馬共幾千人的軍隊自然不是對手，七年的戰鬥，如果單從打架的角度看，不列顛肯定是贏了，不過贏家的獎品是讓馬來西亞獨立了，狠讓人懷疑這七年戰爭的意義。

馬來西亞開打不久，非洲的肯亞又鬧起來了。肯亞位於東非，家裡多半是沙漠，但是大約有六分之一的部分卻濕潤多雨，土地肥沃，農業發達。十九世紀後期，英國將肯亞收入囊中後，將這塊肥沃的土地視為糧倉，鼓勵大量的白人向此間移民。這些歐洲人肯定不跟當地人客氣，迅速將最好的土地最肥沃的區域都劃到自己家院子裡，而大量的肯亞土族失去土地，流離失所。一九五二年，東非大地上出現了當時最火最出名的農民武裝，因為他們以「茅－茅－」的叫聲互通消息，於是就得了個名字叫「茅茅」，這支起義軍聚嘯山林，殺富濟貧，趁月黑風高襲擊白人的農場。為了鎮壓這幫土匪，英國人又是大手筆，四年的時間，花掉一點五億英鎊，幾萬軍隊和員警投入肯亞剿匪，飛機天天轟炸，只要看到非洲人，不論是不是茅茅，一律殺掉，這一輪屠殺，英國紳士一點沒保留自己的形象，酷刑逼供的，集體屠殺的都有明確記錄，據說當時英國人高額懸賞捉拿茅茅，胳膊腿各身體器官都有明碼標價，肯亞大地死人無數，好在鎮壓起義成功，茅茅基本被打散，只是，幾年後，肯亞還是獨立了。

諸如此類，非洲的尼日利亞，加納，地中海上的賽普勒斯也在英國大打出手，勞民傷財好幾年後，宣布獨立。

回顧五〇年代英國人出門鎮壓小弟的歷史，我們不得不對英國抱以深切的同情，不論是個人還是國家，只要開始走背字，就會處處受制，丟掉土地還是小事，丟了老臉可是大事，這段時間，終於有一件事，讓不列顛在全世界的目光中徹底丟了一次人，而這次也讓他家深刻體會到，夕陽西下的無奈和落寞。

話說第二次世界大戰後，英國迫於埃及國內的反英壓力，不得不將勢力撤出了埃及，而埃及也在五〇年代初成立了共和國。國家獨立了，有條國家命脈還在別人手裡掌控著，那就是蘇伊士運河。一九五六年，剛上班的埃及總統納賽爾宣布，將蘇伊士運河收歸國有。大家都知道，蘇伊士運河的股份幾乎都在英法手裡，這兩家的意思是，埃及不要了，蘇伊士運河自己還想留著。哪個埃及人會答應這種要求啊。眼看著好不容易搶來的寶貝要被主人家要回去，人類社會解決這個事的歷史辦法就是下狠手，最好是除掉原主人，永遠霸佔寶貝。這一段大家都熟悉，可以參看巴以恩仇篇，英法非常卑鄙地挑唆並夥同埃及的死敵以色列一起，對埃及下黑手，想三個打一個推翻當時的埃及政府。原來說過，第二次中東戰爭雖然只打了不到半個月，可對世界格局的影響卻是巨大的，可以說是在第二次世界大戰後，首次在全世界人民的目光中，確定了誰是真正的街坊老大。

英法讓以色列先動手，等兩邊打得不可開交，這兩家再以保護運河的名義進駐，力求將一件下作卑鄙的事做得道貌岸然。可惜，以色列一動手，全世界都知道這三家的目的了，全球正義的呼聲都是譴責英法的行為，其中聲音最大最有效的，就是蘇俄和美國。蘇俄做事比較直接，他家公開宣布，英法不停手，蘇俄就對英倫三島實施核攻擊，而美國則是宣布全球美軍進入戒備，拿槍頂著以色列讓其停火。以色列不打了，英法也只好停手，灰溜溜地回家，還讓全世界的報紙用各種語言在頭版頭條譴責羞辱了一回，丟人丟到奶奶家。埃及順利拿回了蘇伊士運河，並發現了蘇俄這家真朋友，夠義氣，後來就跟著蘇聯混碼頭。

這個事件之後，英格蘭家關上大門，在家裡沉痛地宣布，這個地球已經不是不列顛的地球，日不落帝國已經是昨日黃花。當時的首相，是邱吉爾最信任的左右手，著名的帥哥艾登，他在邱吉爾八十高齡辭去首相一職後接棒上任，因其英俊瀟灑的外型成為街坊最受矚目的政客之一，如果不出意外，漂亮的女王搭配英俊的首相，是一個對英國形象很有利的高端組合。可惜蘇伊士運河事件鬧得太難看了，根據歷史經驗，一個國家如果丟了人，肯定不能全民背黑鍋，一定要把主要責任人揪出來處罰，而艾登作為一個小白臉，智商和美貌顯然不匹配，是個不識時務看不清形勢的蠢蛋，讓他趕緊下台！接班上任的首相麥克米倫非常理性地開始逐步從各殖民地撤出，不再作無謂的堅持，這一段時間，英國幾乎所有的非洲殖民地獲得了獨立。

不列顛的殖民地太多了，從第二次世界大戰到二十世紀末，還是不斷地有國家獨立出來，比如八十年的辛巴威，還有加勒比海，印度洋和太平洋上的島嶼，陸續地獨立成為一些小國，而進入九〇年代，最令英國人心痛的，大約就是無奈地交出了香港，跟蘇伊士運河一樣，還有什麼比收在自己口袋裡的東西被主人要回去更讓人心痛的事呢。

英國的崛起與他家龐大的海外市場和殖民地掠奪分不開的，如今原料產地和市場都沒了，戰後的創傷更加深重，伊麗莎白二世頂著皇冠，憂心忡忡地看著工黨和保守黨一輪輪地替換著首相，國家經濟卻沒有起色，時間已經進入了八〇年代，女王已經走過了自己最好的年華，年過半百滿頭銀髮的女王發現，原來英國的轉機在另一個女人手裡，這個女人比她還年長一歲，這兩個加起來一百歲的女人組合，將為英國帶來一輪復興的希望！

72

先講一個上世紀八、九〇年代著名的英國笑話。說一個小男孩和一個小女孩一邊玩過家家一邊閒話，女孩子問男孩子：你長大了想幹什麼啊？男孩子非常自豪地說：我要做首相！女孩子張著嘴困惑了半天，最後終於問了一句：難道男人可以做首相?!

這女孩子顯然是生長在柴契爾夫人當政的那十一年間，一個強勢的女人首腦形象已經深入了她們的心。既然這一段的英國歷史，柴契爾是當仁不讓的主角，我們就研究一下鐵娘子到底是如何煉成的，讓我們回到一九二五年，那時候，柴契爾夫人的名字叫瑪格麗特．羅伯茲。

一九二五年十月十三日，瑪格麗特出生在英國林肯郡的格蘭瑟姆，一個河畔小鎮，家裡開著一個雜貨舖。別小看瑪格麗特的父親艾爾弗雷德啊，這老夥計天天守著個小鋪子打著算盤，賣些醬油火柴衛生紙忙得不可開交，人家可不是一般的小老百姓。艾爾弗雷德是有著巨大的從政熱情和政治野心的人，以至於不僅將雜貨店經營得風生水起，自己還步入政壇，從議員一直做到了格蘭瑟姆的市長！雖然從一個開雜貨舖子的到成為一市的父母官是個很牛的進程，但比起培養了一個女首相這個成就，也就不算什麼了。根據柴契爾夫人的自傳，從小對她影響最大的，就是父親對政治的熱忱和不斷進取，而這位父親，不僅自己要求進步，對女兒的教育也是比較嚴苛的，雖然有兩個女兒，不知道從什麼時候開始，他就感覺瑪格麗特最能得到他的真傳，成為一個政治家或者至少成為一個政客。

瑪格麗特從小家裡不窮，不過政治家父親注意操守，生活得異常簡樸，女兒當然也不能鋪張浪費，以至於瑪格麗特貴為首相，不斷出現在各大時尚雜誌的封面時，她的穿衣戴帽都跟她服務政黨完全搭配，那叫一個保守。

平時在雜貨鋪子幫手，週末隨父親去教堂活動，這家人屬於基督教的衛理宗，最著名的教義內容就是：平安喜樂的心。父親對女兒的教化是真有針對性的，就是指引瑪格麗特對政治的興趣，而這位著名爸爸最著名的教誨就是讓瑪格麗特保持獨立思想獨立人格，不要人云亦云。於是，瑪格麗特的學校生涯，同學都出去玩了，她堅持學習，讀書，泡圖書館，唯一的課外活動就是彈鋼琴，算是素質教育的內容。看得出，老羅伯茲培養的不是政客，而是寂寞！

這樣的家教肯定是出優等生的，優等生不是劍橋就是牛津，瑪格麗特進入了牛津化學系，並且非常自然地加入了牛津大學的保守黨社團。這當然還是父親的影響，老爺雖然是個自由黨派，可長期親近保守黨。畢業後的柴契爾找了份很甜蜜的工作，在一間公司的研究所，研究軟化冰淇淋，以她的聰明才智，如果不是因為沉迷政治，搞不好能開發出英國的哈根達斯來。

瑪格麗特在牛津成為保守黨組織的主席，她利用課餘時間到處參加保守黨的活動，認識了不少黨內資深政客，老同志們覺得這個二十出頭的小姑娘還是可以重點培養，於是二十四歲那年，她被提名為肯特郡的保守黨議員候選人，這大約是英國歷史上最年輕的女候選人，瑪格麗特沒創造奇蹟，她第一次參加大選，並第一次嘗到了落選的滋味。不過由此時起，我們發現，瑪格麗特引起上帝的注意，並一直得到他老人家的無比眷愛。落敗的這天，瑪格麗特搭上一位男士的順風車回倫敦去，這位風度翩翩的帥哥明顯一開始就注意到她了，這一路聊下來，兩人竟然有大量的共同愛好，愛情，就在這短短的旅程上萌芽了。這位男士大名叫鄧尼斯．柴契爾。

柴契爾先生是個剛離婚的鑽石王老五，經營著壁紙和塗料之類的生意，家道殷實，可堪婚配。唯一的麻煩在於，柴先生是個二婚啊。男人有錢，結婚離婚本是小事，那怕他離婚十次也不構成缺點，可柴先生不行啊，他跟瑪格麗特一樣，是衛理宗的，這一教派對離婚反應還是比較極端，瑪格麗特的家庭是出名虔誠的教徒了，自然也不肯把女兒嫁給一個離過婚的男人。家裡社會政黨內部都反對，按照瑪格麗特一貫的虔誠態度和保守作風，她應該是忍痛了斷，再找個王老五去，可瑪格麗特出人意料地沒有低頭，而是非常堅定地嫁給了鄧尼斯，正式成為柴契爾夫人。要不怎麼說上帝眷顧呢，娶柴契爾之前，鄧尼斯也算保守黨內的積極分子，否則他不會出現在選舉現場，結婚之後，他彷彿就淡出政壇了，所有關乎政治的事，他從不摻和，也不亂說話。一般的男人對自己的老婆從政拋頭露面，總會多少有些微詞，而鄧尼斯居然是大力支持自己老婆在政壇上殺伐。於是我們猜測，鄧尼斯出現在保守黨的競選集會上，他就是奔著找老婆去的，而後半生的最大享受，就是欣賞老婆玩政治！所以可以說，鄧尼斯是上帝為瑪格麗特在地球上選擇的唯一絕配！婚後不久，上帝非常體諒柴契爾太太作為一個政治人物的辛苦，十月懷胎對她來說實在是奢侈的浪費，於是一次安排她生下兩個孩子，並且一男一女，龍鳳呈祥。結婚生子，柴契爾夫人快速了卻了一個女人一生的頭等大事，剩下的人生，就是到男人的世界去了卻大事了。

在歐美政壇混，最好的專業是學法律的，律師和政客幾乎是一體的，柴太太生下龍鳳胎的那一年，撒先生支持太太考到了律師執照，並很快成為一個稅法方面的專家。要說柴契爾夫人最初名動江湖，大概應該是一九七〇年，保守黨的希思首相組閣，柴契爾夫人成為教育和科學大臣。此時的柴契爾鋒芒初露，為了削減教育開支，她居然取消了小學幼稚園的免費牛奶供應！這個事在當時引發了不少的示威和抗議，一般人認為，柴契爾作為一個女人，下不了這種狠手，可後來的事實證明，柴契爾之所以能在男人當道的歐美政壇打出自己的天空，靠的就是敢下狠手。

一九七五年，競選落敗在野的保守黨重新選舉黨魁，柴契爾意外地獲得了成功，成為保守黨的女當家。不久，這位女當家就讓全世界領教了她的厲害，她發表了一個著名演說，說蘇聯人不顧自己國家人民的死活，拿著槍爭奪世界霸權等。此言一出，蘇聯人馬上注意到了這個金髮的英國女人，蘇俄沒想到，英格蘭這種地方，能出這樣強悍的女人，這分明就是繼邱吉爾之後又一個愛放炮，而且對蘇聯及社會主義懷有明顯敵意的英國人。蘇俄也不客氣，霎時間給柴契爾起了一票綽號，表達不滿，這中間自然有些「巫婆」之類的人身攻擊，不過最精彩的一個是說她「鐵女人」，這個外號顯然比較中性偏褒義，全世界也都接受了，傳到中國，以中國的文字美化一下，柴契爾就變成了「鐵娘子」。

一九七九年，因為工黨對當時的經濟問題束手無策，內部也矛盾重重，讓保守黨有了可乘之機，柴契爾一舉獲得大選勝利，入主唐寧街十號，成為英國，乃至歐美社會第一個女性的政府首腦，而這個首相的位置，她一坐就是三屆，整整把持英國朝政十一年！

第二次世界大戰到柴契爾掌權之前，不論是保守黨還是工黨，對於那個棘手的英國病，和低迷頹敗的英國經濟都沒有實質性的治療辦法，所以兩邊輪流坐莊，換著做實驗。而柴契爾在位，除了以她女性的首腦身分為英國歷史留下許多紀錄外，還有一項殊榮，就是她的施政綱領被冠以「柴契爾主義」這樣一個大名，而在她之前的英國首相，還沒有人有這個榮幸，我們因此可以知道，顯然是柴契爾的治國辦法取得了成效。讓我們來看看這個大名鼎鼎的「柴契爾主義」是個什麼東西。

前面說過，英國病的成因，很大程度上是因為福利社會的制度和凱恩斯的國家干預的理論。大家都知道，福利社會這東西，就是包攬老百姓生老病死所有事宜，包攬的時候皆大歡喜，萬一變卦想收回來就怨聲載道。好在柴契爾是不怕得罪人的，她下得了狠手。柴契爾主義包括四條內容，第一，私有化，改革國有企業，將其出售給私人，並鼓勵私人企業進入原來只能國家經營的產業；第二，控制貨幣供應量，大幅提高利率以抑制通貨膨脹。減少國家干預，充分發揮市場機制調節作用。這兩條，基本就是將凱恩斯的理論打為廢紙，英國告別了社會主義，回歸自由資本主義。第三條，削減公共福利開支，教育，醫療之類的事務，該出錢的出錢，該正常經營的項目，誰也不能白給，別把一個資本主義國家做得比共產主義還共產；第四條，打壓工會；進入福利社會後，英國的工會太得瑟了，一天到晚的叫板，歷屆政府還都不敢惹他們。柴契爾出馬，但凡工會囉嗦，一律翻臉，沒有協商的時間和餘地。

柴契爾主義果決強硬，一出台，英國社會譁然，而且最初的兩年，更是將英國經濟砸進了谷底，引發了更多的失業和衰退。好在後來的事實證明，柴契爾讓英國經濟快速起底，是為了最強勁的反彈。八〇年代中期開始，英國經濟逐漸復甦，慢慢向好，到八〇年代末期，英國的經濟成長率超過了歐美國家的平均水準，大家都公認，柴契爾這幾招，基本可以算是治癒了那個疑難的英國病。也就是經濟問題上的大膽突破和成就，讓柴契爾在後來的兩次大選繼續獲勝。

柴契爾主義讓我們在經濟領域領教了鐵娘子的硬朗強悍，在她任內，還有一起重要的軍事事件，讓不列顛重溫了久違的大國容光，讓我們知道，即使是用兵，柴契爾也比男人下得了狠手，我們要說的，是一九八二年，著名的英阿馬爾維納斯群島戰爭，簡稱馬島戰爭（又稱福克蘭戰爭）。

馬島位於南大西洋，阿根廷腳邊這個位置。關於馬島如何被發現，一直是個扯不清的話題，反正英國堅持說，他們的一個船長在十七世紀的某個時候發現了這個島群，並取名為福克蘭群島。在英法西三國爭奪世界霸權的那幾年，這個群島數次易手，十九世紀，馬島和阿根廷都是西班牙的殖民地。阿根廷在一八一六年獨立，自然也將馬島從西班牙手裡接過來，成為自己的一個省。不久後，有一年，美國人來到這個島上捕獵海豹，跟當地阿根廷人發生衝突，那時的美國雖然羽翼未豐，但對於自己家門口這些個南美國家還是有心理優勢的，一氣之下，將馬島洗劫，並將島上的阿根廷官員一併押走。而老山姆的表兄弟英格蘭配合默契，馬上就乘機進佔了馬島，並宣布這裡成為英國的殖民地，照例伴隨著大量英國人向這裡移民。此後的歲月裡，馬島上的英國人越來越多，英語成為官方語言，汽車靠左行駛，一個南美洲的島嶼，很快被徹底英國化，阿根廷哇啦哇啦叫了好多年，英國人就是不還給他。

第二次世界大戰後，有聯合國了，有說理的地方了，於是，英阿開始談判。就在談判即將有轉機的時候，馬島的海域發現居然有石油，這下英國更加不肯放手了，於是英阿談判就跟地球上其他地區的談判一樣，經常談，就是沒結果。

六〇—八〇年代，阿根廷最熱鬧的就是軍政府輪番坐莊，一些大兵每天搶著當總統，把國家整得一塌糊塗。一九八一年，陸軍司令加爾鐵里上台，面對國內嚴重的經濟危機，通膨失業，加爾鐵里覺得還是應該想辦法讓自己位置坐穩。在這個情況下，他準備鋌而走險，按照地球歷史經驗處理國內危機，那就是向外尋釁，挑起戰爭轉移國內矛盾。而且加爾鐵里知道，如果他能收回馬島，在阿根廷國內，他絕對就是民族英雄一級的人物了。阿根廷收復自家的國土，天經地義，老楊這樣說他，好像不公平，但是，從後來的戰爭進程我們知道，加爾鐵里開打前，幾乎沒有任何外交或者軟硬體上的充分預備，貿然惹事生非，幾乎是為打架而打架，讓自己的軍隊涉險，置國家安全於不顧，以致老楊對於他愛國的居心大表懷疑。

事情開始於一九八二年的三月十九日，幾個阿根廷工人到島上工作，一時愛國熱情膨脹，在島上升起了阿根廷國旗，自然是遭到英國的強烈抗議，英國還派遣駐紮在附近的英軍去威懾了一把。這個事導致加爾鐵里提前實施他的收復馬島計畫。

四月初，阿根廷的特混艦隊出動，非常輕鬆地登陸馬島，並攻佔了機場和港口，空投了四千多軍隊駐守該島，跟英國的其他殖民地遭受打擊時情況一樣，島上原有的兩百多名英軍在象徵性抵抗且無一傷亡的前提下，由總督帶領向阿根廷投降。英國的駐外總督最大的特質就是識時務，投降得非常體面，讓受降者很爽。消息傳回阿根廷國內，舉國歡騰啊，加爾鐵里的鋒頭一時無兩。

跟這個季節的天氣一樣，與南美洲那情暖明亮的天空對應的，自然是倫敦灰霾的陰雨，和所有英國人羞辱憤怒的心。外交大臣當時就引咎辭職，鐵娘子馬上表達了反擊的意願，「好你個加爾鐵里，你欺負我是個女人是吧？你小子給老娘等著！」英國議會很快通過了戰時內閣的成立，柴契爾夫人是主席。大家久違的英國皇家海軍再次整裝出發，揚帆奔赴戰場。

73

馬島戰爭發生在一九八二年，柴契爾夫人以其俐落果斷地出兵決定讓大家知道她不負於「鐵娘子」這個江湖威名。而其實在一九八一年，英倫三島就已經見識過了，這個女人要真下狠手，是會要人命的。

話說第二次世界大戰後，北愛問題繼續困擾不列顛家，愛爾蘭兩派天天火拼，逼得英國不得不在一九六九年派軍隊進駐北愛，希望能控制局勢。誰知英軍一過去，愛爾蘭共和軍找到新靶子了，天天殺英軍，搞爆炸，暗殺政要，反正就是恐怖分子全套手藝。一九七九年，曾經主持印度獨立的蒙巴頓勳爵被共和軍暗殺，震驚了世界，也讓柴契爾夫人確定了對愛爾蘭共和軍絕不退讓的基調。英國政府當時專門安排了一個監獄關押愛爾蘭共和軍的囚犯，一九八一年，這所監獄的十幾個愛爾蘭共和軍人開始絕食，其實他們的絕食要求並不是關於愛爾蘭獨立這等大問題，他們只是希望，對他們改善待遇，能不能不要定性為恐怖分子，最好是能按政治犯的待遇關押他們。這些人實誠，說不吃真的不吃了，眼看著快要出人命了，愛爾蘭方面怕激化矛盾，引起更大的動亂，找各種關係管道透過各種國家向柴契爾夫人求情，讓她稍微通融一下，至少先讓這幾個愛爾蘭人活著吧。誰知，當時在海灣國家訪問的柴契爾夫人回答：「對共和軍囚犯讓步就是給他們頒布屠殺無辜的許可證！」不久，在各國人道主義人士的抗議聲中，第一批絕食的愛爾蘭共和軍全部餓死，第二批人又開始絕食，整整鬧了七個月，先後餓死了十一名犯人，「鐵娘子」一步也沒有退讓！

一九八四年十月十二日，柴契爾夫人在布萊頓酒店參加保守黨的年會，凌晨兩點，飯店發生爆炸，柴契爾夫人的洗手間被炸塌，而她剛剛從洗手間出來不過幾分鐘。整個飯店從上到下被炸了大洞，顯然是愛爾蘭共和軍幹的，就是手藝潮了點。

回到一九八二年，阿根廷人太猖狂了！第二次世界大戰結束後，英國皇家海軍好久沒工作了，肌肉都有些鬆弛，但馬島戰火一起，全世界就發現，地球海域上最一流的海軍絕對不是蓋的，那可是靜如處子，動如脫兔。話說馬島的戰事事發突然，柴契爾夫人在倫敦氣得拍桌子，議會忙活好幾天，急忙忙地派出了以兩艘航母為核心，三十七艘戰艦二十架戰鬥機組成的特混編隊第一梯隊。

這是一場真正的戰爭，可是戰前準備幾乎沒有，作戰方案是什麼，戰艦如何編隊，戰機又怎樣用，英國高層都還沒有詳細的計畫。好在英國人打海戰，是天賦異稟，從英國港口到馬島這一路，一萬多公里的航程上，艦隊的指揮中心制訂了完美的作戰計畫，並做好了戰鬥準備，進入馬島水域時，英國皇家海軍的信心跟船上的風帆一樣的飽滿。

英國國內自然也是全情投入，為保障後勤供應，大量的商船油輪貨船被臨時徵召，當時最著名的豪華遊輪「伊麗莎白女王號」被徵用為運兵船，可根本沒時間拆除船上的豪華裝飾，於是英國的大兵非常舒服地坐豪華郵輪開赴戰場。還有一艘著名的遊船「烏干達號」，正裝了一船學生在地中海享受薰風，收到徵召令後，將學生全部卸在義大利，「烏干達號」以最快的速度返回英國，並被改造成醫療船開赴南美。全世界的目光都是訝異和驚歎的，眼看著皇家海軍高效而有條不紊地進入了戰鬥狀態，讓我們似乎又看見了，當年縱橫大洋的日不落帝國雄風。

四月五日第一梯隊出發，四月三十日，英國的海空軍就完成了對馬島周圍兩百海里的海面空中封鎖，將這片群島圍了嚴實。五月一日，英國的戰略轟炸機光臨馬島上空，一口氣投下一千噸炸藥，差點把小島炸沉。第二天，英國的核潛艇又直接打沉了阿根廷艦隊的旗艦，第三天，又打沉一艘巡邏艇。摧枯拉朽，英國人打得順手，覺得這樣的開頭，連熱身都不算，一點不刺激。

很快，阿根廷海軍就讓英國人徹底刺激了一回。這是一九八二年的五月四日，這一天放在二十世紀所有的戰爭史裡，都算是精彩的一天。先認識這一天的絕對主角，英國皇家海軍的「謝菲爾德號」導彈驅逐艦。這位帥哥可是身價不菲，英國人花了快一點五億美元才把它打造出來，剛服役不久，船身和甲板在陽光下閃閃發亮。他慢慢地遊弋在馬島周圍，派頭十足，又炫又酷。這是當時英國海軍最先進的戰艦，號稱「皇家海軍的驕傲」，在這艘船上服役的英國海軍當然就更驕傲了，他們悠閒地在甲板上聊著天曬著太陽。沒錯，雖然這是戰時，他們還是可以這樣悠閒，因為阿根廷那些戰機只要是從大陸起飛，就逃不過該艦的雷達系統，它可以用最快的速度反擊。人一自大，就容易闖禍，「謝菲爾德號」兀自在海上擺著pose，欣賞自己倒影在水面上的瀟灑身影，完全不知道，他已經被阿根廷的戰機牢牢鎖定了。

中午十二點半左右，「謝菲爾德號」的艦長在艦橋上大喊一聲：導彈！導彈這東西，既然艦長同志都能親眼看見了，地球上的物體基本是躲不過了。英國人眼睜睜看著一道閃光，沿著海面插進了艦身，隨後，「謝菲爾德號」大火熊熊。英國人用臉盆的，用水桶的，用湯碗的，澆了五個多鐘頭，最後發現滅火無效，只好忍痛棄船逃生。這麼貴的東西不能說燒就燒了吧，過了幾天，英國人想把殘骸拉回港口的路上，「謝菲爾德號」絕望地沉入了海底。快兩億的東西啊，油漆味還沒散乾淨就沉了，英國人太敗家了！而且，這麼大一艘船，一枚小導彈就解決了，什麼東西這麼牛啊？

讓我們趕緊來認識整個馬島戰爭最風光最出名的明星——飛魚反艦導彈。造價三十萬美金的小飛魚這一次露臉，霎時間紅透了整個軍事界！法國人最得意，因為是他家的產品。開戰之前，阿根廷跟法國買了五枚飛魚，一直沒捨得用，省了又省的，看到「謝菲爾德號」在海上這麼得瑟，忍無可忍了，於是用了兩架同樣來自法國的「超級軍旗」戰鬥機，帶著兩枚飛魚導彈起飛。這飛魚導彈最厲害的就是超低空略海飛行，幾乎是在浪尖上穿掠，然後一頭穿進軍艦的主機房，帥得一塌糊塗。

「謝菲爾德號」沉沒讓英國人大受打擊，幾乎是全國震驚，張大的嘴還沒閉上，「超級軍旗」再次升空，五月二十五日，正好是阿根廷的國慶日，飛魚導彈送給阿根廷人民的生日禮物就是，一舉打沉了英國一艘巨大的運輸船，多大呢，阿根廷海軍一直以為那是一艘航母！

飛魚導彈雄風乍起，讓英國皇家海軍很受傷，加爾鐵里興奮之餘，心裡也開始忐忑了。飛魚導彈是好用，可不是自己造的，要跟法國人買啊。加爾鐵里這一仗打得急躁，他幾乎任何外交準備都沒有做，他甚至沒想過，一旦開打，其他國家會有什麼反應。戰前他跟法國訂了十五枚飛魚導彈，開打前收到五枚。開打以後，當時的歐共體當然是站在英國人一邊的，馬上宣布對阿根廷武器禁運，法國的供貨合約，自然也被凍結。而柴契爾親自赴愛麗舍宮面見法國總統密特朗，老密作為一個法國男人，絕對不會讓女士失望，當即表決心，絕對不再提供飛魚給阿根廷。老密低估了一個女政客的能量，老密的承諾沒讓柴契爾滿意，她非讓密特朗交出飛魚導彈的技術參數，老密當然不答應，這是國家軍事機密啊，柴契爾當即表示，如果法國不交出來，英國就對馬島實施核攻擊！老密驚得差點心臟停跳，而且他確信這個女人說得出也做得到，老密大局為重，只好將飛魚導彈的一些設計參數，功能資料告訴英國科技部門，讓他們盡快研究出對應的辦法。

戰爭進入五月底，加爾鐵里快愁死了，發瘋一樣在全球範圍內搜尋飛魚導彈的賣家。大家都知道，不管怎樣禁運，走私市場還是有你想買的東西，為了防止阿根廷在某些英國人看不到的區域買到貨，英國的情報部門開始忙了。派出間諜偽裝成各國軍火商人跟阿根廷的軍火採購部門接洽，一會說伊拉克有貨，一會說卡塔爾有貨，一會說希臘也許有貨，把阿根廷人耍得團團轉，等終於發現，這些個「有貨」全是假消息時，仗打完了。阿根廷到後來也沒弄到新的飛魚。

阿根廷想買個導彈買不到，英國人就人緣好多了，不僅歐共體在背後力挺，美國親戚也給予了大量情報和武器方面的援助。要知道，柴契爾不光是會撒潑加威脅，她還是個女人，有她專有的武器。江湖上都知道柴契爾跟美國總統雷根私交密切，根據一些小報的說法，柴契爾在雷根面前像個八歲的小姑娘，這個畫面想想就寒。雷根這樣的男人，對一個八歲的小姑娘肯定是有求必應的。據後來柴契爾夫人自己說，阿根廷的南美鄰居智利其實也在私底下幫助英國，並因此換得了英國大量的便宜軍火。阿根廷顯然是被左鄰右舍集體算計了。

五月中英軍登陸作戰，六月中發動總攻，十四日，阿根廷投降，歷時七十四天的馬島戰爭，以英國人大勝結束，重新佔領了馬爾維納斯群島。

這一仗，英國人贏得漂亮，雖然死了一千多號人，花了二十七億美金的銀子。

在世界各地日不落帝國的殖民地相繼獨立之後，英國人這一仗打出了老牌霸主的威風。可這道威風價值幾何呢，馬島雖然還被英國人霸佔著，因為阿根廷反應得厲害，國際社會也力主他們繼續談判，所以英國人也不敢在這個島上有什麼大動作。就算有石油，這麼遠，開採也並不方便，說到底，英國人拿回馬島，不過是花二十七億讓英國人磕了一次藥，爽了一陣子而已，實際利益非常少，當然我們還是要感謝英國人給全世界奉獻了這一場華麗的現代戰爭表演。

馬島戰爭讓英國人 high 了，更得意的當然是柴契爾夫人，剛打完馬島那陣子，老太太失去了平常心，有點睥睨全球的躊躇滿志。當年九月，柴契爾大駕親臨北京，預備以鐵娘子的姿態與咱們的鄧爺爺好好說說香港問題。挾馬島大勝之威，柴契爾認為不會再有殖民地敢以武力跟大英叫板。誰知那個常點著煙捲的中國小個子，平靜地告訴她，如果不列顛不願意把香港還給中國，中國人就自己想辦法拿回來！而且還告訴柴契爾，香港不是馬島，中國更加不是阿根廷！誰能想到這麼矮小的身軀有這麼強大的氣場，柴契爾從出道還沒遭遇過這樣的對手，她自己估計，撒潑和撒嬌基本都沒什麼用，當時就臉色慘白。步出人民大會堂福建廳時，老太太在台階上一腳踏空，跪在地上，幸好駐華大使動作快，沒讓柴契爾摔得太難看，全世界人民的眼睛雪亮，都知道這不是個平常的走路事故，而是柴契爾被鄧先生嚇得有些腿軟了。好在經過兩年二十二輪的談判，柴契爾雖然傷心，還是簽了字，把香港還給我們，作為中國人，還是向她表示感謝吧。

柴契爾夫人的內政外交硬朗有型，如果無驚無險地將第三任首相幹到退休，她絕對可以笑傲大英帝國的元首榜，可惜，像柴契爾這樣氣勢太盛的女人，在政壇一不留心，就容易栽大跟斗。八〇年代後期，柴契爾主義的弊端開始非常明顯地暴露出來。雖然她好像治好了困頓不列顛的英國病，但如果我們仔細分析柴契爾主義，發現這套系統存在著很大的隱患。自由資本主義，削減公共福利，最容易產生的後果就是，富人越來富，而窮人則越來越困難，貧富分化嚴重，而地區間的發展也無法平衡，英國經濟又開始出現了衰退。

此時的「鐵娘子」已經不是那個熱情睿智的政壇新人了，十一年的元首生涯，很容易讓一個老太太比其他的老太太更專制更自我更固執。為了彌補此起彼伏的地方財政漏洞，柴契爾情急之下居然啟動了人頭稅。不用名詞解釋，一聽就知道就是不論貧富老幼，一概按一定的稅賦上稅。眼看都二十一世紀了，這種不公平的稅收方式顯然與當時的社會發展格格不入。這個條令一下達，立時引發了整個英國的混亂。一九九〇年三月三十一日，倫敦最著名的用於聚會和慶典的地點——特拉法加廣場爆發大規模示威活動，最後演變為流血衝突。柴契爾的民意支持率幾乎跌倒谷底。

外交方面，柴契爾一直有一個復興日不落帝國的理想，她認為英國應該是高於歐洲其他國家的，如果真要主持歐洲的事務，英國也應該是主宰，而不是跟法國德國混到一個等級上，有失身分。所以對於歐洲越來越一體化的形勢特別不滿意，尤其是兩德統一後，老太太益發生氣，越來越表現出不願意跟歐洲玩的思想，恨不得英國永遠脫離歐洲成為一個獨立的洲。歐洲一體化進程是大勢所趨，一個政客尤其不能與主流趨勢對抗，於是，因為對歐洲的態度，老太太在黨內的支持率也越來越差了。

老百姓和同志都不接受，說明柴契爾的政治生涯也該到頭了，一九九〇年十一月二十二日，「鐵娘子」用幾乎哽咽的聲音宣讀了她的辭職聲明，帶著幾乎崩潰的情緒離開了唐寧街十號，柴契爾夫人的時代就這樣被突然中止了，柴契爾之前的財相梅傑在其他兩名候選人退出後，接班成為大英新的首相。

萬眾期待的戴安娜王妃豔光四射地向我們走來了！

74

進入伊麗莎白二世的時代，英王家庭政治功能越來越低，娛樂功能越來越大，世界媒體開始逐漸發現王室生活的點點滴滴都能刺激報紙雜誌的銷量，於是，針對王室的二十四小時狗仔隊應運而生，而且在後來的歲月名震江湖，攪動好一場腥風血雨，雖然他們闖的禍大於他們對社會的貢獻，但我們還是要感謝他們的辛苦工作，否則我們上哪知道這些皇家祕事。

好！終於等到說花邊了，「地主們」最喜歡的王室緋聞來了。說到查爾斯王子與戴安娜、卡蜜拉的三角故事，絕對可以媲美韓劇，而且絕對符合韓劇的審美，那就是醜小鴨永遠能獲得真愛。

從哪開始呢？先把男主角請出來吧。王子，這恐怕是全世界的女人最喜歡的男士稱號了，他一般是跟權傾天下，富可敵國，英俊瀟灑，英勇無敵等可愛的辭彙連在一起。我們這個故事的男主角就是個王子，而且是現存地球上最牛的一個王子，還是太子，可惜，這位王子沒引發全球女士太多的花癡感覺，他跟童話書上的王子差別還是有點大。

話說伊麗莎白二世和菲力浦親王這兩口，一直被當作世界上模範夫妻的樣板，可他們的身分決定了，他們不會是太親切稱職的父母，女王只管生孩子，幾乎不過問他們的成長；而王夫呢，更是覺得一國儲君必須是斯巴達似的地獄訓練才能培養出來。查爾斯王子的童年並不自在，求學生涯也很孤獨，成年後，他沉默寡言，內向安靜，如果他不是太子爺，相信很多人都會說他是個很沒勁的男生。

一九六九年，二十一歲的查爾斯進入劍橋大學，隨著結交了新的朋友，稍微有了些獨立的生活，王子開始了自己的社交活動，當然，其中重要的環節就是交女朋友。根據英國狗仔隊資料，查爾斯就是在這一年結束了處男生涯，身邊的女朋友也換得比較頻密，大有花花公子的潛質。不過，這些女孩子最多就是幫查爾斯補習了生理衛生常識，讓他在跟女孩子打交道時，不再像個生瓜蛋子，好像，這些個記錄在冊的王子性啟蒙老師，都沒真正進到他心裡去。

一九七〇年六月，太子經歷了他人生中最浪漫的一場馬球賽。那天的馬球比賽跟平時沒有不同，不過是中途遭遇大雨，而查爾斯在一棵樹下避雨，遭遇了一位開朗健談風趣的女士，太子爺跟她聊了一個鐘頭，就為她沉淪了一生，這位女士，名叫卡蜜拉．山德。

卡蜜拉並沒有貴族背景，不過她家跟王室的關係是非常密切的，她父親是第二次世界大戰英雄，戰後跟人合夥做葡萄酒生意，是王室和上流圈子的主要供應商，後來還被封勳爵。卡蜜拉的母親出生於建築世家，家族曾經為英王修造行宮，是皇家包工頭。卡蜜拉的外祖母名叫愛麗絲．可佩爾，前面介紹過，她幾乎是完全公開的愛德華七世的情婦，紅顏知己。

卡蜜拉不算美女，跟英國上流社會其他女子不同的是，她性格剛毅，做事果斷，永遠知道自己要什麼，多少有點不羈和隨性，也從不矯情，像山間一朵野花一樣開得肆意張揚。這樣的女孩子專吸引內向的男生，這幾乎是一定的。馬球場那場初見時，卡蜜拉二十三歲了，比王子還大一歲。熱情開朗的女孩子，生命中從不缺少異性，而此時的她正為情所困，當然不是查爾斯，她愛上的是安德魯·鮑爾斯，一位三十三歲的皇家侍衛官，高大英俊，風流倜儻，不只卡蜜拉愛他，好多上流社會的女子都心儀這位帥哥，這其中還包括查爾斯的妹妹，安妮公主。

在馬球場邊的大樹下避雨時，卡蜜拉正一肚子委屈，因為她不斷地聽說男朋友在外的風流韻事，而她束手無策。女孩子遇到這種感情問題，最聰明的一個解決辦法就是，我也找一個，氣死你，而且這個一定要比你強。卡蜜拉正這樣想著呢，查爾斯王子就出現在她面前了！

其他女孩子在查爾斯太子面前多少會有些拘束，以卡蜜拉的性格，卻不會因為這種地位的壓力委屈自己裝模作樣，她在太子爺保持著原汁原味的灑脫和隨性，尤其是，如果還懷著要把查爾斯拿下氣死安德魯的心思，則可以表現得更加性感。可恨是下大雨，否則以英國狗仔隊的素質應該有非常細節的描述，我們多麼遺憾不能了解卡蜜拉如何在一個鐘頭內攻陷了查爾斯的一生，讓許多想嫁入王室成為王妃的姐妹們失去了一個現場教學的案例。但是可以想像的是，卡蜜拉這樣的女人想調戲查爾斯這樣的男人，查爾斯只能認栽，因為在這項賽事的級別上，太子爺其實是個菜鳥。

約會開始了，兩個人都不年輕了，談戀愛一般就直接上床。江湖傳言，在這方面，卡蜜拉是非常主動的。查爾斯有個很好的忘年交，就是蒙巴頓勳爵，大家還記得他吧，他一手主持了印巴分治，是英國政壇很活躍的人物。按輩分，查爾斯應該叫他爺爺，不過他更願意做查爾斯的兄長，以他老牌花花公子的經驗指導查爾斯泡妞。蒙巴頓有一所莊園，環境非常好，四周樹木高大，遮天蔽日，外面根本看不到莊園內的情況，狗仔隊的長焦相機也辦不到，是個幽會聖地，所以查爾斯經常借這個地方用，有了卡蜜拉後，這裡幾乎是兩人的愛巢。

江湖上有個傳得唯妙唯肖的故事，說是一九七一年，兩個人關係最熱火的時候，在蒙巴頓的莊園的某間臥室裡，查爾斯曾經鄭重其事地跪下向卡蜜拉求婚，而當時卡蜜拉說，她不願意像困在水族箱裡生活，一天到晚被人評頭論足，永遠活在世人的議論裡。這是她第一次拒絕太子爺的求婚。這事的真假有待調查，但是這期間，蒙巴頓勳爵倒是經常告誡查爾斯，他要結婚，至少要找個處女，卡蜜拉這樣的，肯定不會被英國人民接受的。既然蒙巴頓這樣勸告太子，就說明當時太子的確有娶她進門的念頭。

我一直認為拒絕太子爺的求婚要比直接嫁給太子爺牛多了。其實以王室在上世紀七〇年代的情況，查爾斯如果真的一哭二鬧三上吊，死也要和卡蜜拉共度終生，估計也不是辦不到，而卡蜜拉拒絕王子，難道是真的不願意活在社會輿論裡嗎，以她的性格，她應該是不怕私生活曝光的吧，到底為什麼呢？恐怕是愛得不夠。查爾斯以一個太子的無上尊崇身分吸引了卡蜜拉，而單從男人的角度看，查爾斯顯然比不上安德魯。卡蜜拉和安德魯這一對，你玩你的我玩我的，各自在外找樂子，可都還把對方看作是自己的第一結婚對象，對七〇年代的人來說，這兩口意識相當超前。

一九七三年七月四日，查爾斯徹底失戀了，卡蜜拉終於嫁給了安德魯。這也是英國上流社會該年度的大事之一，王室很多成員都參加了，但查爾斯沒有出現，他的王子風度不能支持他去祝福自己的妻子嫁給別人，他在加勒比海上騎摩托艇，海風可以直接吹乾臉上的淚水。只有對蒙巴頓老哥，太子爺才吐露了心聲：「我一無所有了，我的心已經無家可歸！」

太子驛動的心沒有著落，生活得沒有方向。所有人都看出他的落寞，聚會、晚宴、出訪、運動、找女人，所有這些事都不能填滿太子空蕩蕩的心。就這樣，太子晃晃悠悠進入了而立之年，天字第一號鑽石王老五依然保持著孤單。不過據小報消息，這段時間，查爾斯沒有完全放手，而是偶爾跟卡蜜拉聚聚，保持良好的「友情」。

一九七九年，太子遭遇了生命中一個重要打擊。上篇說到，愛爾蘭共和軍搞恐怖活動，暗殺了蒙巴頓勳爵。蒙巴頓在查爾斯的生命裡，又像父親又像兄長，太子這樣的身分這樣的性格，根本很難找到這樣一個朋友，所以他異常珍視與蒙巴頓的友情，蒙巴頓的死，讓查爾斯傷心欲絕。

心理遭受重創，比較科學的辦法是找心理醫生，查爾斯不敢隨便找心理醫生，他擔心有一天這心理醫生可能會把治療過程出一本書，全世界到處賣。況且，查爾斯知道，有個心理醫生鐵定能治療自己，那就是卡蜜拉。太子傷心成這樣，作為臣民不能不忠啊，卡蜜拉再次將憂傷脆弱的查爾斯攬入懷中，而卡蜜拉的老公，出於對王室的忠誠，也非常懂事地認可了妻子的愛國行為。根據狗仔隊爆料，事發幾天後，腦子沒太清醒的查爾斯再次向卡蜜拉求婚！這次卡蜜拉可不光不是個處女了，人家連未婚女子都不是，卡蜜拉看著半瘋狂的太子爺，再次拒絕了，當然她也知道，此時她就算答應，王室也不可能通過，而且英國王室恐怕也禁受不住再來一次溫莎公爵事件了。從這時起，卡蜜拉和查爾斯算是恢復了關係，該幹嘛幹嘛，卡蜜拉不介意名份，安德魯不介意綠帽子，而查爾斯只要隨時能跟卡蜜拉在一起，什麼都不介意。

進入八〇年代，太子爺三十二歲了，再不結婚有傷皇統啊，迫於輿論社會王室的壓力，查爾斯也是覺得，還是應該正式找個女人結婚，傳宗接代。這時，戴安娜出現了。

戴安娜生於一九六一年，比查爾斯小了整整十三歲。戴安娜的娘家，史賓塞家族，早年間是做綿羊生意的，發了大財後，進入上流社會，不知道用什麼辦法弄到了貴族頭銜，並通過聯姻不斷向王室滲透，漸漸地跟溫莎家族有了千絲萬縷的聯繫，算是英王一家的遠親吧。雖然是遠親，不過在伊麗莎白女王看來，這一家子在王宮相當於侍從一類的，並沒有特別顯赫的地位。戴安娜的出生讓她父親很鬱悶，第一是戴安娜的父母長期不和，經常幹仗，第二是，戴安娜已經有二個姐姐了。好在戴媽爭氣，第二年總算給戴安娜添了個弟弟。生出了男娃，也沒讓兩口子關係改善，最後還是離婚收場，因為戴媽高調紅杏出牆，所以孩子的撫養權判給了戴爸。

這樣亂糟糟的家庭，孩子當然是自由生長。戴安娜從小就在寄宿學校生活，學習成績一塌糊塗。這不算什麼大事，戴安娜沒有大學考或者就業壓力，她知道，作為一個英國上流社會的女子，一生的事業就是找個門當戶對或者門第更高的男人嫁過去。戴安娜青春期最鬱悶的事，就是個子長得太快。她幼時的理想是作一個芭蕾明星，可是身材的發育讓她失去這個機會，這事是她人生遭遇的第一打擊，根據狗仔隊分析，後來一直困擾她的暴食症就是從這時開始的。

一九七五年，戴安娜的老爸再婚了，戴安娜的這位小媽可是個明星人物，源於這位小媽的媽在英國乃至世界的小說界紅得發紫，她就是讓我們青春歲月無限迷戀的芭芭拉．卡德蘭！

老奶奶的小說多半是貴族男子與平民女子，或者是沒落貴族女子的故事，結局一般是 happy ending，灰小姐成為貴婦並得到真愛。說戴安娜的故事，芭芭拉．卡德蘭是不能迴避的，戴安娜不算知性女人，文化方面的修養也很淺薄，最喜歡的書，就是她繼外祖母的愛情小說，我相信曾經有一度，戴安娜滿腦子都是對這些小說場景的憧憬，而她也沒想到，當她真正遭遇到這樣一場故事，上帝沒有給她一個卡德蘭小說式的結局。

戴安娜沒有她兩個姐姐成績出色，但是因為家裡有錢，該上的學還都按部就班地上，還都是名校。高中畢業進入瑞士著名的女校，大約是除了滑雪，也沒學會什麼東西，滑雪還把腳踝摔斷了，挺不讓人省心的。一九七九年回到倫敦，戴爸給她在倫敦高檔住宅區買了套公寓，讓她進入上流社交圈去找老公了，這段時間，玩票或者是閒得無聊的性質，戴安娜還去當了一陣幼稚園老師。

因為和王室的關係，戴安娜和王子公主們自然是早就認識的，我們現在看戴安娜像美神一樣的閃亮，但她剛進入倫敦社交圈的時候，貌似並不很出眾，性格所致，她很靦腆，而且也沒什麼特別的才華。

查爾斯預備把婚事提上議事日程了，這其中有卡蜜拉的功勞。卡蜜拉當然知道，如果太子一直不結婚，她就是罪人了，這種壓力可是不堪重負的。她給太子爺制訂了找老婆的大致標準，其中最重要的一點就是：省事的，懂事的，不惹事的！卡蜜拉的意思，肯定就是，要找一個能容忍她存在的王妃。而且根據卡蜜拉對倫敦眾名媛的觀察，她重點推薦了戴安娜。那雙小鹿一樣的大眼睛總是帶著些受驚的羞澀，動不動就會紅臉呢，這絕對是個標準的軟柿子，好捏啊，況且人也漂亮，帶出國去也體面，就她吧。

戴安娜雖然是候選人之一，但最後能入選還是自己的爭取。在一次貴族聚會上，戴安娜坐在查爾斯旁邊，這是蒙巴頓被殺不久，查爾斯雖然有卡蜜拉的安撫，但總還是不自覺的黯然傷神。太子爺的寂寞落在戴安娜的眼中，她有一種跟卡蜜拉不同的溫柔如水的力量，竟然讓太子爺跟她說起了自己對蒙巴頓的懷念和傷感，周圍的人都在喧囂，衣香鬢影中，太子爺和戴安娜神奇地製造了一個安靜的小空間，查爾斯聽到這個百合花一樣清澈美麗的女子深情地說：您太孤單了，您應該和一個真正關心您的人在一起……這樣的夜晚，這樣的情緒，這樣的女子，這樣一句話語，非常精確地敲打在查爾斯心臟最溫柔的地方，他發現，他開始喜歡這個小姑娘。

戴安娜是處女，這一點很重要，史賓塞家族也是女王的親家候選人，但是她們一開始看中的是戴安娜那個很有才的姐姐，可惜戴姐顯然不願意將貞操留給太子。查爾斯沒意見，戴安娜各條件都過關，行，預備婚禮吧！

當時的首相柴契爾夫人剛上班沒多久，正遭遇經濟困頓等一團亂麻，她太需要一件大事來轉移民眾注意力了，於是親手操持了太子大婚。一九八一年七月二十九日，夢幻般的世紀婚禮，王子公主在全世界觀眾面前深情一吻，讓多少英國人熱淚盈眶，比自己嫁閨女還激動。戴安娜太子妃美得絕倫，太子爺看上去也不磕磣，這是一個完美童話故事的開端還是終結？

「地主們」這時候問了，好像查爾斯和卡蜜拉沒有刻意掩蓋他們的關係，就算他們行動小心，英國的狗仔隊也不是吃素的，難道戴安娜在婚前就一點不知道查爾斯和卡蜜拉的事情？連我們都知道了，戴安娜豈能不知，而且據狗仔們爆料，查爾斯日常喜歡的書籍裡，經常夾著卡蜜拉的各種照片的。既然知道，為什麼還要蹚這道渾水呢？我想，第一，太子妃而後王妃這個身分是很吸引人的；第二，很重要的原因，戴安娜被卡德蘭的小說教壞了，如果大家閱讀過「蜜月假期」這本書，就會理解戴安娜被毒害的真相。

芭芭拉．卡德蘭的書是高中一年級讀的，對情竇初開的小姑娘，著實有殺傷力，老楊就很迷戀了一段。「蜜月假期」這本書，故事梗概是這樣的，某個英俊不凡家世富裕風流倜儻的公爵，一直跟某個性感尤物偷情，這個性感尤物是個伯爵夫人，不可能離婚的。這兩人偷情的事給女王知道了，為了淨化倫敦上流社會的道德空氣，女王命令公爵趕緊找個老婆結婚。伯爵夫人幫著公爵物色了另一個伯爵的大女兒，可惜大女兒有人家了，有個二女兒其貌不揚，是個標準灰小姐。公爵反正是為結婚而結婚嘛，毫不介意娶了這個灰小姐進門，幾經周折，都是倫敦社交圈那些窮極無聊的閒事，故事結局是，在這個灰小姐善良堅忍的努力下，這個公爵愛上了她，跟倫敦的尤物們斷絕了關係。因為前半截故事與戴安娜遭遇的驚人相似，讓她有了啟發，覺得自己的努力也能換來這個結局，所以她接受了這項挑戰。

75

戴安娜在全球關注的目光中成為太子妃，不論從哪個國家的審美角度看，一個對著鏡頭會害羞的女子都是惹人憐愛的。從結婚第一天開始，戴安娜就給自己一個弱勢定位，所有的人都有這種準

備，如果這個女孩子受了委屈，肯定是別人的錯，戴安娜任何時候都是受害者。

上篇說到，戴安娜其實非常清楚查爾斯和卡蜜拉的關係，她要賭一把運氣，這一年戴妃二十歲，青春是無敵的，而且她還有天使一樣純淨的美貌，在她不可告人的想法中，肯定認為她會成功地戰勝那個三十四高齡，幾乎說不上任何姿色的卡蜜拉。戴妃太年輕了，她不知道像查爾斯這樣的人，打動他心靈的女人才是最要命的，至於年輕或者漂亮這些外部條件，太子爺舉手就可以得到。

查爾斯並不是個徹頭徹尾的混蛋，既然在教堂結婚，還是要慎重點。婚後他的確做了一陣好丈夫，而且跟卡蜜拉交往大約也就是電話聯繫的頻密點。任何人都不懷疑，在結婚的頭幾年，查爾斯是愛戴安娜的。

戴安娜雖然家世不錯，但究其生長的經歷，其實是沒見過什麼大世面的，在倫敦上流圈子看來，有點小家子氣，是個柴火妞，可柴火妞一進宮，就讓王室見識了她的厲害。她喜歡媒體，喜歡被鏡頭關照，只要一出門，她就刻意經營了一個友善親民的形象，比如跟老百姓打成一片，或者在公共場合歡呼，蹦跳，甚至和不認識的老百姓擁抱，這些動作，對傳統古老尊貴的王室來說，幾乎是不可想像的。王室不接受，老百姓卻待見，平民的王妃成為大眾新偶像。她每天都會異常興奮地收集報紙雜誌對她的報導和照片，每天忙的就是計畫下次出鏡穿什麼衣服。因為張揚得太多，以至於老公公菲力浦親王不得不親自警告她，讓她低調點。戴妃顯然不了解媒體的特性，從來沒有一個人是永遠被捧，而沒人砸的，很快，戴妃就受到磚頭了，因為露面的頻率太高，有媒體說她是個愛慕虛榮的女人。

一九八二年，威廉王子出世，王室發現，戴妃性情大變，暴食症又復發了，她經常吃很多東西，然後關起門來搜腸刮肚地嘔吐。一會大笑，一會痛哭，這個世人眼中靦腆而單純的女孩，突然變得異常的乖張。女王當時就得出結論，兒媳婦這是產後憂鬱症。憂鬱症可能是憂鬱症，但絕對不是生孩子生的，雖然出現在媒體上的戴安娜笑得甜美，可她自己心裡卻沒有真正舒坦過。皇宮是個沒什麼人情味的地方，王室成員之間恪守一種冷冰冰的禮數，沒有人會真的關心她安慰她，只有在她破壞規矩的時候排斥她，而她發現似乎自己怎麼做都不對。原指望老公能幫自己一把，他總是自己最親的人吧，戴妃不傻，她知道老公雖然在自己面前表現得很稱職，可對自己從來沒有用心過，因為他沒有心，即使跟卡蜜拉不見面，他的心也還是放在她那裡保存著。這些事樁樁件件都是她解決不了的，而且她也知道，不能隨便跟人去說，這關於王室的體面。什麼辦法都沒有，只有壓抑和鬱悶，除了折磨自己，戴妃想不到解脫的辦法。就是這樣艱難的日子裡，戴妃又生下了哈利王子，女王感到，兒媳婦這個產後憂鬱症似乎越來越嚴重了。

其實女王應該感謝戴安娜，自從她進宮後，外界對英國王室的關心程度就節節上升，八〇年代初，女王一家成了全世界最受歡迎的王室家庭，連帶著其他成員也陸續成為明星。

查爾斯雖然磕磣，卻有個帥弟弟，也就是我們熟悉的安德魯王子。這位二殿下跟太子爺可不一樣，潮流青年，熱情洋溢，馬島戰爭時，甚至親自駕駛直升機在航母上服役，最牛的是，阿根廷的加爾鐵里在中後期制訂的戰術就是能搜尋安德魯王子的飛機，最好將這小子幹掉，以威懾英國讓其退兵。就在這樣的危險下，安德魯王子經常被當作誘餌吸引敵軍的注意。不過加爾鐵里運氣不好，一場仗打下來，找飛魚導彈固然是沒找到，安德魯王子他也沒找到。戰爭結束，安德魯王子英雄一樣地回國，受到全民高度讚揚。一九八六年，他迎娶了查爾斯的馬球教練的女兒，莎拉，一個活力奔放的姑娘，英國人叫她「費姬」。

這下王宮熱鬧了，兩位王妃，自然就被大家拿來比較了。費姬陽光燦爛，熱情洋溢，而戴安娜整天愁眉苦臉，病病歪歪。費姬剛進宮那幾年，還真是搶掉了戴安娜不少鋒頭。好在，人有外力推動，多少能積極一點，戴安娜的好勝心也被激發出來，不許自己輸給這個弟媳婦，又慢慢地將自己失去的精氣神找回來了。王室妯娌爭寵，可是把全世界又好好娛樂了一回。不幸的是，這兩個女孩子娛樂了別人並沒有幸福自己。

戴安娜在媒體前找回了自信，可老公那裡卻找不回任何東西了。而查爾斯也覺得自己的忍耐到頭了。結婚以前，戴安娜表現出對很多事情的興趣，那些藝術建築或者戶外運動，總之是，太子爺喜歡的她都愛；結婚之後，查爾斯發現，這一切都是假象，戴安娜的學識和內涵跟查爾斯完全不是一個檔次，太子爺覺得跟老婆簡直無話可說，而且戴安娜脾氣越來越急躁，反覆無常，經常對太子惡語相加，當然也少不了辱罵卡蜜拉。傳說八八年的某一天，戴安娜親自找卡蜜拉談判，想勸小三讓位消失，卡蜜拉面對太子妃，不敢太張狂，只能小心地否認跟太子爺的關係。這個事後來被查爾斯知道，他回家大發雷霆，覺得自己這個老婆丟人現眼。戴安娜終於爆發了，以她的身分她不能去撓花卡蜜拉的臉啊，只好拿自己出氣，據說是用小刀子割了自己的胸口和大腿，太子和僕人七手八腳給這個半瘋的太子妃送到醫院。在查爾斯看來，這個老婆越來越不可理喻了。倒是卡蜜拉，她永遠跟太子同步，讀太子爺喜歡的書，精通太子爺喜歡的事，在太子朋友圈的聚會上，卡蜜拉的侃侃而談，讓太子更覺得有面子。其實從一九八七年初開始，查爾斯就再次跟卡蜜拉走到一起，並定期幽會。

這時的戴安娜徹底心寒了，她已經知道，她和查爾斯已經沒有將來，雖然在王室的勸說下，嘗試修復關係，結果也還是失敗了。戴安娜搬出了查爾斯王子為他們的小家庭生活特地買下的海格洛夫莊園，搬回了太子的肯辛頓宮。查爾斯並沒有跟回來，他將卡蜜拉迎進了海格洛夫莊園，讓她成為新的女主人。

這要是普通人家，鬧成這樣，肯定就離婚了。可輪到太子，事情就不那麼簡單了，作為教徒，聖保羅大教堂的婚禮，說離就離，太不給天上那位老大面子。所以當時就戴妃和查爾斯看來，不管他倆鬧到什麼程度，離婚估計是離不掉的，只能給自己找發洩的出口。也就是從這年開始，戴安娜瘋狂地投入了社會公益活動，走訪愛滋病醫院，貧民窟等，平民王妃一如既往地帶著羞澀的微笑，讓全世界為她心動。

戴安娜建立了一個善良純真的完美形象，所有當人們感覺到王儲夫婦婚姻可能觸礁時，同情分都打給了王妃。尤其是一九九一年，小王子威廉在遊戲時摔破了頭，醫院要求家長整夜陪護，戴安娜一臉慈祥一直守在床邊，而爸爸卻跑去看歌劇了。這個畫面讓所有人感覺到，這場婚姻中，戴安娜無疑是那個嫁給了魔鬼的天使。戴安娜一邊在失敗的婚姻中掙扎，一邊在全世界面前不斷優化自己的形象，時間到了一九九二年。

這一年對英國王室可是流年不吉，先是二月情人節的時候，王儲夫婦訪問印度，為了向外界表示，王儲伉儷情深，那些婚變之說純屬謠言，查爾斯預備在一個公眾場合親吻自己的老婆，在一百多家媒體幾千名觀眾的注目下，太子爺情深款款地向戴安娜伸過頭去，就在兩人嘴唇快要碰上的時候，戴安娜優雅地轉了頭，太子爺的唇地落在太子妃的脖子上。戴安娜終於發飆了，她不準備再忍了，她的這一個轉頭，十幾年的仇算是報了，等於是當眾羞辱了太子。即使是查爾斯這種平時沒什麼表情的木頭人，也露出了一臉的尷尬。這就算是公開發表婚變聲明了。這件事餘波未散呢，安德魯王子家也鬧起來了。安德魯和費姬的婚姻故事幾乎和太子的一樣精彩和戲劇。費姬被記者拍到赤身露體地與一個富豪海邊度假，並且動作親暱。安德魯王子不堪其辱，九二年三月讓其搬離王宮正式分居。四月，安妮公主又吵著要離婚，因為他老公駙馬爺在外養小三，還生了私生子。一時間，全世界的媒體都在一輪接一輪報導英王室這層出不窮的婚變醜聞，八卦內幕，新鮮熱辣，很黃很暴力，讓全球老百姓一時間有點消化不良。

趁著王室焦頭爛額，戴安娜的閨蜜們幫她出主意了，她們認為婚變這種事，公說公有理，婆說婆有理，但一般是誰先說誰有理，加上戴安娜之前的形象那麼完美，是時候讓世界人民知道這位美麗王妃背後的悽慘故事了。於是，她們找來著名的傳紀作家安德魯．莫頓，好在這夥計也是戴妃的粉絲。

一群擁戴派集體工作了好幾天，當年六月，《戴安娜：她的真實故事》一書出版，舉世譁然。大家這才知道，一位天使如何墮入魔掌，在冰冷的王宮裡，過著地獄般的生活，而且這位充滿愛心樂於助人的王妃，甚至有五次企圖自殺，結束這悽慘的人生！查爾斯當然是頭號王八蛋，而小三卡蜜拉更是個蛇蠍心腸的狐狸精，女王在這件事上護犢子，冷漠無情。基本上，婚變的事就這樣被定性。文章發表的第二天，王儲夫婦也正是公開承認了婚變，沒什麼好遮掩的了。

好在女王和王室沒有被聲討太久，因為八月份，事件出現了令人瞠目結舌的轉機。英國銷量最高也最八卦的「太陽報」公布了一條電話錄音內容，電話是一男一女在某個元旦之夜的互訴衷腸，雖然這件事得不到當事人或者是王宮的官方承認，但是公眾很快知道了，女主角竟然是百合花一樣純潔羞澀的戴妃，而男主角顯然不是太子爺！

可以想像，在這種壓抑沒有愛的環境下生活的戴妃，她不出軌就見鬼了。根據英國狗仔隊爆料，除了查爾斯王子，在戴妃生命裡留下足跡的，前後還有八位男士：第一位，戴妃的私人保鑣巴里．曼納基，他在八五年就與戴妃有超越主僕的非一般關係，最情深意濃時，戴妃甚至說要跟太子離婚，跟保鑣廝守終生。後來這段關係被王室察覺，巴里被打發走，戴妃失戀了。很快，另一段祕密戀情又接上了，王室的貼身侍衛官，戴妃的私人馬術教練進入了她的生活。這位老兄後來在英倫紅得發紫，他的大名叫詹姆斯．赫維特。在戴妃的所有情人中，他算是廝混的時間比較長的，大約有五年的親密關係。而他也是名聲最差，最臭不要臉的，因為後來他出了一本書，將自己和戴安娜的故事拿去賣了一大筆錢。隨後就是電話門的男主角了，詹姆斯．吉爾貝，是個二手汽車商。在那段人人盡知的電話裡，他非常肉麻地稱呼戴妃為「Squidgy」，讓這個單詞幾乎成為英國當年的年度辭彙，大家可以查查字典看看是什麼意思。隨後，戴妃又陷入了跟巴基斯坦的一位外科醫生的戀情，還天天張羅著要嫁給他。還有英國的前橄欖球聯合會會長，這個老夥計甚至為了戴妃跟老婆離了婚。而最得瑟的是藝術品商人奧利佛．霍爾，他顯然享受跟戴妃偷情又不願負責任，後來甚至報警說戴妃電話騷擾他。在戴妃最後的情人多迪．法耶茲出現之前，戴妃還跟一個著名的地產商攪裹了一陣。戴妃跟每位情郎時都深情款款，都願意跟對方廝守終生，可就是換得太快也太多了，相比之下，查爾斯對卡蜜拉十幾年如一的專情倒顯得很不容易。

戴安娜的電話門事件讓她的公眾形象受不小的影響，不過老百姓都是很感性善良的，而且根據莫頓的書描述，戴安娜從小父母離異，生活不幸，結婚又受婆家丈夫的精神虐待，縱然真有紅杏出牆的行為，也是有情可原的。戴安娜雖然沒有保住貞潔的形象，可一個負責的好媽媽，親民的王妃形象是沒騙人的，所以在對待王儲的婚變上，大家還是選擇支持戴妃。

一九九二年將女王折騰得不輕，她不知道如何管教自己的孩子媳婦，王室的醜聞喧囂熱鬧，似乎從不顧惜老太太這張尊貴的老臉。正當她心力交瘁的時候，禍不單行啊，當年十一月，女王最喜歡的溫莎堡起了一場大火，氣勢恢宏的聖喬治宮和寢宮被燒毀，好在那些價值連城的藝術品得以保全。而最鬱悶的是，英國人一致認為，溫莎堡的維修費用應該女王自己掏腰包。這一年，女王後來說，是她在位最艱難的一年。

既然公開了，戴妃也沒什麼顧忌了，隨後的日子裡，戴妃光彩照人地繼續出現在各種媒體的顯要位置，引領著各種時尚和潮流，於是，全世界的粉絲有多愛戴安娜，就有多恨查爾斯。

查爾斯是個蔫巴人（形容人看起來老實），不是逼急了也幹不出什麼出格的事，況且他是大英太子，說話做事身分第一重要，絕不能像戴妃那樣肆無忌憚。可是眼看著自己的名聲越來越臭，蔫巴人也繃不住了。戴安娜有粉絲，有閨蜜，我也有哥們有死黨啊，你會找人搖旗吶喊我難道不會。於是，查爾斯的哥們也策劃了一本書，並在一九九四年出版，這本書當然是力捧查爾斯是個優質好男人，將戴妃描述為反覆無常的暴戾女人，需要看心理醫生甚至精神科醫生那一類病人，而且重點講訴了，太子爺對自己精神病老婆的種種容忍。隨後，查爾斯上了電視，接受專訪，公開向民眾承認了自己的不忠，但是也痛心疾首表示了自己的無奈。

太子爺高估了自己的魅力，低估了自己老婆的形象，他以為以太子之尊在電視上愁眉苦臉，垂頭喪氣會引起海嘯般的輿論同情。結果的確是轟動了，可惜轟動的是，第二天的報紙頭版，依然是戴妃及她的新禮服，看著戴妃圓潤的肩臂，民眾最想知道的是，會不會今年又流行無袖的禮服了！

查爾斯跟自己的老婆鬥民意，或者鬥觀眾支持率，顯然不是一個等級的選手，可他不甘心，他的策劃班子看到戴妃的幕後班子天天賺大錢，也鬱悶啊，於是兩套班子正式鬥法，今天我拋個內幕，明天我又有新緋聞，你來我往的，極大刺激了英國的新聞媒體產業欣欣向榮地發展，而戴妃越來越高調地出現也讓英倫的時尚產業獲得了不可估算的提升和價值，應該說，此時的王室真正是犧牲自己為全英甚至全球做貢獻了。

一九九五年，地球上最尊貴的女王伊麗莎白二世六十九歲了，六十而耳順，七十而從心所欲，女王的六十歲生涯真是耳順了，當然我估計她恨不得耳聾，可以聽不到兒子媳婦公開的那些破事。七十歲了，聖人說隨心所欲了，好吧，老太太我早就想做一件事了，之前顧慮太多，現在不顧慮了，查爾斯，戴安娜，你們兩個死孩子給我離婚！

這一場離婚官司也是舉世矚目，查爾斯和戴安娜各自的律師團都知道接到大生意了。估計這些律師一輩子就指這一場離婚官司活呢。對戴安娜來說，失去查爾斯不用惋惜，她最在意的是自己王室的地位，而且指日可待的王妃頭銜，當然，還有兩個寶貝兒子的撫養權。所以她的離婚要求是，孩子的撫養權、王室頭銜和特權。這件事戴安娜顯得太天真了，她的兒子是未來的英王，肯定要留在宮裡的，而職稱和特權自然是更不能給她了，人家是親生兒子，打斷骨頭連著筋，你一個媳婦是外人，現下正式翻臉分家了，怎麼可能讓你走得這麼舒服。可憐戴安娜一生最夢寐的就是大英王后之位，居然一天寶座都沒坐上就被開除了，這麼多年的忍辱負重真是不值啊。她認為不值，我們覺得值了，地位雖然是沒有，可金錢上的補償王室可沒小氣，一千七百多萬英鎊的離婚補償金，幾乎讓查爾斯破產，據說他變賣了名下大部分物業和債券才湊齊這筆錢，還跟老媽借了幾百萬，到現在也沒還清。

戴安娜重獲自由身，王宮可是個培養人的地方，十五年的王室生涯，此時的她已經不是原來那個柴火妞了，她代表著這個地球最頂級的時尚，她的面孔被認為是世界上最美的臉，她的舉手投足是高貴優雅的教科書，而她熱心公益事業讓她成為善良和愛的標誌，尤其是，她現在還不老，一九九六年辦完所有的離婚手續，也才三十五歲，英倫玫瑰最熾烈的花季，加上富可敵國，我們可以預期，離開王宮後的戴安娜，會有一片嶄新的天空和更璀璨的人生。

76

戴安娜和查爾斯這對曠世怨偶總算散夥了，戴安娜被剝奪了所有作為王室成員的特權，但是保留了威爾斯王妃這個頭銜，所以，就算離開了王宮，她依然是永遠的王妃。好了，既然散了夥，故事的男女主角就只能花開兩朵，各表一枝了。

離婚後的戴安娜，更有空了，於是投身慈善事業就更加頻繁，光彩照人出現在各種公益活動的現場，而只要她參加的捐款活動，募捐的金額就會遠遠超出主辦方的預期。大家都覺得戴妃是王室中的受害者，是個弱者形象，她越是打扮得漂亮，大家越是能感覺到她的寂寞，美麗而憂傷的失婚婦人，讓她增添了不少別樣的魅力。大家都還記得，她一臉安詳從容地穿越了安哥拉的一個剛掃過雷的雷區，提醒全世界的人，一直忽略了的地雷悲劇，因為她的參與，地雷問題引起了國際關注，間接促使了世界上多數國家簽訂禁用地雷的國際協定。而一九九七年英國新首相布萊爾當選時，甚至邀請戴妃到唐寧街十號，希望她能參與一些英國政府的公益性工作。雖然我們一直說戴安娜將慈善事業當做自己逃避宮廷壓抑生活的辦法，但是能夠這樣的投入，顯然就不是單純作秀了，或者，如一些小報分析的，這個女人太需要愛了，渴望被愛，也渴望愛別人。

就是這樣一個多情的女子，在感情生活上，她不太會遇到空白，她的裙下之臣多呢，剛離婚的這段時間裡，她癡迷巴基斯坦的心臟科醫生哈斯納特·汗，這位幸運的穆斯林是個其貌不揚的胖子，沒什麼特別的魅力，但他是心臟科專家，最擅長就是抓人的心，據說戴安娜就是有一天看他工作時，為他那專業專注的神態所迷，被抓走了心。要知道，汗醫生雖然是個專家級的名醫，可畢竟是工薪階層，住城市公寓的，他的財富、地位和戴妃及戴妃的圈子都不對等，戴妃對他的愛超越了這一切，汗醫生不知道多大的幸運落在自己頭上，估計作為一個醫生，對皮囊的要求不高，而戴安娜這樣的佳人除了頭上的光環，對他來說也沒什麼特別的興奮，以至於他繼續低調地工作，要求戴妃對他們的關係嚴格保密。戴妃對汗醫生可是下了工夫的，汗醫生忙的時候，她絕對不敢打電話過去問候，不管她有多想，低眉順眼的，生怕引起汗醫生不快。戴安娜多次表白，她想成為汗太太，住到鄉下去，再生兩個孩子。這些平常的理想對她來說太難了，哪怕她住到北極去，她還是世界新聞的焦點。隨著英國狗仔隊的專業發掘，戴妃和醫生的故事又被曝光，汗醫生是個普通人，還是個穆斯林，這種高透明度的生活讓他整天出汗，苦不堪言，於是，汗醫生非常識相地放掉了這個世界上最美的女人，這朵英倫玫瑰曾經在他生命裡開放過，雖然很短暫，汗醫生此生可以無憾了。

雖然失戀了，但全世界的觀眾都發現，走出深宮的戴妃，眼神中那抹淡淡的哀怨正在消褪，她的眉目間是神采飛揚的萬種風情，對，重要的是，她自由了，還有什麼比自由好呢。在和汗醫生的分手期內，戴妃想找地方休假。按說她已經不是王室成員了，想休假只管休，愛上哪上哪，可戴妃還是兩位王子的媽媽，她休假想帶著兒子一起去，誰也不能有意見。邀請戴妃去度假的很多，都是頂級富豪，提供頂級的豪宅，但是此行帶著王儲，也就是威廉王子，英國的安全部門審核所有的度假地點後，居然認為都有安全漏洞，不能去。為安全計，戴妃和英國安全部門一致選中了穆罕默德·法耶茲，跟他的家人去法國南部的聖特羅佩茲灣度假。

法耶茲是誰呢，怎麼這麼有面子可以邀請到戴妃和兩位王子的御駕。說起這位老同志在英國可是大名鼎鼎，算是一位超級富豪，名下的產業包括，英國最著名的哈樂德百貨公司，著名的雜誌「PUNCH」，還有巴黎的里茲酒店，許多的英國宮殿古堡。反正就是個錢多得數不清的闊佬。英國人因為歷史傳統，對社交圈子很重視。有錢還要有社會地位才算數，沒錢有社會地位也可以看不上那些暴發戶。如果不是傳統貴族階層，有錢到一定的程度，就希望自己能加入上流社會的圈子，進入上流社會還不滿足，還希望能和王室一起玩，無論王室有沒有權力，畢竟是一個尊貴和身分的代表。

法耶茲是個埃及人，生長在英國，財富堆積在英國，當然也是納稅大戶，可惜，這老夥計一直沒得到英國身分證，英國人不准他入籍，因為他早年賄賂政客，名聲搞壞了。法耶茲錢多得用不完，但是作為一個穆斯林，一個外國人，整個英國的上流社會或者是王室這個圈子不可能讓他徹底融入的，不過王室也有手緊的時候，加上這些個閒著沒事的貴族，今天開個 party，明天整個賽馬之類的活動，都不願意自己掏錢，所以那些個揣著錢想擠進貴族圈子的各位善長仁翁就應運而生，法耶茲當然也就是幹這個的。上流社會從來虛偽，就算心裡不認同對方，面子上還都過得去，彼此很客氣。以法耶茲的財力，他邀請度假，絕對是神仙仙境般的行程，不會辱沒了王妃和王子，他提供的地方是法耶茲家的私人海灘，出名的美麗幽靜，於是，戴妃帶著兒子就跟著埃及佬去了法國。

這一趟度假之旅徹底改變了戴安娜的人生。老法耶茲沒安好心啊，他把戴安娜母子三個帶上他的豪華遊艇，其實是為了給自己兒子介紹對象！老法耶茲有個出名的花花公子的兒子，江湖人稱多迪。多迪是個標準富二代，對自己老爸的生意沒興趣，他玩的比較高端，他進好萊塢去玩電影。一九八一年，他作為製片的電影「烈火戰車」得到了當年的奧斯卡獎。可以想像，多迪這樣的男人，身邊的美女多得用不完，雖然是穆斯林，他也沒潔身自好，他的緋聞對象不是超模就是明星，我們都認識的波姬小絲就跟他混過，而王室他也不陌生，因為他跟摩洛哥的公主有過一腿。

多迪那一年四十一歲，雖然模樣還不錯，不過身高就比戴妃矮了兩公分。兩人之前就認識，也見過，好像也沒有火花。可是一九九七年七月的這場船上假期，讓兩人突然發現了彼此，並以最快的速度進入戀愛狀態。當然，這一切與老法耶茲的努力分不開，他非常希望兒子能跟王妃有發展，這對他們的家族來說，無異於是個巨大的提升，為了幫兒子追王妃，老法耶茲給兒子提供了無上限的信用卡，讓他隨便用。

戴安娜的特點就是容易墜入情網，估計汗醫生還沒有完全在記憶中完全退去，她就接受了多迪。有人分析，多迪的家族讓戴安娜有安全感，畢竟一個獨身的女人，又是王妃又不是王室成員，身分尷尬，無法自處，有個大家族支持自己很重要。而更重要的是，多迪是個穆斯林，這段時間裡，估計戴妃陷入了非常奇怪的伊斯蘭情結，就是喜歡穆斯林的男人，怎麼看怎麼順眼。而多迪呢，他可不容易，戴妃是個美麗的女人，又是聞名世界的女人，對他這樣的花花公子來說，頗有交往的意義。而他也沒有感情空檔啊，因為就在度假不久之前，他已經在洛杉磯的馬里布海濱買下一棟豪宅，準備迎娶美國超模凱莉．費雪！根據後來的狗仔隊爆料，當時多迪陪戴安娜度假的時候，凱莉．費雪也到了法國走秀，順道來看未婚夫，住在離遊艇不遠的多迪的一艘帆船上。而多迪同學白天陪戴妃說笑，跟兩個王子交朋友，玩得熱鬧，晚上還要回到帆船上去陪伴未婚妻，兩頭跑得很辛苦。

法國度假後，戴妃算是正式接受了多迪，多迪趁熱打鐵邀請戴妃跟自己一起乘坐遊艇巡遊地中海。這一次，戴妃沒帶兒子，所以行動也不避諱了，認真負責堅守的英國狗仔隊，不辱使命，幾乎是和遊艇同步發回了戴妃和多迪親吻的照片，戴妃的新戀情再次昭彰在世人的目光中。

轟動當然是轟動，但既然戴妃是個單身，這也沒什麼，大家甚至還在想，看來她非要給自己整一條穆斯林的頭巾來帶上了。而多迪不是單身啊，他可是訂了婚的。此時的凱莉．費雪才從報紙上知道自己被甩了，對於戴安娜這樣的情敵，費雪自知不是對手，算了，人不要了，弄筆錢吧。費雪高調地開了個記者招待會，眼淚汪汪地控訴了多迪這個負心人，然後要求賠償青春損失費（人家美國人不叫這個，人家叫違約金，因為訂婚協議就是供貨合約）。本來因為多迪給了王妃她需要的愛，讓世界人民挺待見他的，費雪這一哭訴，頓時讓他淪為「無恥之徒」，世界輿論都找他麻煩，戴妃談戀愛。

好在多迪也不在乎名譽，世界上的事，能用錢解決的就不算大事，他很快了斷了這件韻事，專心和戴妃談戀愛。

一九九七年八月是戴安娜人生的最後一個月，她是很忙碌的，大部分時間都用來和多迪到處玩，多數是泛舟海上，偶爾還回倫敦探望孩子，戴安娜作為一個媽媽從來沒有懈怠過自己的責任。她的所有動作依然是在全球的八卦記者圍堵下，這個月，誰都看出她很幸福，雖然她沒有公開說會嫁給多迪，但是據她的繼母說，多迪幾乎是戴安娜一輩子都在尋找的男人。

一九九七年八月三十日，這個宿命的日子終於來了，戴妃和多迪在海上漂了好幾天，想到法國去做短暫休整。當天晚上，他們進入里茲飯店用晚餐，跟平時一樣，門口擠滿了各國記者，這是他們最忙亂的時候，因為大家都在猜，戴安娜會不會及何時嫁給那個埃及小個子。雖然飯後戴安娜和多迪從後門上車，可是精明的記者絕對不會這麼容易被甩掉，進入巴黎的阿爾瑪隧道時，戴妃的座駕後面跟著好幾輛瘋狂的媒體車輛，而戴妃的司機為了躲避其中一輛白色飛雅特車，一頭撞在了隧道石柱上，事實證明，雖然是賓士車，真撞上也是挺要命的，車上四個人，當場就死了三個，而戴妃和多迪都沒有逃脫。這一天，舉世震驚，中文媒體用詞最精確，叫做「香消玉殞」。

戴妃事件，讓英國狗仔隊成了過街老鼠，不管事件真相是什麼，就表象來看，狗仔隊是直接責任人，世界人民雖然之前都是透過狗仔隊的報導了解戴安娜，但沒人感激他們的工作，也從來沒人尊重狗仔隊這個職業，如今闖了這麼大的禍，更加受千夫所指。所以在戴妃走後的那幾天，英國媒體破天荒的很低調。

車禍的真相是什麼，到底是不是英法兩國的調查機構所說的司機酒後駕駛導致的意外，我想，只要英國的王室還繼續存在，就不容易知道其他的內幕了，老法耶茲重金懸賞查找事件真相，不是也沒有結果嗎。而那輛神祕的白色飛雅特車，直接從地球上消失了，彷彿從來沒有出現過。雖然老法耶茲一臉悲痛地認定了，是英國的特工機構在女王夫婦，查爾斯王子，甚至還有布萊爾首相的授意下，陰謀殺害了自己的兒子和戴妃，可惜這件事顯然暫時證據不足，不能成立。

一九九七年九月六日，英國王室成員，各國政要及六百多萬的民眾送別戴妃，各地送來的白玫瑰和百合鋪滿整個廣場和大街兩旁，全球二十五億的觀眾從電視收看了戴妃的葬禮，每個人都懷著深深的惋惜和歎息，而且大家都不由自主地想到十六年前那場同樣充滿白玫瑰和百合的盛大婚禮，用「大話西遊」的台詞來終結這個故事吧，我猜到了開頭，猜不到，這結局……

公主的故事悲劇結束了，王子呢，查爾斯的故事簡單多了，反正他從頭到尾就是執著於一件事，那就是迎娶卡蜜拉。戴安娜猝死，查爾斯受盡輿論指責，這樁曠世慘案中，如果狗仔隊是直接行凶者，查爾斯王子顯然也算是凶手之一。跟戴妃離婚後，查爾斯覺得應該學習戴安娜那種拋頭露面的精神，畢竟他代表著英國的王室的未來，而英王室現在的處境是，如果在老百姓那裡沒有支持，有沒有未來還是個問題呢。要進入二十一世紀了，王室是個舊得發霉的概念了。查爾斯的很多慈善計畫隨著戴妃的離去而破產，因為那些原本同意捧場的有錢人，此時都紛紛躲著太子爺，生怕跟他沾得太緊，影響名聲。

好在再大的悲劇也有過去的一天，查爾斯低調而謹慎地度過了戴妃的哀悼期，非常小心地重建了自己和卡蜜拉的形象，以至於終於在二〇〇五年春天，查爾斯宣布，想要迎娶卡蜜拉過門。

老百姓是最寬容的，戴妃屍骨已寒，大家搬手指頭一算，查爾斯和卡蜜拉在一起三十多年了，雖然不名譽，不符合地球道德規範，這這份愛情畢竟不假，算了，饒了他們吧，讓他們如願吧。卡蜜拉在一九九五年已經和鮑爾斯離了婚，專心給太子爺做小三，終於等到了扶正的這一天。

二〇〇五年四月九日，查爾斯王子第二次大婚，說是大婚，還真有點誇張，因為跟他第一次結婚相比，這次簡直就是寒酸。先訂的結婚日期其實是四月八日，地球上能逼英國太子改結婚日期的事並不多，還是有幾件，比如教皇葬禮。約翰．保羅二世在二〇〇五年四月八日出殯，這可真正是全球矚目，各國首腦，王室，富豪等頭面人物都到梵蒂岡去了，跟查爾斯打個電話說一聲，對不起啊哥們，紅包照給，喜酒就不來喝了。好在查爾斯的媽給他面子，畢竟是親生兒子，結婚不到不合適，所以本來說不出現的，還是來了，臉上也笑瞇瞇的，顯得很高興。當然，民眾都知道，對女王夫婦來說，在公共場合強顏歡笑幾乎是生理本能了。婚禮不能在教堂或者溫莎堡舉行，跟老百姓一樣，選擇了倫敦市政廳。現場的賓客中最引人注目的是卡蜜拉的前夫，女王特地邀請他參加婚禮，據說是為了獎勵他對於自己老婆和太子多年通姦的堅忍。我懷疑女王是玩他的。不過這夥計也不虧，江湖傳言，安妮公主在第二次婚姻失敗後，想跟這位初戀情人重修舊好。

卡蜜拉小三熬成正室，給全世界的第三者提供了成功典範。因為戴安娜到死都是威爾斯王妃，所以卡蜜拉只能獲封康沃爾公爵夫人。

卡蜜拉進了宮才知道老婆不如小三舒服，此時的她深刻體會到了戴安娜當年的處境，英國的狗仔隊老實了幾年後，又迸發了新的工作熱情，他們又開始圍堵卡蜜拉玩。很快，地球人民發現了新的娛樂，原來看戴妃的照片，都是看她穿了什麼新衣服，戴了什麼新首飾，看她各種美態，以此了解潮流動態。如今卡蜜拉出鏡，記者們更關注她是不是又穿錯了衣服搭錯了顏色，而且肯定是又沒梳頭就出門了。要不怎麼說男人都挺賤呢，戴安娜每天精緻得像工藝品從查爾斯眼前走過，他都不看，如今卡蜜拉在眼前晃，查爾斯看出差別了，不要說跟戴安娜無法比，就是跟同齡的貴婦比，卡蜜拉也未免太邋遢太不修邊幅，這兩人婚後最大的笑料就是，二〇〇七年，查爾斯斥資十萬美金讓卡蜜拉去做了一次從頭到腳的整容！戴安娜泉下有知，估計會笑出聲來。

這對苦戀三十多年的戀人如果最終沒有結果，也許可以進入世界的著名愛情史，成為不朽的愛情經典，可既然結了婚，就跟一般夫妻沒什麼不同了。除了查爾斯嫌棄卡蜜拉帶出去沒面子，逼她整容，這二位的婚後生活幾乎沒什麼甜蜜可言，反正我們收到的新聞都是兩口子幹仗的，好像這二人的婚後生活比查爾斯和戴安娜當年火爆多了。英國的小報說，結婚的第二周，卡蜜拉就把查爾斯趕出了臥室，還大聲斥責兩位王子，標準惡毒後媽嘴臉。查爾斯甚至公開說，這女人花錢如流水，經常被她掏空腰包，太子爺有點後悔了。婚後第二年，又傳出卡蜜拉和侍衛有染的新聞，大家還記得，戴安娜出軌也是跟宮廷侍衛，英國王室難道不知道，王宮裡伺候女眷，還是太監最安全嗎。

讓查爾斯和卡蜜拉鬧去吧，鬧得再凶，太子爺也不敢再離婚了，只能這麼過吧。而且看情形，他老媽的身體似乎越來越好，他有沒有機會做英王還是個疑問呢，注定這個夥計挺悲劇的。

就到這裡吧，至於威廉王子的故事，大家自己看新聞就可以了，英國王室的歷史算是寫完了。

77

英國歷史上唯一的女首相柴契爾夫人含著淚下台，一九九〇年，梅傑很輕鬆地接班成為新的大英首相。梅傑出身一般，也沒有名校背景，傳說他人生應徵的第一份工作是到公共汽車上當一位售票員。應徵的結果是，失敗。江湖傳言，人家不要他的原因是：這夥計數學不好！要知道，售票員是需要很強的心算能力的。一張車票兩便士，人家上車給了你五十英鎊的鈔票買三張票，你要找人家多少錢啊？扳手指頭不夠用啊，公司不會配給計算器的。後來有小報記者調戲他，問：一個巴士售票員都幹不了的人，怎麼能當英國首相呢？梅傑口才不錯，他當時回答：英國首相不需要心算！

當我們看到後來梅傑同志的遭遇，我們可以將他以上的言論當作是禍從口出。為了讓梅傑同志知道，數學不好幹什麼都不行，有個天才給他上了非常沉重的一課，讓我們掌聲請出梅傑和整個大英帝國的數學老師，我們的老熟人，索羅斯大叔！

這堂數學課的背景是很深遠的。大家都知道，歐洲諸國，尤其是西歐諸國，歷史上都有著千絲萬縷的關係，恩仇糾纏，愛恨難分，剪不斷理還亂的。歷史上很多的歐洲學者思想家都認為，歐洲應該是一體的，像一個國家那樣存在在地球上，而不是周而復始地自相殘殺。不過這個建議有點逆耳，能獨立自主的時候，哪個國家也不願意跟其他家攪裹在一起。歐洲歷史上大大小小的各種戰爭，尤其是二次大戰，一次次蹂躪荼毒著歐洲這片大地，終於讓所有人不堪忍受了，我們坐下來好好談談，想個辦法，以後不打架了，重建鄰里關係，建設一個和諧的歐洲社區好不好？都打頹了，所以，這個建議大家都接受了。

先是一九五〇年，法國人提出一個好主意，說是我們先把煤和鋼這兩種打架常備的物質管理起來，建立共同市場，統一管理，以後誰家不懷好意，想攢這兩樣東西都能被監控，而如果歐洲人結夥出去欺負其他人家，這些物質也容易協調。好主意，所以第二年法國、聯邦德國、義大利、荷蘭、比利時和盧森堡這六家就成立了一個叫歐洲煤鋼共同體的團夥。交流得和睦了，這六國覺得關係可以更親熱一點，於是一九五七年，在羅馬，這六家人簽訂了《歐洲經濟共同體條約》和《歐洲原子能共同體條約》，這兩個文件官方稱呼是《羅馬和約》，正式宣告，一個叫歐洲共同體的組織形成了，以後參與的國家都是一夥的，互相拉扯，一損俱損一榮俱榮，誰也別想欺負我們六兄弟了！

上面那六家結夥後，好處是顯而易見的，至少在市場物流方面，凸顯了以往各自為政沒有的流暢和優勢。周圍的國家看著這個六國團夥團結得蒸蒸日上的，也都動了心，不久，我們的主角英格蘭也加入了歐共體這個大家庭。沒辦法，戰後的英國本來就嚴重貧血，柴契爾的經濟政策又給了英國一次脫胎換骨，正是一個非常脆弱的轉型期，經濟發展舉步維艱，想獨立自主耍氣質沒有實力啊。

將歐洲諸國整合成一個大家庭是一個龐大的系統工程，期間最重要的步驟是統一貨幣。統一貨幣，讓歐元出世卻不是一蹴而就的，索羅斯為大英帝國上的這堂數學課，就發生在歐洲諸國為了整合貨幣不斷摸索的這條漫漫長路上。

說到貨幣，大家都知道，地球上的規矩是，誰家實力大，誰家的錢就最大，美國人現在最大，所以美元是世界貨幣，而在美國之前呢？公認的世界貨幣是英鎊。自從英格蘭銀行印刷紙幣以來，這種鈔票把持世界的各種交易超過兩百年。第二次世界大戰以後，老山姆嗓門大，通過「布雷頓森林體系」，美元成了世界儲備貨幣，英鎊只好無奈退居二線。

一九七一年，美國的尼克森政府宣布美元和黃金脫鉤，以後老山姆印美元就跟印手紙一樣了（參看美國篇）。本來世界貨幣體系是以美元為中心的，現在美元按手紙的規模製造，那些天天看美元臉色行動的貨幣，誰不心裡發虛啊。況且，美元一統江山，讓歐洲人很不爽，可單打獨鬥，又沒有哪個國家可以跟美國抗衡，如果整個歐洲統一出一種貨幣，以歐洲各國的實力總和，說不定能跟美元爭一個長短！所以歐洲人果斷地讓歐洲錢獨立出來，一九七九年，歐洲匯率機制成立，這就是歐元的前身。也就是說，在沒有正式統一歐洲貨幣之前，先讓各家的錢實現連動。歐洲匯率體系成立後，加入該組織的各國貨幣就不以美元的上下波動了，而是互相盯住。規矩一樣，即使在這個團夥內部，還是誰家有實力，誰家錢大，此時歐洲發展最好的國家是西德，所以德國馬克是歐洲匯率體系的中心，其他國家的貨幣隨馬克起伏。

美元氾濫肯定是對別國的掠奪和侵略，歐洲不跟美元玩了，安全多了，而英國就成了重災區了，英鎊對美元過於依賴，使得美國壓制欺負英國非常順手。英國心想，自己好歹也是歐共體的國家，人家的貨幣都找到組織了，自己落了單肯定被動。於是一九九〇年，英鎊加入了歐洲匯率體系。

歐洲匯率體系有個講究，那就是所有成員的貨幣只允許在一定的匯率範圍內浮動，一旦超出了規定的範圍，幅度過大，各成員國的中央銀行就必須通過買賣自己國家的貨幣給與控制，使之穩定在規定區間；只要不出界，成員國的貨幣可以相對於其他成員國的貨幣進行浮動。

這種貨幣同步的感覺就如同一組人跳勁舞，要做到動作整齊劃一，必須所有人體力和耐力都差不多，否則想維持同步基本不可能。英磅不跟美元玩了，現下跟馬克玩，跟馬克玩的要求是跟它同步，隨他的起落調整自己的姿態。

此時馬克是個什麼姿態呢？九〇年代一開頭，兩德就統一了，東德回歸了西德的懷抱，面對失散多年的骨肉，窮兄弟，西德肯定是趕緊大手筆地關照，希望他快速趕上自己的發展腳步。西德向東德投入大量的基礎建設。基建蓬勃，連帶肯定是經濟過熱，最容易導致通膨，為了避免德國老太太在家裡囤積食用油麵粉雞蛋之類的狀況發生，德國調高了利率，馬克此時是很貴的。英國呢，正相反啊，人家德國家是過熱，英格蘭家是過於冷清，按照常理，他家正應該降低利率，以此刺激投資，增加出口。這麼不協調的兩個人，如果想實現共舞，要麼德國人甘冒通膨的風險降低利率，要麼英國人維持堅挺的英鎊，陪著馬克死撐，將國家經濟推向更黑暗的深淵，要想雙贏，幾乎是不可能的。就是這麼個艱難的局面，梅傑政府就這樣義無反顧地進入了歐洲匯率機制。

英格蘭進入歐洲匯率機制，咬著牙維持英鎊的身價，全世界的投機家都覺得它危機重重，但是真正敢出手打垮英鎊的卻很少，為什麼呢？因為這些投機家心裡沒譜，根據歐洲這個團夥的事先約定，成員國的銀行有義務通過自己國家的銀行維持住成員國的貨幣匯率，英國也許自己支撐不了這麼高的利率，可如果德國人肯鬆口幫忙，英鎊還是可以屹立不倒的；而且歐洲人之所以聯起手來，其中最主要的考量就是，希望有一天，歐元能取代美元成為世界資本市場的主宰，歐洲人從美國人手裡奪回往日的榮光，他們必須為彼此犧牲，互相成就。一九九二年，他們更是簽署了一個《馬斯特里赫特條約》，將成員國的權利和義務再次約定，這個合約，基本可以說，成員國承認了德國老大的地位，前提是，老大一定要罩住小弟！所以，如果要賭，這場賭局的重點：德國人會不會幫英國人度過難關，讓英格蘭能留在歐洲匯率機制內呢？

不論什麼樣的投機家都認為自己是投資家，考慮當然是穩健第一，只有一位老兄，剝開這層層迷霧，將整件事看得清清楚楚，這位老兄，就是匈牙利出生的猶太人索羅斯。

說起來，老索跟英國還是很有淵源的，他畢業於倫敦經濟學院，在倫敦進入了金融界，讓自己找到了一輩子的事業。而他後來能夠在華爾街找到工作，跟他的倫敦工作經歷很有關係。一九七九年，索羅斯將自己的基金管理公司改名為量子基金，從此這個名字帶著凜冽的寒風，讓全世界的資本市場聞風喪膽，風雨飄搖！（索羅斯的故事將在美國篇詳細講述）

從英格蘭加入歐洲匯率機制開始，老索就火眼金睛地看到了英鎊的結局，他知道，英國人撐不住，德國人沒義氣，只要他開始進攻，英格蘭銀行或者是英國的外匯儲備都不足以保全英鎊，他看到了這個曾經世界上最牛的貨幣的潰敗，於是，他開始部署對英鎊的狙擊。大家都知道，形容老索出手，一般都是用「絞殺」這個詞，這老夥計罕有手下留情的時候。

具體過程是經濟學家研究的內容，我們只要知道結果，很慘烈，先是英國人求德國人降低利率，拉兄弟一把，德國人拒絕了。索羅斯是猶太人，猶太人最大的特點就是只從利益角度考慮問題，他早看穿了，不管政治人物的承諾有多好聽，多煽情，只要隻身受損，絕對選擇保全自己，管別國洪水滔滔。

德國人拋棄了英國，英國必須自救。一九九二年的九月中，梅傑和他的財政大臣萊蒙幾乎是度日如年，索羅斯啟動了一百億美金，大肆做空英鎊。此時的英國商界已經聯手上書，希望梅傑和萊蒙兩位大佬，不要再執著了，鬆口吧，退一步海闊天空，退出來，讓英鎊貶值，這個困頓的局面就打開了。可梅傑不甘心啊，這樣退出歐洲匯率機制，英國的臉面何存，英鎊被一個華爾街的投機家幹掉了，作為世界金融中心的倫敦情何以堪，作為曾經的世界上最強悍的中央銀行的英格蘭銀行以後怎麼在江湖上混啊？更何況，根據萊蒙的說法，英鎊一貶值，搞不好英國就通膨了。

英國政府和偉大的英格蘭銀行選擇了還擊，他們調動國家外匯儲備購入英鎊，無效。一九九二年九月十六日，決戰的日子終於來臨了，面對華爾街那個投機團夥開閘洩洪一般的拋售英鎊，萊蒙宣布強行調高英鎊匯率，當天上午從十%跳到十二%，下午又跳到十五%，讓全世界看得目瞪口呆。這個動作太瘋狂了，可以肯定，英國政府受不了刺激，抓狂了，這樣的強弩之末，怎麼能夠持久呢。於是，當天黃昏，梅傑首相打電話給德國和法國兩國總理，告訴這兩位大哥，小弟扛不住了，先閃了！英鎊退出歐洲匯率機制，開始貶值。這一天，被稱為英國歷史上的黑色星期三！

英格蘭政府為這一戰動用了近三百億的美元儲備，英鎊還是沒有保住金身，而勝利者索羅斯取得了十億美金的收益，讓他笑傲古往今來所有的投機家光榮榜，而就是這一大戰，讓索羅斯和量子基金真正地名聲大噪，天下揚名。

所有的英國人都認為，梅傑及內閣優柔寡斷和看不清形勢是這次英鎊淪陷罪魁禍首，所以，梅傑成為英國歷史上幾個最不招人待見的首相之一。其實也挺冤的，因為英鎊貶值後，英國經濟真的實現了轉機，逐漸向好。需要特別說明的是，索羅斯同志雖然賣空英鎊，可同時還購入了大量的英國股票，英鎊被他打廢，他狂賺了一筆後不久，英國股市因為經濟復甦暴漲，這老爺又賺了一大筆！

梅傑在歐盟問題上的臭著，讓他在國內被動，黨內更被動。黑色星期三事件，讓他在保守黨內部產生了不少敵對的同志。兩黨政治最怕其中一個黨內訌，因為對手不乘虛而入就怪了。

梅傑和他的班子跌跌撞撞堅持到一九九七年大選，保守黨沒想到他們內部的分裂會導致這麼大的失敗，工黨幾乎是完勝，壓倒性多數取得了執政黨的地位。梅傑離開了唐寧街十號，新搬進來的大英首相是托尼．布萊爾。

78

說起布萊爾，大家第一個想到的新聞是，他在任上添丁，在唐寧街十號生了一個孩子，讓這個純政治感覺的大房子多了些溫情。根據布太太的自傳，這個孩子的出世源於一個尷尬的意外，因為他們兩口子被女王邀請度假，跟女王一起玩，安全檢查是不可避免的，布太的隨身行李都被清點，所以她實在不好意思將計劃生育用品隨身帶著，顯然布萊爾首相晚上也頗有雅興，所以，這個唐寧街的孩子就出生了。這個叫里奧的小男孩不僅是一百五十年來世界上第一個出生在大英首相官邸的娃，還是他媽媽四十五歲高齡誕下的寶貝，創下了一個女性生理學的奇蹟，不知道命運會不會給他特殊的安排。

做為四個孩子的爸爸，布萊爾看著挺年輕挺精神的，顯得比之前十八年的保守黨首相神采飛揚，參選提出的是「新工黨，新國家」這個口號。口號不錯，他也做到了。布萊爾在位的這十年，是英國經濟發展最快速的十年，低通膨、低利率、低失業率，每年二點八%的成長速度，遠超歐洲大陸那兩個街坊德國和法國，創造了一個讓全英國人自豪的經濟復興的奇蹟。

政治上，布萊爾最突出的貢獻就是在北愛事務上的努力。我們前面，柴契爾夫人對北愛的民族運動的定性為恐怖分子，以至於持續下來的保守黨態度是，「堅絕不跟恐怖分子坐下談話」，愛爾蘭的事務成為英國解不開的死結。上個世紀九〇時代，北愛的事務已經不是一個人在戰鬥了，美國的愛爾蘭後裔加入了戰團，一起跟英國人叫板，而美國愛爾蘭後代的著名代表就是美國總統柯林頓及顯赫的甘迺迪家族。

布萊爾一上台，作為一個年輕的工黨領袖，他沒有保守黨那樣死腦筋。大家還記得第六十三篇中提到，第一次世界大戰結束後，有十五個愛爾蘭獨立運動分子跟德國人買了一堆軍火，預備在背後騷擾英格蘭，以達到獨立的目的，這十五個準愛爾蘭恐怖分子被捕後全部處死，以致於死後昇華為革命分子。就是這個組織，後來成為愛爾蘭共和軍的頭目，進入二十世紀，他們改名叫新芬黨，成為北愛獨立運動的政治領袖，他們堅持，北愛應該加入愛爾蘭，成為一個整體；而北愛地區還有一個政黨，叫民主統一黨，他們堅持的，當然就是北愛還是應該留在英國大家庭，受英國政府領導。自從這兩個黨問世，就是水火不容的兩個仇家，打得頭破血流。

一九九八年，在布萊爾的主持下，兩個仇家終於願意坐下來談了，著名的《復活節協議》同時在英國和北愛爾蘭高票通過，成為北愛歷史上的重大事件。這是一個折中的方案，愛爾蘭不對北愛要求主權，英國人也不緊抓著不放手，讓北愛成立一個自治政府吧。這個中間路線得到了多方的肯定，對這些個歷史遺留的棘手問題，其實說到底，各方願意妥協就完事大吉，布萊爾妥協了，沒張口恐怖分子，閉口恐怖分子的，北愛爾蘭舒坦多了。

對英國政治，這的確是個了不起的成就，進入二十一世紀的那一陣，北愛的和平似乎指日可待了。

可惜好景不長，二〇〇二年，英倫大地又上演一幕無間道。新芬黨內的一個重要人物，高級黨員唐納森被發現是英國政府派駐愛爾蘭共和軍的臥底，而且已經超過二十年了！這位英國007臥底的本事可不小，他已經混到新芬黨黨魁亞當斯的左右手了，而共和軍內部一直有一個說法，那就是：「即使全北愛共和軍都叛變，唐納森也不會！」在新芬黨內部，唐納森幾乎就是一根忠實的標桿了，可就是這麼個老同志，在上個世界八〇年代，沒抗住英國政府的不知道什麼樣的說服，落水成了特務，背叛了自己的兄弟同仁和一生的事業。新芬黨被英政府算計也不是獨立的事件，據說二〇〇八年，黨魁亞當斯又發現自己的司機也是英國特務！這真是沒辦法的事，大家都知道，英國有許多著名特產，而各種高超的特務間諜正是其中之一，被世界上最強的間諜臥底，新芬黨也沒什麼丟人的。

新芬黨沒這麼大度，他們很抓狂，於是，剛剛緩和的北愛地區又開始騷動了。好不容易成立的北愛自治政府又癱瘓了，英國人還要接著管，愛爾蘭共和軍接著鬧。好在布萊爾首相是個強脾氣，不把這件事辦好絕不退休，好在北愛那兩個黨給小布面子，答應在他下課前和解並讓北愛自治政府恢復運作。不管北愛的局面到底演變成什麼樣，至少布萊爾在任給予了明白的和平思路，讓個難題有了一個公認比較標準的解法，所以說，北愛的和平之路，布萊爾是立了頭功的。

一手解決了經濟和北愛這樣兩個英倫的大難題，布萊爾形象多高大多體面啊，其實不然，布萊爾後來的辭職，跟他的民眾支持率急跌是有重要關係的，到底這傢伙幹了什麼事，讓英國人不原諒他呢？最惡劣最不能原諒的問題是：他把大英的子弟派到伊拉克去送死！

布萊爾是我們時代的大英首相，他的形象讓每一個地球人都很熟悉，而如果非要給他一個準確定位，相信很多人會說：「那夥計，整個一個布希馬仔！」不錯，布萊爾屁顛屁顛跟著美國總統布希的形象算是深入人心了，布萊爾一生少年得志，光彩絕倫，最大的生命變數就是遇上了布希。

兩人都姓布，五百年前肯定是一家，小布見老布，兩眼淚汪汪。布萊爾算是英國歷史上最年輕的首相之一了，在全世界的元首中，他也屬於剛成年。放眼環球，那些滿頭白髮的政壇老油條哪個不是心懷鬼胎，憋著算計自己，小布心理發虛，就想找個大哥傍上。要傍就傍最大的，布希老哥哥唉，以後我就跟你混了！布希老大帶著神祕莫測的微笑，收下了布萊爾，從那時起，美國大兵滿地球的打架鬥毆都帶著英國這個小弟了，不管幹仗的地區跟英國有沒有關係。

二〇〇三年，美國大兵開進了伊拉克，出兵原因是那地方有大規模殺傷性武器。根據我們之前讀過的歷史，不管布萊爾對布希有什麼樣的崇拜，以英國的政治形態，他斷不能說發兵就發兵，說幹仗就幹仗的，要議會透過才行啊。英國議會為什麼會答應呢，英國人整體愛上了布希？

愛布希的人可能不多，但不怕大規模殺傷性武器的人幾乎沒有。英國議會同意發兵的原因很簡單，他們得到了確鑿證據，說是海珊那傢伙手邊的傢伙相當強大，且不說有生化武器，根據詳實的情報，海珊在四十五鐘之內就可以部署好核武器！只要是人類已經發明了的大殺器，伊拉克應有盡有，海珊隨時預備毀滅全人類！茲事體大，大英議會本著對整個地球負責的精神，義無反顧地加入美國的正義陣營，英國那些熱血男兒同意賠上性命，把海珊窩藏的那些殺人工具全部抄出來！

關於伊拉克戰爭我們就不多說了，單說英國在出兵問題上發生的跌宕起伏的故事。二〇〇三年七月的一天，有個叫大衛．凱利的英國人割脈自殺了，成為一條轟動世界的大新聞。大衛．凱利不是一般老百姓，死前，他的身分是英國國防部首席科技官、大規模殺傷性武器控制秘書處的資深顧問、英國外交部防武器擴散機構的高級官員、一九九四年至一九九九年聯合國生化武器核查小組的高級顧問。看明白了吧，在伊拉克有沒有大殺器的問題上，這個老夥計是個意見權威，好好的，怎麼自殺了呢？

話說某一天，英國的 BBC 的記者約見大衛．凱利，向他詳實打聽伊拉克大殺器的真實狀況，因為對大英的百姓來說，他們需要為子弟兵去中東玩命一個明確的說法。大衛．凱利到底怎麼說的不知道，作為一個老科學家，我們相信這老爺也不會無中生有的瞎吹。不久，BBC 播出了爆炸新聞，說是國會研討的那份關於伊拉克的大殺器情報是經過粉飾誇張的，目的就是欺騙議會，以達到讓英國出兵的目的！英國人民被涮了！

隨後，英國熱鬧了，政府和 BBC 開始唇槍舌戰，爭論不止，而布萊爾天天敦促所有機構，把那個向 BBC 胡說八道的人抄出來。雖然大衛．凱利公開露面多次澄清自己並沒有說到相關的內容，但是作為第一嫌疑人，他的壓力是可想而知的，幾天後，他切脈結束了自己的生命。

大衛．凱利的死，讓伊拉克情報事件升級了，公眾認為，大衛．凱利被英國政府當成了替罪羊，更有媒體說，大衛．凱利就是被英國政府逼死的。就大衛．凱利及伊拉克情報事件，英國已經組織了一個獨立的調查組，布萊爾和現任首相布朗都是被調查的主要當事人。

這個事件成為布萊爾任內最嚴重的危機，加上英軍隨同美國深陷伊拉克的泥沼不能脫身，到現在為止，海珊的大殺器還無影無蹤。沒抄到大殺器，英國給自己惹禍上身，因為跟美國人跑得起勁，自然成為全球恐怖分子的重要目標，大家都還記得，二〇〇五年七月七日，在倫敦獲得二〇一二年奧運會主辦權的第二天，倫敦早上的上班高峰時段，連續發生了七起爆炸事件，炸死五十二人，傷者過百。後來該事件的嫌疑人落網，明確地說，爆炸襲擊的原因，就是英國人摻和伊戰。

伊戰絕對是布萊爾一帆風順的人生上的滔天巨浪，他跟在美國人後面跑的樣子看著也挺傻。為了表彰布萊爾這個最佳小弟，布希曾經給他預備了一枚「最佳盟友」之類的勳章，不過布萊爾一直不敢去領，根據英國國內輿論，布萊爾只要把這勳章掛上，就真成了布希的哈巴狗了，再拉根繩子就可以被布希牽著出去溜達。黨魁出醜，連帶著整個工黨都受到政敵的打擊和老百姓的詬病。根據政治法則，布萊爾必須退下，二〇〇七年，三屆十年的首相生涯結束，布萊爾辭去大英相位，將接力棒交給他原來的財政大臣，一手幫襯布萊爾任內經濟復甦的功臣布朗。而布朗的故事，就不屬於歷史範疇了，「地主們」應該去報紙的時事版尋找他的故事！

79

從古羅馬開始，我們在英倫三島上瀏覽了一千多年的絢麗風光。眼看著終於完結了，老楊點開了蘇珊大嬸的視頻，這位蘇格蘭大嬸算是眼下最紅的英國人了吧。

一曲Memory盪氣迴腸，宛如天籟，讓人震動。

這樣一個紅臉的老太太，每天操心的事難道不應該是最庸俗的人間煙火，柴米油鹽之類的瑣事嗎，誰能想到，在她那樣平庸的軀體裡，居然藏著這樣一腔纏綿激昂的情感。

這不正像她的國家英格蘭，這個面積不到二十五萬平方公里，人口不過六千萬的彈丸之地，竟然帶給我們如此豐富的人文歷史回憶，攪動地球近兩百年的叱咤風雲，而日不落帝國的榮光更是如此炫目輝煌。

無奈的是，盛極而衰是亙古不可顛覆的真理，英國國運這條起伏的曲線也如同蘇珊大嬸唱的這首歌曲：Memory, all alone in the moonlight. I can smile at the old days, life was beautiful then. I remember the time I knew what happiness was. Let the memory live again.（回憶，在月光中獨自徘徊，笑對過去的時光，那時的我是多麼神氣，那些得意洋洋的日子啊，回味至今……）

好書推薦

系　列　名：HISTORY 55
書　　　名：世界歷史有一套之羅馬帝國睡著了
作　　　者：楊白勞 著
出　版　日：2013年01月
頁數（開數）：456頁（25開平裝）
I S B N：978-986-6451-88-1
C I P：740.222
E A N：9789866451881
大地編號：01170055
定　　價：350
預計上市日期：2013年01月10日

【本書簡介】

現代西方世界有兩個重要源頭，一是古希臘，另一個就是古羅馬，可以說沒有古希臘羅馬，也就沒有現代的西方世界。羅馬帝國前後延續了千年的歷史，至今還影響著西方世界，到處都有受古羅馬影響所遺留下來的痕跡。所以，要了解西方世界的歷史，就必須先從了解羅馬帝國開始。

本書作者楊白勞，以輕鬆、詼諧、幽默的筆調，把原本艱澀、繁複的歷史進程，疏理得有條不紊、淺顯易懂，讓讀歷史也變得如此簡單有趣。即使是原本對世界史望之怯步的讀者，也因為《世界歷史有一套》這系列書，重新咀嚼世界歷史，優遊於世界史裡並帶來了全新的閱讀體驗。

世界歷史真有趣，《世界歷史有一套》是最好看、最易懂的世界史讀本。

【作者簡介】

楊白勞，史上最勤勞的「長工」，「地主」們的最愛。

有感於解讀中國歷史的圖書氾濫，而世界史的書罕見，所見者，一律一本正經，學術氣味太重，讓讀者興趣缺缺，於是自己動手，立志寫一部老少咸宜的世界歷史書。

2008年末開講世界史，萬人空巷，人人搬把小板凳蹲守天涯煮酒，只為聽楊白勞說史，全民齊補歷史課，成為有網路以來的最大奇觀。

世界歷史有一套之老大的英帝國／楊白勞著. --
一版.-- 臺北市：大地, 2013.06
面： 公分. --（History：58）

ISBN 978-986-5800-00-0（平裝）

1. 英國史

741.1 102010482

世界歷史有一套之老大的英帝國

HISTORY 058

作　　者　楊白勞
發 行 人　吳錫清
主　　編　陳玟玟
出 版 者　大地出版社
社　　址　114台北市內湖區瑞光路358巷38弄36號4樓之2
劃撥帳號　50031946（戶名　大地出版社有限公司）
電　　話　02-26277749
傳　　真　02-26270895
E - mail　vastplai@ms45.hinet.net
網　　址　www.vastplain.com.tw
美術設計　普林特斯資訊股份有限公司
印 刷 者　普林特斯資訊股份有限公司
一版一刷　2013年6月

大地

定　　價：350元